本研究获国家自然科学基金资助，项目编号：70962007

经济管理学术文库 • 管理类

小型团队领导者工作绩效与其前因变量关系实证研究：基于中国企业的调查

An Empirical Study on The Relationship Between Small Group Leaders' Job Performance and Its Antecedents: A Survey of Enterprises in China

王宝荣 / 著

图书在版编目（CIP）数据

小型团队领导者工作绩效与其前因变量关系实证研究：基于中国企业的调查/王宝荣著．—北京：经济管理出版社，2013.11
ISBN 978-7-5096-2846-1

Ⅰ.①小…　Ⅱ.①王…　Ⅲ.①企业领导学　Ⅳ.①F272.91

中国版本图书馆CIP数据核字(2013)第286328号

组稿编辑：曹　靖
责任编辑：宋　娜
责任印制：杨国强
责任校对：陈　颖

出版发行：经济管理出版社
（北京市海淀区北蜂窝8号中雅大厦A座11层　100038）
网　　址：www.E-mp.com.cn
电　　话：(010) 51915602
印　　刷：北京京华虎彩印刷有限公司
经　　销：新华书店
开　　本：720mm×1000mm/16
印　　张：20
字　　数：377千字
版　　次：2013年12月第1版　　2013年12月第1次印刷
书　　号：ISBN 978-7-5096-2846-1
定　　价：48.00元

前　言

起源于18世纪中叶的工业革命，动摇了传统生产方式的根基，社会化生产开始取代个体工场式的生产。这一变革既表现为现代的大规模生产工具取代了手工生产工具，也表现为社会分工与协作取代了个体劳作。在社会化生产方式下，各种产品、服务及其中间品的形成都是分工协作的结果。这一变革绵延至今，社会化生产已经渗透到各行各业、各个角落，并在人类的生产活动中占据了主导地位，成为现代生产方式的基本特征之一，对社会发展及民众的生活产生了广泛而又深远的影响。

在市场经济环境下，企业是社会化生产的组织者，经济活动方面的分工与协作发生在企业之间和企业内部，因此社会化生产有外部社会化和内部社会化两个层面。就外部社会化而言，消费者所获得的最终产品或服务都是产业链上众多企业分工协作的成果。在每一条产业链上，都分布着众多的企业，这些企业作为独立的市场经济主体进行交易，最终将产品和服务提交给消费者，满足消费者的需求。就内部社会化而言，每一个企业为实现外部交易，都在内部建立了各种各样的工作团队，以团队协作的方式生产或提供外部交易所需的产品和服务。市场经济的竞争性使得任何一个企业都要处理好内部社会化和外部社会化的关系，特别是要重视内部社会化对外部社会化的影响。如果一个企业内部分工协作体系不健全，工作团队得不到有效的管理，会导致团队工作效率低下，产品的质量和成本无法与竞争对手抗衡，就会在市场竞争中被淘汰，失去参与外部交易的资格。因此，如何加强团队管理并提高团队绩效，是任何企业都要面对的问题。

团队绩效的影响因素众多，其中既包括企业外部的环境因素，也包括制度、文化、资源、技术等企业内部因素。在企业各种内部因素中，团队领导者的领导效能或工作绩效对团队绩效具有极为重要的影响。团队领导者在团队中承担着决策、计划、组织、指挥、协调、控制等管理职能，并且要激励员工、鼓舞士气，带领团队实现目标。这些领导工作虽然不能直接生产产品，却决定了产品生产者的工作质量和效率，对团队绩效具有至关重要的影响。要想提高团队绩效，必须要提高团队领导者的能力和素质，调动团队领导者的工作积极性，改善其领导方式并提高其领导效能。

企业中的工作团队类型众多，按工作复杂程度和人员规模可分为大型团队和小型团队。整个企业可以视为一个大型团队，企业的事业部、业务系统（如供应系统、生产系统、营销系统）也都属于大型团队，这些团队工作复杂，人数众多。除此之外，企业中还存在各式各样的任务团队，包括临时性任务团队和日常性任务团队，前者如项目团队，后者如企业中的各个职能部门。这些任务团队或者为执行某一具体任务，或者履行单一的职能，工作复杂程度相对较低，团队人数也较少，属于小型团队。大型团队领导者在企业中通常位居高层，一言一行往往事关全局，其领导能力和领导效能对企业生存发展的影响是显而易见的。正因为如此，无论是在理论研究中还是在管理实践中，均对如何提升企业家、职业经理人等大型团队领导者的领导能力，如何提高其领导效能等问题，给予了高度重视。

小型团队领导者在企业中位居管理金字塔的基层，主要负责执行高层管理者的决策。尽管小型团队领导者在管理阶层中地位较低，所承担的职责较小，管辖范围仅限于局部，但其对企业发展的影响同样不可忽视。其理由在于：第一，小型团队领导者在企业的信息交流中处于枢纽的位置，企业决策层与企业员工之间、企业内部与企业外部之间的沟通都是通过小型团队领导者的中介作用实现的。小型团队领导者能否有较发挥信息枢纽的功能，既影响到企业战略决策的科学性，也影响到基层员工对战略意图的领会程度和执行程度。第二，小型团队领导者是工作团队的领导核心，是基层员工的直接上级，在团队建设和团队管理、团队成员的任用与开发、团队成员的激励与绩效管理等方面发挥关键作用。小型团队领导者能否胜任其领导工作，能否实施有效领导，直接决定着团队的战斗力。第三，现代组织变革的一个重要趋势是组织结构的扁平化，随之而来的是对位居基层的小型团队领导者给予更多的授权，基层管理者不再仅仅是一个执行者，而是履行决策、计划、组织、指挥、协调、控制等全面管理职能的领导者，对企业的各项业务具有更多的决定权，其对企业发展的影响变得更为广泛和更为深刻。因此，如何提升小型团队领导者的领导能力，如何提高其领导效能，小型团队领导者的工作绩效受哪些因素影响等问题，理应得到理论界和实践界的重视。

进入21世纪后，国内对执行力的关注迅速升温。对中国知网所收录的2001年以来的文献进行检索，可以看到2001年国内对执行力的研究还处于起步阶段，一年的相关研究文献不足百篇。从2004年开始，国内对执行力的研究明显增多。此后的研究与日俱增，2010年一年内的文献数量更是高达9309篇（见图1）。与此相应，国内企业界也发出了提升执行力的强烈呼声，大量培训机构和培训项目应运而生。在许多执行力培训项目中，均将中基层管理人员的素质提升、领导方式的改善、团队建设与管理等课程作为培训的核心内容。2001 年以来国内对执行力问题关注程度的迅速提高，从一个侧面说明如何提升小型团队领导者的领导能力？如何提高其领导效能？小型团队领导者的工作绩效受哪些因素影响等问题，已经受到学术界和企业界的双重重视。

图1 国内执行力研究动态

但是，无论是在管理实践的层面还是理论研究的层面，如何提高小型团队领导者的领导效能，都有待进一步的探索。从管理实践的层面看，许多企业在如何提高任务团队领导人的领导效能方面付出了诸多努力，例如，通过加强测评、竞聘工作来选择合格的领导者，通过加强教育和培训来转变领导者的思想观念以及提高其胜任力，通过改变绩效考核和薪酬管理方式来调动领导者的工作积极性等。但是，很多时候这些努力并未带来预想的成效，这方面的事例俯拾皆是。例如，我们在国家自然科学基金项目“小型团队领导者工作绩效及其前因变量关系模型探索式研究”的调查过程中，就曾见到广西的一家地方性商业银行为了调动各支行行长及其团队的积极性，在四年内两度变革绩效考核和薪酬制度，强化了对各支行及其管理团队的考核，并加大了绩效与薪酬挂钩的力度，却引发了许多不满，一些支行行长甚至采取了消极怠工的行为。在另一家房地产公司，笔者看到公司的总经理极为重视管理人员的培训，不仅每年都为公司的管理人员组织一系列的培训活动，亲自敲定培训方案，而且发挥表率作用，每次培训都亲自参加，率领全体管理人员学习。尽管如此，总经理仍时常感叹管理人员的领导效能达不到组织的期望。究其原因，管理实践中的许多做法具有盲目性，是在对领导效能与其前因变量的联系缺乏足够了解的情况下采取的措施，无意中违背了客观规律。

从理论研究的层面看，小型团队领导者工作绩效与其前因变量关系的研究是领导行为理论乃至组织行为学研究的一个侧面。国内外相关研究成果十分丰富，且具有如下趋势：一是研究对象具体化，相关研究趋向于以具体类型的企业、具体岗位的员工为对象；二是研究领域细分化，个体能力、工作态度或行为、工作绩效的各个构成要素被进一步细分，更深入地研究各个构成要素的构面及其内部和外部关系；三是研究方法多样化，许多研究将行为事件访谈技术等传统方法与探测性因子分析、方差分析、结构方程等统计分析方法结合起来，一些研究人员也在设想将截面数据的分析与纵向研究、将个体的自我评价方法与外部的评价方法（如360度评估）结合起来。现有研究（特别是以管理者为对象的研究）形成了许多有关个体工作绩效及其影响因素的测验量表和理论模型，无疑为企业培养、选拔、管理小型团队领导者提供了理论指导和工具支持。但是，现有研究在研究对象、研究内容和研究方法上也存在一些局限性，使得针对小型团队领导者工作特点的相关研究极为不足，难以满足企业管理实践的需要。这也表明有必要对小型团队领导者工作绩效与其前因变量关系作进一步的理论研究。

首先，从研究对象来看，现有研究主要以高层或中层管理者为对象，以基层管理者（特别是负责执行临时性任务的小型团队领导者）为研究对象的极为少见。尽管相关研究存在研究对象具体化的趋势，但现有研究仍集中在企业中高层管理者身上，以小型团队领导者为对象的研究近乎空白。实际上，小型团队领导者与企业的高层和中层管理者相比有其独特性。小型团队领导者的工作是以临时性的任务为导向的，所管理的团队往往是临时组建的，其工作绩效更多地体现在结果上，工作绩效与个人能力和工作态度的关系更加直接，并且在更短的时间内显现。此种差异的存在，使得现有研究难以满足我国企业培养、选拔、管理小型团队领导者的需要。

其次，从研究内容来看，现有研究存在区分度较低，系统性不足的问题。一方面，由于学术界对胜任力、态度、行为、绩效等概念还缺乏一致的认识，相关研究中概念混淆、研究内容模糊的问题仍较为常见；另一方面，已有的研究多将胜任力与工作绩效的关系、工作态度或行为与工作绩效关系分开研究，将三者关系合为一体、系统地反映工作投入产出关系的研究明显不足。这些问题的存在，直接影响了现有研究成果的实际应用价值。

再次，从研究方法来看，现有研究仍缺乏能将因素之间的相互影响进行有效分离的技术。对于运用SEM等统计分析方法发现的工作绩效与个体能力、工作态度等因素的相关性，学术界仍在为其是否反映因素间的因果关系而困惑。其原因是现有研究仍缺乏能将因素之间的相互影响或循环作用进行分离的有效技术，以至于许多研究只是证实了各因素之间的统计相关性，而没有证实其因果关系。其结果是：许多研究成果对于人们根据前因变量预测工作绩效，并无多大的帮助。

对现有研究进行延伸，将研究对象延伸到小型团队领导者这一管理金字塔的最底层，将研究内容延伸到管理工作的投入产出全过程，并且在研究方法上予以改进，将工作绩效与其前因变量之间相关性的研究延伸为因果关系的研究，有助于缩小上述理论研究与实践需要之间的距离。此种延伸研究可望形成与小型团队领导者工作特性更加吻合的能力、态度、行动、绩效量表以及更能反映其工作业绩与前因变量因果关系的理论模型，从而为企业培养、选拔、管理小型团队领导者提供更具有针对性的理论指导和更为实用的工具。

目　　录

第一章　小型团队领导者工作绩效与其前因变量关系研究的概念模型

第一节　研究范畴及研究内容

迄今为止，小型团队领导者仍然是一个约定俗成的概念。无人否认在管理者队伍中存在着小型团队领导者这样一个群体，但也没有人对小型团队领导者是指怎样的一个群体作明确的界定。为了明确研究对象，本书将小型团队领导者界定为任务团队的负责人，包括临时性任务团队负责人和日常性任务团队负责人。前者如项目经理、大型活动的组织者等，后者如职能部门经理、车间负责人、门店管理人员等。小型团队领导者具有如下三个特征：①在管理层级中处于下层，是基层管理者；②是具体任务的直接管理者，直接参与工作任务的计划、执行和监督控制；③直接和间接管理的下属人数较少（数十人以内）。

工作绩效的界定需要解决两个问题：一个问题是工作绩效是指谁的绩效；另一个问题是工作绩效是指结果还是指行为或者其他。就第一个问题而言，组织是由许多小型团队（或者说任务团队）组成的，小型团队内部又由数量不等的个体组成，因而组织中的工作绩效可以分为三个层次：组织绩效、团队绩效和个体绩效。在小型团队领导者工作绩效及其前因变量关系的研究中，工作绩效是指小型团队领导者的个体绩效，但由于小型团队领导者的工作特性，其个体绩效与其所领导的任务团队的团队绩效是一样的。就第二个问题而言，工作绩效究属结果或其他，仍是学术界争论不清的问题，大体上有绩效结果观、绩效行为观、绩效素质论、绩效多元论四种观点[1]。本书赞同将工作绩效界定为工作行为的结果，它既是合理的，也有助于避免工作绩效与其前因变量的概念混淆。

鉴于本书将工作绩效界定为工作行为的结果，个体工作绩效的前因变量应当是指工作行为及其影响因素，这些因素包括个体特征（或胜任力特征）、态度（或动机）、环境因素等。对于小型团队领导者工作绩效与其前因变量的关系，可以沿着"诱因—动机—行为—结果"这一路径进行探索。这一研究思路无疑是符合逻辑的，却遇到了一个实际困难，那就是在现有关于工作绩效与其前因变量关系的研究中，由于没有对个体特征、工作态度、工作行为、工作绩效等概念作严格的区分，概念重叠的问题比较严重，使得相关研究难以遵循这一逻辑。例如，在现有研究中，工作态度和工作行为这两个概念的界限是极为模糊的，研究者经常会混淆工作态度和工作行为这两个变量，以至于人们在研究工作绩效的前因变量时，很少有人考虑工作态度对工作行为的影响。为避免概念重叠对研究工作的负面影响，需要对胜任力特征、工作态度、工作行为等概念进行修正。

为了将个体的胜任力特征与工作态度和工作行为区别开来，本书将胜任力重新定义为对工作绩效有显著影响的持久、稳定的个体特征，包括个人特质、知识水平和个人积累的社会性资源。个人特质指的是个体所具有的较为稳定的心智模式与行为模式。其中，心智模式是指个体已经固化的思想观念及内心需要，包括世界观、人生观、价值观、愿望以及对外界的固定印象和看法等。行为模式是指个体在一般情况下经常重复出现的行为特征（习惯）。知识水平指的是个体所具有的社会知识、业务知识、所掌握的工具和方法、所积累的工作经验等。个人积累的社会性资源是指个体所建立的并且能在工作中利用的无形资产及社会关系。例如，个人树立起来的诚信形象、所积累的人脉关系等。这一定义强调胜任力特征是持久、稳定的，在相同的外部环境下是可以重复显现的，它有别于个体在一时一事中表现出来的态度和行为。一个员工可能在长期的工作和生活中养成了某些对工作绩效有影响的行为习惯（例如事先制订详细的计划），在没有外部干扰的情况下都会如此行事，这种行为习惯就是一项胜任力特征。当这一员工执行某一具体任务时，可能由于外部因素的影响，仅仅制订了粗略的工作计划，在这一具体任务上，这一员工的工作行为与其行为习惯就有了差异。

工作态度也是一个需要斟酌的概念。人们通常所说的工作态度首先可以区分为一贯的态度和特定场合特定工作下的态度，前者属于个人特质，属于胜任力范畴。后者则有两重含义，一重反映工作的目的性，即个体的工作动机。例如，对特定工作的重视（效价）、信心（期望值）、热爱（情感）等；另一重则反映工作的努力程度，实际上也反映了个体的行为特征或水平，例如，在特定工作上的责任心、主动性、创造性等。为了将工作态度与工作行为区别开来，本书将工作态度定义为与特定工作相关的工作动机，包括内部动机和外部动机。其中内部动机是指由情感或兴趣所引起的工作动机，不需要外界诱因的激发；外部动机是指由外界诱因激发的工作动机，如个体因薪酬、升迁与工作绩效挂钩，提升了特定工作的效价，而产生的工作动机。与之相对应，工作行为可以定义为个体作为组织成员对组织有影响的，在特定工作中所采取的实际行动，包括职责内工作行为和职责外工作行为。上述定义与现有的工作态度及相关概念（工作满意度、组织承诺、工作投入等）的区别在于，它不仅将工作态度界定为工作绩效的前因变量，而且将工作态度直接界定为工作行为的前因变量。在这一定义下，工作态度只包含动机，不包含行为。工作态度本身并不直接影响工作绩效，而是通过影响工作行为间接地影响工作绩效。将工作态度界定为工作动机，还意味着将工作态度与需要区分开来。工作态度是指由需要引发的工作动机而不是需要本身。个体的需要及其层次结构属于个人特质，是胜任力的构成要素，是工作态度的前因变量。至此，胜任力特征、工作态度、工作行为、工作绩效被重新定义为一组相对独立的变量，变量间的这种独立性是对小型团队领导者工作绩效及其前因变量关系进行定量分析的重要基础和前提。

在现代生产方式下，任务团队是企业最基本的组织形式，小型团队领导者是管理者队伍中数量最为庞大的群体，适合于运用统计分析的方法研究其工作绩效与前因变量的关系。这一研究主要涉及两个方面的内容：一是小型团队领导者胜任力特征、工作态度、工作行为、工作绩效测量模型的研究。为此需要分析小型团队领导者的工作特点，根据研究对象的特殊性识别其胜任力、态度、行为、绩效的显变量和潜变量，编制相关的测量量表，检测量表的信效度，并探测量表的维度，构建测量模型。此项研究不仅是后项研究的基础，同时有望开发出小型团队领导者工作绩效及其各种前因变量的测量工具，对于企业培养、选拔、管理小型团队领导者具有实际应用价值。二是小型团队领导者胜任力特征、工作态度、工作行为、工作绩效关系模型的研究。为此需要利用结构方程（Structural Equation Modeling，SEM）或其他统计分析方法，探测小型团队领导者胜任力、态度、行为和绩效等变量之间相互影响的路径、方向和程度，以获得与样本数据良好适配，并且有理论依据的小型团队领导者工作绩效及其前因变量关系模型。此项研究的内容涵盖了小型团队领导者工作投入产出的全过程，可使工作绩效与其前因变量之间因果关系的研究更加具有系统性，对预测小型团队领导者的工作绩效，改善其领导方式，也具有理论指导意义。

利用统计分析技术，对小型团队领导者工作绩效及其前因变量的关系既可以作肯证式研究，也可以作探索式研究。图 1－1 提供了基于 SEM 技术的一种探索式研究思路。

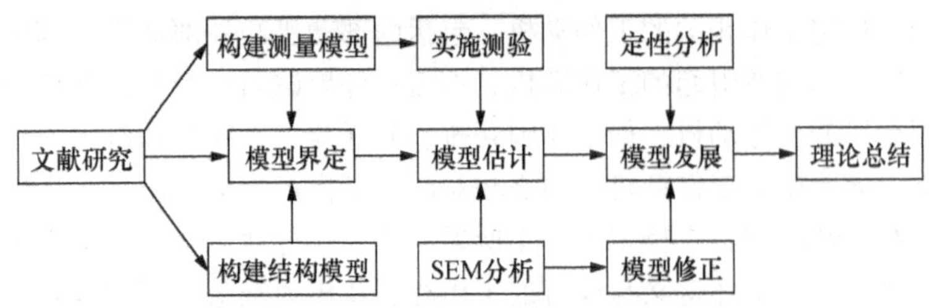

图 1-1 小型团队领导者工作绩效及其前因变量关系研究思路

第二节 理论渊源

小型团队领导者工作绩效及其前因变量关系研究的理论渊源首先可以追溯到领导效能理论。从 20 世纪中叶开始，关于领导效能的研究风起云涌，经久不衰，至今已形成特质理论、行为理论、权变理论三大流派。在特质理论中，代表性的学说包括强调先天特质的传统特质理论及强调后天学习的现代特质理论等；在行为理论中，代表性的学说包括二维构面理论、Lewin 的三种领导方式理论、四分图理论、Likert 的四种管理方式理论、管理方格理论、PM 理论、变革型领导理论等；在权变理论中，代表性的学说包括领导行为连续统一体理论、有效领导的权变模式、情境领导理论、通路—目标理论等[2-4]。无论哪一种学说，本质上都是在探讨领导效能（或者说领导者的工作绩效）与其前因变量的关系。在这些讨论中，领导效能与其前因变量的关系大体上可分为四种情形（见图 1-2）。

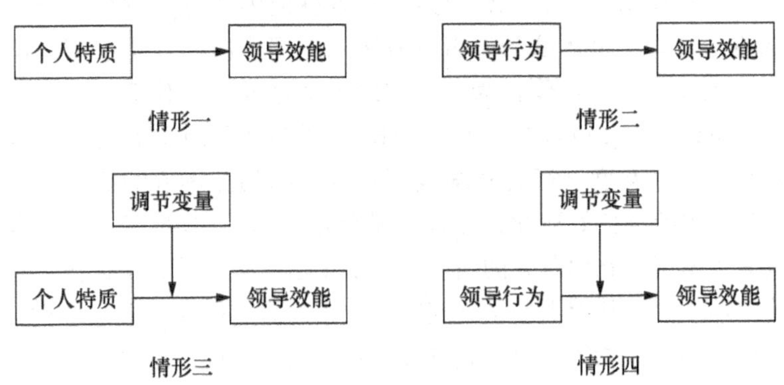

图 1-2 领导效能与其前因变量的关系

第一种情形是指领导者的工作绩效是由其个人特质决定的。特质理论的代表人物 Stogdill（1948）发现了与领导才能有关的五种身体特征（如精力、外貌与身高等）、四种智能特征（如判断力、果断力、知识的深度和广度、口才等）、十六种个性特征（如适应性、进取性、热心与自信等）、六种与工作有关的特性（如追求成功的干劲、毅力和首创性等）以及九种社会特征（如愿意与人合作、人际关系的艺术以及管理能力等）[5]；Gibb（1947）认为天才的领导者具有善于言辞、外表英俊、高超智力、充满信心、心理健康、支配趋向、外向敏感七项特性[6]。20 世纪 70 年代兴起的管理胜任力研究使特质理论更为丰富，美国管理协会（1970）花五年时间研究了 1800 名管理者，通过比较优秀和一般绩效者的表现，辨别出优秀的管理者工作成功的五个重要的胜任力：专业知识、心智成熟、企业家成熟度、人际间成熟度和在职成熟度；Boyatzis（1982）对 12 个工业行业的公共事业和私营企业的 41 个管理职位的 2000 多名管理人员的胜任力进行了全面分析，得出了管理人员的胜任力通用模型，提出管理者的胜任力通用模型包括六大特征群：目标和行动管理、领导、人力资源管理、指导下属、关注他人、知识以及 19 个子胜任力[7]。

第二种情形是指领导者的工作绩效是由其行为（或领导风格、领导方式）决定的。Fleishman（1948）提出二维构面理论，将领导者的行为划分为定规和关怀两个维度，二维构面可构成一个领导行为坐标，大致可分为四个象限或四种领导方式，即高定规—高关怀型、高定规—低关怀型、低定规—高关怀型和低定规—低关怀型，其中高定规—低关怀的领导方式效果最差[4]、[8]。Blake 与 Mouton（1964）提出了著名的管理方格理论，他们用纵坐标表示对人的关心程度，横坐标表示对生产的关心程度，列出了五种典型的领导方式：贫乏型管理（1.1 型）、任务型管理（9.1 型）、中庸之道型管理（5.5 型）、乡村俱乐部型管理（1.9 型）和团队型管理（9.9 型），他们将对工作和对人都极为关心的 9.9 型方式作为理想的管理模式[9]。三隅二不二在 20 世纪 60 年代提出了 PM 理论，该理论从绩效和维持两个维度观察管理者的行为，据以划分出 PM（高绩效—高维持）、Pm（高绩效—低维持）、Mp（低绩效—高维持）、pm（低绩效—低维持）四种领导类型，并以企业的生产性指标和员工的士气性指标进行了检验，获得了关于 PM 四种类型领导效果的基本一致结果：PM 型领导效果最好，Pm 型和 Mp 型居中，pm 型最差[10]。Likert（1961）以数百个组织机构为对象，进行领导方式的研究，他将领导行为归纳为“专制—权威”、“开明—权威”、“协商”、“参与”四种领导方式，发现采用“参与”领导方式的管理者，一般是极有成就的领导者，以此种方法来管理组织，在制定目标和实现目标面是最有成绩的[11]。Burns（1978）在对政治型领导人进行定性分类研究的基础上，提出领导过程应包含交易型和变革型两种领导行为；Bass（1985）正式提出了交换型领导行为理论和变革型领导行为理论；Bass 和 Avolio（1993）等人发展了变革型领导理论，提炼出理想影响力、鼓励性激励、智力激励、个性化关怀等变革型领导行为，认为变革型领导比传统的交易型领导更为有效[12、13、14]。

第三种情形是指个人特质对领导者工作绩效的影响，取决于一些调节变量。Fiedler（1962）认为影响领导成功与否的关键因素之一是个体的基本领导方式，领导方式又取决于个人特质。他将领导方式分为任务取向或关系取向两类，认为采取前一种领导方式的领导者其人格特质是以维持良好的人际关系为动因；采取后一种领导方式的领导者其人格特质是以完成任务为动因。Fiedler 用 LPC 量表测量管理者的人格特质同时根据上下关系、职位权力、任务结构三个变量的水平划分出八种不同的情境，研究不同情境下领导者的工作绩效，发现任务取向的领导者在非常有利的情境和非常不利的情境下绩效更好，关系取向的领导者则在中间状态下工作绩效更好[15]。McClelland 通过对人的需求和动机进行研究，把人的高层次需求归纳为对成就、权力和亲和的需求，他研究了这些需求与管理者成功的关系，发现高成就需求者作为小企业的经理人员和在企业中独立负责一个部门的管理者时，往往会取得成功；而在大型企业或其他组织中，高成就需求者并不一定就是一个优秀的管理者[16]。

第四种情形是指领导的工作行为对工作绩效的影响取决于一些调节变量。情境领导理论的倡导者 Paul Hersey 和 Blanchard（1982）认为成功的领导是通过选择恰当的领导方式而实现的，选择的过程根据下属的成熟度水平而定，因此他们把下属的成熟度（个体完成某一具体任务的能力和意愿的程度）设定为情境，将员工成熟度按工作成熟度和心理成熟度分为四种情境，将领导方式分为命令式、说服式、参与式和授权式四种类型，认为领导方式只有与员工成熟度相匹配方能有效[17]。类似地，通路—目标理论的创始人 Howse（1971）提出了两大类情境（或权变）变量作为影响领导行为—结果之间关系的中间变量：其一是下属可控范围之外的环境（包括任务结构、正式职权系统、工作群体等因素），其二是下属个人特点中的一部分内容（包括控制点、经验、认知能力等），将领导方式划分为指令型、支持型、参与型、成就型四种类型，主张要根据部下的能力、需求等人格特性和任务的性质、组织的权力系统、工作群体等环境因素选择适当的领导方式[18]。

激励理论是小型团队领导者工作绩效及其前因变量关系研究的另一个源头。领导效能理论由于对领导者个人特质与领导行为之间的关系缺乏深入的探讨，未能使领导者个人特质、领导行为、领导效能三者关系的研究连结成一个整体。激励理论恰好可以弥补这一不足。几乎与领导效能理论同时，各式各样的激励理论应运而生。其中较有代表性的包括马斯洛的需要层次理论、奥尔德弗的 ERG 理论、麦克利兰的成就需要理论、赫兹伯格的双因素理论、弗鲁姆的希望理论、亚当斯的公平理论、斯金纳的强化理论、海德的归因理论、洛克和休斯的目标设定理论、劳勒和波特的综合激励理论。这些理论按其对外在因素和内在因素的重视程度可分为行为主义激励理论、认知派激励理论和综合激励理论；按其是否强调动机的形成过程可分为内容型激励理论和过程型激励理论。

激励理论的贡献在于：第一，激励理论深入研究了需要、动机与行为之间的关系。需要作为个人的基本特质，是激励理论关注的焦点，众多激励理论探讨了需要的多样性和差异性，指出需要及其满足状态会引发、增强、减弱甚至转变工作动机，进而影响工作积极性。马斯洛（1954）提出需要层次理论，该理论将需求分为五种，像阶梯一样从低到高，按层次逐级递升，分别为：生理上的需求、安全上的需求、情感和归属的需求、尊重的需求和自我实现的需求。马斯洛理论认为：个体成长发展的内在力量是动机，而动机是由多种不同性质的需要组成的，各种需要之间有先后顺序与高低层次之分，每一层次的需要与满足将决定个体人格发展的境界或程度。奥尔德弗（1969）在马斯洛的需求层次理论的基础上，提出了一种新的人本主义需要理论，即 ERG 理论。该理论包含三种核心的需要：生存的需要、相互关系的需要和成长发展的需要。ERG 理论认为多种需要可以同时作为激励因素而起作用，并且当满足较高层次需求的企图受挫时，会导致人们向较低层次需要的回归。因此，管理措施应该随着人们的需要结构的变化而做出相应的改变，并根据每个人不同的需要制定出相应的管理策略。

第二，激励理论打开了工作动机及其形成过程的黑箱。弗鲁姆（1964）的期望理论揭示了工作动机由效价和期望构成，要想激励员工，就必须让员工明确：工作能够提供给他们真正需要的东西；他们欲求的东西是和绩效联系在一起的；只要努力工作就能提高他们的绩效。亚当斯（1965）的公平理论阐述了公平感知影响动机的过程，该理论认为员工的激励程度来源于对自己和参照对象的报酬和投入的比例的主观比较感觉，只有公平的报酬，才能使职工感到满意和起到激励作用。洛克和休斯（1967）提出目标设定理论，认为目标本身就具有激励作用，目标能把人的需要转化为动机，使人们的行为朝着一定的方向努力，并将自己的行为结果与既定的目标相对应，及时进行调整和修正，从而能实现目标。斯金纳（1956）的强化理论研究了行为的后果对行为动机的正强化和负强化作用，该理论认为人的行为是其所获刺激的函数，如果这种刺激对他有利，则这种行为就会重复出现；若对他无利，这种行为就会减弱直至消逝，因此他主张对激励进行针对性的刺激，只看员工的行为和结果之间的关系，而不是突出激励的内容和过程。劳勒和波特（1968）利用综合激励模型系统地展示了从付出努力，经取得绩效和感知报酬，到形成新的工作动机（效价和期望）的过程，指出要形成激励—努力—绩效—奖励—满足并从满足回馈努力这样的良性循环，取决于奖励内容、奖惩制度、组织分工、目标导向行动的设置、管理水平、考核的公正性、领导作风及个人心理期望等多种综合性的因素[2、3、19、20]。

第三，激励理论丰富了人们对工作绩效前因变量的认识。激励理论发掘并梳理了大量的影响工作行为和工作绩效的因素，并揭示了各种因素的不同属性和不同作用。马斯洛等人总结了需要的若干因素：马斯洛（1954）提出了需要的五层次（生理上的需要、安全上的需要、情感和归属的需要、尊重的需要和自我实现的需要）；奥尔德弗（1969）提出了需要的三因素（生存的需要、相互关系的需要和成长发展的需要）；麦克利兰（1966）提出了高层次需要的三要素（成就需要、权力需要和亲和需要）。海德（1958）则将影响行为的因素区分为内部因素（如能力、努力程度等）和外部因素（如任务难度、机遇等），即情景归因与个性倾向归因，他认为在管理工作中当员工完成任务受挫折时，管理人员要及时了解职工的归因倾向，才能帮助职工正确总结经验教训和顺利进行归因，使员工进一步严格要求自己，更加发奋努力。赫茨伯格（1959）将影响人的工作积极性的因素区分为激励因素和保健因素，并指两种因素对员工的工作积极性具有不同的影响，激励因素通常与个人对他们的工作积极感情相联系，但有时也涉及消极感情，而保健因素却几乎与积极感情无关，只会带来精神沮丧、脱离组织、缺勤等结果。劳勒和波特（1968）指出个人的工作绩效主要依赖于努力程度，同时还依赖于个人能力及角色认知，表明能力及角色对工作行为与工作绩效的关系具有调节作用[3、8、19、20]。

激励理论虽然就目的而言是研究激励因素与管理对象的行为之间的关系，但本质上还是研究需要、动机、行为及绩效之间的关系，上述研究结果同样适用于管理者，可以用来解释领导者个人特质、领导行为、领导效能之间的关系，是领导效能理论的一个重要补充。

综合上述领导效能理论和激励理论，可对领导效能与其前因变量的关系作进一步的修正（见图1-3），图中的调节变量包括一系列的个人特质和环境因素。在领导效能与其前因变量的关系中，不同个人特质或环境因素，其影响是不一样的。有些变量在工作动机与领导行为之间起调节作用，有些变量则在领导行为和领导效能之间起调节作用。需要指出的是，调节变量有多种类型，图1-3中的调节变量既可能是同质调节变量，也可能是半调节变量或纯调节变量①。

---

① 调节变量是指影响一个独立变量或预测变量与一个因变量或标准变量之间关系的方向或强度的变量（Baron和Kenny，1986）。调节变量可分为同质调节变量、纯调节变量和半调节变量三种类型。同质调节变量影响因果关系的强度，与预测变量没有交互作用，并且它与因变量和预测变量都没有显著的相关关系；纯调节变量和半调节变量与预测变量有交互作用，影响因果关系的形态或方向，其中纯调节变量与因变量和预测变量不相关，半调节变量与因变量和/或预测变量相关（李艾、李君文，2008）。

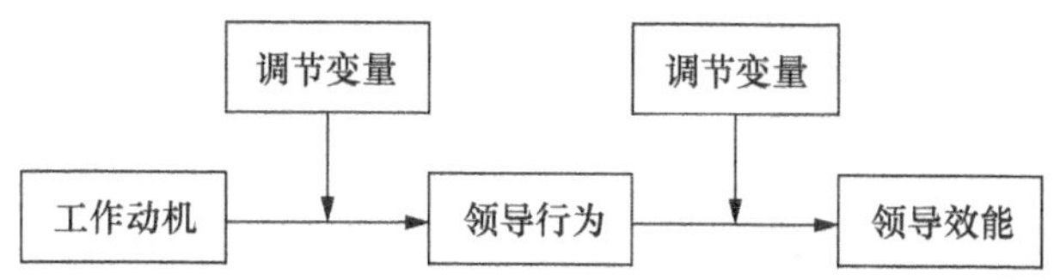

图 1-3　领导效能与其前因变量的关系修正

围绕工作绩效及其前因变量的关系，有许多相关的研究，其中包括胜任力、情绪智力、工作满意度、组织承诺、组织支持感、组织公平、心理契约、心理授权、心理资本、自我效能感、组织社会化、角色认知、工作敬业、工作投入、组织公民行为、任务绩效、周边绩效等方面的研究。这些研究同属行为科学，关系密切，却并无统一的称谓，暂且可以称之为行为科学的"灌木丛"。它虽未像领导理论、激励理论那样长成参天大树，却也是行为科学学术生态系统的重要组成部分。在这些研究中，有两个方面的成果对小型团队领导者工作绩效及其前因变量关系研究具有非常重要的意义：

1. 形成了大量的关于胜任力、工作态度、工作行为、工作绩效的测量量表和测量模型

在胜任力的研究方面：Boyatzis（1982）使用行为事件访谈和学习风格问卷，分析了不同行业、不同部门、不同管理水平的胜任力模型的差异，提出了绩效优秀经理的有效能力特征模型，该模型认为要取得良好绩效，管理人员需要具备六个方面的胜任力特征：目标和行动管理、领导、人力资源管理、指导下级技能、特殊知识以及其他[7]。Spencer L. M. 和 Spencer S. M.（1993）总结了他们二十年中研究胜任力的成果，提出了专业技术人员、销售人员、社区服务人员、管理人员和企业家五种通用胜任力模型[21]。Lombardo 和 McCauley（1994）建立了 MSP（Management Skills Profile）量表[22]。Bartram（2005）构建了由 8 类特征组成的"大八"管理胜任力模型[23]。王重鸣、陈民科（2002）编制《管理综合素质关键行为评价量表》，对 2000 多名中高层管理者进行了调查，研究结果显示，管理胜任特征结构由管理素质和管理技能两个维度构成，但在维度要素及其关键度上，职位层次间存在显著差异。时勘、王继承等（2002）运用 BEI 技术，对我国通信业管理干部的胜任特征进行了实证研究，结果表明，我国通信业管理干部的胜任特征包含十项：影响力、组织承诺、信息寻求、成就欲、团队领导、人际洞察能力、主动性、客户服务意识、自信和发展他人。魏钧、张德（2005）运用探索性因素分析和验证性因素分析，对客户经理胜任力模型进行了深入研究，得出商业银行客户经理胜任力结构模型由 24 个胜任力特征因素构成六大类胜任力模块：把握信息、拓展演示、关系管理、自我激励、参谋顾问和协调沟通。黄勋敬、李光远、张敏强（2007）应用行为事件访谈法，并通过对不同绩效的行长胜

任力特征的差异比较，构建了商业银行行长胜任力模型，包括9项超越胜任力特征（执行力、分析性思维、客户导向与市场意识、资源配置意识、创新与开拓意识、组织协调和领导能力、团队意识、公关能力、搜寻能力）和13项基准性胜任力特征（风险意识、成本意识、正直诚实、责任心、专业知识、培养下属、明确的发展目标、学习能力、服务意识、成就导向、沟通技巧、遵守规则、主动性）。张进（2007）针对施工企业工程项目管理者这一特定的对象进行探讨和分析，建立了具有系统特性的工程项目管理者胜任力结构三维度模型，即管理技能维度、人际关系维度和个人特质维度，其中管理技能维度由6项胜任力特征组成，人际关系维度由8项胜任力特征组成，个人特质维度由6项胜任力特征组成[24-28]。

在工作态度和工作行为的研究方面，比较著名的有：Weiss、Dawis 和 England 等（1967）编制的 MSQ 满意度调查表，它分为短式量表（3个分量表）和长式量表（21个量表），短式量表包括内在满意度、外在满意度和一般满意度三个分量表，长式量表包括120个题目，可测量工作人员对20个工作方面的满意度及一般满意度[29]。Porter、Steers 等（1979）[30]和 Allen、Meyer（1997）对以前诸多研究者关于组织承诺的研究结果进行了全面的分析和回顾，并在自己的实证研究基础上提出了组织承诺的三因素模型：感情承诺、持续承诺和规范承诺，并编制了三因素的组织承诺量表，对上述承诺的三因素进行测量[31]。Vroom（1964）的工作投入量表[32]。Organ（1988）开发了包括利他主义、运动员精神、尽责行为、公民道德和文明礼貌5个维度，22个题目构成的公民组织行为量表，其他量表大多数都以此量表为基础编制[33]；樊景立、钟晨波（2004）探索了中国大陆地区的公民组织行为，从公民组织行为描述中发现了10个维度，其中积极主动、帮助同伴、观点表述、群体活动参与、提升组织形象这5个维度是与西方公民组织行为维度所共有的，另有自我培养、公益活动参与、保护和节约公司资源、保持工作场所整洁、人际和睦5个维度是对西方公民组织行为维度的拓展[34]。

在工作绩效的研究方面，Borman 和 Motowidlo（1993）在研究坎贝尔等人工作绩效结构的基础上，将工作绩效划分为任务绩效和关系绩效两个维度，并进一步区分了任务绩效与周边绩效，他们认为任务绩效的内容随着岗位和职务的变化而变化，而周边绩效的内容在不同岗位和职务之间是稳定的和类似的[35]。Van Scotter 和 Motowidlo（1996）构建了关系绩效测量量表，该量表包括15项题目，涉及周边绩效的两个维度，其中工作奉献包括8个项目，人际促进包括7个项目，并指出任务绩效包括对任务的精通和有效完成任务的动机，周边绩效则包括人际技能、维持良好的工作关系和帮助他人完成作业的动机等[36]。Welboume 和 Johnson（1998）基于角色和认同理论开发了一个五维工作绩效理论：基于工作要求角色的任务绩效、基于组织角色的组织公民行为、基于团队角色的团队行为、基于职业角色的技能、学习和培训以及基于创新角色的创新绩效[37]。韩翼、廖建桥（2007）综合评价了自20世纪60年代以来有关工作绩效结构的各种理论，在组织公民行为理论、任务绩效和关系绩效理论、角色和角色外理论以及学习创新和创新绩效理论基础上，提出了一个四维度的工作绩效模型：任务绩效（技术核心）、关系绩效（公民气候）、学习绩效（学习过程）和创新绩效（创新行为），并在2006～2008年对该模型进行了多次的实证研究[38,39]。张进（2007）建立了以质量、成本、进度、安全4个指标为观察变量，以工程项目绩效为潜变量的测量模型[28]。

2. 检验了工作绩效与其前因变量之间的关系

Judge等（2001）指出工作满意度与工作绩效显著相关，但二者的关系存在4种可能性：高满意度—高绩效、低满意度—低绩效、高满意度—低绩效、低满意度—高绩效，前两种关系与前人关于工作满意度与工作绩效存在正向相关的道理是一样的，后两种则属于特殊情况，不具有普遍的代表意义[40]。Bowling（2007）的元分析发现工作满意度与工作绩效之间的相关关系是一种基于共同因的虚假关系[41]。Mowday、Steers和Porter（1982）根据组织承诺规范性的观点研究出组织承诺量表，目的是测量受试者对其所属组织的承诺程度，结果发现组织承诺与工作绩效相互影响[42]。张进（2007）通过对工程项目管理者胜任力与工程项目绩效的研究，证明了工程项目管理者胜任力与工程项目绩效有显著的相关关系，但对于不同的胜任力维度对工程项目绩效影响效果不同[28]。韩翼（2008）提出了目标定向、组织承诺和工作满意度与工作绩效关系的三种结构方程竞争模型，证实模型3是最佳模型[43]。唐春勇（2001）研究了大五个性（神经质、外向性、开放性、宜人性和责任感）和工作态度对关联绩效的影响，证实个性特征对关联绩效的影响受到工作态度的调节[44]。陆昌勤、凌文辁、方俐洛（2006）运用结构方程验证了管理自我效能感与管理者工作态度和绩效的正向关系[45]。行为科学的灌木丛为小型团队领导者工作绩效及其前因变量的测量提供了丰富的工具，同时也为探测小型团队领导者工作绩效及其前因变量关系提供了大量的线索。

第三节 小型团队领导者工作绩效及其前因变量关系的概念模型

为了构建小型团队领导者工作绩效及其前因变量关系的理论模型，需要进一步讨论工作绩效的累积过程。个体工作绩效实际上就是个人所提供的符合服务对象要求的工作成果。这些工作成果的形成有一个累积的过程：个人的工作行为首先产生阶段性成果，并对团体的工作环境产生影响。在改善了的工作环境的前提下，个体阶段性的工作成果进一步累积，形成个体的最终工作成果。在服务对象的需求和期望要以团队的最终成果来满足的情况下，还存在另一个累积过程：团队中各个个体的工作成果累积成为团队工作成果（全面完成团体的工作任务或目标，满足服务对象的需求和期望）。两个累积过程通常同时并存，互相交迭[1]。

从工作绩效的累积过程来看，个体工作绩效可以划分为最终绩效、过程绩效和周边绩效三个维度。最终绩效是指个体取得的符合服务对象要求的最终工作成果。个体在团体中的角色不一样，其最终绩效的表现形式也不一样。小型团队领导者自身的工作成果通常是无形的，其个人的最终工作成果体现在团体的最终工作成果上。过程绩效是指个体取得的符合服务对象要求的阶段性工作成果，或者体现为任务执行过程中的工作质量。小型团队领导者的过程绩效体现在任务管理行为（对任务本身的管理，指向“事”）和团队管理行为（对团队成员的管理，指向“人”）的工作质量上。周边绩效是指个体工作行为对团体工作环境产生的有利影响。团队成员普通成员的周边绩效多为职责外行为（如组织公民行为）的结果，小型团队领导者的周边绩效则主要是由职责内的工作行为产生的附加值（如导致团队成员组织公民行为的改善）。根据工作绩效的累积过程，小型团队领导者最终绩效、过程绩效和周边绩效之间具有如图1－4所示的关系。

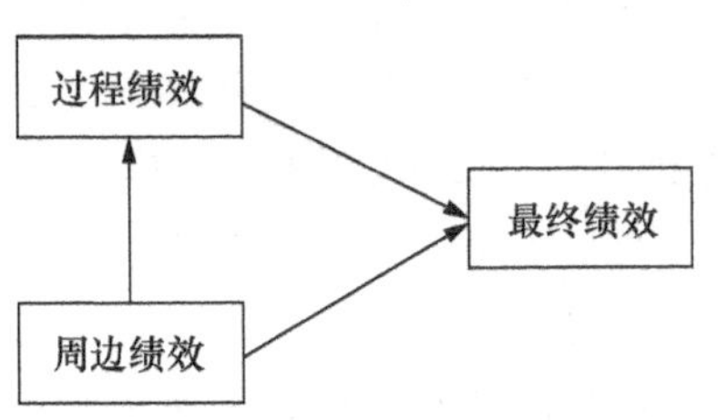

图1－4　工作绩效各组成部分的关系

绩效是行为的结果，没有实际的行动，无论有多么优秀的能力素质，有多么强烈的动机和意愿，都不会产生结果。因此，工作行为是工作绩效的直接原因。工作行为对工作绩效的影响体现在两个方面：一是行为的方向，即实施了什么样的行为；二是行为的强度，即在一定方向上付出了多大程度的努力。在适宜的环境下，如果行为的方向正确，工作绩效与工作行为的强度应该是正相关的。综观各种领导效能理论，大多将领导行为划分工作导向和关系导向这两个维度。前者以工作为中心，主要体现在设立目标、建立标准、定义角色和责任、制定规章或工作程序、监督、控制、根据工作完成情况进行奖励和惩罚等管理行为上；后者

以人为中心，主要体现在理想化影响、鼓舞性激励、智力激发、个性化关怀等管理行为上。这样的划分同样适用于小型团队领导者，只不过作为任务团队的负责人，他们的工作行为指向更为具体的对象：任务和团队关系。因此，小型团队领导者的工作行为可以划分为任务管理和团队管理这两个方面。任务管理主要是指围绕任务的完成而实施的决策、计划、组织、指挥、协调、控制等管理行为；团队管理是指为了维持和改善团队关系而实施的变革型领导和团队建设行为。如前所述，领导行为学派多认为：按照工作导向和关系导向两个维度划分出来的各种管理风格中，两者均强的领导方式要比两者均弱的领导方式具有更高的领导效能。据此可以假定：对于小型团队领导者而言，任务管理行为和团队管理行为对其工作绩效有正向影响，基于工作绩效的累积过程，任务管理行为和团队管理行为应该首先影响过程绩效和周边绩效，进而影响最终绩效。它们的关系如图 1 -5 所示。

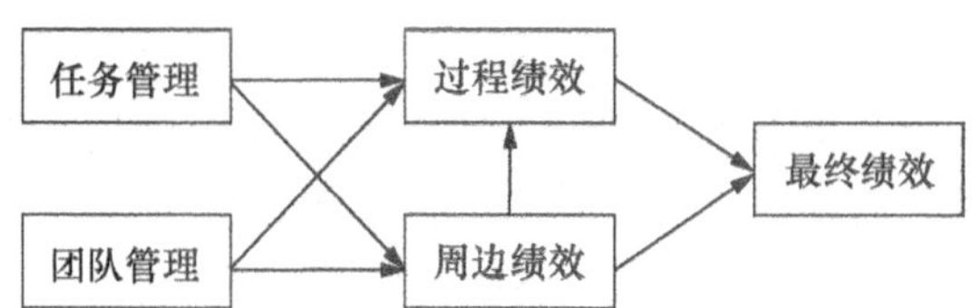

图 1 -5 小型团队领导者工作行为与工作绩效的关系

工作行为是由工作动机引起的。人的工作动机十分复杂，难以用一种简单的模型反映二者的关系。但期望理论化繁为简，将影响人们工作积极性的因素归纳为效价和期望两个方面，简单明了地描述了工作动机与工作行为的关系。根据期望理论，效价和期望分别指人们对这种工作能满足其需要的程度及实现可能性大小的评价，激发力量 = 效价 × 期望。换言之，工作动机（效价和期望）对工作行为（做什么以及努力程度）具有正向影响。需要补充的是：①期望理论中的效价和期望都是对特定工作的认知，没有包含情感这一较为广泛的行为动机。但在组织承诺等有关工作态度的研究中，多已证明情感因素对工作绩效有正向影响。Becker（1960）基于单边投入理论，最早提出组织承诺概念，认为组织承诺和离职有密切关联，并将组织承诺作为解释员工自愿离职的主要原因[46]。Meyer、Allen（1993）提出组织承诺的三维结构：感情承诺、继续承诺和规范承诺，他们发现情感承诺和规范承诺对绩效各方面均有正面影响，而继续承诺在人际促进以及工作成效方面却呈负向关系[47]。Van Scotter（2000）研究表明周边绩效和组织承诺正相关[48]。凌文辁等（2001）提出我国企业职工的组织承诺五维结构模型：感情承诺、规范承诺、理想承诺、经济承诺和机会承诺，其中感情承诺、规范承诺、理想承诺、经济承诺与工作绩效呈显著正相关，机会承诺与工作绩效呈负相关[49]。韩翼（2007）提出并证实员工工作绩效的四维度结构模型（任务绩效、关系绩效、学习绩效和创新绩效），并通过路径分析发现组织承诺显著正向影响任务绩效、关系绩效和学习绩效，而负向影响创新绩效[50]。显然，在讨论工作动机与工作行为的关系时应考虑情感因素。②工作动机的形成及其对工作行为的影响与个人特质有关。某些个人特质直接影响工作动机。例如，个人的需要结构显然会影响人们对工作意义的评价，挑战性的工作对成就欲或自我实现的需要比较强烈者往往具有较高的效价，对生存需要或安全需要比较强烈的人则未必如此；又如个人的性格特征会影响人们对达成工作可能性的评价，高度自信的人对很多工作都会有较高的期望值，自卑者则相反。在工作动机与工作行为关系的研究中，这些直接影响工作动机的个人特质可以用作工作动机的预测变量，也可以用作解释工作动机与工作行为关系的半调节变量。为避免在工作绩效及其前因变量关系研究中变量间的间接影响路径过长，本书将其用作半调节变量。某些个人特质虽不影响工作动机，却对工作动机与工作行为的关系有影响。例如，一个具有高度责任心人，即使面对低效价和低期望的工作，也可能会很努力地工作。在工作动机与工作行为关系的研究中，这样的个人特质是典型的调节变量。③个人特质对工作行为与工作绩效的关系也具有调节作用。例如，劳勒和波特（1968）的综合激励模型中，实际上就包含个人能力及角色认知对“努力—绩效”关系的调节作用。④如同个人特质，外部环境因素对“工作动机—工作行为”、“工作行为—工作绩效”间的关系也具有调节作用。例如，弗雷德·菲德勒权变模式中提到的上下关系、职位权力、任务结构，赫塞和布兰查德的情境领导理论中提到的员工成熟度，豪斯的通路—目标理论中提到的群体关系，还有其他相关研究中提到的组织公平、组织支持等，都是“工作动机—工作行为”或“工作行为—工作绩效”关系的调节变量。基于上述讨论，小型团队领导者工作绩效及其前因变量关系的完整模型如图 1－6 所示。图 1－6 中的调节变量包括对“工作动机—工作行为”或“工作行为—工作绩效”关系有影响的各项个人特质（即小型团队领导者的胜任力特征）和环境因素。

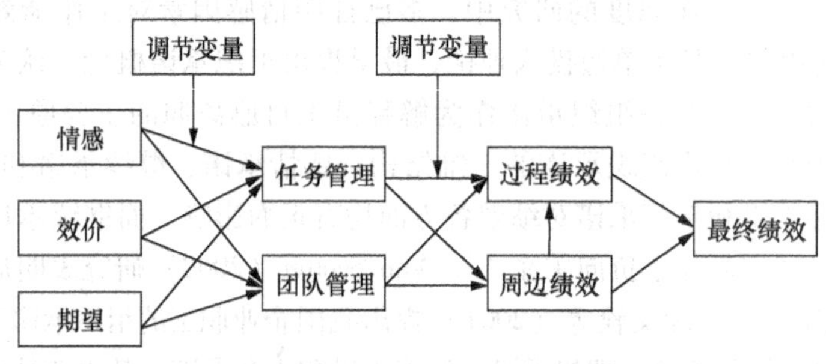

图 1－6　小型团队领导工作绩效及其前因变量关系的概念模型

第四节 结束语

小型团队领导者工作绩效及其前因变量关系的相关研究源远流长。领导效能理论、激励理论以及行为科学的“灌木丛”在领导者个人特质与领导效能的关系、领导行为与领导效能的关系、领导有效性的调节因素、工作绩效及其前因变量的识别与测量等方面的研究，为进一步探索小型团队领导者工作绩效及其前因变量的关系奠定了理论基础。依据这些理论，小型团队领导者胜任力特征、工作态度、工作行为与工作绩效之间的关系可以按照诱因、动机、行为、结果之间的联系进行梳理，形成图 1 -6 所示的概念模型。

这一模型包含如下要点：①在小型团队领导者工作绩效及其前因变量关系的量化分析中，工作绩效及胜任力特征、工作态度、工作行为应该并且可以被界定为相互独立的变量。②从态度（动机）到行为以及从行为到绩效（结果）是一个完整过程的两个阶段。在小型团队领导者工作绩效及其前因变量关系的研究中不应割裂这两个阶段，也不应混淆或颠倒这两个阶段。③应该对人们在特定工作上的态度/行为与一贯的态度/行为进行区分。前者属于工作态度/工作行为的范畴，是“工作态度—工作行为—工作绩效”关系链上的变量；后者属于个体特征（或胜任力特征），是影响上述关系的调节变量。④图 1 -6 所示的概念模型是小型团队领导者工作绩效及其前因变量关系的简约描述。在对模型中各个变量的维度进行识别的基础上，这一简约模型可以扩展。

第二章　工作绩效及其前因变量的现有测量工具

个体工作绩效的影响因素众多。从组织行为的角度看，个体工作绩效的前因变量包括个体自身因素（胜任力、工作态度、工作行为等）及非个体自身的因素（组织因素、团队关系等）。为研究工作绩效与其前因变量的关系，特别是利用经验数据对二者的关系作实证研究，学者们开发了大量有关工作绩效与其前因变量的测量工具，其中包括工作绩效、胜任力、工作态度、工作行为等诸多变量的测量模型、量表、调查问卷等。许多测量工具被证明具有良好的信度和效度，可供后续研究引用或借鉴。

第一节　工作绩效测量工具

1. Scott A. Goodman 的工作绩效问卷[51]

Borman，W. C.，Motowildlo S. J.（1993）在《Expanding the criterion domain to include elements of contextual performance》一文中，将工作绩效划分为两个维度，分别对员工的任务绩效和关系绩效进行测量。其中，任务绩效是指有明确规定的职务内行为，主要包括直接把原材料转化为产品和服务的活动，通过补充原材料的供应、分配产品，以及提供计划、监督和人事职能来保证技术核心高效运转的活动。关系绩效是指非职务规定的行为，它并非直接的生产和服务活动，但构成组织、社会和心理背景，这类行为包括主动执行职务要求以外的活动，工作时表现出格外的热情，帮助他人，遵守规章制度，维护组织目标等。

与 Borman，W. C.，Motowildlo S. J. 相似，Scott A. Goodman 也将工作绩效分为两个维度。Scott A. Goodman（1999）在《Person-Organization Fit and Contextual Performance：Do Shared Values Matter》一文中，将工作绩效分为关系绩效和任务绩效。其关系绩效问卷含利他行为和尽责性两个维度，共 16 个测验项目；任务

绩效问卷没有区分维度，含9个测验项目。问卷中的测验项目如表2－1所列。Scott A. Goodman采用Cronbach's α系数对问卷的内部一致性进行了检验，关系绩效问卷整体的α系数为0.89，其中利他行为和尽责性的α系数均为0.86，任务绩效的α系数为0.93。内部一致性的检验结果显示Scott A. Goodman绩效问卷具有良好的信度。

表2－1 Scott A. Goodman绩效问卷

问卷	维度	测验项目	英文原文
关系绩效	利他行为	1. 在同事不在时协助他们的工作	1. Helps other employees with their work when they have been absent
		2. 自愿做一些工作职责之外的事情	2. Volunteers to do things not formally required by the job
		3. 超出工作职责，主动帮助同事适应部门	3. Takes initiative to orient new employees to the department even though not part of his/her job description
		4. 当同事工作负担加重时，主动帮助他直至他克服困难	4. Helps others when their workload increases (assists others until they get over the hurdles)
		5. 协助他人完成工作任务	5. Assists me with my duties
		6. 为全面提高部门质量而提出建设性意见	6. Makes innovative suggestions to improve the overall quality of the department
		7. 积极参加有助于提升公司整体形象的活动，即使那并非组织要求	7. Willingly attends functions not required by the organization, but helps in its overall image
	尽责性	1. 按时工作	1. Exhibits punctuality arriving at work on time in the morning and after lunch breaks
		2. 占用过多的工作时间休息	2. Takes undeserved work breaks
		3. 比公司标准有更高的出勤率，例如休假时间比大部分同事或公司允许的少	3. Exhibits attendance at work beyond the norm, for example, takes fewer days off than most individuals or fewer than allowed
		4. 工作不努力，懒懒散散过一天	4. Coasts toward the end of the day
		5. 有事无法出勤时提前告知	5. Gives advance notice if unable to come to work
		6. 花费大量的时间在私人电话上	6. Spends a great deal of time in personal telephone conversations
		7. 不在不必要的时候请假	7. Does not take unnecessary time off work
		8. 工作期间不作额外的休息	8. Does not take extra breaks
		9. 不花费大量时间在闲聊上	9. Does not spend a great deal of time in idle conversation

续表

问卷	维度	测验项目	英文原文
任务绩效	单维	1. 完成工作目标	1. Achieves the objectives of the job
		2. 达到绩效标准	2. Meets criteria for performance
		3. 在所有工作相关的任务中表现出专业性	3. Demonstrates expertise in all job-related tasks
		4. 达成了所有的工作要求	4. Fulfills all the requirements of the job
		5. 能够承担超出一般要求的工作职责	5. Could manage more responsibility than typically assigned
		6. 能够充当更高水平的工作角色	6. Appears suitable for a higher level role
		7. 在工作的各个领域均有竞争力，且能够熟练地完成任务	7. Is competent in all areas of the job, handles tasks with proficiency
		8. 能够按照预期完成任务，并在整个工作中表现优异	8. Performs well in the overall job by carrying out tasks as expected
		9. 能够在截止日期前有计划地组织工作并达成目标	9. Plans and organizes to achieve objectives of the job and meet deadlines

2. Motowidlo 和 VanScotter 的工作绩效量表[52]

Motowidlo 和 VanScotter（1994）在《Evidence that task performance should be Distinguished from contextual performance》一文中，以美国空军机械师为研究对象，构建了包含任务绩效和周边绩效两个维度的工作绩效量表。量表共包含 30 个测试项目，其中，测量任务绩效的分量表包含 14 个测试项目；测量周边绩效的分量表包含 16 个项目。量表的具体项目如表 2－2 所列。Motowidlo 和 VanScotter 采用 Cronbach's α 系数检验量表的信度。结果显示：任务绩效量表的 Cronbach's α 为 0.95，周边绩效量表的 Cronbach's α 为 0.95，表明量表具有较高的内部一致性。

表 2－2　Motowidlo 和 VanScotter 的工作绩效量表

问卷	测验项目	英文原文
任务绩效	In comparison to others in this AFSC［Air Force Specialty Code］, how effective is this person in: （与 AFSC 中的其他人相比，被测在以下方面表现如何?）	
	1. 使用设备检测问题	1. inspecting, testing, and detecting problems with equipment
	2. 解决难题	2. trouble-shooting

续表

问卷	测验项目	英文原文
任务绩效	3. 执行日常维护	3. performing routine maintenance
	4. 设备维修	4. repairing
	5. 使用工具和测试仪器	5. using tools and test equipment
	6. 运用技术资料	6. using technical documentation
	7. 操作设备	7. operating equipment
	8. 计划和组织工作	8. planning and organizing work
	9. 履行行政职责	9. performing administrative duties
	10. 注重工作中的安全问题	10. working safely
	11. 保持工作现场设施的整洁	11. cleaning shop facilities
	12. 及时盘点库存工具	12. inventorying tools
	13. 清洁和润滑设备部件	13. cleaning and lubricating equipment components
	14. 总体技术绩效	14. overall technical performance
周边绩效	While performing his or her job , how likely is it that this person would: （当开展工作时，被测者在以下方面可能有何表现?）	
	1. 即使上级管理人员不在场，也按照指令做事	1. comply with instructions even when supervisors are not present
	2. 在团队内与其他同事保持合作	2. cooperate with others in the team
	3. 为完成工作迎难而上	3. pesist in overcoming obstacles to complete a task
	4. 恰当地展现军人风采	4. display proper military appearance and bearing
	5. 主动承担额外的工作	5. volunteer for additional duty
	6. 按照作业程序工作，并避免越权行事	6. follow proper procedures and avoid unauthorized shortcuts
	7. 期待挑战性的工作	7. look for a challenging assignment
	8. 主动帮助同事完成他们的工作	8. offer to help others accomplish their work
	9. 密切关注重要的细节	9. pay close attention to important details
	10. 维护上级的决定	10. defend the supervisor's decisions
	11. 展现良好的军队礼仪	11. render proper military courtesy
	12. 当同事碰到问题时，给予支持与鼓励	12. support and encourage a coworker with a problem
	13. 主动解决工作上的问题	13. take the initiative to solve a work problem
	14. 自我克制并遵守纪律	14. exercise personal discipline and self-control
	15. 满腔热情地处理困难的工作	15. tackle a difficult work assignment enthusiastically

续表

问卷	测验项目	英文原文
周边绩效	16. 主动承担额外的工作，来帮助别人或争取团队绩效	16. voluntarily do more than the job requires to help others or contribute to unit effectiveness

3. Allworth 和 Hesketh 的工作绩效量表[53]

与 Borman，W. C.，Motowildlo S. J. 和 Scott A. Goodman 不同，Allworth 和 Hesketh（1999）在《Construct-oriented Biodata：Capturing Change Related and Contextually Relevant Future Performance》一文中，构建了包含周边绩效、适应性绩效和任务绩效 3 个维度的工作绩效量表。量表共包含 16 个测试项目，其中，测量周边绩效的分量表包含 8 个测试项目；测量适应绩效的分量表包含 4 个项目；测量任务绩效的量表共包含 4 个测试项目。量表的具体项目如表 2－3 所列。比效 Scott A. Goodman、Allworth 和 Hesketh 的工作绩效量表，可以看出 Allworth 和 Hesketh 增加了适应性绩效维度。适应性绩效主要反映员工适应新的工作要求和情景的行为和能力。Allworth 和 Hesketh 采用 Cronbach's α 系数检验量表的信度。结果显示：总量表的 Cronbach's α 为 0.96，任务绩效量表的 Cronbach's α 为 0.89，周边绩效量表的 Cronbach's α 为 0.94，适应绩效量表的 Cronbach's α 为 0.93，表明量表具有较高的内部一致性。

表 2－3 Allworth 和 Hesketh 的工作绩效量表

问卷	测验项目	英文原文
周边绩效	1. 帮助他人	1. Helping others
	2. 与同事加强交流	2. Communication with colleagues
	3. 为工作感到自豪	3. Pride in work
	4. 情感控制	4. Emotional control
	5. 与顾客交流	5. Communication with guests
	6. 改善绩效	6. Improves performance
	7. 满足顾客需求	7. Satisties guests's requirements
	8. 可靠性	8. Reliability
适应绩效	1. 行政/管理	1. Clerical/administration
	2. 熟悉任务	2. Learns tasks
	3. 对学习有信心	3. Confidence in learning
	4. 灵活性	4. Flexibility

续表

问卷	测验项目	英文原文
任务绩效	1. 成就	1. Achievement
	2. 努力	2. Effort
	3. 与工作相关的知识	3. Job knowledge
	4. 技能知识	4. Technical knowledge

4. Coleman 和 Borman 的关系绩效三维模型[54]

Coleman 和 Borman（2000）对关系绩效作了进一步的研究，他们在《Investigating the Underlying Structure of the Citizenship Performance Domain》一文中，以保险推销员为研究对象，构建了包含人际关系的公民绩效、组织公民绩效和工作/任务责任感 3 个维度的关系绩效量表。量表共包含 27 个测试项目，其中，测量人际关系的公民绩效的分量表包含 8 个测试项目；测量组织公民绩效的分量表包含 12 个项目；测量工作/任务责任感的量表共包含 7 个测试项目。量表的具体项目如表 2－4 所列。Coleman 和 Borman 从 14 篇现有文献中提取出 27 条测试项目以构建公民绩效行为量表。文章采用主成分分析法测量了量表的结构效度。结果显示：三维结构模型的累积方差贡献率为 94%，聚类分析的结果也表明三维结构模型的合理性。

表 2－4 Coleman 和 Borman 的关系绩效三维模型

问卷	维度	测验项目	英文原文
人际关系的公民绩效（由利于他人的行为组成）	Interpersonal Altruism（人际关系的利他行为）	1. 帮助组织中的其他成员	1. Helping other organization members
		2. 在帮助组织成员中展现利他主义	2. Altruism in helping individual organization members
		3. 实施有利于组织个体的行为	3. Engaging in behavior that benefits individuals in the organization
		4. 协助同事的个人事务	4. Assisting co-workers with personal matters
	Interpersonal Conscientiousness（人际关系的责任感）	5. 与组织中其他成员合作	5. Cooperating with other organization members
		6. 及时告知他人组织即将发生的事件和举办的活动	6. Keeping others in the organization informed about upcoming events, activities, actions
		7. 通过组织参与和其他组织成员保持协同一致	7. Synergizing others through participation in the organiztion
		8. 积极参加会议及小组活动	8. Engaging responsibly in meetings and group activities

续表

问卷	维度	测验项目	英文原文
组织公民绩效（由利组织的行为组成）	Organizational Allegiance（组织忠诚）	1. 赞同、支持和捍卫组织目标	1. Endorsing, supporting, or defending organizational objectives
		2. 对组织持有积极的态度	2. Maintaining a positive attitude about the organiztion
		3. 不抱怨组织的工作环境	3. Not complaining about organizational conditions
		4. 对组织表现出忠诚	4. Demonstrating allegiance to the organization
		5. 促进并捍卫组织	5. Promoting and defending the organization
		6. 在困难时期留在组织	6. Staying with the organization despite hardships or difficult conditions
	Organizational Compliance（组织遵从）	7. 遵守组织规则和章程	7. Following organization rules and precedures
		8. 拥护组织并表现出责任感	8. Demonstrating conscientiousness in support of the organization
		9. 积极融入组织	9. Participating responsibly in the organization
		10. 表现出对组织规章和政策的尊重	10. Demonstrating respect for organizational rules and policies
		11. 从事有利于组织的行为	11. Engaging in behavior that benefits the organization
		12. 为改善程序、管理或组织提建议	12. Suggesting procedural, administrative, or organizational improvements
工作/任务责任感（由利于工作或作业的行为构成）	单维	1. 对自己的工作有持久的热情	1. Persisting with enthusiasm on own job
		2. 为工作投入额外的努力	2. Putting forth extra effort on own job
		3. 自愿承担职责外的任务	3. Volunteering to carry out tasks not part of own job
		4. 为完成工作付出额外的努力	4. Working hard with extra effort
		5. 自我提升以提高工作效率	5. Engaging in self-development to improve one's own effectiveness
		6. 为顾客提供额外的服务或帮助	6. Providing extra service or help to customers
		7. 表现出对工作的奉献精神	7. Displaying dedication on the job

5. 韩翼的雇员工作绩效量表[38]

国内的一些研究者在国外学者提出的工作绩效二维说、三维说的基础上，对工作绩效的维度进行了扩展，其中韩翼（2006）在其博士学位论文《雇员工作绩效结构模型构建与实证研究》中，构建了包含关系绩效、任务绩效、学习绩

效、创新绩效四个维度的雇员工作绩效结构模型，并编制了相应的工作绩效量表。量表含41个测验项目，由关系绩效、任务绩效、学习绩效、创新绩效四个分量表组成。其中关系绩效含协助同事、遵守规则、个人自律、额外努力4个维度，16个测验项目；任务绩效含工作职责、任务技能、任务知识3个维度，10个测验项目；学习绩效含学习意愿、学习行动、学习结果3个维度，7个测验项目；创新绩效含创新意愿、创新行动、创新结果3个维度，8个测验项目。量表的具体项目如表2－5所列。韩翼分别采用工作绩效量表41个项目的信效度分析：Cronbach's α 系数为0.8441，再测信度为0.8159；关系绩效的同质信度为0.9306；任务绩效的同质信度为0.7309；学习绩效的同质信度为0.7582；创新绩效的同质信度为0.9047；整体而言，量表具有较好的信度。

表2－5　韩翼的雇员工作绩效量表

分量表	子维度	测验项目
关系绩效	协助同事、遵守规则、个人自律、额外努力	1. 即使上级管理人员不在场，也按照指令做事 2. 在团队中，经常协助上级做事 3. 维护上级的决策 4. 工作时经常和其他部门同事扯皮（R） 5. 支持并鼓励同一级别的同事 6. 不将工作责任推诿到其他部门同事的身上 7. 自愿做许多有利于公司利益的工作 8. 遵守公司正确的流程制度 9. 为公司的管理决策提供好的建议 10. 注意个人形象，举止礼貌，有修养 11. 密切关注工作中的重要细节 12. 自愿承担不属于自己的职责 13. 主动解决工作中的问题 14. 培养个人自律性和自控精神 15. 要求安排具有挑战性的工作任务 16. 不断地克服困难以完成工作任务
任务绩效	工作职责、任务技能、任务知识	1. 足够完成被安排的工作任务 2. 履行工作说明书中的职责 3. 按照自己期望的方式完成工作任务 4. 按照正式绩效考核的要求完成工作任务 5. 做一些能够直接影响他（她）绩效考核的工作 6. 忽视一些必须要做的事情（R） 7. 不能履行必要的工作职责（R） 8. 口头交流技能很强 9. 具有很好的与工作相关的专业技能 10. 具有很好的与工作相关的专业知识

续表

分量表	子维度	测验项目
学习绩效	学习意愿、学习行动、学习结果	1. 重视通过学习，积累经验，提高工作效率 2. 使企业的重要组织成员重视学习 3. 通过学习掌握了专业技能 4. 通过学习提高了专业知识 5. 通过学习能够更好地履行他（她）现有的岗位职责 6. 运用学到的知识去解决工作中遇到的问题 7. 认为学习对提高工作绩效没有帮助
创新绩效	创新意愿、创新行动、创新结果	1. 为了改善现有状况提供新想法 2. 主动支持具有创新性的思想 3. 通过学习，寻找新的工作方法、技能或工具 4. 因提供创新建议而获得奖励 5. 把创新性想法转化成实际应用 6. 通过学习，提出一些独创性的解决问题的方案 7. 用系统的方法介绍创新性的思想 8. 使企业的重要组织成员关注创新性思维

6. 孙健敏、焦长泉的管理者工作绩效模型[55]

与员工工作绩效的研究不同，孙健敏、焦长泉（2002）对管理者这一特殊群体的工作绩效进行了研究。他们在《对管理者工作绩效结构的探索性研究》一文中，将工作绩效划分为三个维度，分别对员工的任务绩效、个体特质绩效和人际绩效进行测量。其任务绩效问卷包含13个测验项目；个体特质绩效问卷包含10个测验项目；人际绩效包含7个测试项目。问卷中的测验项目如表2-6所列。

表2-6 孙健敏、焦长泉的管理者工作绩效模型

分量表	测验项目
任务绩效	1. 决策；2. 跟踪、检查和监督；3. 解决问题；4. 人员配置；5. 代表；6. 授权；7. 组织；8. 计划；9. 考核和奖惩；10. 指导培养下属；11. 激励；12. 建立制度和规范；13. 审核
个体特质绩效	1. 创新行为；2. 敬业行为；3. 学习；4. 自律行为；5. 公正行为；6. 维护公司利益；7. 承担责任；8. 容忍行为；9. 勇气行为；10. 追求目标实现
人际绩效	1. 树立威信；2. 凝聚下属；3. 支持下属；4. 沟通反馈；5. 协调关系；6. 协作；7. 维持良好的工作关系

7. 陈亮、段新民的中层管理者关系绩效量表[56]

陈亮、段新民（2009）在《基于行为的组织中层管理者工作绩效评价结构研究》一文中，构建了包含人际沟通绩效、行事风格绩效、领导行为绩效、任务执行绩效、敬业尽责绩效5个维度的工作绩效结构模型。其中，人际沟通绩效维度含6个子项；行事风格绩效维度包含7个子项；领导行为绩效维度含7个子项；任务执行绩效维度含5个子项；敬业尽责绩效含4个子项。量表的具体项目如表2－7所列。陈亮、段新民检验了量表的内部一致性及构念效度。五个部分的Cronbach's α信度系数分别为0.886、0.909、0.899、0.872和0.841，均在0.80以上，问卷的总体Cronbach's α信度系数为0.968，在0.90以上，问卷整体的内部一致性较好，有较高的可信度。各因子部分之间的相关系数均达到0.01显著水平，表明在测量工作绩效这一构念时各个因子维度之间具有较强的聚合效度；各因子之间的相关系数（0.657～0.830）均小于各因子的信度系数（0.841～0.909），说明量表也具有较好的区分效度。

表2－7　陈亮、段新民的中层管理者关系绩效量表

量表	维度	测验项目
工作绩效	人际沟通	1. 维护良好人际关系；2. 团结/协作；3. 沟通/协调；4. 听取建议/意见；5. 关心下属；6. 助人
	行事风格	1. 灵活/变通；2. 关注细节；3. 自主/独立；4. 反省；5. 热情/奉献；6. 授权；7. 言行一致
	领导行为	1. 维护部门利益；2. 监督/控制；3. 规范管理；4. 应变；5. 决策；6. 沉稳/冷静处事；7. 承担责任
	任务执行	1. 组织/指挥；2. 改进/创新；3. 激励/指导下属；4. 计划/落实；5. 解决问题
	敬业尽责	1. 工作认真/负责；2. 服从；3. 自律/带头；4. 工作主动/进取

第二节　胜任力测量工具

1. Kirkpatrick，D. L. 的胜任力模型[57]

Kirkpatrick，D. L.（1997）在*Determining Training Needs：Four Simple and Effective Approaches*一文中，以一般管理者为研究对象，综合运用绩效评估、需求调查、上级测试、用咨询委员会四种途径，综合被调查者对一流上级所具备的胜任力因素的评分，得出评分靠前的10种胜任力因素，具体项目如表2－8所示。

表 2-8 Kirkpatrick, D. L 的胜任力模型

量表	维度	英文原文
胜任力	1. 理解与激励员工	1. Understanding and Motivating Employees
	2. 问题解决与决策制定	2. Problem-Solving and Decision-Making
	3. 作为上司的工作（目标、活动、权威、责任）	3. The Supervisor's Job (Objectives, Activities, Authority, Responsibility)
	4. 纪律	4. Discipline
	5. 沟通原则及方法	5. Communication Principles and Approaches
	6. 培训新员工	6. Training New Employees
	7. 计划	7. Planning
	8. 事务分析	8. Transactional Analysis
	9. 自我发展	9. Self-Development
	10. 书面沟通（备忘录、报告）	10. Written Communication (memos, reports)

2. Peerasit Patanakul、Dragan Milosevic 的胜任力模型[58]

Peerasit Patanakul、Dragan Milosevic（2008）在 *A Competency Model for Effectiveness in Managing Multiple Projects* 一文中，构建了包含管理/进程、人际/个人、商业/战略、技能4个维度的一般胜任力模型，并列示了各个维度排名靠前的胜任力要素。其中，管理/进程维度包含5个测试项目；人际/个人维度包含7个测试项目；商业/战略维度包含5个测试项目；技能维度包含5个测试项目，具体项目如表2-9所示。

表 2-9 Peerasit Patanakul、Dragan Milosevic 的胜任力模型

量表	维度	测试项目	英文原文
胜任力	Administrative/Process（管理/进程）	1. 监督/控制	1. Monitoring/Control
		2. 风险管理	2. Risk Management
		3. 计划/调度	3. Planning/Scheduling
		4. 资源管理	4. Resource Management
		5. 公司的项目管理进程	5. Company's Project Management Process
	Interpersonal/Intrapersonal（人际/个人）	1. 解决问题	1. Problem Solving
		2. 冲突管理	2. Conflict Management
		3. 组织与纪律	3. Organized and Disciplined
		4. 责任	4. Responsible
		5. 积极性及抱负	5. Proactive and Ambitious

续表

量表	维度	测试项目	英文原文
胜任力	Interpersonal/ Intrapersonal （人际/个人）	6. 成熟度及自我控制	6. Mature and Self-controlled
		7. 灵活性	7. Flexible
	Business/ strategic （商业/战略）	1. 商业意识	1. Business Sense
		2. 客户关注	2. Customer Concern
		3. 整合能力	3. Intergrative Capability
		4. 战略性思维	4. Strategic Thinking
		5. 营利/成本意识	5. Profit/Cost Consciousness
	Technical （技能）	1. 有关产品应用的知识	1. Knowledge of Product Application
		2. 有关工艺技术及发展趋势的知识	2. Knowledge of Technology and Trends
		3. 有关项目产品的知识	3. Knowledge of Project Products
		4. 有关技术工具与技能的知识	4. Knowledge/Skill of Tech. Tools and Techniques
		5. 解决技术问题的能力	5. Ability to Solve Technical Problems

3. Angela Shin-yih Chen，Min-dau Bian and Yi-ming Hom 的胜任力模型[59]

Angela Shin-yih Chen，Min-dau Bian and Yi-ming Hom（2005）在 *Taiwan HRD Practitioner Competencies*：*An Application of the ASTD WLP Competency Model* 一文中，构建了包含业务能力、技术能力、分析能力、人际能力、技能特征和领导能力 6 个维度的一般胜任力模型，并列示了各个维度排名靠前的胜任力要素。其中，业务能力包含 3 个测试项目；技术能力包含 3 个测试项目；分析能力包含 3 个测试项目；人际能力包含 3 个测试项目；技能特征包含 3 个测试项目；领导能力包含 3 个测试项目，具体项目如表 2－10 所示。

表 2－10　Angela Shin-yih Chen，Min-dau Bian and Yi-ming Hom 的胜任力模型

量表	维度	测试项目	英文原文
胜任力	Business Competency Group （业务能力）	1. 项目管理	1. Project Management
		2. 谈判/合同	2. Negotiating/Contracting
		3. 能够看到大局	3. Ability to See the “Big Picture”
	Technological Competency Group （技术能力）	1. 以计算机为媒介的沟通、交流	1. Computer Mediated Communication
		2. 技术素养	2. Technological Literacy
		3. 远程教育	3. Distance Education

续表

量表	维度	测试项目	英文原文
胜任力	Analytical Competency Group（分析能力）	1. 培训理论和应用	1. Training Theory and Application
		2. 分析思维	2. Analytical Thinking
		3. 员工选择的理论和应用	3. Staff Selection Theory and Application
	Interpersonal Competency Group（人际能力）	1. 沟通	1. Communication
		2. 应对技能	2. Coping Skills
		3. 人际关系建立	3. Interpersonal Relationship Building
	Technical Competency Group（技能特征）	1. 反馈	1. Feedback
		2. 质疑	2. Questioning
		3. 帮助	3. Facilitations
	Leadership Competency（领导能力）	1. 目标实现	1. Goal Implementation
		2. 认同/宣传	2. Buy-in/Advocacy
		3. 领导	3. Leadership

4. Jan M. Bots，Edward Groenland，Dirk M. Swagerman 的胜任力模型[60]

Jan M. Bots，Edward Groenland，Dirk M. Swagerman（2009）在 *An Empirical Test of Birkett's Competency Model for Management Accountants：Survey Evidence From Dutch Practitioners* 一文中，构建了包含认知技能和行为技能两个维度的一般胜任力模型。其中，认知技能包含 3 个测试项目；行为技能包含 3 个测试项目，具体项目如表 2－11 所示。

表 2－11　Jan M. Bots，Edward Groenland，Dirk M. Swagerman 的胜任力模型

量表	维度	测试项目	英文原文
胜任力	Cognitive skills（认知技能）	1. 技术技能	1. Technical Skills
		2. 分析/设计技能	2. Analytical/Design Skills
		3. 欣赏能力	3. Appreciative Skills
	Behavioral skills（行为技能）	1. 个人技能	1. Personal Skills
		2. 人际技能	2. Interpersonal Skills
		3. 组织技能	3. Organizational Skills

5. Necnti K. Avkiran 的胜任力模型[61]

Necnti K. Avkiran（1999）在 *An Improved Subordinate Appraisal of Bank Manager's Competence* 一文中，构建了包含 58 个测试项目的一般胜任力模型，具体项目

如表 2 – 12 所示。

表 2 – 12　Necnti K. Avkiran 的胜任力模型

量表	测试项目	英文原文
胜任力	1. 管理变革	1. manages change
	2. 寻求发展与银行目标顾客群一致的分公司客户资料	2. seeks to develop branch's customer profile in line with the customer groups targeted by the Bank
	3. 设置能够达到客户服务质量的分支目标	3. sets branch targets on quality of customer service to be attained
	4. 鼓励客户提供关于服务质量的信息反馈	4. encourages customers to provide feedback on quality of service
	5. 强调动态目标面向银行的营销举措	5. emphasises dynamic objectives oriented toward the Bank's marketing initiatives
	6. 训练积极主动地制定决策	6. practices proactive decision-making
	7. 紧跟商业目标范围的周边发展	7. closely follows developments in the branch's catchment area
	8. 维持良好的客户关系	8. maintains good customer relations
	9. 要采取行动解决问题和克服困难以实现目标	9. wants to take action to solve problems and overcome obstacles to achieve goals
	10. 要有热情，而不是空有提供服务的取向	10. has an enthusiastic rather than a bureaucratic orientation to service
	11. 把分公司当作税收中心，在这里收入是可控的、费用是受监控的	11. regards branch as a revenue centre where controllable revenues and expenses are monitored
	12. 把分公司当作税收中心，在这里销售量和规模是受监控的	12. regards branch as a revenue centre where volume and mix of sales are monitored
	13. 维护银行的形象和声誉	13. upholds the image and reputation of the Bank
	14. 坚持不懈地得到问题的结论	14. perseveres with an issue to its conclusion
	15. 优先建立可实现的行动目标	15. establishes action priorities for achievable goals
	16. 意识到需要进行时间管理	16. is conscious of time management needs
	17. 识别贷款时机	17. identifies lending opportunities
	18. 制定战略使贷款最大化	18. develops strategies to maximise lending
	19. 识别收回存款的时机	19. identifies deposit gathering opportunities
	20. 制定战略使收回存款最大化	20. develops strategies to maximise deposit gathering
	21. 使管理风格与变化的现状相匹配	21. matches management style to changing situations

续表

量表	测试项目	英文原文
胜任力	22. 在谈判过程中要知道对手的目标	22. is conscious of objectives of other party during negotiations
	23. 确定顾客的真正金融需求	23. ascertains real financial needs of customers
	24. 以身作则	24. leads by example
	25. 通过他人得到结果	25. achieves results through others
	26. 通过建设性的批评和积极的反馈激励员工	26. motivates staff through constructive criticism and positive feedback
	27. 激励其他人在群体环境中一起有效地工作	27. stimulates others to work effectively together in group settings
	28. 与下属员工一起确定目标以培养团队精神	28. determines objectives with subordinate staff to develop team effort
	29. 为和谐、支持性的银行环境做贡献	29. contributes to harmonious and supportive banking environment
	30. 在处理危机事件和处于尴尬环境时很灵敏	30. is sensitive in handling critical incidents, and awkward circumstances
	31. 在执行领导层的决策时很灵敏	31. is sensitive in implementing executive decisions
	32. 在分公司中能有效处理劳资关系	32. is effective in handling industrial relations in the branch
	33. 对重要问题激发深思熟虑的回应	33. provokes thoughtful reactions to important issues
	34. 鼓励员工充分发挥个人潜能	34. counsels staff on full utilization of personal potential
	35. 营造一个非歧视的工作环境	35. fosters a non-discriminatory work environment
	36. 认可并承认员工好的工作	36. recognises and acknowledges good work of staff
	37. 管理分公司有赖于和员工共享组织的目标和价值观	37. manages the branch relying on goals and values shared with staff
	38. 培养员工之间高水平的信任	38. fosters a high level of trust among staff
	39. 对于影响员工工作生活的组织计划和方案，要通知员工	39. informs staff of organizational plans and programs that impact their work lives
	40. 鼓励员工参与组织的计划和方案	40. encourages input from staff on organizational plans and programs
	41. 将员工的顾虑传递给高层	41. conveys staff's concerns to higher management
	42. 代表决策制定的权威	42. delegates decision-making authority
	43. 对人际关系很敏感	43. has interpersonal sensitivity

续表

量表	测试项目	英文原文
胜任力	44. 善于倾听	44. listens
	45. 可以为双向理解进行书面沟通	45. can communicate in writing for two-way understanding
	46. 可以为双向理解进行口头沟通	46. can communicate orally for two-way understanding
	47. 产生的想法在适当的时候使用	47. generates ideas for use at appropriate time
	48. 使用制定决策和解决问题方面的常识	48. exercises common sense in decision-making and problem-solving
	49. 为制定决策的谈判准备相关的论点	49. marshals relevant arguments for decision-making negotiations
	50. 围绕中心问题	50. focuses on central issues
	51. 当清醒时，抛弃先入为主的想法	51. discards preconceived ideas when made aware
	52. 知道应该什么时候对客户说不	52. knows when to say No to customers
	53. 积极应对压力	53. responds positively to pressures
	54. 自信	54. is confident
	55. 保持幽默感	55. maintains a sense of humour
	56. 在压力情况下保持稳定	56. remains stable in pressure situations
	57. 熟悉银行文化：它的规范、价值观、态度、习惯和语言	57. has knowledge of banking culture: its norms, values, attitudes, customs and language
	58. 熟悉银行程序：工作流程，系统处理和业务技术	58. has knowledge of banking procedures: work flows, systems processing, and technicalities

6. Spencer, L. M. and Spencer, S. M. 等人的管理胜任力模型[62－63、23、21、64－66]

除上述学者外，Spencer，L. M. and Spencer，S. M. 等人分别研究了直接上级、项目管理者、新型领导者、酒店管理者、技术管理者的胜任力特征，提出了相应的管理胜任力模型。

表 2－13　其他国外学者的管理胜任力模型

作者	模型名称	胜任力特征	英文原文
Spencer, L. M. and Spencer, S. M.	直接上级胜任力模型	1. 动机 2. 特质 3. 自我概念 4. 知识 5. 技巧	1. Motivation 2. Traits 3. Self-concept 4. Knowledge 5. Skills

续表

作者	模型名称	胜任力特征	英文原文
Andrew R. J. Dainty, M. ASCE; Mei-I Cheng; and David R. Moore	建筑工程管理者胜任力模型	1. 成就导向 2. 主动性 3. 信息搜寻 4. 关注顾客需求 5. 冲击和影响 6. 定向性 7. 团队精神和合作 8. 团队领导力 9. 分析思维 10. 概念思维 11. 自控 12. 灵活性	1. Achievement orientation 2. Initiative 3. Information seeking 4. Focus on client's needs 5. Impact and influence 6. Directiveness 7. Teamwork and cooperation 8. Team leadership 9. Analytical thinking 10. Conceptual thinking 11. Self-control 12. Flexibility
PETER R. SCHOLTES	领导胜任力模型	1. 系统思考和系统领导 2. 了解变化的趋势 3. 带头学习 4. 理解人的行为 5. 相互作用和相互依赖 6. 给组织指明方向和重点	1. Thinking systems and leading systems 2 . Understanding variability 3 . Leading learning 4 . Understanding human behavior 5 . Interactions and interdependencies 6 . Giving the organization direction and focus
Dave Bartram	"大八"胜任力模型	1. 领导和决策 2. 支持和合作 3. 互动和展示 4. 分析和解读 5. 创建和构思 6. 组织和执行 7. 适应和应对 8. 进取和表现	1. Leading and Deciding 2. Supporting and Co-operating 3. Interacting and Presenting 4. Analysing and Interpreting 5. Creating and Conceptualising 6. Organizing and Executing 7. Adapting and Coping 8. Enterprising and Performing
Oshiins. Michael Lewis	酒店管理者胜任力模型	1. 成就导向 2. 信息搜寻 3. 客户服务导向 4. 组织关怀 5. 专业技能 6. 诚实 7. 洞察力 8. 团队合作 9. 领导力 10. 分析思维 11. 创新 12. 自我控制	1. Achievement orientation 2. Information search 3. Customer service oriented 4. Organization caring 5. Professional skills 6. Honesty 7. Insight 8. Teamwork 9. Leadership 10. Analytical thinking 11. Innovation 12. Self-control

续表

作者	模型名称	胜任力特征	英文原文
Oshiins. Michael Lewis	酒店管理者胜任力模型	13. 自信 14. 自学 15. 沟通交流 16. 人际关系建立 17. 乐观和热情	13. Confident 14. Self-study 15. Communication 16. Interpersonal relationship building 17. Optimism and enthusiasm
Elad Harison, Albert Boonstra	技术管理的关键胜任力模型	1. 信息技术和信息系统（IS/IT）知识 2. 组织变革 3. 技术变革 4. 面临的风险和成功的因素 5. 沟通交流 6. 过程管理 7. 领导 8. 变革的后果	1. Information technology and information systems (IS/IT) know-how 2. Organizational change 3. Techno-change 4. Risks and success factors 5. Communication 6. Process management 7. Leadership 8. Consequences of change
WARREN BENNIS	新型领导的五维胜任力模型	1. 他们富有激情和目的 2. 他们能够产生和维持信任 3. 他们能够传播希望和乐观 4. 他们表现出偏好行动 5. 他们能够不断地学习和成长	1. They have passion and purpose 2. They generate and sustain trust 3. They are purveyors of hope and optimism 4. They manifest a bias for action 5. They keep learning and growing

7. 姚翔、王垒、陈建红的项目管理者胜任力模型[67]

姚翔、王垒、陈建红（2004）在《项目管理者胜任力模型》一文中，构建了包含个性魅力、应变能力、大局观、人际关系处理能力、品格5个维度的项目管理者胜任力模型，并编制了相应的量表以测量客户经理胜任力。量表的具体项目如表2－14所列。姚翔、王垒、陈建红结合累计方差贡献率检验5维度胜任力模型的合理性。结果显示：解释方差变异量总和为55.97%，特征1：14.59%；特征2：11.67%；特征3：10.60%；特征4：10.39%；特征5：8.72%，表明结构效度较好。

表2－14 姚翔、王垒、陈建红的项目管理者胜任力模型

维度	测验项目
个性魅力	个人魅力、诚恳、关心下属、开放性、献身精神、学习能力
应变能力	压力承受能力、应变能力、判断能力、果断、风险控制能力
大局观	计划性强、项目管理知识、前瞻性、全局观念、条理性强
人际关系处理能力	沟通能力、协调能力、人际关系处理能力
品格	勇于承担责任、公正性、合作精神、责任心强

8. 仲理峰、时堪的家族企业高层管理胜任者特征模型[68]

仲理峰、时堪（2004）在《家族企业高层管理者胜任特征模型》一文中，构建了包含主动性、信息寻求、自信、捕捉机遇、组织意识、指挥、自我控制、权威导向、影响他人、仁慈关怀、自主学习、发展他人、创新、客户服务、关注质量、人际洞察、关系建立、团队建立、概念思维、分析思维 20 个测验项目的管理者胜任力模型。他们通过对优秀组和一般组织的胜任特征的平均等级进行差异检验的方法，获得了优秀家族企业高层管理者的胜任特征模型，该模型共包括 11 项：主动性、信息寻求、自信、捕捉机遇、组织意识、指挥、自我控制、权威导向、影响他人、仁慈关怀、自主学习，并编制了相应的量表以测量我国家族企业高层管理者的胜任力。在这 11 项胜任特征中，前 7 项都在 0.01 水平上差异显著，后 4 项在 0.05 水平上差异显著。量表的具体项目如表 2－15 所列。

表 2－15　仲理峰、时堪的家族企业高层管理者胜任特征模型

问卷	测验项目
家族企业高层管理者胜任特征	1. 主动性
	2. 信息寻求
	3. 自信
	4. 捕捉机遇
	5. 组织意识
	6. 指挥
	7. 自我控制
	8. 权威导向
	9. 影响他人
	10. 仁慈关怀
	11. 自主学习

9. 时勘、王继承、李超平的企业高层管理者胜任特征模型[25]

时勘、王继承、李超平（2002）在《企业高层管理者胜任特征模型评价的研究》一文中，构建了包含成就欲、关注质量与秩序、主动性、信息寻求、人际洞察力、客户服务意识、影响力、权限意识、公关、发展他人、指挥、团队协作、团队领导、分析性思维、概念性思维、技术专长、自控、自信、灵活性、组织承诺 20 个测验项目的管理者胜任力模型。他们对优秀组织和普通组织每一胜任特征的平均分数进行差异显著性检验，找出差异显著的胜任特征，建立了包含影响力、组织承诺、信息寻求、成就欲、团队领导、人际洞察力、主动性、客户服务意识、自信、发展他人10个测验项目的高层管理者胜任特征模型。量表的具体项目如表2－16所列。

表2－16 时勘、王继承、李超平的企业高层管理者胜任特征模型

问卷	测验项目
企业高层管理者胜任特征	1. 影响力
	2. 组织承诺
	3. 信息寻求
	4. 成就欲
	5. 团队领导
	6. 人际洞察力
	7. 主动性
	8. 客户服务意识
	9. 自信
	10. 发展他人

10. 陈万思的浙商企业家胜任力特征模型[69]

陈万思（2008）在《“子承父业”新浙商企业家胜任力实证研究》一文中，构建了包含创新、团队领导、沟通协调、解决问题、学习、决策、前瞻性、成就欲、务实、危机感、灵活性、意志力、自信、影响力、责任感、内敛、果断、诚信、商业知识、行业知识经验、经营管理经验21个测验项目的管理者胜任力特征模型。该模型的总体信度为0.907，内敛和商业知识的总相关均小于0.4，删除后总体信度为0.918，剩下19项胜任力特征分为个人风格与学习、问题决策与影响、组织管理与创新和行业成就与自信四个维度，并编制了相应的量表以测量浙商企业家的胜任力。其中个人风格与学习包含7个测验项目；问题决策与影响包含5个测验项目；组织管理与创新包含4个测验项目；行业成就与自信包含3个测验项目。量表的具体项目如表2－17所列。

表2－17 陈万思的浙商企业家胜任力特征模型

维度	测验项目
个人风格与学习	1. 务实
	2. 诚信
	3. 责任感
	4. 灵活性

续表

维度	测验项目
个人风格与学习	5. 危机感
	6. 意志力
	7. 学习
问题决策与影响	1. 决策
	2. 解决问题
	3. 影响力
	4. 前瞻性
	5. 果断
组织管理与创新	1. 团队领导
	2. 沟通协调
	3. 创新
	4. 经营管理经验
行业成就与自信	1. 成就欲
	2. 自信
	3. 行业知识经验

11. 魏钧、张德的商业银行客户经理胜任特征模型[26]

魏钧、张德（2005）在《国内商业银行客户经理胜任力模型研究》一文中，构建了包含把握信息、拓展演示、关系管理、自我激励、参谋顾问、协调沟通6个维度的商业银行客户经理胜任力模型，并编制了相应的量表以测量客户经理胜任力。量表的具体项目如表2－18所列。魏钧、张德采用Cronbach's α对量表的内部一致性进行检验。结果显示：内部信度一致性的Cronbach's α为0.7；重测信度为0.83，表明量表有较高的内部一致性。

表2－18　魏钧、张德的商业银行客户经理胜任特征模型

维度	测验项目
把握信息	1. 收集企业信息
	2. 分析信息
	3. 判断信息
拓展演示	1. 选择目标客户建立可信度
	2. 打动客户
	3. 展示产品和服务的比较优势

续表

维度	测验项目
拓展演示	4. 商业演示技能
关系管理	1. 了解关键人物情况
	2. 影响客户决策
	3. 建立并维护客户关系
自我激励	1. 工作激情
	2. 情绪控制
	3. 真诚守信
	4. 有求知欲
	5. 超越客户预期
参谋顾问	1. 挖掘企业需求
	2. 提供解决方案
	3. 开展个性化服务
	4. 为客户出谋划策
协调沟通	1. 讲解说明
	2. 内部协调
	3. 外部沟通
	4. 谈判技巧

12. 杨湘怡的企业中层管理者胜任力模型[70]

杨湘怡（2007）在其博士论文《企业中层管理者胜任力模型研究》中，构建了包含人际导向和工作导向两个维度的中层管理者胜任力模型，并编制了相应的量表以测量管理者胜任力，量表共包含 25 个测试项目。其中，人际导向维度包括：领导能力、人际关系能力与沟通能力，包含 13 个测试项目；工作导向维度包括：专业技能、规划能力、问题解决能力，包含 12 个测试项目。量表的具体项目如表 2 - 19 所列。杨湘怡采用 Cronbach's α 对量表的内部一致性进行检验，并结合 KMO 值及 Bartlett 球形检验测量量表效度。结果显示：领导能力的 Cronbach's α 为 0.9015；人际技能的 Cronbach's α 为 0.9224；沟通能力的 Cronbach's α 为 0.865；专业能力的 Cronbach's α 为 0.8851；计划能力的 Cronbach's α 为 0.8819；问题解决能力的 Cronbach's α 为 0.8778；KMO 测试值为 0.802956，Bartlett 球形检验的卡方统计值的显著性概率为 0.000，累计解释总体方差变异为 57.86086%，表明量表具有良好的信效度。

表 2-19　杨湘怡的企业中层管理者胜任力模型

维度	子维度	测验项目
人际导向	领导能力	1. 懂得运用各种方式，提振团队士气及组织生产力
		2. 创造一个令人信服的远景，且使下属愿意付出个人承诺
		3. 言出必行，赏罚分明，勇于负责且有信用
		4. 随时告知最新消息，使与决策有关的人员了解发生什么事
		5. 对已经做成的决策，说出合理的解释
	人际技能	6. 个性开朗，能接纳与尊敬不同意见
		7. 喜欢和同事、客户与朋友建立与保持和谐关系
		8. 主动征求一些有影响力、能力好的伙伴的建议与意见
		9. 在与人相处过程中减少许多被排挤与刁难的情况
	沟通能力	10. 简洁明了，迅速地完成文件撰写，并且很容易使他人理解
		11. 在交谈前做充分的准备工作，能够直接解释专业技术问题
		12. 所写的方案经常可以得到客户认同，并且受到积极的反馈
		13. 与听者进行互动，表达重点并简洁明了
工作导向	专业技能	1. 对自己的专业领域有兴趣
		2. 借由阅读、讨论与参加沙龙等方式，取得专业最新发展趋势
		3. 具备符合目前专业工作需要的知识与技能
		4. 用各种方式开发新的知识，并应用在工作上
	规划能力	5. 将短期的执行计划与长期规划相联系
		6. 规划一个有远景且成本节约计划
		7. 表现出深谋远虑，每天都根据长期的规划做规定
		8. 通常可以预计 3~5 年的发展方向
	问题解决能力	9. 了解情况的相似点并能合理的区分，分析和寻求解决方法
		10. 对于问题有备选解决方案，了解一个问题何时可以解决
		11. 具有良好问题解决技巧，可以逻辑地分析现实、信息和依据
		12. 解决问题中适用很好的判断和信息

13. 张进的施工项目管理者胜任力结构模型[28]

张进（2007）在《建筑企业项目管理者胜任力结构模型研究》一文中，构建了包含管理技能、人际关系、个人特质 3 个维度的施工项目管理者胜任力结构模型，并编制了相应的量表以测量管理者胜任力，量表共包含 20 个测试项目。其中，管理技能维度包含 6 个测试项目；人际关系维度包含 8 个测试项目；个人特质维度包含 6 个测试项目。量表的具体项目如表 2-20 所列。张进采用 Cron-

bach's α 系数对量表的内部一致性进行检验。结果显示：总问卷的 Cronbach's α 系数为 0.879；管理技能分量表的 Alpha 值为 0.903；人际关系维度分量表的 Alpha 值为 0.863；个人特质分量表的 Alpha 值为 0.8，表明量表具有良好的内部一致性。

表 2－20 张进的施工项目管理者胜任力结构模型

维度	测验项目
管理技能	1. 根据工程项目的具体情况，制订切实、可行的工作计划
	2. 为了实现项目目标，精心准备和组织，制定全局战略的能力
	3. 对员工的工作进行跟踪，并对工作进程进行检查和指导
	4. 有效地管理组织内部与外部的冲突，妥善处理冲突中的问题
	5. 合理地安排时间，提高工作效率
	6. 敢于承担一定的风险，通过努力及时化解项目所面临的风险
人际关系	1. 为了促进团队合作，付出多过平常的努力
	2. 拥有真实的号召力，提出项目团队共同愿意，以激发团队成员对团队的热情和承诺
	3. 努力与项目的利益相关者建立和谐、融洽关系
	4. 善于观察，并能够在极短的时间内洞悉他人的情绪、感觉和想法
	5. 为了客户提供最佳的专业服务，以追求客户满意为项目管理工作的中心任务
	6. 知道交流的重点，并能通过书面或口头的形式表达主要观点
	7. 了解所在组织的正式构架及为言明的潜规则
	8. 熟悉组织的背景和文化
个人特质	1. 为了组织的需求，能牺牲个人的利益
	2. 创造或引进新的观念，新的工作方式，提高施工项目的工作绩效
	3. 面对复杂环境出现的危机表现出超然自信和镇静
	4. 能自我控制强烈的情绪，采取建设性的行动解决问题的根源
	5. 能够快速地适应新的工程项目管理环境，快速地开展工作
	6. 独立做出决策，在没有监督的条件下独立工作

第三节 工作满意度量表

1. Spector，P. E. 的工作满意度量表[71]

Spector，P. E.（1985）在 *Measurement of human service staff satisfaction：devel-*

opment of the job satisfaction survey 一文中，设计了测量工作满意度的量表，量表共包含 3 个问项。量表的具体项目如表 2－21 所列。Spector，P. E. 采用 Cronbach's α 系数检验量表的信度。结果显示：Cronbach's α 为 0.81，表明量表具有较高的内部一致性。

表 2－21　Spector，P. E. 的工作满意度量表

问卷	测验项目	英文原文
工作满意度	1. 总体上，我对自己的工作很满意	1. Overall，I am satisfied with my job
	2. 我希望有一份更理想的工作（反）	2. I would prefer another，more ideal job（R）
	3. 我对自己工作的重要部分很满意	3. I am satisfied with the important aspects of my job

2. Agho，A. O.，Price，J. L.，Mueller，C. W. 的工作满意度量表[72]

Agho，A. O.，Price，J. L.，Mueller，C. W.（1992）在 *Discriminant validity of measure of job satisfaction*，*positive affectivity and negative affectivity* 一文中，设计了测量工作满意度的量表，量表共包含 6 个问项。量表的具体项目如表 2－22 所列。Agho，A. O.，Price，J. L.，Mueller，C. W. 采用 Cronbach's α 系数检验量表的信度。结果显示：Cronbach's α 为 0.90，同时各项目的因子载荷从 0.514 ~ 0.887，都超过 0.5，表明量表具有较高的内部一致性和结构效度。

表 2－22　Agho，A. O.，Price，J. L.，Mueller，C. W 的工作满意度量表

问卷	测验项目	英文原文
工作满意度	1. 我在工作中找到了真正的乐趣	1. I find real enjoyment in my job
	2. 我比一般人更热爱自己的工作	2. I like my job better than the average person
	3. 我很少对自己的工作感到厌烦	3. I am seldom bored with my job
	4. 我不会考虑从事其他类别的工作	4. I would not consider taking another kind of job
	5. 大部分时间我对自己的工作充满热情	5. Most days I am enthusiastic about my job
	6. 我对自己的工作感到相当满意	6. I feel fairly well satisfied with my job

3. Tsui，A. S.，Egan，T. D.，O'Reilly，C. A. Ⅲ 的工作满意度量表[73]

Tsui，A. S.，Egan，T. D.，O'Reilly，C. A. Ⅲ（1992）在 *Being different relational demography and organizational attachment* 一文中，设计了测量工作满意度的量表，量表共包含 6 个问项。量表的具体项目如表 2－23 所列。Tsui，A. S.，Egan，T. D.，O'Reilly，C. A. Ⅲ 采用 Cronbach's α 系数检验量表的信度。结果显示：Cronbach's α 为 0.73，表明量表具有较高的内部一致性。

表 2-23 Tsui, A. S., Egan, T. D., O'Reilly, C. A. Ⅲ的工作满意度量表

问卷	测验项目	英文原文
工作满意度	1. 你对自己从事的工作本身是否满意	1. How satisfied are you with the nature of the work you perform
	2. 你对自己的上级（组织管理者）是否满意	2. How satisfied are you with the person who supervises you (your organizational superior)
	3. 你对自己与组织中其他人（你的工作伙伴或同事）的关系是否满意	3. How satisfied are you with your relations with others in the organization with whom you work (your co-workers or peers)
	4. 你对自己的薪资是否满意	4. How satisfied are you with the pay you receive for your job
	5. 你对自己所在企业的晋升机会是否满意	5. How satisfied are you with the opportunities which exist in this organization for advancement (promotion)
	6. 结合所有情况，你对自己现在的工作状态是否满意	6. Considering everything, how satisfied are you with your current job situation

4. 李超平、田宝、时勘的员工满意度量表[74]

李超平、田宝、时勘（2006）在《变革型领导与员工工作态度：心理授权的中介作用》一文中，构建了员工满意度量表，量表共包含6个测试项目。量表的具体项目如表2-24所列。量表的Cronbach's α为0.83，表明量表有较好的内部一致性。

表 2-24 李超平、田宝、时勘的员工满意度量表

量表	测验项目
员工满意度	1. 我对单位内的提升机会非常满意； 2. 我对单位里的同事非常满意； 3. 我对我的直接上级非常满意； 4. 我对我所从事的工作本身非常满意； 5. 我对我从单位得到的报酬非常满意； 6. 总体来说，我对我目前的工作非常满意

5. 唐春勇的工作满意度量表[44]

唐春勇（2006）在其博士论文《大五个性和工作态度对关联绩效影响的实证研究》中，构建了包含工作环境满意度、薪酬满意度、工作本身满意度3个维度的工作满意度模型，并编制了相应的量表来测量工作满意度。量表的具体项目如表2-25所列。唐春勇采用Cronbach's α对三个分量表的内部一致性进行检

验，并结合累积方差贡献率检验测量量表效度。结果显示：整体 Cronbach's α 为 0.866，人际关系与工作环境 Cronbach's α 为 0.844，薪酬 Cronbach's α 为 0.801，工作本身满意 Cronbach's α 为 0.810；KMO 值为 0.880，Bartlett's Test 值达到 1993.372，达到显著性水平，累计解释变异量达到 66.328%。表明量表具有较好的信度和效度。

表 2-25　唐春勇的工作满意度量表

量表	测验项目
工作环境满意度	1. 当我工作出色时，上级能及时对我表示赞赏； 2. 我能及时得到上级的指导和帮助； 3. 我的工作场所的安全性得到了充分的关注； 4. 我相信上司对我的承诺
薪酬满意度	1. 就自己的工作贡献而言，我的薪资是合理的； 2. 相对本地其他公司类似职位来说，我得到的薪资水平是比较高的； 3. 我对公司的福利待遇政策（如保险、假期等）感到满意
工作本身满意度	1. 我的个人专长在工作中能够发挥； 2. 我对现在所担任的工作感兴趣； 3. 我认为我的工作富有挑战性； 4. 我总是有机会向上级畅谈我的感受与想法； 5. 总的来说，我对目前的工作很满意

6. 王玉梅的工作满意度量表[75]

王玉梅（2008）在其博士论文《心理契约对星级饭店知识型员工离职意图影响的实证研究》中，构建了包含外在满意、内在满意、总体满意在内的三个分量表，其中外在满意度分量表包含 6 个测试项目，内在满意度分量表包含 5 个测试项目，总体满意度分量表包含 4 个测试项目。量表的具体项目如表 2-26 所列。王玉梅采用再测系数对三个分量表进行信度检验。结果显示：整体再测系数为 0.89，外在满意维度再测系数为 0.87，内在满意维度再测系数为 0.85，总体满意维度再测系数为 0.91。表明量表具有较好的重测信度。

表 2-26　王玉梅的工作满意度量表

量表	测验项目
外在满意	1. 对于我们饭店领导做决定的能力，我感到满意； 2. 对于我们饭店领导对待我的方式，我感到满意；

续表

量表	测验项目
外在满意	3. 对于我在工作中的表现所受到的舆论评价，我感到满意； 4. 对于目前饭店执行政策的方法，我感到满意； 5. 就我目前的职位和工作量而言，饭店给我的报酬，我感到满意； 6. 亲朋好友对于我目前工作所给予的评价，我感到满意
内在满意	1. 对于尽力做好自己的工作，无须违心做事，对于这一点，我感到满意； 2. 对于目前工作中可以尝试用自己的方法来处理事情的机会，我感到满意； 3. 对于目前工作的稳定性，我感到满意； 4. 对于现任工作中能有替别人服务的机会，我感到满意； 5. 对于目前的工作常常能使我有机会接触不同事情，我感到满意
总体满意	1. 我比较喜欢现在从事的工作满意； 2. 就目前而言，我没有改行的打算满意； 3. 总体来说，我对现在工作感到满意； 4. 我愿意对现在的工作进行钻研满意

第四节　组织承诺量表

1. Spector，P. E. 的组织承诺量表[76]

Spector，P. E.（1985）在 *Measurement of human service staff satisfaction: development of the job satisfaction survey* 一文中，设计了测量组织承诺的量表，量表共包含3个问项。量表的具体项目如表2－27所列。Spector，P. E. 采用Cronbach's α系数检验量表的信度。结果显示：Cronbach's α为0.75，表明量表具有较高的内部一致性。

表2－27　Spector，P. E. 的组织承诺量表

问卷	测验项目	英文原文
组织承诺	1. 我能很自豪地告诉他人我是这个组织的一员	1. I am proud to tell others that I am a part of this organization
	2. 我能够对朋友大声讲出这个组织是一个值得为之效力的伟大的组织	2. I talk up this organization to my friends as a great organization to work for
	3. 我对这个组织怀有一种主人翁情感，而不仅仅是把自己视为一个雇员	3. I feel a sense of ownership for this organization rather than just being an employee

2. Allen，N. J.，Meyer，J. P. 的组织承诺量表[77]

Allen，N. J.，Meyer，J. P.（1990）在 *The measurement and antecedents of affective, continuance and normative commitment to the organization* 一文中，构建了包含情感承诺、持续承诺和规范承诺 3 个维度的组织承诺量表。量表共包含 22 个测试项目，其中，测量情感承诺的分量表包含 8 个测试项目；测量持续承诺的分量表包含 8 个项目；测量规范承诺的量表共包含 6 个测试项目。量表的具体项目如表 2－28 所列。Allen，N. J.，Meyer，J. P. 采用 Cronbach's α 系数检验量表的信度。结果显示：情感承诺、持续承诺及规范承诺的 Cronbach's α 分别为 0.87、0.75、0.79，表明量表具有较高的内部一致性。

表 2－28　Allen，N. J.，Meyer，J. P 的组织承诺量表

问卷	测验项目	英文原文
情感承诺	1. 我乐意终身在这公司发展我的事业	1. I would be very happy to spend the rest of my career with this organization
	2. 我很乐意与组织外的人谈及我的公司	2. I enjoy discussing my organization with people outside it
	3. 我觉得公司的事即我个人的事	3. I really feel as if this organization's problems are my own
	4. 我想我很容易同样融入另一家公司	4. I think that I could easily become as attached to another organization as I am to this one（R）
	5. 我并不觉得自己是公司这大家庭的一分子	5. I do not feel like "part of the family" at my organization（R）
	6. 我对这公司没有感情	6. I do not feel "emotionally attached" to this organization（R）
	7. 这公司对我个人有很多特殊意义	7. This organization has a great deal of personal meaning for me
	8. 我对这公司没有很强的归属感	8. I do not feel a strong sense of belonging to my organization（R）
持续承诺	1. 在没有找到其他工作的前提下辞掉我现有的工作并不会让我感到恐慌（反）	1. I am not afraid of what might happen if I quit my job without having another one lined up（R）
	2. 即使我想，但目前离开我所在的组织对我来说非常困难	2. It would be very hard for me to leave my organization right now, even if I wanted to
	3. 如果此刻我决定离开自己所在的组织，我的生活将会被打乱	3. Too much in my life would be disrupted if I decided I wanted to leave my organization now
	4. 对我而言，现在离开我所在的组织代价并不会太大（反）	4. It wouldn't be too costly for me to leave my organization now（R）

续表

问卷	测验项目	英文原文
持续承诺	5. 就目前而言，留在我所在的组织既是我所希望的，也是必要的	5. Right now, staying with my organization is a matter of necessity as much as desire
	6. 我认为如果离开目前所在的组织，我的工作选择将会非常少	6. I feel that I have too few options to consider leaving this organization
	7. 离开这个组织的为数不多的严重后果之一是其他替代选择不足	7. One of the few serious consequences of leaving this organization would be the scarcity of available alternatives
	8. 我继续为这个组织工作的最主要原因之一是离开意味着相当巨大的个人牺牲，其他组织给我的总体收益可能不如这个组织	8. One of the major reasons I continue to work for this organization is that leaving would require considerable personal sacrifice-another organization may not match the overall benefits I have here
规范承诺	1. 我认为当今员工跳槽过于频繁	1. I think that people these days move from company to company too often
	2. 我并不认为人们必须一直对自己所在的组织保持忠诚（反）	2. I do not believe that a person must always be loyal to his or her organization（R）
	3. 频繁的跳槽对我来说完全没有违反道德准则（反）	3. Jumping from organization to organization does not seem at all unethical to me（R）
	4. 我继续留在所在组织工作的最主要原因是我坚信忠诚非常重要，因此，我觉得有道德义务留下来	4. One of the major reasons I continue to work for this organization is that I believe that loyalty is important and therefore feel a sense of moral olligation to remain
	5. 即使我得到了一个更好的工作邀请，我也不认为离开现有的公司是一个正确的选择	5. If I got another offer for a better job elsewhere I would not feel it was right to leave my organization
	6. 我受到的教育是要坚信忠于组织的价值	6. I was taught to believe in the value of remaining loyal to one organization

3. Clugston, M., Howell, J. P., Dorfman, P. W. 的组织承诺、主管承诺、团队承诺量表[78]

Clugston, M., Howell, J. P., Dorfman, P. W. （2000）在 *Does cultural socialization predict multiple bases and foci of commitment*？一文中，分别构建了组织承诺、主管承诺和团队承诺 3 个量表。其中，组织承诺包含组织情感承诺、组织规范承诺和组织持续承诺三个维度，共有 15 个测试项目；主管承诺包含主管情感承诺、主管规范承诺和主管持续承诺三个维度，共有 15 个测试项目；团队承诺量表同样包含3个维度，分别是团队情感承诺、团队规范承诺以及团队持续承诺，此量表有15个测试项目。量表的具体项目如表2－29所列。Clugston，M.，Howell，J. P.，Dorfman，P. W. 采用结构模型的拟合指数（RMSEA、ECVI、AIC、GFI、AGFI、NFI、CFI、NNFI、PGFI）来对模型进行检验。结果显示：9因素模型的拟合指数RMSEA、ECVI、AIC、GFI、AGFI、NFI、CFI、NNFI、PGFI分别为0.06、8.6、1337、0.81、0.78、0.80、0.90、0.86、0.66。表明所构建的模型与数据良好契合。

表2－29　Clugston，M.，Howell，J. P.，Dorfman，P. W.的组织承诺、主管承诺、团队承诺量表

问卷	维度	测验项目	英文原文
组织承诺	组织情感承诺	1. 我乐意终身在这家公司发展我的事业	1. I would be very happy to spend the rest of my career with this organization
		2. 我很乐意与组织外的人谈及我的公司	2. I enjoy discussing my organization with people outside of it
		3. 我觉得公司的事即我个人的事	3. I really feel as if this organization's problems are my own
		4. 这家公司对我个人有很多特殊意义	4. This organization has a great deal of personal meaning for me
		5. 我对这家公司有强烈的情感	5. I feel emotionally attached to this organization
	组织规范承诺	1. 我坚信一个人应该始终对自己的公司忠诚	1. I believe that a person must always be loyal to his or her organization
		2. 频繁地跳槽对我来说是不道德的	2. Moving from organization to organization seems unethical to me
		3. 即使我得到了一个更好的工作邀请，我也不认为离开现有的公司是一个正确的选择	3. If I got another offer for a better job elsewhere, I would not feel it was right to leave my organization
		4. 我觉得有道德义务留在现在的公司	4. I feel a sense of moral obligation to remain with this organization
		5. 我受到的教育是要坚信忠于组织的价值	5. I was taught to believe in the value of remaining loyal to one organization
	组织持续承诺	1. 离开自己主管的为数不多的严重后果之一是其他替代选择不足	1. One of the few negative consequences of leaving this organization would be the scarcity of available alternative

续表

问卷	维度	测验项目	英文原文
组织承诺	组织持续承诺	2. 就目前而言，继续与主管工作既是我所希望的，也是必要的	2. Right now, staying with my organization is a matter of necessity as much as desire
		3. 我认为要变换自己的主管，可供选择的对象很少	3. I feel that I have too few options to consider leaving this organization
		4. 离开也许需要相当巨大的个人牺牲，其他主管给我的总收益可能还不如这个主管	4. Leaving would require considerable personal sacrifice because another organization may not match the overall benefits I have here
		5. 在近期离开我的主管对我来说代价太大	5. It would be too costly for me to leave my organization in the near future
主管承诺	主管情感承诺	1. 我非常乐意终生与现任主管共事	1. I would be very happy to spend the rest of my career working with my current supervisor
		2. 我很乐意与组织外的人谈及我的主管	2. I enjoy discussing my supervisor with people outside of the organization
		3. 我觉得主管的事即我个人的事	3. I really feel as if my supervisor's problems are my own
		4. 与主管共事对我个人有很多特殊意义	4. Working with my supervisor has a great deal of personal meaning for me
		5. 我对自己的主管怀有情感	5. I feel emotionally attached to my supervisor
	主管规范承诺	1. 我认为一个人必须对自己的主管忠诚	1. I believe that a person must always be loyal to his or her supervisor
		2. 变换主管对我来说是不道德的	2. Changing supervisors seems unethical to me
		3. 即使我得到了一个更好的工作邀请，我也不认为离开我的主管是一个正确的选择	3. If I got another offer for a better job elsewhere, I would not feel it was right to leave my supervisor
		4. 我觉得有道德义务与现在的主管一起工作	4. I feel a sense of moral obligation to remain with my supervisor
		5. 我受到的教育是要坚信忠于主管的价值	5. I was taught to believe in the value of remaining loyal to one supervisor
	主管持续承诺	1. 离开自己主管的为数不多的严重后果之一是其他替代选择不足	1. One of the few negative consequences of leaving my supervisor would be the scarcity of available alternatives

续表

问卷	维度	测验项目	英文原文
主管承诺	主管持续承诺	2. 就目前而言，继续与主管工作既是我所希望的，也是必要的	2. Right now, staying with my supervisor is a matter of necessity as much as desire
		3. 我认为要变换自己的主管，可供选择的对象很少	3. I feel that I have too few options to consider working with another supervisor
		4. 离开也许需要相当巨大的个人牺牲，其他主管给我的总收益可能还不如这个主管	4. Leaving would require consideralbe personal sacrifice because another supervisor may not match the overall benefits I have here
		5. 在近期离开我的主管对我来说代价太大	5. It would be too costly for me to leave my supervisors in the near future
团队承诺	团队情感承诺	1. 我非常乐意终身与现在的同事共事	1. I would be very happy to spend the rest of my career working with my cerrent co-workers
		2. 我很乐意与组织外的人谈及我的同事	2. I enjoy discussing my co-workers with people outside of the organization
		3. 我觉得同事的事即我自己的事	3. I really feel as if my co-worker's problems are my own
		4. 与现在的同事共事对我个人有很多特殊意义	4. Working with my co-workers has a great deal of personal meaning for me
		5. 我对自己的同事怀有情感	5. I feel emotionally attached to my co-workers
	团队规范承诺	1. 我认为一个人必须对自己的同事忠诚	1. I believe that a person must always be loyal to his or her co-workers
		2. 变换同事对我来说是不道德的	2. Changing co-workers seems unethical to me
		3. 即使我得到了一个更好的工作邀请，我也不认为离开我的同事是一个正确的选择	3. If I got another offer for a better job elsewhere, I would not feel it was right to leave my co-workers
		4. 我觉得有道德义务与现在的同事一起工作	4. I feel a sense of moral obligation to remain with my co-workers
		5. 我受到的教育是要坚信忠于团队的价值	5. I was taught to believe in the value of remaining loyal to a group of co-workers
	团队持续承诺	1. 离开自己同事的为数不多的消极后果之一是其他替代选择不足	1. One of the few negative consequences of leaving my co-workers would be the scarcity of available alternatives
		2. 就目前而言，继续与同事工作既是我所希望的，也是必要的	2. Right now, staying with my co-workers is a matter of necessity as much as desire

续表

问卷	维度	测验项目	英文原文
团队承诺	团队持续承诺	3. 我认为要变换自己的团队，可供选择的对象很少	3. I feel that I have too few options to consider working with another group of co-workers
		4. 离开也许需要相当巨大的个人牺牲，其他团队给我的总收益可能还不如这个团队	4. Leaving would require considerable personal sacrifice because another group of co-workers may not match the overall benefits I have here
		5. 在近期离开我的团队对我来说代价太大	5. It would be too costly for me to leave my co-workers in the near future

4. 凌文辁、张治灿、方俐洛的中国职工组织承诺量表[49]

凌文辁、张治灿、方俐洛（2001）在《中国职工组织承诺研究》一文中，构建了包含感情承诺、理想承诺、经济承诺、规范承诺、机会承诺5个维度的组织承诺模型，并编制了相应的组织承诺量表。其中感情承诺包含5个测试项目；理想承诺包含5个测试项目；经济承诺包含5个测试项目；规范承诺包含5个测试项目；机会承诺包含5个测试项目。量表的具体项目如表2－30所列。凌文辁、张治灿、方俐洛检验了量表的同质信度和再测信度。结果显示：总体、感情承诺、理想承诺、规范承诺、经济承诺、机会承诺的同质信度分别为0.67、0.85、0.79、0.69、0.81、0.82；总体、感情承诺、理想承诺、规范承诺、经济承诺、机会承诺的再测信度分别为0.87、0.83、0.81、0.72、0.89、0.89，表明量表具有较高的内部一致性。

表2－30 凌文辁、张治灿、方俐洛的中国职工组织承诺量表

量表	维度	测验项目
中国职工组织承诺量表	感情承诺	1. 效益差也不离开
		2. 对单位感情深
		3. 愿做任何事情
		4. 愿贡献全部心血
		5. 愿贡献业余时间
	理想承诺	1. 学有所用
		2. 进修机会多
		3. 晋升机会多
		4. 工作有挑战性
		5. 利于实现理想

续表

量表	维度	测验项目
中国职工组织承诺量表	经济承诺	1. 怕失去福利
		2. 担心损失太大
		3. 想也很难离开
		4. 花费一生心血
		5. 担心家庭损失
	规范承诺	1. 对单位负有义务
		2. 跳槽不道德
		3. 对单位应忠诚
		4. 对单位全心投入
		5. 爱单位如家
	机会承诺	1. 技术低
		2. 别的单位工资不高
		3. 找适合工作不易
		4. 找不到别的单位
		5. 条件好的不易找

5. 侯得裕的组织承诺量表[79]

侯得裕（2006）在其博士论文《影响员工角色知觉及工作态度之因素研究》中，构建了包含价值承诺、努力承诺和留职承诺3个维度的组织承诺模型，并编制了相应的组织承诺量表。其中价值承诺包含8个测试项目；努力承诺包含2个测试项目；留职承诺包含5个测试项目。量表的具体项目如表2－31所列。侯得裕采用Cronbach's α系数检验量表的信度。结果显示：组织承诺量表的Cronbach's α为0.784，表明量表具有较高的内部一致性。

表2－31　侯得裕的组织承诺量表

问卷	测验项目
价值承诺	1. 我会对我的朋友说，我服务的机关是一个很好的单位
	2. 我对我服务的机关几乎没什么忠诚可言（R）
	3. 为了继续留在机关服务，我愿意接受公司指派给我的任何工作
	4. 我发现我个人的价值观与服务机关的价值观非常相似
	5. 我会很骄傲地告诉别人，我属于服务机关的一分子
	6. 只要是相同的工作，我随时可以到另一个机关工作（R）

续表

问卷	测验项目
价值承诺	7. 我很庆幸能选择到这个机关工作
	8. 我非常关心服务机关未来的发展
努力承诺	1. 我愿意付出额外的努力，以协助服务机关顺利推动业务
	2. 在工作上，我服务的机关的确可鼓舞我获得最佳工作绩效
留职承诺	1. 我不必经过再三考虑便可随时决定离职（R）
	2. 我如果继续留在这个机关工作，不会有什么前途（R）
	3. 我经常不同意服务机关针对员工的一些政策（R）
	4. 对我而言，我服务的机关是一个非常理想的工作环境
	5. 决定到这个机关工作是我最大的错误（R）

6. 陈志霞的组织承诺量表[80]

陈志霞（2006）在其博士论文《知识员工组织支持感对工作绩效和离职倾向的影响》中，构建了包含情感承诺、机会承诺和权衡承诺 3 个维度的组织承诺模型，并编制了相应的组织承诺量表。其中情感承诺包含 3 个测试项目；机会承诺包含 3 个测试项目；权衡承诺包含 3 个测试项目。量表的具体项目如表 2－32 所列。陈志霞采用 Cronbach's α 系数检验量表的信度。结果显示：整体 Cronbach α 为 0.721，情感承诺、机会承诺、权衡承诺三个分量表的 Cronbach's α 分别为 0.905、0.822、0.736，表明量表具有较高的内部一致性。

表 2－32　陈志霞的组织承诺量表

问卷	测验项目
情感承诺	1. 我对现工作单位有强烈的归属感
	2. 我对自己的工作单位在感情上非常依恋
	3. 提起自己的工作单位我感到自豪
机会承诺	1. 没有什么其他好的选择
	2. 缺少其他机会
	3. 条件好的不宜找
权衡承诺	1. 如果离开现单位会损失太大
	2. 我之所以在现单位工作是因为投入太多
	3. 如果离开现单位会影响个人和家庭生活

第五节 工作投入量表

1. Saleh，S. D.，Hosek 的工作投入量表[81]

Saleh，S. D.，Hosek（1976）在 *Job involvement：concept and measurement* 一文中，构建了包含主动参与、生活重心、绩效对自我价值的重要性及自我认知的一致性 4 个维度的工作投入量表。量表共包含 65 个测试项目，其中，测量主动参与的分量表包含 16 个测试项目；测量生活重心的分量表包含 25 个项目；测量绩效对自我价值的重要性的量表共包含 19 个测试项目；测量自我认知的一致性的量表共包含 5 个测试项目。量表的具体项目如表 2－33 所列。Saleh，S. D.，Hosek 采用 Cronbach α 系数检验量表的信度。结果显示：学生样本的 α 系数为 0.82，销售人员样本的 α 系数为 0.86，表明量表具有较高的内部一致性。

表 2－33 Saleh，S. D.，Hosek 的工作投入量表

问卷	测验项目	英文原文
主动参与	1. 你是否经常能用到自己为工作所学的技能	1. How much chance do you get to use the skills you have learned for your job
	2. 你是否经常能按自己的方式做事	2. How much chance do you get to do things your own way
	3. 你是否经常能实施自己的想法	3. How much chance do you get to try out your own ideas
	4. 你是否经常能做自己最擅长的事情	4. How much chance do you get to do the kinds of things you are best at
	5. 你是否经常能做有趣的工作	5. How much chance do you get to do interesting work
	6. 你是否经常能在一天结束之余认为自己完成了某些事情	6. How much chance do you get to feel at the end of the day that you've accomplished something
	7. 你是否经常能学习新东西	7. How much chance do you get to learn new things
	8. 总体而言，我对自己工作中的内容能有发言权及影响力	8. In general，I have much say and infulence over what goes on in my job
	9. 你是否经常能完成任务	9. How much chance do you get to finish things
	10. 当出现的问题与我的工作相关时，我的直属上级会征求我的意见	10. My immediate superior asks my opinion when a problem comes up which involves my work
	11. 你是否经常能在不受催促的情况下工作	11. How much chance do you get to work without feeling pushed

续表

问卷	测验项目	英文原文
主动参与	12. 如果我在改善工作或组织机构方面有一些建议，我能很容易地将自己的想法传达给直属上级	12. If I have a suggestion for improving the job or setup in some way, it is easy for me to get my ideas across to my immediate superior
	13. 在工作中，我可以做出重要决定	13. I have a chance to make important decisions on my job
	14. 在我所关心的领域，我觉得自己能影响直属上级的决定	14. I feel I can influence the decisions of my immediate superior regarding the things about which I am concerned
	15. 你是否有权决定自己的工作节奏	15. How free do you feel to set your own work pace
	16. 我正为组织取得成功做出重要的贡献	16. I am making an important contribution to the success of the company
生活重心	1. 在我身上发生的最重要的事情与我的工作相关	1. The most important things that happen to me involve my work
	2. 我做的最重的事情均与我的工作相关	2. The most important things I do are involved with my job
	3. 我人生中的大部分满足感源于我的工作	3. The major satisfaction in my life comes from my job
	4. 能为我带来最大喜悦和个人满足感的活动均与我的工作相关	4. The activities which give me the greatest pleasure and personal satisfaction involve my job
	5. 我靠我的工作来生存	5. I live, eat, and breathe my job
	6. 我所做的最重要的事情与我的工作相关	6. The most important things I do concern my job
	7. 我热爱自己的工作胜于其他一切	7. I enjoy my work more than anything else that I do
	8. 相较于工作，我有其他更重要的活动	8. I have other activities more important than my work
	9. 对我来说，工作只是我生活的一小部分	9. To me, work is only a small part of who I am
	10. 相较于自己住的房子，我更喜欢使自己的工作室维持良好的状态	10. I enjoy keeping my work space in good shape more than keeping my things around the house in good shape
	11. 有些人不分白天黑夜全身心投入到自己的工作中。而有些人仅仅认为工作是他们众多兴趣之一。你认为自己的工作投入状态如何呢?	11. Some individuals are completely involved in their work-absorbed by it night and day. For others, it is simply one of several interests. How involved do you feel in your work
	12. 如果我要去完成某件事，我更愿意它发生在我的工作中，而不是我所在任何其他组织中	12. If I were to accomplish or achieve something, I prefer that it would happen on my job rather than in any other organization to which I belong

续表

问卷	测验项目	英文原文
生活重心	13. 同事对我的反感比其他人对我的反感更令我受伤	13. It hurts me more if I am disliked by the people at work than by other people I know
	14. 从自己的工作中获得的赞赏比从组织获得赞赏更令我高兴	14. I am happier when I receive praise on my job than when I receive praise in any other organization to which I belong
	15. 生活中的许多事情都比工作重要	15. Most things in life are more important than work
	16. 我更愿意和同事，而不是和家人或者独自一人去度假	16. I would rather take my vacation with some friends from work than with my family or by myself
	17. 我认为我的工作是我成功的重要一环	17. My job plays an important part in my ideas about getting ahead
	18. 我的同事是我生活中的重要组成部分，无论上下班，他们都是我友情、闲暇活动及大部分谈话的依托	18. The people I know at work are a very important part of my life, and I depend on them for my friendships, leisure time activity, and general conversation both on and off the job
	19. 通常情况下，有些事情我在上班时会比在家里做得更好	19. When I am doing some work, I am ususlly more accurate working on my job than working at home
	20. 过去我更关注自己的工作，但现在其他事情对我来说更重要	20. I used to care more about my work, but now other things are more important to me
	21. 在我错过的大部分事情中，相较于错过所在组织的会议，我更懊悔错过了一天的工作	21. I would hate missing a day's work more than missing a meeting of an organization to which I belong of missing almost anything I usually do
	22. 无论上下班，我都会把大量的时间花费在与我工作相关的事情上	22. I spend a great deal of time on matters related to my job both during and after working hours
	23. 在家工作时，噪声对我的干扰不如在公司工作时大	23. Noise bothers me more when working on the job than when working at home
	24. 我更愿意向自己的同事而不是其他我所认识的人借钱	24. I would be more likely to borrow money from the people I know at work than from anyone else I know
	25. 比起成为俱乐部、教堂或地方分会中的更重要一员，我更愿意得到职位晋升	25. I would rather get a job promotion than to be a more important member of my club, church, or lodge
绩效对自我价值的重要性	1. 我在工作中的表现对我来说非常重要	1. How well I perform on my job is extremely important to me
	2. 当我没有在工作中发挥出色时我会感到沮丧	2. I feel badly if I don't perform well on my job

续表

问卷	测验项目	英文原文
绩效对自我价值的重要性	3. 我个人对工作非常投入	3. I am very much personally involved in my work
	4. 我尽量避免在工作中承担额外的任务和责任	4. I avoid taking on extra duties and responsibilities in my work
	5. 当我在工作中表现很好时我会很开心	5. I feel good when I perform my job well
	6. 对于我的工作，过去的我更有雄心壮志	6. I used to be more ambitious about my work than I am now
	7. 我善于运用我所注重的能力去取得较好的工作绩效	7. I am albe to utilize abilities I value in the performance of my job
	8. 我的工作绩效需要我运用有效的技能和能力	8. My job performance requires me to use valuable skills and abilitis
	9. 很多时候我宁愿待在家中以远离工作	9. Quite often I feel like staying home from work instead of coming in
	10. 即使没有报酬，我也会为了完成工作而加班	10. I'll stay overtime to finish a job even if I'm not paid for it
	11. 工作绩效是对我能力和技能的考验	11. The performance of my job is a good test of skill and ability
	12. 通常情况下，我会提前去上班并做好准备	12. I usually show up for work a little early, to get things ready
	13. 如果一个问题在你下班时还未解决，你会在下班后仍然思考如何解决它吗?	13. If a problem comes up in your work and it isn't all settled by the time you go home, how likely is it that you will find yourself thinking about it after work
	14. 有时，我会对自己工作中所犯的错误进行自我惩罚	14. Sometimes I'd like to kick myself for the mistakes I make in my work
	15. 当我在与工作相关的事情中失败时，我会非常沮丧	15. I feel depressed when I fail at something connectde with my job
	16. 有时候我会因为思考第二天的工作而无法入睡	16. Sometimes I lie awake thinking ahead to the next day's work
	17. 对于自己的工作，我确实是一个完美主义者	17. I' m really a perfectionist about my work
	18. 根据一个人工作的完成情况，你可以较好地评价一个人	18. You can measure a person pretty well by how good a job he does
	19. 即使我不缺钱，我应该也会一直工作	19. I would probably keep working even if I didn't need the money

续表

问卷	测验项目	英文原文
自我认知的一致性	1. 我的工作绩效相当准确地反映了我所具备的工作能力	1. My job performance indicates fairly accurately the amount of ability that I possess for my job
	2. 我具备有效地完成工作所需的能力	2. I possess the amount of ability that is required to perform my job effectively
	3. 工作对我的能力要求与我所具备的能力素质相匹配	3. There is a good "fit" between the ability requirements of my job and the amount of ability that I possess
	4. 我的工作绩效可以很好地检测我的工作能力	4. The performance of my job is a good test of the ability that I possess
	5. 我能利用自己拥有的能力取得较好的工作绩效	5. I am able to utilize the abilities that I possess in the performance of my job

2. Blau，G. J. 的工作投入量表[82]

Blau，G. J. （1985）在 *The measurement and prediction of career commitment* 一文中，设计了测量工作投入的量表，量表共包含 9 个问项。量表的具体项目如表 2－34 所列。Blau，G. J. 采用 Cronbach α 系数检验量表的信度。结果显示：Time1、Time2 的 Cronbach α 分别为 0.74、0.79，表明量表具有较高的内部一致性。

表 2－34　Blau，G. J. 的工作投入量表

问卷	测验项目	英文原文
工作投入	1. 最重要的东西与工作有关	1. Most important things involve job
	2. 工作是全部生活的一小部分	2. Job small part of self
	3. 自身对工作非常投入	3. Very personally involved in job
	4. 靠工作生存	4. Live，eat and breathe job
	5. 多数兴趣爱好围绕工作	5. Most interests centred around job
	6. 对工作有浓厚的兴趣	6. Very strong ties to job
	7. 许多的人生目标是工作导向的	7. Most of life goals are job-oriented
	8. 视工作为生活的重心	8. Consider job central to existence
	9. 喜欢全身心地投入到工作中	9. Like to be absorbed in job

3. Frone，M. R.，Russell，M.，Cooper，M. L. 的工作投入量表[83]

Frone，M. R.，Russell，M.，Cooper，M. L. （1995）在 *Job stressors，job involvement and employee health：a test of identity theory* 一文中，设计了测量工作投入

的量表，量表共包含5个问项。量表的具体项目如表2－35所列。Frone，M. R.，Russell，M.，Cooper，M. L. 采用Cronbach α系数检验量表的信度。结果显示：Cronbach α为0.87，表明量表具有较高的内部一致性。

表2－35 Frone，M. R.，Russell，M.，Cooper，M. L. 的工作投入量表

问卷	测验项目	英文原文
工作投入	1. 对我来说，最重要的事情与我目前的工作有关	1. The most important things that happen to me involve my present job
	2. 我的大部分兴趣爱好是围绕我的工作的	2. Most of my interests are centred around my job
	3. 对我来说，工作占据了我生活的绝大部分	3. To me，my job is a very large part of who I am
	4. 我本人对工作非常投入	4. I am very much personally involved with my job
	5. 工作在我的生活中占据着非常重要的地位	5. My job is a very important part of my life

4. Schaufeli，W. B.，Salanova，M.，Gonzalez-Roma，V.，Bakker，A. B. 的工作投入量表[84]

Schaufeli，W. B.，Salanova，M.，Gonzalez-Roma，V.，Bakker，A. B.（2002）在*The measurement of engagement and burnout：a two sample confirmatory factor analytic approach*一文中，构建了包含热情、奉献和专注3个维度的工作投入量表。量表有两类，分别针对学生和员工。各量表均包含17个测试项目，其中，测量热情的分量表包含6个测试项目；测量奉献的分量表包含5个项目；测量专注的量表共包含6个测试项目。量表的具体项目如表2－36所列。Schaufeli，W. B.，Salanova，M.，Gonzalez-Roma，V.，Bakker，A. B. 采用Cronbach α系数检验量表的信度。结果显示：高校学生样本的Vigor、Dedication、Absorption的α系数分别为0.78、0.84、0.73，企业人员样本的Vigor、Dedication、Absorption的α系数分别为0.79、0.89、0.72，表明量表具有较高的内部一致性。

表2－36 Schaufeli，W. B.，Salanova，M.，Gonzalez-Roma，V.，Bakker，A. B. 的工作投入量表

问卷	维度	测验项目	英文原文
学生工作投入量表	热情	1. 早上醒来后，特别愿意去学校上课	1. When I get up in the morning，I feel like going to class
		2. 当我学习时，我精力充沛	2. When I'm doing my work as a student，I feel bursting with energy
		3. 即使困难重重，只要关乎学习，我都会持之以恒	3. As far as my studies are concerned I always persevere，even when things do not go well

续表

问卷	维度	测验项目	英文原文
学生工作投入量表	热情	4. 每次我都能长时间地学习	4. I am continue studying for very long periods at a time
		5. 当与学习有关时，我总能很快恢复精力	5. I am very resilient, mentally, as far as my studies are concerned
		6. 当我学习或去上课时，我总是感到精力充沛	6. I feel strong and vigorous when I' m studying or going to class.
	奉献	1. 对我来说，我的学业富有挑战性	1. To me, my studies are challenging
		2. 我的学业激励着我	2. My study inspires me
		3. 我对自己的学业热情满满	3. I am enthusiastic about my studies
		4. 我为自己的学业感到骄傲	4. I am proud of my studies
		5. 我认为自己的学业富有意义和目标	5. I find my studies full of meaning and purpose
	专注	1. 当我学习时，我能忘记周围的一切	1. When I' m studying, I forget everything around me
		2. 当我学习时，时间总是过得很快	2. Time flies when I am studying
		3. 当我学习时，我总是沉醉其中	3. I get carried away when I am studying
		4. 不学习对我来说很难	4. It is difficult to detach myself from my studies
		5. 我能全神贯注于自己的学习	5. I am immersed in my studies
		6. 当我认真学习时，我非常愉快	6. I feel happy when I am studying intensely
员工工作投入量表	热情	1. 早上醒来后，特别愿意去工作	1. When I get up in the morning, I feel like going to work
		2. 当我工作时，我精力充沛	2. At my work, I feel bursting with energy
		3. 即使困难重重，我也会在工作中坚持到底	3. At my work I always persevere, even when things do not go well
		4. 每次我都能持续很长时间地工作	4. I can continue working for very long periods at a time
		5. 工作中，我总能很快恢复精力	5. At my job, I am very resilient, mentally
		6. 工作中，我总感精力充沛	6. At my job I feel strong and vigorous
	奉献	1. 对我来说，我的工作富有挑战性	1. To me, my job is challenging
		2. 我的工作激励着我	2. My job inspires me
		3. 我对自己的工作热情满满	3. I am enthusiastic about my job
		4. 我为自己的工作感到骄傲	4. I am proud on the work that I do
		5. 我认为自己的工作富有意义和目标	5. I find the work that I do full of meaning and purpose
	专注	1. 当我工作时，我能忘记周围的一切	1. When I am working, I forget everything else around me
		2. 当我工作时，时间总是过得很快	2. Time flies when I am working
		3. 当我学习时，我总是沉醉其中	3. I get carried away when I am working
		4. 不工作对我来说很难	4. It is difficult to detach myself from my job

续表

问卷	维度	测验项目	英文原文
员工工作投入量表	专注	5. 我能全神贯注于自己的工作	5. I am immersed in my work
		6. 当我认真工作时，我非常愉快	6. I feel happy when I am working intensely

5. 侯得裕的工作投入量表[79]

侯得裕（2006）在其博士论文《影响员工角色知觉及工作态度之因素研究》中，构建了工作投入量表，整个量表由 5 个测试项目构成。量表的具体项目如表 2－37 所列。侯得裕采用 Cronbach α 系数检验量表的信度。结果显示：Cronbach α 为 0.733，Corrected Item-Total Correlation 所对应问项的相关系数均大于 0.3，表明量表具有较好的内部一致性。

表 2－37　侯得裕的工作投入量表

量表	测验项目
工作投入	1. 我生活中最大的满足来自于工作 2. 发生在我身上最重要的事情，都与我的工作有关 3. 在工作上我是个完美主义者 4. 我有一刻都不能离开工作的感觉 5. 我认为生活中大部分的事情比工作更重要（R）

6. 骆静的工作投入量表[85]

骆静（2007）在其博士论文《知识员工绩效评估公平感及其对工作态度的影响研究》中，构建了工作投入量表，整个量表由 10 个测试项目构成。量表的具体项目如表 2－38 所列。骆静采用 CITC 值及 Cronbach α 系数检验量表的信度，并结合累计方差贡献率测量量表效度。结果显示：CITC 值（0.520～0.650）大于 0.50，Cronbach α 为 0.846；KMO 测试值为 0.838，Bartlett 球形检验的卡方统计值的显著性概率为 0.000，每个项目的因子荷重（0.589～0.820）均大于 0.50，累计解释总体方差变异为 61.661%，表明量表信效度均较好。

表 2－38　骆静的工作投入量表

量表	测验项目
工作投入	1. 对我而言，最重要的就是全身心投入现在的工作 2. 对我而言，工作仅是我生活中的一小部分 3. 我觉得任何时刻，我都离不开我的工作 4. 大部分时间我所关心的事，几乎都集中在工作上

续表

量表	测验项目
工作投入	5. 我与现在的工作密切相连，这种情形很难改变 6. 通常在工作上我有点心不在焉 7. 我的人生目标大部分以工作为导向 8. 工作是我的全部生活重心 9. 我全心全意投入现在的工作 10. 我喜欢全身心投入我的工作

第六节　组织公民行为量表

1. Jiing-Lih Farh，Philip M. Podsakoff，Dennis W. Organ 的组织公民行为量表[86]

Jiing-Lih Farh，Philip M. Podsakoff，Dennis W. Organ（1990）在 *Accounting for Organizational Citizenship Behavior*：*Leader Fairness and Task Scope versus Satisfaction*，*Journal of Management*，一文中，构建了包含利他行为和一般性服从行为 2 个维度的组织公民行为模型，并编制了相应的量表对其进行测量。量表共包含 16 个问项。其中，利他行为分量表包含 7 个测试项目；一般性服从行为分量表包含 9 个测试项目。量表的具体项目如表 2－39 所列。Jiing-Lih Farh，Philip M. Podsakoff，Dennis W. Organ. 采用 Cronbach α 系数检验量表的信度。结果显示：利他行为分量表的 Cronbach α 系数为 0.82，一般性服从行为分量表的 Cronbach α 系数为 0.90，表明量表具有较高的内部一致性。

表 2－39　Jiing-Lih Farh，Philip M. Podsakoff，Dennis W. Organ 的组织公民行为量表

问卷	测验项目	英文原文
Altruism（利他行为）	1. 如果同事没有上班，主动帮助他完成他的工作	1. Helps others who have been absent
	2. 主动承担工作以外的任务和职责	2. Volunteers for things that are not required
	3. 主动帮助新同事适应工作环境	3. Orients new people even though it is not required
	4. 当同事工作负荷过量时，自愿提供协助	4. Helps others who have heavy work loads
	5. 主动协助上级的工作	5. Assists supervisor with his or her work
	6. 主动提出对部门发展有利的建设性建议	6. Makes innovative suggestions to improve department
	7. 参加有助于提升企业形象的活动	7. Attends functions not required that help company image

续表

问卷	测验项目	英文原文
Generalized Compliance（一般性服从行为）	1. 工作守时	1. Punctuality
	2. 出勤率高于一般要求	2. Attendance at work is above norm
	3. 因事无法工作时，提前通知	3. Gives advance notice when unable to come to work
	4. 不因无谓的小事请假	4. Does not take unneccessary time off of work
	5. 无特殊理由过多的休息	5. Takes undeserved work breaks
	6. 工作不努力，懒懒散散过一天	6. Coasts toward the end of the day
	7. 工作期间，长时间打私人电话聊天	7. Great deal of time spent with personal phone conversations
	8. 工作期间不做额外的休息	8. Does not take extra breaks
	9. 不将时间耗费在闲聊上	9. Does not spend time in idle conversation

2. Scott B. MacKenzie，Philip M. Podsakoff，Richard Fetter 的组织公民行为量表[87]

Scott B. MacKenzie，Philip M. Podsakoff，Richard Fetter（1993）在 *The impact of organizational citizenship behavior on evaluations of salesperson performance*，*Journal of Marketing* 一文中，构建了包含公民道德、运动员精神、利他行为3个维度的组织公民行为模型，并编制了相应的量表对其进行测量。量表共包含9个问项。其中，公民道德分量表包含3个测试项目；运动员精神分量表包含3个测试项目；利他行为分量表包含3个测试项目。量表的具体项目如表2－40所列。Scott B. MacKenzie，Philip M. Podsakoff，Richard Fetter. 采用 Cronbach α 系数检验量表的信度。结果显示：公民道德分量表的 Cronbach α 系数为0.78，运动员精神分量表的 Cronbach α 系数为0.82，利他行为分量表的 Cronbach α 系数为0.88，表明量表具有较高的内部一致性。

表2－40 Scott B. MacKenzie，Philip M. Podsakoff，Richard Fetter 的组织公民行为量表

问卷	测验项目	英文原文
Civic virtue（公民美德）	1. 及时了解企业的最新进展	1. "Keeps up" with developments in the company
	2. 主动参加有助于提升企业形象的活动	2. Attends functions that are not required, but that help the company image
	3. 为了企业的利益，即使被拒绝也会表达自己的想法	3. Is willing to risk disapproval in order to express his/her beliefs about what's best for the company

续表

问卷	测验项目	英文原文
Sportsmanship.（运动员精神）	1. 耗费大量时间在对小事的抱怨上	1. Consumes a lot of time complaining about trvial matters（R）
	2. 倾向于小题大做（R）	2. Tends to make "mountains out of molehills"（makes problems bigger than they are）（R）
	3. 总是过分关注自己所处境况的消极面，忽视积极面	3. Always focuses on what's wrong with his/her situation, rather than the positive side of it（R）
Altruism.（利他行为）	1. 主动帮助新员工适应工作环境	1. Helps orient new agents even though it is not required
	2. 乐于帮助身边有困难的人	2. Is always ready to help or to lend a helping hand to those around him/her
	3. 愿意牺牲自己的时间去帮助他人	3. Willingly gives of his/her time to help others

3. Brian Niehoff，Robert Moorman 的组织公民行为量表[88]

Brian. Niehoff，Robert Moorman（1993）在 *Justice as a mediator of the relationship between methods of monitoring and organizational citizenship behavior* 一文中，构建了包含利他行为、事前知会、运动员精神、尽职行为、公民道德 5 个维度的组织公民行为模型，并编制了相应的量表对其进行测量。量表共包含 19 个问项。其中，利他行为分量表包含 4 个测试项目、事前知会分量表包含 4 个测试项目、运动员精神分量表包含 4 个测试项目、尽职行为分量表包含 3 个测试项目、公民美德分量表包含 4 个测试项目。量表的具体项目如表 2－41 所列。Brian Niehoff，Robert Moorman 采用 Cronbach α 系数检验量表的信度。结果显示：利他行为分量表的 Cronbach α 系数为 0.81、事前知会分量表的 Cronbach α 系数为 0.87、运动员精神分量表的 Cronbach α 系数为 0.89、尽职行为分量表的 Cronbach α 系数为 0.81、公民道德分量表的 Cronbach α 系数为 0.73，表明量表具有较高的内部一致性。

表 2－41　Brian Niehoff，Robert Moorman 的组织公民行为量表

问卷	测验项目	英文原文
Altruism（利他行为）	1. 当同事工作负荷过量时，自愿提供协助	1. Help others who have heavy work loads
	2. 如果同事没有上班，主动帮助他完成他的工作	2. Helps others who have been absent
	3. 愿意牺牲自己的时间去帮助他人解决工作相关的问题	3. Willingly gives of his/her time to help others who have work related problems
	4. 主动帮助新员工适应工作环境	4. Helps orient new people even though it is not required

续表

问卷	测验项目	英文原文
Courtesy（事前会知）	1. 与可能受到自己的行动或决定影响的其他人商量	1. Consults with me or other individuals who might be affected by his/her actions or decisions
	2. 不滥用他人权利	2. Does not abuse the rights of others
	3. 采取措施避免与其他员工产生矛盾	3. Takes steps to prevent problems with other workers
	4. 在采取重要行动前提前告知	4. Informs me before taking any important actions
Sportsmanship（运动员精神）	1. 花费大量的时间抱怨微不足道的小事	1. Consumes a lot of time complaining about trivial matters （R）
	2. 倾向于小题大做	2. Tends to makes " mountains out of molehills " (makes problems bigger than they are) （R）
	3. 时常谈起想辞职	3. Constantly talks about wanting to quit his/her job （R）
	4. 总是过分关注自己所处境况的消极面，忽视积极面	4. Always focuses on what's wrong with his/her situation, rather than the positive side of it （R）
Conscientiousness（尽职行为）	1. 工作守时，从不在就餐或休息上花费过多时间	1. Is always punctual. Never takes long lunches or breaks
	2. 工作期间不作额外的休息	2. Does not take extra breaks
	3. 即使无人监管，也能遵守公司规章及工作程序	3. Obeys company rules, regulations and procedures even when no one is watching
Civic virtue（公民道德）	1. 及时了解企业的变化	1. Keeps abreast of changes in the organization
	2. 主动参加有助于提升企业形象的活动	2. Attends functions that are not required, but that help the company image
	3. 参加并参与到与企业相关的会议中	3. Attends and participates in meetings regarding the organization
	4. 及时了解公司的发展情况	4. "Keeps up" with developments in the company

4. Elizabeth Wolfe Morrison 的组织公民行为量表[89]

Elizabeth Wolfe Morrison（1994）在 *Role definitions and organizational citizenship behavior: The importance of the employee's perspective* 一文中，构建了包含利他行为、尽职行为、运动员精神、组织参与、组织跟随 5 个维度的组织公民行为模型，并编制了相应的量表对其进行测量。量表共包含 23 个问项。其中，利他行为分量表包含 8 个测试项目、尽职行为分量表包含 6 个测试项目、运动员精神分量表包含 3 个测试项目、组织投入分量表包含 3 个测试项目、组织跟随分量表包含 3 个测试项目。量表的具体项目如表 2－42 所列。Elizabeth Wolfe Morrison 采用 Cronbach α 系数检验量表的信度。结果显示：利他行为分量表的 Cronbach α 系数为 0.77；尽职行为分量表的 Cronbach α 系数为 0.60；运动员精神分量表的 Cronbach α 系数为 0.40；组织参与分量表的 Cronbach α 系数为 0.70；组织跟随分量表的 Cronbach α 系数为 0.64，表明量表具有较高的内部一致性。

表 2－42　Elizabeth Wolfe Morrison 的组织公民行为量表

问卷	测验项目	英文原文
Altruism（利他行为）	1. 如果同事没有上班，主动帮助他完成工作	1. Covering for absent co-workers
	2. 当同事工作负荷过量时，自愿提供协助	2. Helping others with workloads
	3. 主动帮助新员工适应工作环境	3. Helping orient new people
	4. 帮助没有上班的人	4. Helping others who have been absent
	5. 帮助他人解决问题	5. Helping others with problems
	6. 主动承担工作以外的任务	6. Volunteering to do things
	7. 帮助其他部门的人	7. Helping people outside department
	8. 帮助病人和来访者	8. Helping patients and visitors
Conscientiousness（尽职行为）	1. 准时轮班	1. Beginning one's shift on time
	2. 每天按时工作	2. Being punctual every day
	3. 不将工作时间浪费在私人电话上	3. Not spending time on personal calls
	4. 不参加与工作无关的闲谈	4. Not engaging in non-work-related talk
	5. 如果有需要，提前上班	5. Coming to work early if needed
	6. 不花费过多的时间休息	6. Not taking excess time off
Sportsmanship（运动员精神）	1. 不抱怨医疗中心	1. Not finding fault with Medical Center
	2. 不抱怨其他事情	2. Not complaining ahout things
	3. 不小题大做	3. Not blowing problems out of proportion
Involvement（组织参与）	1. 自愿参加公司活动	1. Attending voluntary functions
	2. 自愿参加会议	2. Attending voluntary meetings
	3. 帮助公司组织非正式聚会	3. Helping organize get-togethers
Keeping up（组织跟随）	1. 及时了解企业的变化	1. Keeping up with changes
	2. 及时阅读公告	2. Reading announcements
	3. 评价哪些因素能促使医疗中心达到最佳状态	3. Assessing what is best for Medical Center

5. Jiing-lih Farh，P. Christopher Earley，Shu-Chi Lin 的组织公民行为量表[90]

Jiing-lih Farh，P. Christopher Earley，Shu-Chi Lin（1997）在 *Impetus for A cultural analysis of justice and organizational citizenship behavior in Chinese society* 一文中，构建了包含组织认同、同事间的利他行为、尽职行为、人际和谐、保护公司财产 5 个维度的组织公民行为模型，并编制了相应的量表对其进行测量。量表共包含 20 个问项。其中，组织认同分量表包含 4 个测试项目、同事间的利他行为分量表包含 4 个测试项目、尽职行为分量表包含 5 个测试项目、人际和谐分量表包含 4 个测试项目、保护公司财产分量表包含 3 个测试项目。量表的具体项目如表 2－43 所列。Jiing-lih Farh，P. Christopher Earley，Shu-Chi Lin 采用 Cronbach α 系数检验量表的信度。结果显示：组织认同分量表的 Cronbach α 系数为 0. 87、同事间的利他行为分量表的 Cronbach α 系数为 0. 87、尽职行为分量表的 Cronbach α 系数为 0. 82、人际和谐分量表的 Cronbach α 系数为 0. 86、保护公司财产分量表的 Cronbach α 系数为 0. 81，表明量表具有较高的内部一致性。

表 2－43　Jiing-lih Farh，P. Christopher Earley，Shu-Chi Lin 的组织公民行为量表

问卷	测验项目	英文原文
Identification with the company（组织认同）	1. 愿意站出来维护公司的名誉	1. Willing to stand up to protect the reputation of the company
	2. 渴望告诉别人自己公司的好消息和澄清他们对公司的误会	2. Eager to tell outsiders good news about the company and clarify their misunderstandings
	3. 提出有助于改善公司运作的建设性建议	3. Makes constructive suggestions that can improve the operation of the company
	4. 积极参加公司会议	4. Actively attends company meetings
Altruism toward colleagues（同事间的利他行为）	1. 乐于帮助新同事适应工作环境	1. Willing to assist new colleagues to adjust to the work environment
	2. 乐于帮助同事解决工作相关的问题	2. Willing to help colleagues solve work-related problems
	3. 当同事需要时，自愿为其分担工作任务	3. Willing to cover work assignments for colleagues when needed
	4. 乐于与同事互相配合和沟通	4. Willing to coordinate and communicate with colleagues
Conscientiousness（尽职行为）	1. 即使无人监督和无据可查，仍能自觉遵守公司规章制度及工作程序	1. Complies with company rules and procedures even when nobody watches and no evidence can be traced
	2. 工作认真，极少犯错误	2. Takes one's job seriously and rarely makes mistakes

续表

问卷	测验项目	英文原文
Conscientiousness（尽职行为）	3. 愿意承担新的或者富有挑战性的任务	3. Does not mind taking on new or challenging assignments
	4. 为了提升工作品质，而努力自我充实	4. Tries hard to self-study to increase the quality of work outputs
	5. 经常提早到达公司，并开始工作	5. Often arrives early and starts to work immediately
Interpersonal harmony（人际和谐）	1. 运用不正当手段扩大个人影响，并对组织内的人际和谐带来恶劣影响	1. Uses illicit tactics to seek personal influence and gain with harmful effect on interpersonal harmony in the organization（R）
	2. 利用职权谋取个人私利	2. Uses position power to pursue selfish personal gain（R）
	3. 追求名利、听不进批评、一心追求个人利益	3. Takes credits，avoids blames，and fights fiercely for personal gain（R）
	4. 经常在上司或同事的背后说他们的坏话	4. Often speaks ill of the supervisor or colleagues behind their backs（R）
Protecting company resources（保护公司财产）	1. 在上班时间处理个人事务（如炒股、购物、理发）	1. Conducts personal business on company time（e. g. ，trading stocks，shopping，going to barber shops）（R）
	2. 私自使用公司财物（如公司电话、复印机、电脑及小汽车）	2. Uses company resources to do personal business（e. g. company phones，copy machines，computers，and cars）（R）
	3. 视病假为福利并常常以此为借口请假	3. Views sick leave as benefit and makes excuse for taking sick leave（R）

6. Scott B. MacKenzie，Philip M. Podsakoff，Julie Beth Paine 的组织公民行为量表[91]

Scott B. MacKenzie，Philip M. Podsakoff，Julie Beth Paine（1999）在 *Do Citizenship Behaviors matter more managers than for salespeople* 一文中，构建了包含帮助行为、公民美德、运动员精神 3 个维度的组织公民行为模型，并分别以代理员和经理为研究对象，编制了相应的两套量表对其进行测量。针对代理员（1）的量表共包含 14 个问项。其中，帮助行为部分包含 7 个测试项目；公民美德分量表包含 3 个测试项目；运动员精神分量表包含 4 个测试项目。针对经理（2）的量表共包含 15 个问项。其中，帮助行为部分包含 8 个测试项目；公民美德分量表包含 3 个测试项目；运动员精神分量表包含 4 个测试项目。量表的具体项目如表 2－44 所列。Scott B. MacKenzie，Philip M. Podsakoff，Julie Beth Paine 采用 Cronbach α 系数检验量表的信度。结果显示：量表（1）中，帮助行为分量表的 Cronbach α 系数为 0.89，公民道德分量表的 Cronbach α 系数为 0.82、运动员精神分量表的 Cronbach α 系数为 0.84，表明量表（1）具有较高的内部一致性。量表（2）中，帮助行为分量表的 Cronbach α 系数为 0.92，公民道德分量表的 Cronbach α 系数为 0.75、运动员精神分量表的 Cronbach α 系数为 0.78，表明量表（2）具有较高的内部一致性。

表 2-44 Scott B. MacKenzie，Philip M. Podsakoff，Julie Beth Paine 的组织公民行为量表(1)

问卷	维度	测验项目	英文原文
Helping（帮助行为）	利他行为	1. 愿意牺牲自己的时间帮助其他代理员解决工作相关的问题	1. Willingly gives of his or her time to help other agents who have work-related problems
		2. 愿意百忙之中抽空招聘和培训新进代理员	2. Is willing to take time out of his or her busy schedule to help with recruiting or training new agents
	事前会知	3. 当所采取的行动可能会对他人造成影响时，事先与其沟通	3. “Touches base” with others before initiating actions that might affect them
		4. 采取行动防止与其他代理员或公司其他人员产生摩擦	4. Takes steps to try to prevent problems with other agents and/or other personnel in the agency
	振奋士气	5. 在同事沮丧时鼓励他们	5. Encourages other agents when they are down
	营造和谐气氛	6. 当其他员工有分歧时充当调解者	6. Acts as a “peacemaker” when others in the agency have disagreements
		7. 当企业内部有不和谐因素时，能发挥稳定组织的作用	7. Is a stabilizing influence in the agency when dissention occurs
Civic virtue（公民道德）	单维	1. 主动参加有助于提升企业形象的活动	1. Attends functions that are not required but that help the agency/company image
		2. 主动参加公司鼓励但无强制要求的培训或会议	2. Attends training/information sessions that agents are encouraged but not required to attend
		3. 出席并积极参与公司会议	3. Attends and actively participates in agency meetings
Sportsmanship（运动员精神）	单维	1. 花费很多时间抱怨微不足道的小事	1. Consumes a lot of time complaining about trivial matters（R）
		2. 经常对公司表现出不满	2. Always finds fault with what the agency/company is doing（R）
		3. 倾向于小题大做	3. Tends to make “mountains out of molehills”（makes problems bigger than they are）（R）
		4. 总是过分关注自己所处境遇的消极面，而不是积极面	4. Always focuses on what's wrong with his or her situation rather than the positive side of it（R）

Scott B. MacKenzie, Philip M. Podsakoff, Julie Beth Paine 的组织公民行为量表（2）

问卷	维度	测验项目	英文原文
Helping（帮助行为）	利他行为	1. 愿意牺牲自己的时间帮助其他经理解决工作相关的问题	1. Willingly gives of his or her time to help other managers who have work-related problems
		2. 暂时填补生病或不在的经理的空缺	2. Helps fill in for other managers who are sick or absent
	事前会知	3. 当所采取的行动可能会对他人造成影响时，事先与其沟通	3. "Touches base" with other managers before initiating actions that might affect them
		4. 采取行动防止与公司中的其他人员产生摩擦	4. Takes steps to try to prevent problems with others in the agency
	振奋士气	5. 在其他经理沮丧时鼓励他们	5. Encourages other managers when they are down
	营造和谐气氛	6. 鼓励办公室中的其他经理人员做好工作	6. Encourages other managers in the office to do well in their jobs
		7. 当其他经理有分歧时充当调解者	7. Acts as a "peacemaker" when other managers in the agency have disagreements
		8. 当企业内部有不和谐因素时，能发挥稳定组织的作用	8. Is a stabilizing influence in the agency when dissention occurs
Civic virtue（公民道德）	单维	1. 主动参加但有助于提升企业形象的活动	1. Attends functions that are not required but that help the agency/company image
		2. 及时了解公司的发展情况	2. "Keeps up" with developments in the agency/company
		3. 积极参与公司会议	3. Actively participates in agency/company meetings
Sportsmanship（运动员精神）	单维	1. 花费很多时间抱怨微不足道的小事	1. Consumes a lot of time complaining about trivial matters (R)
		2. 倾向于小题大做	2. Tends to make "mountains out of molehills" (makes problems bigger than they are) (R)
		3. 经常对公司表现出不满	3. Always finds fault with what the agency/company is doing (R)
		4. 总是过分关注自己所处境遇的消极面，而不是积极面	4. Always focuses on what's wrong with his or her situation rather than the positive side of it (R)

7. Mahn Hee Yoon，Jaebeom Suh 的组织公民行为量表[92]

Mahn Hee Yoon，Jaebeom Suh（2003）在 *Organizational citizenship behaviors and service quality as external effectiveness of contact employees* 一文中，构建了包含利他行为、公民道德、运动员精神 3 个维度的组织公民行为模型，并编制了相应的量表对其进行测量。量表共包含 13 个测试项目，其中，利他行为部分包含 5 个测试项目；公民道德分量表包含 4 个测试项目；运动员精神分量表包含 4 个测试项目。量表的具体项目如表 2 – 45 所列。Mahn Hee Yoon，Jaebeom Suh 采用 Cronbach α 系数检验量表的信度。结果显示：利他行为分量表的 Cronbach α 系数为 0. 72，公民道德分量表的 Cronbach α 系数为 0. 71、运动员精神分量表的 Cronbach α 系数为 0. 55，表明量表具有较高的内部一致性。

表 2 – 45　Mahn Hee Yoon，Jaebeom Suh 的组织公民行为量表

问卷	测验项目	英文原文
Altruism（利他行为）	1. 主动帮助新员工熟悉工作环境	1. I help orient new staffs even though it is not required
	2. 当同事工作负荷过量时，自愿提供协助	2. I help other staffs who have heavy workload
	3. 我乐于帮助员工解决与工作相关的问题	3. I willingly help other staffs who have work-related problems
	4. 我乐于帮助身边有困难的人	4. I am always ready to help or lend a helping hand to other staffs around me
	5. 主动帮助没有来上班的人	5. I help others who have been absent (D)
Civic virtue（公民道德）	1. 主动参加但有助于提升企业形象的活动	1. I attend functions that are not required but help my company image
	2. 我经常阅读并及时了解我公司的注意事项及备忘录等	2. I read and keep up with my company's announcements, memos, and so on
	3. 我尽可能及时了解公司的最新情况	3. I try to keep abreast of changes in my company
	4. 我主动参加并参与到非强制性但我认为重要的会议中	4. I attend and participate in meetings that are not mandatory but are considered important (D)
Sportsmanship（运动员精神）	1. 我并不抱怨自己的同事或公司	1. I do not find fault with fellow workers or my company
	2. 我总是过分关注事物的消极面而不是积极面	2. I focus on what is wrong rather than the positive side (R)
	3. 我不会花费大量的时间抱怨微不足道的事情	3. I do not consume time on complaining trivial matters
	4. 我倾向于小题大做	4. I tend to make "mountains out of molehills" (D)

8. David L. Turnipseed 的组织公民行为量表[93]

David L. Turnipseed（2002）在 *Are good soldiers good? Exploring the link be-*

tween organization citizenship behavior and personal ethics 一文中，构建了组织遵从、组织忠诚、社会/拥护参与、职能参与 4 个维度的组织公民行为模型，并编制了相应的量表对其进行测量。量表共包含 31 个测试项目，其中，组织遵从分量表包含 10 个测试项目、组织忠诚分量表包含 5 个测试项目、社会/拥护参与分量表包含 10 个测试项目、职能参与分量表包含 6 个测试项目。量表的具体项目如表 2-46 所列。David L. Turnipseed 以 Van Dyne et al. （1994） 的 34 个测项量表为基础，结合因子分析法，删掉了其中 3 个测试项目，使累计方差贡献率从 36.1% 提高到 46.2%，表明该量表效度较好。

表 2-46　Mahn Hee Yoon，Jaebeom Suh 的组织公民行为量表

问卷	测验项目	英文原文
Obedience（组织遵从）	1. 几乎从不在工作时浪费时间	1. Rarely wastes time while at work
	2. 始终做到尽可能高效工作	2. Produces as much as capable at all times
	3. 总能按时上班	3. Always comes to work on time
	4. 在各种工作条件下，均能高质量地完成工作	4. Regardless of circumstances, produces highest quality of work
	5. 到达工作场所后，能精力充沛地开始工作	5. Is mentally alert and ready to work when arrives at work
	6. 对工作规范及指示格外细心	6. Follows work rules and instructions with extreme care
	7. 有时会浪费公司资源	7. Sometimes wastes organizational resources
	8. 有时会在没有充足理由的情况下旷工	8. Sometimes misses work for no good reason
	9. 从专业角度判断对错	9. Uses professional judgement to assess right/wrong
	10. 执行项目的过程中，难以与他人合作	10. Has difficulty cooperating with others on projects
Loyalty（组织忠诚）	1. 对外充当公司的代言人	1. Represents organization favorably to outsiders
	2. 会站出来保捍卫自己的公司，使其免受外界威胁	2. Does not go out of way to defend organization against outside threats
	3. 不会告知外界这是个工作的好地方	3. Does not tell outsiders this is a good place to work
	4. 当员工批评公司时，不会为它辩护	4. Does not defend organization when employees criticize it
	5. 积极宣传本公司的产品和服务	5. Actively promotes organization's products and services

续表

问卷	测验项目	英文原文
The Social/Advocacy Participation（社会参与/拥护参与）	1. 广为分享自己在新项目及公司改进方面的想法	1. Shares ideas for new projects or improvements widely
	2. 及时了解产品和服务的最新情况并告知他人	2. Keeps informed about products and services and tells others
	3. 工作时，确保自己的个人形象得体大方	3. Works so personal appearance is attractive and appropriate
	4. 不会为了公司利益而加入外部群体	4. Is not involved in outside groups for benefit of organization
	5. 经常给同事提出新颖的建议	5. Frequently makes creative suggestions to coworkers
	6. 提倡加强管理以使知识和技能与时俱进	6. Encourages management to keep knowledge/skills current
	7. 鼓励大家在会议上积极发言	7. Encourages others to speak up at meetings
	8. 帮助同事独立思考	8. Helps coworkers think for themselves
	9. 对有助于企业的观点保持敏锐的嗅觉	9. Keeps well-informed where opinion might benefit organization
	10. 不会鼓动上级执行更高的标准	10. Does not push superiors to perform to higher standards
Functional Participation（职能参与）	1. 不会鼓动同事将资金投入本公司	1. Would not urge coworkers to invest money in organizations
	2. 不能在所有的截止日期前都按时完成工作	2. Does not meet all deadlines set by organization
	3. 保持工作场所干净和整洁	3. Keeps work areas clean and neat
	4. 不会为了提高工作绩效而参加额外的培训	4. Does not pursue additional training to improve performance
	5. 避免承担额外的工作和责任	5. Avoids extra duties and responsibilities at work
	6. 不会超出预期地工作	6. Does not work beyond what is expected

9. Jiing-lih Farh，Chen-Bo Zhong，Dennis W. Organ 的组织公民行为量表[34]

Jiing-lih Farh，Chen-Bo Zhong，Dennis W. Organ（2004）在 *Organizational Citizenship Behavior in the People's Republic of China* 一文中，构建了包含个人层面、人际层面、组织层面、社会层面 4 个维度的组织公民行为模型，并编制了相应的量表对其进行测量。量表共包含 17 个问项。其中，社会层面分量表包含 3 个测试项目、组织层面分量表包含7个测试项目、人际层面分量表包含3个测试项目、个人层面分量表包含4个测试项目。量表的具体项目如表2－47所列。

表2－47 Jiing-lih Farh，Chen-Bo Zhong，Dennis W. Organ的组织公民行为量表

问卷	测验项目	英文原文
society（维护企业形象、参与公益活动）	1. 员工能积极参加各种社会公益活动	1. employees' participation in activities of public welfare
	2. 员工能积极参加各种社区服务活动	2. employees' participation in activities of community service
	3. 主动向外界宣传公司形象及产品	3. promote company image and products to outsiders
Organization（敢于表达意见、参与组织活动、保护企业财产）	1. 节约企业资源	1. save company resources
	2. 动用个人资源（钱、信息、社会资本等）援助公司	2. use personal resources（e. g. , money, information, social capital）to aid the company
	3. 保护公司免受外部的灾害（火灾或洪水等）	3. protect the company from disasters（e. g. fire or flood）
	4. 提出建设性建议	4. making constructive suggestions
	5. 愿意站出来制止一切对公司有害的行为	5. speaking up to prohibit harmful behavior to the firm
	6. 积极参加公司组织的活动	6. participating in activities organized by the firm
	7. 积极参加非正式的员工活动	7. participating in activities organized by special groups of employees
Group（人际和谐、帮助同事）	1. 在工作场所采取有助于营造并维持和谐关系的行动	1. employ actions aimed at facilitating and preserving harmonious relations in the workplace
	2. 帮助同事完成与工作相关的事情	2. helping colleagues in work-related matters
	3. 帮助同事完成与工作无关的事情	3. helping colleagues in non-work matter
Self（办事积极主动、积极学习、维持环境卫生）	1. 增长自己的知识或工作技能	1. improving one's own knowledge or working skills
	2. 愿意承担额外的责任，比如说自愿加班	2. behavior that indicates one's willingness to take on additional responsibilities such as voluntarily working overtime
	3. 愿意履行额外的工作	3. performing extra duties
	4. 愿意分享与工作相关的信息	4. sharing useful work-related information

10. 朱晓珺的组织公民行为量表[94]

朱晓珺（2006）在《酒店业员工组织公民行为、工作特征与工作压力关系研究》一文中，以杭州8家三星级以上的酒店职工为研究对象，构建了包含自我层面的组织公民行为、人际层面的组织公民行为、组织层面的组织公民行为、社

会层面的组织公民行为4个维度的组织公民行为模型，并编制了相应的量表对其进行测量。量表共包含22个问项。其中，自我层面的组织公民行为维度包含4个测试项目、人际层面的组织公民行为维度包含8个测试项目、组织层面的组织公民行为维度包含8个测试项目、社会层面的组织公民行为维度包含2个测试项目。量表的具体项目如表2-48所列。朱晓珺采用Cronbach α系数检验量表的信度。结果显示：自我层面的组织公民行为分量表的Cronbach α系数为0.7258，人际层面的组织公民行为分量表的Cronbach α系数为0.8736，组织层面的组织公民行为分量表的Cronbach α系数为0.8814，社会层面的组织公民行为分量表的Cronbach α系数为0.7134，表明量表具有较高的信度。

表2-48 朱晓珺的组织公民行为量表

维度	主要测验项目
自我层面（办事积极主动、积极学习、维持环境卫生）	1. 经常延长上班时间，处理业务
	2. 当工作有需求时，会主动加班加点，毫无怨言
	3. 在干好干坏一个样的情况下，能认真负责地工作
	4. 积极参加各类培训学习，甚至在下班后自费进修
人际层面（工作上帮助同事、生活上帮助同事、良好人际关系）	1. 能够帮助新进的同事适应工作环境
	2. 乐于帮助同事解决工作上的问题
	3. 当同事工作负荷过量时，自愿提供协助
	4. 会协助解决同事之间的误会和纠纷
	5. 能不计较与同事之间的过节
	6. 能维护酒店的团结，不在背后议论别人
	7. 能主动探望生病同事，并在需要时为他们捐款
	8. 能经常帮助同事解决生活中的实际困难
组织层面（敢于表达意见、参与组织活动、保护企业财产）	1. 积极参加酒店组织的各类活动，如各类会议
	2. 积极参加酒店组织的各类竞赛，如娱乐禁赛及球赛等
	3. 能做到爱惜酒店的办公设备
	4. 能做到节约使用酒店的资源，如水、电、办公用品等
	5. 能随时清洁与打扫工作环境
	6. 自觉参加酒店组织的义务活动
	7. 能够主动提出改善工作的建议
	8. 经常主动提出对酒店发展有利的合理化建议
社会层面（维护企业形象、参与公益活动）	1. 愿意主动向外界介绍或宣传酒店的优点
	2. 愿意积极参加各种社会公益活动，如献血、植树、募捐等

第三章 小型团队领导者工作绩效测量量表设计

第一节 工作绩效的概念与维度

从20世纪初 Taylor 等科学管理的先驱研究劳动生产率开始，对工作绩效的研究经久不衰，并呈现出百家争鸣的局面。

工作绩效的研究首先要界定清楚工作绩效的内涵与外延。在这一问题上，学术界大体上形成了4种观点：一是绩效结果观，一些学者将绩效视为产出、结果、完成任务的情况，工作绩效等于特定时间内特定工作活动的产物（Bernardin，1984；Gilley and Maycunich，1998；杨杰、方俐洛等，2001；彭剑锋，2003；赵曙明、马希斯、杰克逊，2008）[99-102]。二是绩效行为观，一些学者认为将工作绩效视为结果有很多不合理之处，因为许多工作结果并不必然完全是工作行为所带来的（有可能是不可控因素使然），另外工作结果的取得还受到组织因素（如人际关系、工作机会）的影响。他们比较倾向于将工作绩效界定为与组织目标相关的，具有可评价要素的行为（Murphy，1989；Campbell，1990、1997；Borman and Motowildlo，1997；孙健敏，焦长泉，2002；张德，2004）[103-105,35,106,55,107]。三是绩效素质论，持有这一观点的学者认为，知识经济时代下组织不仅要关注组织成员的业绩、导致业绩的行为（过去做了什么），还要关注他们的能力、素质和潜能（将来能做什么）（Janssen，2000、2004；乔思·沃纳，2005）[108-110]。四是绩效多元论，将工作绩效表述为结果、行为和素质的综合体（Woodruyffe，1992；付亚和、许玉林，2004；陈志霞，2006）[111,80]。

工作绩效研究的核心问题是如何测量和预测工作绩效。这方面的研究集中体现在国内外对工作绩效结构或模型的大量探讨之中。Katz 和 Kahn（1978）提出了公民绩效的概念并将公民绩效划分为3个维度[112]。Campbell 等（1993）提出了高次序绩效结构模型，该模型包含 8 个维度，并将绩效表达为 3 个因变量（决定因素）的函数：P = f（陈述性知识；程序性知识及技能；动机），P 代表工作绩效。Borman 和 Motowidlo（1991、1993）将工作绩效划分为任务绩效（task performance，TP）和周边绩效（contextual performance，CP），构建了绩效二因素结构模型[52]。此后有许多学者对 Borman 和 Motowidlo 的绩效模型进行了实证分析，验证了二因素结构模型（Scotter 和 Motowidlo，1994、1996；Goodman，1999；Johnson，2001；王辉、李晓轩和罗胜强，2003）[36,51,113-114]。工作绩效由任务绩效和周边绩效构成，并逐渐成为主流观点。

工作绩效模型的进一步研究包括：①在二因素结构模型基础上对周边绩效和任务绩效维度的进一步研究。Scotter 和 Motowidlo（1994、1996）将周边绩效进一步划分为工作奉献和人际便利两个子维度，工作奉献多表现为自律行为，而人际便利则表现为人际倾向行为。Borman 和 Motowidlo（1997）提出了周边绩效的 5 个维度，即为有效完成任务，必要时付诸持久的热情超长的努力；主动承担本职工作以外的任务活动；帮助行为及与他人合作；遵守组织制度和程序以及认同、支持和维护组织目标。Conway（1999）在以管理者为对象进行研究时将任务绩效划分为技术—行政管理和领导两个子维度[115]。②根据现代社会环境的特点对二因素结构模型的扩展研究，包括适应性绩效、学习绩效和创新绩效的研究。Allworth 和 Hesketh（1997、1999）首次提出了适应性绩效的概念并将其定义为应对各种变化的行为[53]。Pulakos 和 Domovan（2000）则开发了适应性绩效量表，采用数据驱动法（data—driven），提炼出适应性绩效的 8 个维度[116]。Janssen（2000）提出了创新绩效的概念，并从创新愿望、创新行动、创新成果和创新成果应用这 4 个维度开发了创新绩效问卷。埃里根和普莱克斯（2004）建立了一个基于学习的七维度绩效模型[117]。韩翼、廖建桥（2006）提出了由任务绩效、关系绩效、学习绩效和创新绩效构成的四维工作绩效概念模型，并在 2006 ~ 2008 年对该模型进行了多次的实证研究[118,39]。

管理者工作绩效的研究与上述状况基本一致。Conway（2000）将绩效二因素结构模型迁移到管理者工作当中；在另一项研究中，他建立了由人际成效、处理困境的意愿、团队和自我调整、适应性和领导与开发五个维度构成的管理者绩效模型[119]。孙健敏和焦长泉（2002）采用类属分析和德尔菲法，归纳出描述管理者绩效的三个维度：任务绩效、个人特质绩效和人际关系绩效。温志毅（2005）提出了由任务绩效、人际绩效、适应绩效和努力绩效构成的管理者工作绩效四因素结构模型[120]。陈亮、段兴民（2009）以各类组织中层管理者为研究对象，提出中层管理者工作绩效由人际沟通、行事风格、领导作为、任务执行、敬业尽责 5 个维度构成[121,56]。

综上所述，现有研究在工作绩效内涵与外延的界定问题上仍有较大分歧，其中最主要的分歧在于工作绩效是指结果还是指行为。在工作绩效模型的研究方面，二因素结构模型具有较大的影响，后续研究大多以此为基础沿纵横两个方向拓展：纵向研究任务绩效和周边绩效的维度，横向研究环境适应、学习、创新等方面的绩效。现有研究的主要问题在于：

第一，现有的相关讨论普遍忽略了工作绩效最根本的属性。工作绩效最根本的属性是对服务对象（内部顾客或外部顾客）需求与期望的满足。就个体的工作绩效而言，个人无论付出了多大的努力，也无论这些努力产生的成果数量如何，如果这些工作成果与服务对象的需求和期望不一致，便不能认为其具有好的工作绩效；反之亦然。但是，在现有的诸多讨论中，大量的研究者在其概念定义或测量量表中将工作绩效的高低视同于工作能力的高低（Pulakos and Domovan，2000；温志毅，2005）、工作行为的好坏（Campbell，1990；Borman and Motowildlo，1993、1997；孙健敏，焦长泉，2002）或工作成果的数量和质量（Bernardin，1984；Gilley and Maycunich，1998；杨杰、方俐洛等，2001；彭剑锋，2003），并不考虑服务对象的需求和期望。

第二，现有的相关讨论忽略了工作绩效的累积过程。工作绩效存在着一个从个体工作成果到集体工作成果、从阶段性成果到最终成果的累积过程。个人的工作行为首先产生阶段性成果，并对团体的工作环境产生影响。在改善了的工作环境下，个体阶段性的工作成果进一步累积，形成个体的最终工作成果。在服务对象的需求和期望要以团队的最终成果来满足的情况下，还存在另一个累积过程：团队中各个个体的工作成果累积成为团队工作成果（全面完成团体的工作任务或目标，满足服务对象的需求和期望）。两个累积过程通常同时并存，互相交迭（见图3－1）。在现有的相关研究中，无人讨论工作绩效的累积过程，工作绩效被当作是一个平面的而不是一个立体的对象来观察。

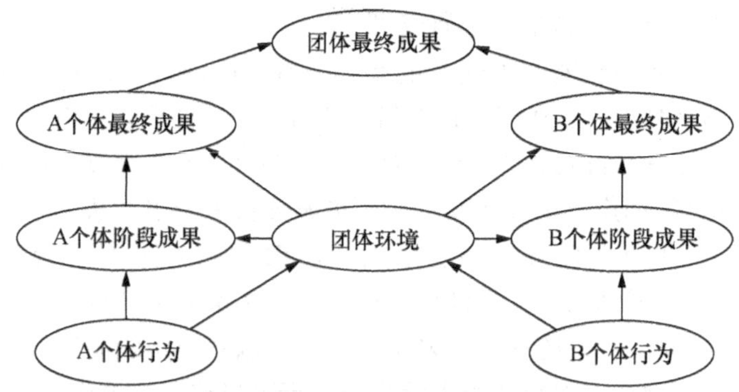

图3－1　简化的工作绩效累积过程

第三，现有的相关讨论中，工作绩效与其前因变量互相混淆的情况十分普遍。一方面，学术界在如何定义工作绩效的问题上争执不休，工作绩效是指结果还是指行为，抑或是结果与行为的混合体，至今没有定论。另一方面，研究者在测量工作绩效时大量使用工作绩效前因变量的测项，工作行为量表、工作态度量表、胜任力量表中的观察变量被用于工作绩效量表的情况随处可见。

上述三个问题严重影响了工作绩效研究的实践价值。忽略工作绩效的根本属性，会使工作绩效的评价标准发生扭曲，使得被评价为高绩效者有可能并非真正意义上的高绩效员工；反之亦然；忽略工作绩效的累积过程，会影响工作绩效测量的效度，所测与欲测有可能在内容和结构上都不太一致；工作绩效与其前因变量互相混淆，则会掩盖工作绩效与其前因变量的关系，导致无法根据前因变量预测员工的工作绩效。解决这些问题需要对工作绩效进行重新定义。

我们倾向于认为工作绩效是结果，但并非是站在员工角度来看的结果，而是站在服务对象角度来看的结果。因此，我们将工作绩效重新定义为个体或团体的工作行为所带来的、符合服务对象要求的工作成果。这一定义具有如下含义：

第一，在组织中，工作绩效可分为个体工作绩效和团体工作绩效两个层面。这两个层面的工作绩效既有区别又有联系。个体工作绩效主要是个体工作行为带来的，也受团体行为的影响；个体工作绩效可以单独计量，同时也往往是团体绩效的组成部分；个体工作绩效有时可以直接体现出来（在个体工作成果直接满足服务对象的需求和期望时），有时则要通过团体绩效间接地体现出来（在服务对象的需求和期望只能通过团体工作成果予以满足时）。

第二，工作绩效是工作行为的结果。一方面，工作绩效是行为的结果而不是行为本身，在测量工作绩效时应该尽可能地测量结果而不是测量行为。只有在工作结果（通常是团队合作的阶段性成果）确实难以测量时，才以测量态度和行为来代替，但这只是权宜之计，并不表示工作绩效就是行为。另一方面，工作结果既是由个体或团体的工作行为导致的，也受外界因素影响。在测量工作绩效时应扣除外部因素贡献的部分而只计工作行为贡献的部分（尽管这样做有时是很困难的）。

第三，工作绩效由最终绩效、过程绩效和周边绩效组成。在团队生产方式下，个体的工作绩效体现在个体工作成果对团体工作成果的贡献上。这种贡献具体体现在三个方面：一是个体取得符合服务对象要求的最终工作成果，并成为团体工作成果不可缺少的一部分，此为最终绩效；二是个体取得符合服务对象要求的阶段性工作成果，此为过程绩效；三是个体工作行为对团体工作环境产生有利影响，此为周边绩效。

第四，个体或团队的工作成果既有可能符合服务对象的要求，也有可能不符合服务对象的要求，工作绩效仅仅是指个体或团队的工作成果符合服务对象要求的部分，而不是其他。工作绩效的高低并不等同于工作成果的多寡。如果个体或团队的工作成果很多，但并非是服务对象所需要的，就不能认为其工作绩效很高；如果个体或团队的工作成果不多，却使服务对象的需求和期望得到了充分的满足，仍可以认为其工作绩效很高。

第二节 小型团队领导者工作绩效测量模型

如前所述，工作绩效由最终绩效、过程绩效和周边绩效组成。但不同个体的工作性质及绩效累积过程可能会有所不同，因而其最终绩效、过程绩效和周边绩效的表现形式也有所不同。测量不同个体的工作绩效，应采用不同的方式。

就最终绩效而言，小型团队领导者自身的工作成果通常是无形的，是以间接的方式体现出来的，其个人的最终工作成果体现在团体的最终工作成果上，因此小型团队领导者最终绩效应该用团体的最终工作成果进行测量。在对小型团队领导者工作绩效进行测量时，可从主观和客观两个角度来进行，因此小型团队领导者最终绩效可以进一步划分为两个子维度：一是“达成总体目标的程度”，这可以用客观标准进行衡量。例如，一个项目经理的最终绩效可以用整个项目完成时的进度、成本、质量、产品或成果数量等客观指标进行测量。二是“服务对象满意程度”，这可以通过服务对象（如客户、上级领导）的主观评价进行衡量。

相对于最终绩效而言，过程绩效较难测量。但由于阶段性工作成果是任务执行过程中各项工作行为的产物，与这些行为的工作质量有直接的联系，因此可以通过测量工作质量来测量过程绩效。小型团队领导者在任务实施过程中的工作行为主要包括任务管理行为（如计划、组织、指挥、协调、控制等）和团队管理行为（如领导以及团队建设等），其阶段性工作成果就体现在这些行为的工作质量上。例如，计划是否周密及切实可行，监督控制是否及时到位并且有效解决问题，领导是否能使下属的潜能得到充分的发挥等。通过测量计划、组织、指挥、协调、控制等任务管理行为和领导、团队建设等团队管理行为的工作质量，可以反映小型团队领导者的过程绩效。

周边绩效是指个体工作行为对团体工作环境产生的有利影响。在此我们实际上引用了 Borman 和 Motowidlo 的概念。我们要补充的是：第一，个体在团体中的角色不一样，其周边绩效的成因也不一样。对管理者而言，其周边绩效主要是由

职责内的工作行为（如团队管理行为）带来的；对被管理者而言，其周边绩效主要是由职责外的工作行为（如组织公民行为）带来的。第二，个体在团体中的角色不一样，个体工作行为对周边绩效的影响程度也不一样，管理者的工作行为对周边绩效的影响要远远大于被管理者的影响。第三，周边绩效指的是行为的结果而不是行为本身，因此在测量个体的周边绩效时，不应该测量该个体是否实施了某些工作行为，而应该测量该个体的工作行为对工作环境产生了什么影响。由于这种影响通常表现在团体中其他个体（工作伙伴）工作态度与行为的改变上，因此测量周边绩效的一种可行的方法是测量工作伙伴的工作态度与行为。对小型团队领导者而言，可以通过测量其下属的组织公民行为来衡量其周边绩效。如果其下属普遍具有较明显的组织公民行为，说明该领导者的管理行为对团体的工作环境产生了有利的影响，具有较高的周边绩效。用这种方法测量周边绩效，其好处是显而易见的。它可以利用现有成熟的测量量表（例如，组织公民行为量表），这些量表的维度大都经过反复的验证，量表的信度和效度也被多次证明是比较高的。

基于上述讨论，笔者提出图 3－2 所示的小型团队领导者工作绩效测量模型。模型的中心部分显示了小型团队领导者工作绩效的组成部分及其累积过程。在小型团队领导者工作绩效的累积过程中，过程绩效与周过绩效相互影响，最终共同作用于最终绩效。模型的外围部分显示了小型团队领导者工作绩效各组成部分的测量方法，最终绩效体可通过“达成总体目标程度”和“服务对象满意程度”进行测量；过程绩效可通过“任务管理过程绩效”和“团队管理过程绩效”进行测量；周边绩效可通过下属的组织公民行为进行测量，在模型中采用了国内外组织公民行为量表中最常用的 5 个维度。实际测量时，可以这一模型为基础，进一步确定最终绩效、过程绩效和周边绩效各维度的观察变量，开发相应的测量量表。

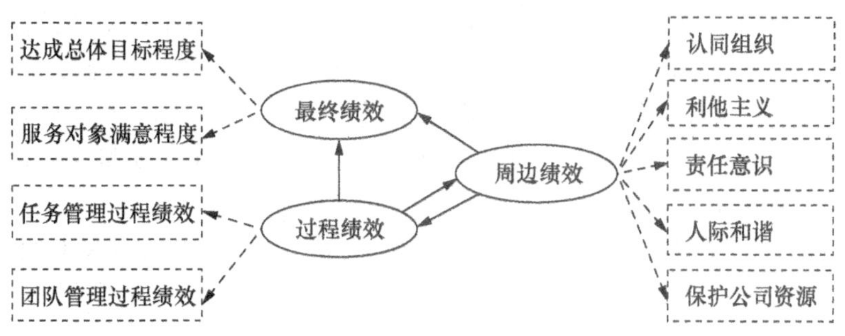

图 3－2　小型团队领导者工作绩效测量模型

第三节 过程绩效测量量表及其信效度

不同的组织成员由于组织角色及工作职责不同，其工作绩效（包括过程绩效）便具有不同的形态，测量的内容和方法也会不同。与下属相比，小型团队领导者作为团队任务的负责人，其最终绩效不是体现在个人工作成果之上，而是体现在团队任务目标的达成程度上；其工作绩效的累积过程及过程绩效的测量也有别于下属。这些区别如图 3－3 所示。

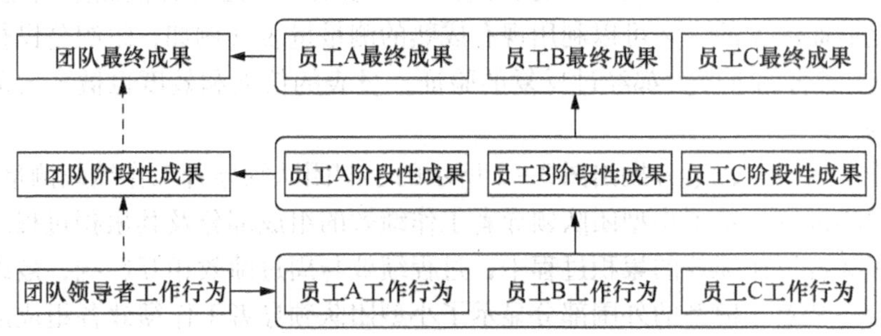

图 3－3　小型团队领导者及其下属工作绩效累积过程

注：图中"——▸"表示直接效应，"- - -▸"表示间接效应。

图 3－3 表明小型团队领导者的过程绩效具有间接性，在任务执行过程中，小型团队领导者没有直接的工作成果，只有间接的工作成果。一方面，小型团队领导者通过领导团队，使下属努力工作并取得成果，其过程绩效是通过下属的阶段性成果间接地体现出来的。另一方面，小型团队领导者的过程绩效又具有综合性，其过程绩效体现在整个团队的阶段性成果上，无法用单个成员的阶段性成果来衡量。上述两种特性的存在，使得小型团队领导者的过程绩效难以直接测量。然而，阶段性工作成果是任务执行过程中各项工作行为的产物，与这些行为的工作质量有直接的联系。因此，通过测量小型团队领导者的工作质量来间接测量其过程绩效，是一种可行的办法。

为了测量小型团队领导者的工作质量，我们借鉴项目管理知识体系中的 WBS（Work Breakdown Structure，工作分解结构）概念，对小型团队领导者的工作进行了分解。综观现代领导理论，多认为领导行为包括工作导向和关系导向这 2 个维度（E. Fleishman，1948；Fred E. Fiedler，1962；Blake 与 Mouton，1964；Kenneth Blanchard，1969）。对于小型团队领导者而言，工作导向主要体现在对任

务的关注和管理上，关系导向体现在对团队的关注和管理上。据此，小型团队领导者的管理工作首先可以分解为任务管理和团队管理两个方面。其中，任务管理可以进一步分解为决策、计划、组织、指挥、协调、控制六个 WBS 项。这一划分是合理的，因为无论是在理论界还是在实践中，人们普遍认为管理工作包括这六大管理职能。团队管理则可以进一步划分为愿景激励、智能激发、领导魅力、个性化关怀和促进合作 5 个 WBS 项，其依据主要来源于变革型领导理论。在团队管理层面上，Burns（1978）首次提出“变革型领导”概念，认为变革型领导是领导者和下属为了追求更卓越的组织目标，相互转换原有的价值观念，以提升员工成熟度、能力和动机水平的过程[12]。其后，其他学者也在不断补充和延伸变革型领导的内涵，综合各家学说，变革型领导的团队管理行为大致包括个性化关怀、智能激发、愿景激励、领导魅力和促进合作 5 个 WBS 项[122-125]。小型团队领导者的工作分解结构如图 3－4 所示。

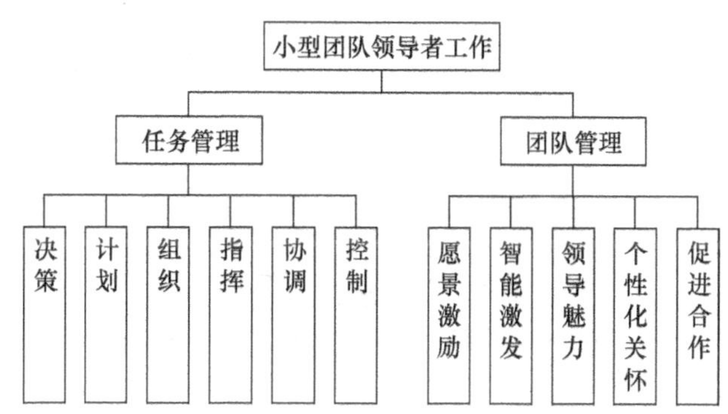

图 3－4　小型团队领导者工作分解结构

上述工作分解结构的最底层中，任务管理 5 个子项的工作质量可作为观察变量直接测量。考虑到有些任务是日常性的（如部门的年度任务），有些任务是一次性的（如项目），我们在对问项进行描述时区分了“在本部门工作执行的过程中”和“在本次任务执行的过程中”两种情况。考虑到测量时需要有评分标准，我们还对观察变量的 5 种水平进行了描述，形成表 3－1 所示的任务管理过程绩效分量表。

与任务管理过程绩效的测量相比，团队管理过程绩效的测量要复杂一些，需要以间接的方式进行测量。研究表明，变革型领导通过改变其下属的内在心理机制可达到积极的效果（吴志明、武欣，2007）[126]，同时下属在心理层面的内在激励多是在“被授权”的状态下产生的（Quinn、Spreitzer，1997）[127]。这意味着，可用任务执行过程中下属心理授权水平的高低来测量团队管理过程绩效。因此，

表 3－1　任务管理过程绩效分量表

指标	问项	评分标准
决策	在本次任务（或本部门工作）执行的过程中，所做的决定	全部都是及时和正确的（5 分） 有需要改进的方面，但绝大部分是及时和正确的，能保证任务目标的实现（4 分） 基本上是及时和正确的，存在一些问题但对任务目标的实现没有多大影响（3 分） 出现了较多问题，对任务目标的实现有影响但可以纠正（2 分） 出现了严重的错误或延误，对任务目标的实现有较为严重的不利影响（1 分）
计划	在本次任务执行（或本部门工作）的过程中，所制订的计划	对任务执行有很强的指导作用，能保证任务目标的全面实现（5 分） 对任务执行有较强的指导作用，能保证任务主要目标的实现（4 分） 对任务执行有一定的指导作用，能使各项工作的运转基本保持正常，存在一些计划脱离实际的问题但可以修正（3 分） 对任务执行的指导作用较弱，难以保证各项工作的正常运转，计划脱离实际的问题较严重（2 分） 所制订的计划只是一个摆设，对任务执行毫无指导作用（1 分）
组织	在本次任务（或本部门工作）执行的过程中，组织管理的状况是	团队工作井然有序，效率很高，所有资源需求问题都得到及时解决（5 分） 工作秩序比较正常，效率较高，完成任务所需要的关键资源有保障（4 分） 工作秩序基本正常，效率一般，部分资源需求不能及时满足并使任务目标的实现受到一些影响（3 分） 工作秩序较为混乱，效率较低，部分资源需求不能及时满足并使任务目标的实现受到较为严重影响（2 分） 团队内部行为无章可循、工作秩序混乱、工作效率低下的现象严重，任务因缺乏关键资源而失败（1 分）
指挥	在本次任务（或本部门工作）执行的过程中，任务安排及工作指导的状况是	任务设置和分配很合理，知人善用；对下属的工作指导非常及时有效（5 分） 任务设置和分配比较合理，将任务交给了适当的人选去执行；对下属的工作指导及时有效（4 分） 任务设置和分配基本合理，用人方面没有明显的失误；对下属的工作指导不够及时有效（3 分） 任务设置和分配不够合理，存在用人不当的现象并且对任务目标的实现有不利影响；对下属很少提供工作指导（2 分） 任务设置和分配不合理，将任务交给不适当的人选去执行，严重影响了任务目标的实现；没有给下属提供工作上的指导（1 分）
协调	在本次任务（或本部门工作）执行的过程中，对工作中冲突和矛盾进行处理的状况是	各种冲突和矛盾都得到了有效的解决，协调的效果十分明显，保证相关各方都能协调一致，能够从根源上消除冲突和矛盾对总体目标的不利影响（5 分） 大多数情况下能较好地协调冲突和矛盾，个别情况下不得不采用高压或退让的方式进行处理，基本上能够保证总体目标的实现（4 分） 能协调一般的冲突和矛盾，激烈的冲突和矛盾只能采用高压或退让的方式进行处理，虽然不能够从根源上消除冲突和矛盾对总体目标的不利影响，但能将其影响控制在可接受的范围内（3 分） 多数情况下冲突和矛盾只是得到缓和与减轻，没有从根本上解决问题，总体目标的实现受到一定程度的影响（2 分） 不但不能化解矛盾反而激化矛盾，由于未能解决工作中的冲突而严重影响总体目标的实现（1 分）

续表

指标	问项	评分标准
控制	在本次任务（或本部门工作）执行的过程中，对偏差、风险的控制状况是	对任务的进展情况了如指掌，发现偏差很及时，纠正偏差的措施很有效，所有突发事件都能冷静处理，预见到了本项任务的所有主要风险并能有效控制（5分） 比较全面地了解任务的进展情况，能够发现关键点的偏差并及时纠正，预见到了本项任务的部分主要风险并能有效控制（4分） 了解任务进展的主要情况，对部分偏差的了解不够及时，采取纠偏措施后基本上能实现任务目标，预见到了一部分风险并有合理的应对措施（3分） 粗略了解任务进展的部分情况，对偏差的了解普遍不够及时，纠正偏差的措施不是很有效，在一定程度上影响到任务目标的实现，对风险缺乏预见，对突发事件的处理不够冷静（2分） 对任务的进展情况很不了解，只在出现严重偏差时才发现问题，失去了纠正偏差的机会，面对突发事件惊慌失措，没有风险管理（1分）

我们根据员工心理授权的主要因子（自我效能、工作意义、影响力、工作自主性等），设置了5个观察变量，用以测量小型团队领导者的团队管理过程绩效。这5个观察变量及其水平的描述见表3－2。

表3－2　团队管理过程绩效分量表

指标	问项	评分标准
工作意义	总的来说，团队成员对本次任务（或本职工作）的重视程度	非常重视（5分） 比较重视（4分） 一般（3分） 不太重视（2分） 完全不重视（1分）
效能感	总的来说，团队成员对于完成本次任务（或本职工作）	充满信心（5分） 比较有信心（4分） 一般（3分） 信心不足（2分） 悲观情绪比较浓厚（1分）
工作主动性	总的来说，团队成员在本次任务（或本部门工作）执行过程中	工作非常积极主动，充分发挥了他们的聪明才智，能够创造性地解决问题（5分） 工作比较积极主动，遇到问题大多数情况下能够自己处理（4分） 工作主动程度一般（3分） 工作积极主动性较差，遇事大多数情况下会把问题上交（2分） 工作消极被动，遇事总是把问题上交，从不自己想办法解决（1分）
影响力	总的来说，在本次任务（或本部门工作）执行过程中团队成员参与管理、提合理化建议的行为	非常踊跃（5分） 比较多见（4分） 一般（3分） 有，但是很少（2） 完全没有（1分）

续表

指标	问项	评分标准
公平感	在本次任务（或本部门工作）执行过程中，团队成员	经常并且强烈抱怨受到不公平对待（5 分） 多数人抱怨受到不公平对待（4 分） 有一些人抱怨受到不公平对待（3 分） 偶尔有人抱怨受到不公平对待（2 分） 从来没有人抱怨受到不公平对待（1 分）

至此，小型团队领导者过程绩效量表编制完成，该量表由 2 个分量表组成。其中团队管理过程绩效分量表包括 6 条测项，团队管理过程绩效分量表包括 5 条测项，整个量表共 11 条测项。小型团队领导者过程绩效量表隐含着图 3－5 所示的因子分析模型。为了获得校标数据，我们还增加了“任务进展情况”这一测项，用以测量总的过程绩效。该变量将任务总体进展情况区分为“超过预期”、“达到预期”、“基本达到预期”、“明显低于预期”、“严重低于预期”五个水平。

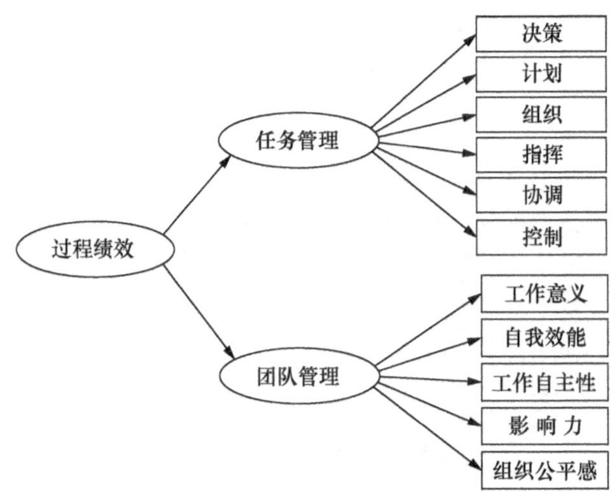

图 3－5　小型团队领导者过程绩效因子分析模型

为了检验过程绩效量表的信效度，我们对广西区内部分中小企业的部门经理和项目经理进行了问卷调查。调查采用实名制，要求被调查对象填写姓名、工作单位及联系方式。调查问卷以自陈为主，包括纸质版和电子版两种形式，纸质版由研究者本人现场发放和回收，电子版由研究者委托各单位高管通过电子邮件发给其下属（小型团队领导者），再由被调查对象发回给课题组。共收到调查问卷 246 份，去掉 11 份有明显答题倾向、答题有特殊规律或者出现大量漏答（漏答题目大于6题）的问卷，有效问卷为235份。本书采用这235份问卷中有关过程绩效的样本数据进行信效度检验，数据基本情况见表3－3。

表3－3　研究样本基本情况（N=235）

属性	类别	人数	有效百分比/%
性别	男	161	68.8
	女	73	31.2
	缺失	1	
管理年限	不足5年	86	39.1
	5～10年	86	39.1
	10年及以上	48	21.8
	缺失	15	
团队类型	企业常规部门	162	69.8
	项目或临时性团队	70	30.2
	缺失	3	
团队人数	不足10人	141	60.8
	10～19人	42	18.1
	20人及以上	49	21.1
	缺失	3	

量表信度是指测量结果的稳定性，本书采用Cronbach α系数法进行信度分析。Cronbach α系数法被认为是检验多维量表可靠性的有效指标（Zikmund，2002）[128]。量表效度是指所测与欲测的符合程度，即测量工具或手段（量表）能够准确测出所需测量的事物特征的程度，其有三种类型：内容效度、校标效度和结构效度（Zikmund，2002）。鉴于前面已经讨论了量表设计的理论依据，证明量表是具有内容效度的，本书仅对量表的校标效度和结构效度进行检验。校标效度可通过检验所测量变量与理论构想的某个校标之间的相关关系来检验（Pitt，Watson等，1995）[129]，本文用过程绩效总量表（以下简称过程绩效）、任务管理分量表（以下简称任务管理）、团队管理分量表（以下简称团队管理）得分与“任务进展情况”测项（以下简称效标）得分的相关系数量表的效标效度。结构效度检验的常用方法有探索性因子分析、肯证式因子分析（Confirmatory Factor Analysis，CFA）等，本书用肯证式因子分析检验量表的结构效度。

数据分析采用了SPSS16.0和AMOS7.0软件。SPSS16.0用于各研究变量

（或量表）的描述性统计和相关分析；AMOS7.0 软件用于肯证性因子分析。各项数据分析结果如表 3－4、表 3－5 及图 3－6 所示。

根据心理测量学要求，信度系数达到 0.7 以上即可接受（Nunnally，1978）[130]。在本研究中，过程绩效总量表以及任务管理过程绩效、团队管理过程绩效两个子量表的 Cronbach α 系数分别是 0.865、0.797、0.741（见表 3－4），可以认为总量表和各分量表信度较佳，测量结果是可信的。

表 3－4 还显示，过程绩效、任务管理、团队管理与效标之间的相关系数在 0.556～0.625 之间，且均达到 0.01 显著性水平，说明过程绩效量表具有较好的校标效度。

表 3－4　各研究变量的平均数、标准差和相关系数矩阵（N＝235）

	平均值	标准差	校标	过程绩效	任务管理	团队管理
校标	3.77	0.627				
过程绩效	3.92	0.456	0.603**	0.865		
任务管理	3.89	0.470	0.625**	0.935**	0.797	
团队管理	3.96	0.517	0.556**	0.922**	0.724**	0.741

注：** 表示概率 P＜0.01，对角线上粗体带下划线数字为相应量表的 Alpha 信度。

为了验证图 3－6 所示的小型团队领导者过程绩效因子分析模型，本书做了二阶因子分析。根据多元原则，笔者选取 CMIN/DF、RMSEA、CFI、GFI 等多个指标来对模型的拟合度进行评价（见表 3－5）。结果表明，绝大部分的拟合指标值都能达到或超过评价标准，量表中隐含的因子分析模型得到了验证。

表 3－5　小型团队领导者过程绩效模型的拟合指标汇总表

	CMIN/DF	CFI	GFI	PGFI	IFI	PNFI	RMSEA
评价标准	1～3	>0.90	>0.90	>0.50	>0.90	>0.50	<0.08
两维模型	1.841	0.956	0.941	0.613	0.957	0.711	0.060

此外，因素负荷量是评价模型内在质量的重要指标，其值最好介于 0.5 和 0.95 之间（吴明隆，2010）。图 3－6 为模型标准化结果，可以看到绝大部分因素负荷量在 0.5 和 0.95 之间（只有一个超过 0.95，为 0.96；一个小于 0.5，为 0.48），基本符合标准。综上所述，小型团队领导者工作绩效量表具有较好的结构效度。

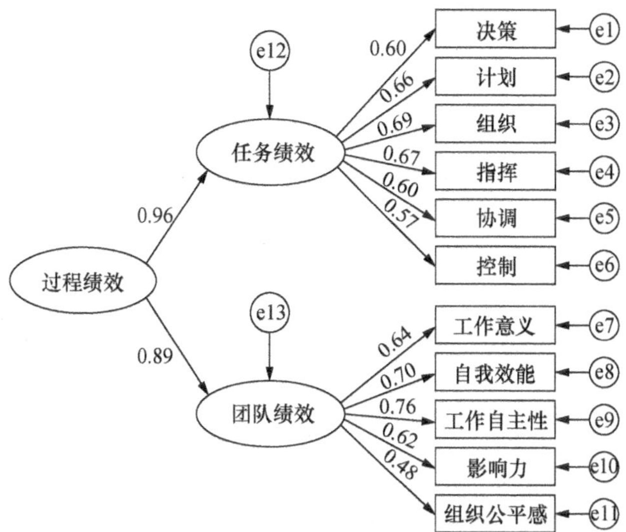

图3-6　小型团队领导者过程绩效完全标准解

第四章　小型团队领导者胜任力特征测量量表设计

第一节　相关研究及其存疑

McClelland（1973）首次提出要测试胜任力特征而不是测试智力，并提出胜任力特征有效测试的六项原则，对胜任力的研究产生了重大影响[16]。此后近 40 年的时间里，学术界对胜任力概念及其构成要素的探讨几乎从未间断，其间 McClelland（1973）、Boyatzais（1982）、Spencer and Spencer（1993）等的主张影响最广。他们的定义中均隐含如下三个基本观点：第一，胜任力与工作绩效有因果关系，是工作绩效的前因变量；第二，胜任力是指个体所具有的内在特征，并不包括个体之外的其他因素（如组织因素、环境因素等）；第三，胜任力所包含的个体特征极为宽泛，涵盖了知识、技能、能力、特质、动机、自我形象、社会角色等所有能够观察或测量的重要个体特征。以胜任力概念的探讨为基础，许多学者和组织进一步构建和检验胜任力模型及测量量表。

迄今为止，胜任力模型的研究大体上可分为如下 3 种情况：①通用胜任力模型（Generic Competency Model）的研究。这一类研究力图在绩优者身上找到大家共有的超越特写背景的个体特征，构建具有普适性的胜任力模型。其中包括：Boyatzis（1982）的六维通用胜任力模型[7]、Spencer and Spencer（1993）的五种通用胜任力模型[21]、Lombardo and McCauley（1994）的 MSP 量表（Management Skills Profile，管理技能剖面）[22]、Dave Bartram（2005）的“大八”管理胜任力模型等[23]。通用胜任力模型由于其普适性而受到普遍关注，影响较广；但也因其所提炼的胜任力特征脱离特定背景且过于抽象而受到较多的质疑和批评。②特定胜任力模型（specific competency model）的研究。这一类研究力图克服通用胜任力模型实用性不强的问题，探索在特定背景下的胜任力结构。自20世纪90年代以来，这方面的研究日益盛行，风头远超通用胜任力模型的研究，特定胜任力模型的研究正在向各行各业、各个层级、各类岗位蔓延。其中，Vickie Siu（1998）研究了酒店业中层管理者的胜任力特征[131]；Avkiran（1999）提出了银行经理胜任力模型[61]；时勘、王继承和李超平（2002）探讨了通信业高层管理者的胜任特征模型[25]；Alfredo Serpell 和 Ximena Ferrada（2007）提出了建筑业基层管理者的胜任力模型[132]；王海燕（2009）提出了IT业管理层员工的胜任力模型[133]。③可重用胜任力模型（Reuseable Competency Model）的研究。这一类研究力图对胜任力进行规范的描述，构建胜任力之间的关系及胜任力剖面（Competence Profiles），以使胜任力特征可在人力资源管理与开发中重复援引和使用。相关研究成果包括IMS的RDCEO模型（The IMS Reusable Definition of Competencies or Educational Objective，2002）[134]、IEEE的RCD模型（The IEEE Reusable Competency Definitions，2005）[135]、可重用胜任力简图（The Simple Reusable Competency Map，2006）[136]等。Juri L. De Coi 等（2007）在此基础上对可重用胜任力模型进行了改进，提出了由胜任力特征、水平和背景3个方面信息组成的三维模型[137]。

小型团队领导者是指任务团队的负责人，包括临时性任务团队负责人和日常性任务团队负责人，其特征是：①在管理层级中处于下层，是基层管理者；②是具体任务的直接管理者；③直接和间接管理的下属人数较少。小型团队领导者胜任力研究是管理胜任力研究的一个分支。虽然管理胜任力的研究炙手可热，但关于小型团队领导者胜任力的研究却不多见，现有研究主要以项目管理者为对象。姚翔、王垒、陈建红（2004）、潘文安（2005）、Andrew R. J. Dainty 等（2005）、张进（2007）、陈国政（2008）、蒋天颖，丰景春（2010）等均建立了项目管理者的胜任力模型和测量量表[67,138-139,28,140-141]。

现有研究的问题在于：首先，胜任力的定义过于宽泛。胜任力被定义为知识、技能、能力、特质、动机、自我形象、社会角色等所有能将绩优者与平庸者区分开来的个体特征，使得胜任力涵盖了工作绩效的所有前因变量（不包括非个体因素，下同），个体的工作态度、工作行为等工作绩效的其他前因变量被湮没在胜任力这一概念中，似乎只要根据员工是否具备相应的胜任力特征（如某些能力）就可以预测其工作绩效的优劣，这显然不符合实际。在现实中，一个能力很强的员工在某项具体任务中未必会有好的工作态度和工作行为，因而也未必带来好绩效。其次，模糊了胜任力内部的层次关系。在胜任力及其模型的研究中，能力与知识、技能、特质、动机、自我形象、社会角色等要素被看成是一种并列关系，导致胜任力各层次之间以及各构成要素之间的关系模糊不清。实际上，能力与知识、技能、特质、动机、自我形象、社会角色等要素处于胜任力结构中的不同层次，并非是并列的关系。某种能力是由知识、技能、特质、动机、自我形象、社会角色等要素的某种组合构成的。能力概念包含了各个构成要素。将能力与各个构成要素并列，就会导致概念重叠的问题。

受此影响，在工作绩效及其前因变量测量量表中经常可见胜任力量表中的条目（测试题）与工作态度量表、工作行为量表中的条目互相重叠的现象，在我们整理出来的460项胜任力条目中，有75项见于工作态度量表或工作行为量表，占胜任力条目的16.3%。同时，胜任力量表中条目之间重叠的现象也相当普遍，同一个量表中的各个条目之间隐含着某种因果关系（如能力与其构成要素之间就隐含着因果关系），而这些隐含着因果关系的条目被当成是具有并列关系进行重复测量。在我们统计的43个胜任力量表中，这样的量表占48.8%。这种状况势必影响到工作绩效与其前因变量关系的研究，因为我们既无法确定所测量的是何种前因变量，也无法确定测量结果是否反映某一变量的真正水平，自然也难以准确测量各前因变量对工作绩效的影响。

第二节 小型团队领导者管理胜任力的层次结构

解决上述问题是正确构建小型团队领导者管理胜任力测量量表的前提。为了区分胜任力与工作态度、工作行为等工作绩效的其他前因变量，同时也为了理顺胜任力内部的层次关系，需要对胜任力进行重新定义。

笔者将胜任力重新定义对工作绩效有显著影响的持久、稳定的个体特征，包括个体所具有的能力和能力的构成要素。与现有定义相比，这一定义同样包含了“胜任力与工作绩效有因果关系，是工作绩效的前因变量”、“胜任力是员工个体所具有的内在特征”这两个基本观点，不同之处在于：第一，这一定义强调胜任力特征是持久、稳定的，在相同的外部环境下是可以重复显现的，它有别于个体在一时一事中表现出来的态度和行为。一个员工可能在长期的工作和生活中养成了某些对工作绩效有影响的行为习惯（如事先制订详细的计划），在没有外部干扰的情况下都会如此行事，这种行为习惯就是一项胜任力特征。当这一员工执行某一具体任务时，可能由于外部因素的影响，仅仅制订了粗略的工作计划，在这一具体任务上，这一员工的工作行为与其行为习惯就有了差异。因此，我们所定义的胜任力与工作态度、工作行为等工作绩效的前因变量是有区别的。对于一项具体工作而言，胜任力是工作过程的输入，工作绩效是工作过程的输出，工作态度和工作行为则是在工作过程中将输入转化为输出的中介变量。第二，这一定义

对胜任力特征进行了划分，将其分为“能力”与“构成要素”两个层面。能力与其构成要素不是一种并列关系，而是一个事物的两个侧面。这种区分的意义在于，它揭示了研究胜任力的内部结构有两个不同的角度，即能力角度和构成要素角度。在构建胜任力模型时将这两个角度区分开来而不是混杂在一起，既有利于克服胜任力研究中概念重叠等问题，也有利于提高胜任力模型的实用价值。

从能力角度看，胜任力是由特定工作所需的多种能力组成的，这些能力可以向下细分，形成胜任力的层次结构。我们通过对现有的管理胜任力文献所提到的各种工作能力进行比较和整理，发现个体的工作能力可以分解为个人基础能力与特定工作能力。个人基础能力与个体的工作背景无关，这种能力在各种工作背景下是通用的，是人们能够胜任不同工作的基础。个人基础能力可以进一步细分为逻辑思维能力、社会交往能力、自我管理能力。特定工作能力则与个体的工作背景相联系，是人们从事特定工作所需的能力。小型团队领导者从事的是管理工作，其胜任力就是管理胜任力。对小型团队领导者来说，其特定工作能力可以进一步细分为任务管理能力和团队管理能力。任务管理能力是指以工作为管理对象，对团队任务进行管理（计划、组织、指挥、协调、控制）的能力；团队管理能力是指以人为管理对象，使团队中个体的潜能和整体的潜能能够充分发挥的能力，包括团队领导能力和团队建设能力，其层次结构如图 4－1 所示。

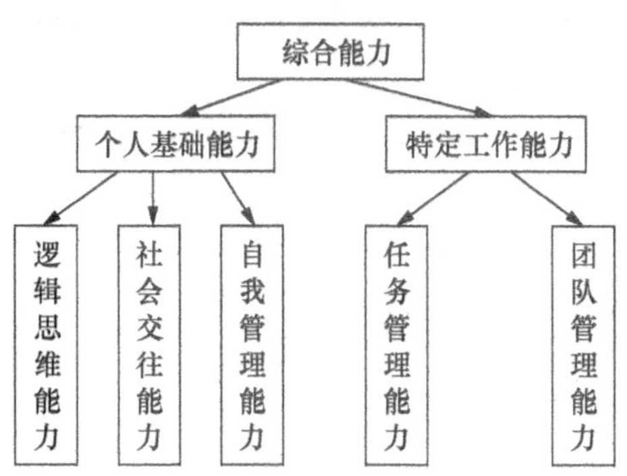

图 4－1　能力角度的胜任力层次结构

从构成要素的角度看，能力的构成要素也可以自上而下层层分解，形成金字塔式的层次结构。能力的构成要素十分庞杂，笔者通过文献整理发现能力的构成要素基本上都可以归类为“个人特质”、“知识水平”、“个人积累的社会性资源”三个因素。个人特质指的是个体所具有的较为稳定的心智模式与行为模式。其中，心智模式（或称人格特征）是指个体已经固化的思想观念，包括世界观、人生观、价值观以及对外界的固定印象和看法。行为模式是指个体在一般情况下经常重复出现的行为特征（习惯）。对于小型团队领导者而言，其行为模式可以进一步细分为任务管理模式和团队领导模式。知识水平指的是个体所具有的社会知识、业务知识、所掌握的工具和方法、所积累的工作经验等，对于小型团队领导者而言，其知识水平可进一步细分为专业技术水平、业务知识水平、社会规则认知、管理知识水平、文化素养、工作经验等。个人积累的社会性资源是指个体所建立的并且能在工作中利用的无形资产及社会关系，例如个人树立起来的个人诚信形象、所积累的人脉关系等。小型团队领导者胜任力构成要素的层次结构如图 4－2 所示。

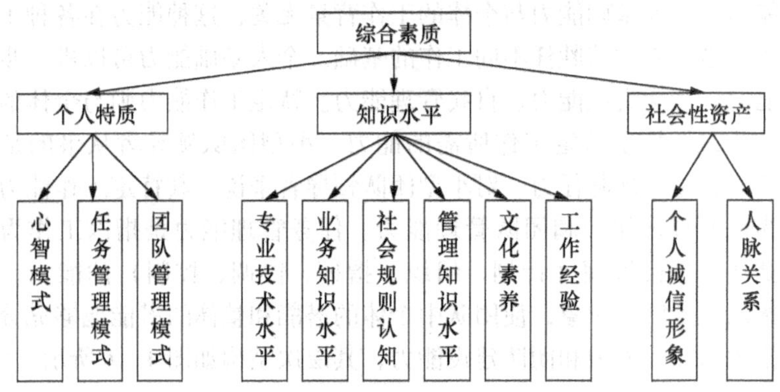

图 4－2　构成要素角度的胜任力层次结构

基于上述讨论，可以进一步开发各式各样的胜任力测量量表，包括：能力角度的胜任力量表、构成要素角度的胜任力量表、胜任力特征层次结构中各个层级的测量量表。更进一步，还可以利用各种胜任力测量量表的相互比较，探索不同层级的胜任力特征之间的关系，以及探索能力角度的胜任力特征与构成要素角度的胜任力特征之间的关系。

第三节　小型团队领导者管理胜任力测量量表

为了充分利用国内外的相关研究成果，笔者采用文献整理法来构建小型团队领导者管理胜任力初始量表。文献整理与量表形成过程如图 4－3 所示。

笔者从国内外 43 个胜任力模型或测量量表中（以管理胜任力模型或量表为主）整理出 460 项胜任力条目。这些胜任力条目首先被分成能力和构成要素两大类，其中能力类的条目有 149 项，构成要素类的条目有 311 项。能力类的胜任力

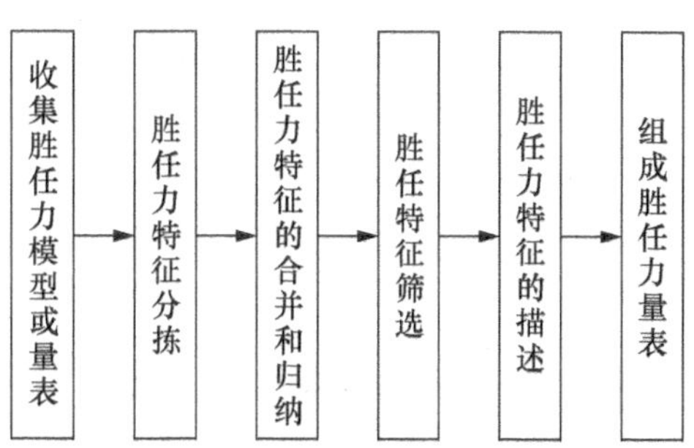

图4-3　文献整理与量表形成过程

特征被进一步归类为“个人基础能力”、“任务管理能力”和“团队管理能力”；构成要素类的胜任力特征被进一步归类为“个人特质”、“知识与经验”、“个人积累的社会性资产”。

在分拣工作的基础上，我们对胜任力特征进行合并和归纳。其具体方法是：在分拣出来的每一类胜任力特征中，将相同或基本相同的胜任力条目合并为一项。合并之后采用抽象法、综合法对胜任力特征进行归纳。抽象法是将具有不同情境限定的多项胜任力特征，去掉情境限定之后归纳为一项。综合法是分解的逆向过程，是将反映同一胜任力不同侧面的多项胜任力特征合并成一项。通过合并和归纳，有效地精简了胜任力特征的数目。

在文献整理的基础上，笔者进一步对能力角度的胜任力特征进行筛选。筛选依据两条标准进行：一是依据胜任力特征在模型或量表中出现的频率。笔者保留在模型或量表中出现频率较高的条目，删除出现频率过低的条目。二是依据胜任力特征与小型团队领导者工作性质的相关程度。小型团队领导者的工作性质既不同于一般员工，也不同于高层管理者。与一般员工相比，小型团队领导者从事的是管理性工作而不是操作性工作；与高层管理人员相比，小型团队领导者处于执行层，并且是对任务负责而非对组织的宏观目标负责。根据这些特点，我们删除了一些与之无关的条目，同时也适当改编或增添了一些与之关系密切的条目。经过筛选之后，能力角度的胜任力特征剩下11项，其中“个人基础能力”3项、“任务管理能力”6项、“团队管理能力”2项（详见表4-1）。

由于经过了合并与归纳，最终形成的胜任力特征已较为抽象，为了更清楚地表达其内涵，我们最后对各个条目进行了描述，使之成为可观察和可测量的胜任力特征。每一个胜任力条目的描述包括两个方面：一是变量特征描述，即对该项胜任力特征的属性进行说明；二是变量水平描述，即对变量水平的取值范围及评定标准进行说明（见表4-2）。

表4－1　小型团队领导者管理胜任力量表中的条目（能力角度）

量表维度	胜任力特征
个人基础能力	逻辑思维能力、社会交往能力、自我管理能力
任务管理能力	决策能力、计划能力、组织能力、指挥能力、协调能力、控制能力
团队管理能力	团队领导能力、团队建设能力

表4－2　量表中对部分胜任力特征（能力角度）的描述

胜任力特征	变量特征描述	变量水平描述
团队领导能力	对下属施加影响，使其潜能得以充分发挥的能力	最低分（1分）表示“只关心眼前的任务能不能完成，从未向下属描述远景；不善于授权，下属或者毫无自主权，只是被动的执行者，或者缺乏必要的监督和约束；对下属缺乏关心和帮助，下属能力提升速度很慢；在下属心目中缺乏威信” 最高分（5分）表示“善于向下属描绘美好前景；善于授权，能够为下属施展才华提供足够的空间；鼓励下属提建议和参与管理，能够使下属大胆创新；关心和帮助下属，能够使下属的能力不断提高；在下属心目中有很高的威信”
自我管理能力	自我规划、自我激励、控制欲望、控制情绪、管理自己的时间以及抗压抗挫能力	最低分（1分）表示“没有明确的奋斗目标，为人懒散，陷于不良嗜好不能自拔，对待工作及处理人际关系比较情绪化，不能积极应对挫折和压力，不能有效地安排和利用自己的时间，工作效率低” 最高分（5分）表示“对自己的职业发展有明确的定位和规划，善于鞭策自己，没有不良嗜好，即使面对巨大的压力和挫折也不屈服，情绪稳定，从不浪费自己的时间，工作效率高”

按照同样的方法，我们从构成要素的角度对小型团队领导者管理胜任力特征进行筛选。筛选之后构成要素角度的胜任力特征剩下34项，其中“个人特质”26项、“知识水平”6项、“个人积累的社会性资源”2项（详见表4－3）。

表4－3　小型团队领导者管理胜任力量表中的条目（构成要素角度）

量表维度	胜任力特征
个人特质	团队意识、客户意识、毅力、自信心、大局观、关注细节、成就欲、道德观、逻辑性、创新意识、开放意识、风险意识、主动性、责任心、灵活性、自觉学习、计划性、民主管理、自我控制、务实、人际互动、雷厉风行、鼓舞性激励、信守承诺、过程管理、以人为本
知识水平	专业技术水平、业务知识水平、社会规则认知、管理知识水平、文化素养、工作经验
个人积累的社会性资源	人脉资源、个人品牌

为了使表4－3中所列的各项胜任力特征易于观察和测量，笔者也对其中的每一项胜任力条目的变量特征和变量水平进行了描述，给出了代表各观察变量最高水平和最低水平的分值。实际测量时，可根据被调查者的实际情况与最高分和最低分的接近或偏离程度进行评分（详见表4－4）。

表4－4　量表中对部分胜任力特征（构成要素角度）的描述

胜任力特征	变量特征描述	变量水平描述
团队意识	重视整体配合，以集体利益和整体目标为重的思想观念	最低分（1分）表示“凡事喜欢单干，不重视整体配合，总是将个人利益和目标放在第一位，选拔人员时对个人能力的重视要超过对合作意愿的重视” 最高分（5分）表示“非常重视整体配合，总是将集体利益和整体目标放在第一位，选拔人员时对合作意愿的重视要超过对个人能力的重视”
雷厉风行	干脆利落、强悍、讲求效率的工作作风	最低分（1分）表示“工作拖泥带水，顾虑较多，容易妥协” 最高分（5分）表示“非常强调工作效率，做事喜欢立竿见影，有魄力，从不轻易让步”

经过上述过程，分别形成了能力角度和构成要素角度的两个小型团队领导者管理胜任力测量量表。笔者所欲建立的是构成要素角度的胜任力量表，以作正式测量之用。能力角度的胜任力量表可作为它的复本，在量表设计阶段用于信度分析。

第四节　量表信效度及应用价值

为了检验量表的信效度，笔者制作了A、B、C三份问卷，并在A卷中每一项胜任力特征后面增加一个问题：“你是否认为该项特征是优秀的小型团队领导者所必须具备的?”以根据被调查者的回答计算否定比率（否定人题数/总人题数）。A卷和C卷为构成要素角度的胜任力量表，B卷为能力角度的胜任力量表。用A卷、B卷的相关系数测量量表的复本信度；用否定比率测量量表的内容效度；用A卷、C卷总分均值的T检验测量量表的结构效度。

被调查者是广西系统集成行业20家企业的员工（100名）及广西大学商学院部分MBA学员（40名）。调查采用他评的方式，分两轮进行，第一轮要求调查对象根据其所认识的一个最优秀的小型团队领导者的情况填写A卷和B卷，第二轮要求调查对象根据其所认识的一个最差的小型团队领导者的情况填写C卷。两轮调查共发放问卷420份，其中A、B、C卷各140份。回收问卷392份，其中A卷134份，B卷134份，C卷124份。有效问卷392份，其中A卷134份，B卷134份，C卷124份。各问卷的描述性统计如表4-5所示。

表4-5 调查问卷的描述性统计

	样本数	均值	标准差	均值标准差
A卷	134	127.95	17.20	1.49
B卷	134	42.02	6.46	0.56
C卷	124	78.85	21.99	1.97

信效度分析结果显示：A、B卷总分相关系数为0.770，二者显著相关，表明量表具有较高的复本信度；A卷各题中否定比率最低的为3.4%，最高的为34.8%，无一题否定比率超过50%，A卷整体的否定比率为16%，表明量表的范围溢出程度较低，具有较好的内容效度；A卷样本数为134，总分平均值为127.9，C卷样本数为124，总分平均值为78.9，t检验显示A、C卷总分均值有显著差异，表明量表中的胜任力特征能够将小型团队领导者中的绩优者和绩效平平者有效地区别开来，实测结果与理论假设一致，量表具有较好的结构效度（详见表4-6）

表4-6 A、C卷均值t检验结果

	F检验s		均值t检验					两总体差的95%置信区间	
	F	Sig.	t	df	Sig. (2-tailed)	Mean Difference	Std. Error Difference	Lower	Upper
方差相等	5.404	0.021	-20.048	256	0.000	-49.080	2.44861	-53.912	-44.268
方差不等			-19.861	233	0.000	-49.080	2.47165	-53.960	-44.220

小型团队队领导者普遍存在于各类组织，如何有效地甄选、招聘、任用、评估、培养小型团队领导者是许多组织迫切需要解决的问题，胜任力量表则是解决这一问题的重要工具之一。尽管相关研究中产生了许多胜任力模型和测量量表，但专门为测量小型团队领导者管理胜任力而开发的量表却极为少见。为数不多的相关模型和量表（如项目管理者胜任力模型）大都存在多角度多层次胜任力特征混杂、观察变量互相重叠等问题，变量的可观察性和可测量性受到很大的影

响。通过区分能力和构成要素这两个角度，重新梳理胜任力层次结构，本书构建的小型团队领导者管理胜任力量表较好地改善了上述问题，有利于提高测量的准确性，在小型团队领导者的甄选、招聘、任用、评估、培养等方面有广泛的应用前景。此外，本书在量表设计与信效度检验过程中采用的文献整理流程、信效度综合分析等独特方法也可供他人构建胜任力模型和测量量表时参考。

第五章　小型团队领导者工作态度测量量表设计

第一节　文献回顾

小型团队领导者工作态度量表的开发，就其学术渊源而言，应当追溯到大半个世纪以来对工作满意度、组织承诺和工作投入等方面的研究。这些研究涉及工作态度相关概念的界定、相关测量工具和测量模型的开发以及工作态度前因后果变量的探索。

1. 工作满意度的研究状况

Hoppock（1935）较早提出工作满意度的定义，认为工作满意度是工作者心理与生理两方面对环境因素的满足感受。此后，学者们从不同的角度对工作满意度进行了诠释。归纳起来，人们对工作满意度界定包含三种基本观点：①工作满意度是个体对自己工作经历的主观评估而产生的情绪状态（Hoppock，1935；Vroom，1964；Locke，1976；时勘，2001）[32]。②工作满意度是个人需要和工作期望的函数（Getzels and Cambell，1968；McCormick and Tiffn，1972）。③工作满意度是个人实际所得超过期望值的程度（Porter and Lawler，1968；Cranny，1992；许士军，1993；Oshagbemi，1999；陈敏和时勘，2001）[142-143]。这三种观点从不同的侧面描述了工作满意度，分别说明了工作满意度的性质、影响因素及其量度。

对工作满意度的进一步研究包括：①工作满意度的测量量表的开发。国外使用较广和影响较大的量表有明尼苏达工作满意度调查表（Weiss，1967）[29]、工作描述指数量表（Smith，1969）[144]、密歇根组织评估问卷的工作满意度分量表（Cammann，1983）。在国内，香港学者徐淑英（1992）所编制的总体员工满意度问卷为近年来引用次数较多的量表。工作满意度的测量量表可分为总体满意度的测量、工作满意度的分项测量、总体满意度及其分项的综合测量三种类型。

②工作满意度前因后果变量的研究。在前因变量的研究方面，国内外的学者通过建立各种模型，从外部环境因素和内部心理因素这两大方面研究了它们对工作满意度的影响（Herzberg，1959；Tziner，1983；俞文钊，1996）[145-146]；在后果变量的研究方面，主要讨论工作满意度与工作绩效、离职倾向的联系（Bruce and Blackburn，1992；Judge，2001）[40]。

2. 组织承诺的研究状况

Becker（1960）将组织承诺定义为员工随着其对组织的“单方面投入”的增加，而产生的一种甘愿全身心地参与组织各项工作的感情[46]。这是关于组织承诺的早期定义。这一时期学术界多将组织承诺定义为一个单维的概念，视其为个体对组织的投入与认同程度（Mowday 等，1982）[147]。随着研究的发展，另一些学者提出了多维的概念。O' Reilly 和 Chatman（1986）提出组织承诺有三种契合程度递进的形式：服从、认同和内化[148]。Meyer 和 Allen（1991）则提出了组织承诺的三因素理论，即组织承诺由情感承诺、连续承诺和规范承诺构成[149]。

针对组织承诺的测量问题，Porter 等（1974）提出了专门的组织承诺量表，包含了 15 个题项[150]。O' Reilly 等（1986）进一步将其改造为 9 个题项的短量表。此后，O' Reilly 和 Chatman（1986）又另外编制了心理依恋测量量表，该量表通过 12 个题项分别描述了组织承诺的依从、认同和内化 3 个维度。20 世纪 90 年代之后，Allen 和 Meyer（1984）提出的三维度组织承诺成为研究的主流方向，他们所开发出来的三维度组织承诺量表对后来的组织承诺测量产生了重要影响[151]。

学者们对于组织承诺前因变量的研究主要集中在组织因素与人口特征变量等方面。其中，组织因素主要包括组织支持、组织信任、组织公平等变量（Konovsky and Cropanzano，1991；王重鸣等，2002）；人口特征变量则包括年龄、性别、受教育程度、任职年限和婚姻状况等（Mowday，1982；Meyer and Allen，1991）。在其后果变量的研究方面，学者们一般围绕组织承诺与工作绩效、离职倾向、组织公民行为等方面的联系进行深入探讨。其中，组织承诺与工作绩效的关系最为复杂，不同的学者提出了不同的关系（Meyer 等，2001；凌文辁等，2001）[152、49]。

3. 工作投入的研究状况

在工作投入的研究中，学者们主要从 4 个不同的方向对其定义进行解释。一是从心理状态的角度，认为工作投入是个人心理对其工作的认同（Bakker 等，2008）；二是从认知的角度，将工作投入定义为个人对其工作的认知信念状态（郑淑芬，2009）[153]；三是从工作绩效的角度，把工作投入界定为个体对自己工作绩效的强烈责任感和承诺意愿（Rabinowitz and Hall，1977）[154]；四是从工作状态的角度，将工作投入定义为一种持久的、充满着积极情绪与动机的完满状态（Maslach，2001）。

Lodahl 和 Kejner（1965）最早编制了工作投入的测量量表，该量表包含了个人对当前工作的心理认同程度与个人的工作绩效对其自尊的影响程度 2 个维度，成为 20 世纪 80 年代之前多数研究所采用的量表[155]。20 世纪 80 年代之后，使用最为广泛的是 Kanungo（1982）编制的工作投入量表[156]。该量表主要依据心理认同的信仰和认知状态概念而构建。Maslach 和 Leiter（1997）则提出用 Maslach 职业倦怠问卷的反向计分模式来测量工作投入。Schaufeli 等（2002）编制了含有活力、奉献和专注 3 个分量表的 Utrecht 工作投入量表[84]。

在工作投入前因后果变量的研究方面，Rabinowitz 和 Hall（1977）综合以往学者的研究，提出了工作投入综合模型，将影响个人工作投入的因素归纳为个人特质、工作情境以及个人特质与工作情景的互动作用三类[18]。Kanungo（1979）通过整合心理学家和社会学家对工作投入和工作疏离的看法，提出了工作投入的动机模型。Greifer（2004）根据以往的理论研究，提出了两个工作投入的模型，模型一认为员工和工作要素的匹配可以直接预测工作投入；模型二则认为人职匹配可以通过应对方式这一中介变量来影响工作投入。

整体而言，工作态度的研究分散于工作满意度、组织承诺及工作投入等几个不同的领域，尽管学术界对工作满意度、组织承诺及工作投入的维度均有深入的讨论，一些研究结果还得到较为普遍的认同。例如：工作满意度可分为总体满意度、内在满意度和外在满意度三个层面；组织承诺可分为情感承诺、持续承诺和规范承诺三个维度；工作投入可分为特定工作投入和一般工作投入，但工作态度还没有被作为一个整体来进行研究。工作态度作为一个整体（而不是工作满意度、组织承诺、工作投入）包括哪些维度至今没有明确的答案。工作满意度、组织承诺及工作投入似乎可以看作是工作态度的三个维度，但是三者之间无论是在概念的内涵与外延上还是在测量时所使用的测项上均存在大量的重叠，显然违背了各个维度之间的独立性准则。现有研究的另一个问题是：没有对工作态度与个体特征、工作行为、工作绩效等前因后果变量作严格区分，导致在研究工作态度和其前因后果变量的关系时出现混淆，无法反映出工作态度与其前因后果变量之间的真实关系。

第二节 工作态度的重新界定

为了克服上述问题，更好地研究工作态度与工作绩效的关系，需要对工作态度进行重新界定，使之成为一个完整的并且与个体特征、工作行为、工作绩效等前因后果变量相区别的变量。

1. 工作态度的重新定义

根据需要—动机—行为理论，我们将工作态度定义为与工作相关的内部动机和外部动机。内部动机是指由情感或兴趣所引起的动机，不需要外界诱因的激发。例如，员工由于热爱组织而产生的留职意愿，或者由于对某种工作有浓厚的兴趣而产生的工作意愿。外部动机是指由工作不能直接满足的需要所引起的动机，这种动机需要外界诱因的激发。例如，员工由于具有薪酬、升迁的需要而产生的工作意愿。薪酬、升迁的需要不能直接在工作中获得满足，不能直接引发工作动机。但在薪酬、升迁与工作绩效挂钩，而且员工也认识到二者之间相关的时候，便会产生工作意愿。

这一定义继承了现有研究中关于工作态度的一些基本观点，包括：工作态度是一种与工作相关的心理状态，包括情感和认知；工作态度是工作绩效的前因变量；工作态度的形成与需要有关。这一定义也对工作态度概念的内涵与外延进行了一些修正。

首先，这一定义与现有的工作态度及相关概念（工作满意度、组织承诺、工作投入等）的区别在于，它不仅将工作态度界定为工作绩效的前因变量，而且将工作态度直接界定为工作行为的前因变量。在这一定义下，工作态度只包含动机，不包含行为。工作态度本身并不直接影响工作绩效，而是通过影响工作行为间接地影响工作绩效。

其次，这一定义中提到工作态度包含情感因素。这与现实生活中人们所描述的（而非学术界所定义的）工作态度既有联系又有区别。现实生活中人们通常用喜欢、厌恶、热爱、憎恨、积极、消极、主动、被动、负责、不负责、细心、粗心、创新、保守等情感性词语描述工作态度。这些词语中，喜欢、厌恶、热爱、憎恨等描述的是人们的心理偏好，是能够引发工作动机的情感因素，属于本书所定义的工作态度范畴；积极、消极、主动、被动、负责、不负责、细心、粗心、创新、保守等词语描述的是行为特征，属于工作行为范畴，并不属于本书所定义的工作态度。

再次，将工作态度界定为工作动机，还意味着将工作态度与需要区分开来。工作态度是指由需要引发的工作动机而不是需要本身。个体的需要及其层次结构属于个人特质，是胜任力的构成要素，是工作态度的前因变量。个体的需要及其层次结构、个体工作态度及个体工作行为的关系就是需要、动机和行为的关系：在一定诱因的作用下，个体的需要及其层次结构决定其工作态度（即工作动机）；工作态度则决定（或部分地决定）个体的工作行为。这里所说的“部分地决定”是指工作态度对工作行为的影响有时还受制于其他因素，某种工作态度并不必然地导致某种工作行为。例如，一个团队领导者在任务执行的过程中可能产生了很强烈的监督控制动机，但由于时间和精力所限而不能付诸行动。

2. 工作态度的维度

在上述定义的基础上，工作态度的维度可以得到合理的划分。Vroom 于 1964 年在《工作与激励》一书中提出的期望理论（Expectancy Theory），事实上将工作态度划分成两个维度。根据期望理论，动机（Motivation，多译为“激励”或“激励力”）＝效价（Valence）×期望值（Expectancy）。效价和期望值越高，工作动机越强；效价和期望值越低，工作动机越弱。工作动机的强弱程度可以通过效价和期望值这两个相互独立的因子来进行测量。笔者认为，效价和期望值这两个因子可以较好地解释本书所定义的工作态度中的外部动机。效价是对付出某种努力并达成目标（取得工作绩效）的重要性的认知，实质上是个体对自身需要及其重要性的认知；期望值是对某种努力达成目标及达成目标后获得报酬和满足自身需要的可能性的认知，实质上是个体对外部诱因是否有利的认知。对自身需要的认知和对外部诱因的认知相结合，便产生了外部动机，认知的状态决定了外部动机的强弱程度。例如，如果员工认为通过努力工作获得加薪（自身需要）对于自己很重要，同时又认识到公司的薪酬制度（外部诱因）能够将薪酬与工作绩效紧密联系在一起，员工便会产生强烈的工作动机。有鉴于此，我们认为效价和期望值是工作态度的两个重要维度。

与外部动机不同，内部动机的形成并不依赖于对需要和外部诱因的认知，人们无需知道为什么要付出何种努力，也无需知道外部环境和条件是否适宜，情感和兴趣直接就能激发其工作意愿。这种由情感和兴趣引发的工作动机难以用效价和期望值测量，但可以根据人们对其自身情感和兴趣的认知进行测量，笔者将其列为工作态度的第三个维度。需要指出的是，内部动机虽然是由情感和兴趣直接引发的，但并非与需要和诱因无关，实际上情感和兴趣的形成往往是过去需要与满足反复体验的结果。

综上所述，工作态度可以划分为三个维度，即效价维（对工作意义的认知，包括留在本单位的重要性和工作本身的重要性，反映了个体的需要结构）、期望值维（对完成任务及取得报酬的可能性的认知）、情感与兴趣维（对组织、团队及工作的喜爱、荣耀、依恋、融为一体的感觉）。

第三节　小型团队领导者工作态度量表及信效度检验

1. 工作态度量表的构建过程

以上述讨论为基础，可以进一步构建小型团队领导者工作态度测量量表。为了充分利用国内外的相关研究成果，笔者采用文献整理法来构建小型团队领导者工作态度量表。这一过程首先从国内外有关工作满意度、组织承诺、工作投入等大量的工作态度测量量表中整理出 228 项工作态度条目；进一步，将这些工作态度条目分拣为情感与兴趣维、效价维和期望维三大类，并将内容相同或意思基本相似的工作态度条目合并为一项。

小型团队领导者是指任务团队的负责人，其特征是：①在管理层级中处于下层，是基层管理者；②是具体任务的直接管理者，直接参与工作任务的计划、执行和监督控制；③直接和间接管理的下属人数较少；④小型团队领导者的工作主要是任务管理和团队管理。为了使测量量表适合于小型团队领导者的工作特点，笔者对情感维、效价维和期望维中的条目进行筛选和改编。筛选的依据是各条目在工作态度量表中出现的频率及其与小型团队领导者工作的相关程度，只保留出现频率较高或相关程度较高的条目。部分条目根据小型团队领导者的工作特点进行改编，如将泛指的“工作”改为特定的“任务”。

经过上述过程，最终形成了一份包含 38 项条目的小型团队领导者工作态度量表（见表 5－1）。在表中，情感维中的 1～4 项反映是对组织的情感，5～8 项反映了对同事的情感，9～12 项反映了对工作的情感；效价维中的 13～18 项反映了留在本单位的重要性，19～24 项反映了工作本身的重要性；期望维中的 25～32 项反映了对完成任务可能性的认知，33～38 项反映了对取得报酬可能性的认知。

表 5－1 小型团队领导者工作态度量表

序号	维度	测试条目
1	情感维	我为自己身为本单位的一员而感到骄傲
2		我对本单位有很深的个人情感
3		我很高兴我选择了为本单位工作而不是其他单位
4		我对本单位没有强烈的归属感（反）
5		能和本次任务团队里的同事共事，我感到很愉快
6		我很喜欢与本次任务团队里的同事一起发现问题、解决问题
7		我不喜欢和本次任务团队里的同事共事
8		我和本次任务团队里的同事彼此和睦相处
9		我对我的工作有很强烈的感情，很难割舍
10		假如重新选择，我还是会选择现在这个工作
11		我对我的工作充满兴趣
12		我对我的工作感到厌烦（反）

续表

序号	维度	测试条目
13	效价维	如果现在离开本单位，我心里会有一种负疚感
14		离开本单位对我来说是不道德的
15		继续留在本单位工作的一个主要原因是离职将会造成很大的个人损失，其他单位也许不能提供我在这所能享受到的所有待遇
16		即使目前有更好的工作机会，我也不想去，因为我熟悉这里的环境和生活，它使我感到有安全感
17		本单位的发展前景很好，继续留在本单位工作对自己的发展有利
18		如果我继续留在本单位工作，不会有什么前途（反）
19		我觉得自己在这项任务中所承担的工作是无足轻重的（反）
20		我觉得自己在这项任务中所承担的工作非常有意义
21		我在这项任务中得到锻炼
22		在这项任务中，我的个人价值得到体现
23		我在这项任务中表现得好坏对于我而言十分重要
24		当我在这项任务中取得成绩时，我会获得一种满足感
25	期望维	在本次任务中，我相信自己有足够的能力完成所承担的工作
26		在本次任务中，我在工作上享有充分的自主权
27		在本次任务中，我的工作伙伴都具备完成工作所需的知识和能力
28		在本次任务中，我相信我和我的工作伙伴之间能够很好地合作
29		我认为本单位的整体环境对本次任务的顺利完成是非常有利的
30		我相信在本次任务中上级能给我提供充分的支持和帮助
31		我感到本次任务十分艰巨，很难完成（反）
32		我对完成本次任务充满信心
33		我相信只要自己在本单位努力工作，就会有广阔的职业发展空间
34		我觉得本项任务可以为我提供充分施展自己才能的机会
35		只要自己工作出色，就会得到上级和同事的充分肯定
36		我相信本单位对员工的工作表现会进行公平公正的评价
37		我的报酬与我的工作表现直接相关
38		我认为只要在本单位努力工作，自己的生活福利就会有保障

2. 量表的信效度分析

量表的信度分析主要有重测信度、分半信度和内部一致性三种方法，本书采用其中的分半信度法。分半信度方法是在量表设计之初，将每个关键词设计成意思相近的奇偶两个问项，在检验时测量奇数题和偶数题两大部分的相关系数，相关系数越高，量表的信度就越好。量表的效度分析则通过分别测量量表的聚合效度和区别效度来判别量表的结构效度。本书通过测量各维度之间的相关系数，根据其显著性水平来判断量表的聚合效度，各维度之间相关系数的P值如果小于预设的显著性水平（通常为P=0.05；严格的情况下为P=0.01），则表明聚合效度较好；区别效度则通过各维度之间的相关系数与信度系数的比较进行判断，当各维度之间的相关系数均小于信度系数时，表明量表具有区别效度。陈亮、段兴民（2009）在一项相关研究中采用的也是这样的方法。如果一个量表既有聚合效度，也有区别效度，则可以认为该量表具有结构效度。

调查的对象是广西交通设计院等5家企事业单位基层管理人员及项目负责人。调查问卷由表5－1中的测试条目组成，共含38个问项。其中，情感维有12项，效价维有12项，期望维有14项。调查时让调查对象回想其最近一次执行的团队任务，根据自己在任务执行过程时的感受来填写调查问卷。问卷设计为Likert 5级量表的形式，分为“1＝非常不同意”、“2＝比较不同意”、“3＝不确定”、“4＝比较同意”、“5＝非常同意”这5个等级，被调查者根据自身情况在相应的等级下打“√”。调查共发放180份问卷，回收149份，回收率达到83%。问卷回收后对反向条目的数据进行了逆向处理。

分半信度的测算结果如表5－2所示。其中奇数项的Cronbach α系数为0.886，偶数项的Cronbach α系数为0.914，表明分别由奇数项和偶数项组成的分量表可信；两个部分的Guttman分半信度值为0.973，Spearman-Brown系数为0.975，表明整个量表具有较好的信度水平。

表5－2　量表的分半信度

	Cronbach α 系数	Guttman 分半信度	Spearman-Brown 系数
奇数项	0.886	0.973	0.975
偶数项	0.914		

表5－3为量表的聚合效度和区别效度的检验结果。各维度之间的相关系数的P值都达到了0.01的显著性水平，表明量表中的情感、效价和期望这三个维度之间具有较好的聚合效度。各维度之间的相关系数处在0.693～0.808之间，都小于各维度的信度系数（0.825～0.912），表明量表中的各维度又是具有独立性的，相互之间可以区分开来，区分效度比较好。

分析结果表明，量表具有良好的信度和效度。由于量表中的奇数项和偶数项是等效的，在实际测量中可采用奇数项或偶数项组成的量表作为小型团队领导者工作态度量表的简化版。每一个简表的条目均为 19 项，其中情感维 6 项；效价维 6 项；期望维 7 项。

表 5-3　量表的聚合效度和区别效度（N=149）

维度	条目数	均值	标准差	情感	效价	期望
情感	12	4.081	0.705	(0.912)		
效价	12	3.719	0.628	0.693**	(0.825)	
期望	14	3.911	0.623	0.774**	0.808**	(0.902)

注：①矩阵中，括号内的数字为各维度的 Cronbach α 系数，其余为各维度之间的相关系数；
②** 表示 $P < 0.01$。

第四节　结果与讨论

时至今日，工作态度在学术界仍是一个模糊的概念，尤其是在个体工作绩效及其影响因素的研究中，工作态度常与胜任力特征、工作行为、工作绩效等变量交叉甚至混同。这对工作态度的测量，进而对工作绩效及其前因变量关系的研究产生了不利的影响。

本书根据需要—动机—行为理论对工作态度进行了重新定义，将其界定为与工作相关的内部动机和外部动机，并根据期望理论，将工作态度划分为情感、效价和期望三个维度。在此基础上，结合小型团队领导者的工作特点，我们设计了由 3 个维度、38 个问项组成的小型团队领导者工作态度量表。本书利用调查所获的 149 个样本数据对量表的分半信度、聚合效度和区别效度进行了检验，证明该量表具有良好的信效度。

与已有的工作态度量表及相关研究相比，本书提出的量表有如下特点：第一，将工作态度作为一个整体进行测量，解决了现有研究大多只测量工作态度的某一侧面（如工作满意度、组织承诺、工作投入）的问题，有利于更为完整地研究工作态度与其前因后果变量的关系；第二，将工作态度作为一个独立的变量进行测量，解决了现有研究中工作态度与个体特征、工作行为和工作绩效等变量界限不清，概念重叠的问题，有利于更为真实地反映工作态度与工作绩效及其前因变量的关系；第三，该量表的结构依据激励理论而设计，解决了现有研究中有关工作态度与其前因后果变量关系的假设和解释理论依据不足的问题，有利于更为合理地对变量间的数量关系做出理论诠释；第四，该量表根据小型团队领导者的工作特点，对量表中的测试条目进行了改编，使各个条目直接测量被调查者在某项具体任务中的工作态度，而不是泛指的工作态度，从而更适合于小型团队领导者这一研究对象。

本书所提出的小型团队领导者工作态度量表，无论是维度还是问项，都是采用文献整理法，依据以往的理论或研究成果归纳所得。虽然笔者通过预调对量表的信效度进行了初步检验，但限于调查范围过窄，样本容量较小，本项研究成果的科学性仍有待进一步的实证检验。不过，从整体上看，本书对于工作态度定义和维度的界定，为未来的相关研究提供了一种新的研究思路；而工作态度量表的形成，也为小型团队领导者工作绩效及其前因变量关系的后续研究提供了更为贴切的测量工具。

第六章　小型团队领导者工作行为测量量表设计

第一节　相关研究及现存问题

工作行为可为职责内行为和职责外行为。职责内行为是指个体在组织的某一工作岗位履行其工作职责的行为。这一类行为是由组织规范所规定的、必须实施的行为，具有强制性，通常被纳入到组织的绩效考核体系之中。职责内行为达不到组织要求时，通常会面临组织的惩罚。职责内行为的研究散见于工作敬业、工作投入、工作奉献等方面的文献中，主要体现在工作敬业的研究上。Kahn（1990）提出了员工的工作敬业度的概念，将其定义为组织成员在工作角色中自我的投入和运用程度，国内许多学者也对工作敬业的内涵作了相似的诠释（李宽亮，1997；刘海峰，2004；叶婕妤，2004；杜英仔，2006）[157-160]。对工作敬业的进一步研究包括：①工作敬业维度的划分。Kahn 进一步将工作敬业划分成体能上的投入、认知上的投入及情绪上的投入 3 个维度；Maslach and Leilter（1997，2001）认为工作敬业包含活力、忠诚和专注 3 个维度[161-162]；Schaufeli（2001，2004）认为应包含精力、认同和专注 3 个方面[163-164]；刘海峰（2004）认为敬业的基本要求是乐业、精业、勤业[159]；杨新国（2008）提出行为层面的工作敬业主要指在日常工作中表现出来的负责行为，进取行为，奉献行为和创新行为[165]。②工作敬业测量工具的开发。Maslach and Leilter（1997，2001）编制了包含 17 个问项的工作敬业量表；Britt 等（2001）编制了一个包含 6 个项目的测量量表；May 等（2004）编制了包含 3 个维度共 13 条问项的工作敬业问卷；Schaufeli 等（2006）将 Maslach and Leilter 量表修订为 3 个维度 9 个问项的量表；此外，盖洛普公司的研究人员根据访谈结果，编制成“盖洛普工作场所调查”

(Gallup Workplace Audit, GWA) 用于测量员工的工作敬业，该调查表共 12 个项目，这个量表也是国内研究者经常使用的测量工具。③工作敬业与其前因后果变量的研究。Kahn (1990) 认为工作敬业受工作意义、安全性和可获得性影响，May et al. (2004) 的实证检验也证明工作敬业与这 3 个因素相关；Maslach et al. (2001) 的研究发现工作敬业度是工作负担、控制、回报和认可、社区和社会支持、感知公平以及价值 6 个因素与各种工作产出的中介变量；Harter 等 (2002) 运用元分析得到员工工作敬业与顾客满意度、生产力、利润率及单位总体绩效等组织结果变量均存在显著的正相关，并与员工流失率和事故发生率存在显著的负相关[166]。Salanova 等 (2005) 的实证研究发现，工作敬业并不能直接预测员工的工作绩效，而是完全通过服务气氛这一中介变量对后者产生正面的影响[167]。

职责外行为是指个体作为组织中的一员所展现的与岗位职责无关，却对组织有影响的行为。这方面的研究集中体现在组织公民行为的相关文献中。Bateman and Organ (1983) 提出了组织公民行为的概念，之后 Organ (1988) 正式将组织公民行为定义为员工自发的、超出正式的工作职责范围、与组织正式的薪酬体系或奖惩体系没有直接或明显的联系但能有效提高组织效能的个体行为。自组织公民行为概念提出以来，对其维度的研究还未形成共识。从 20 世纪 80 年代至今，研究者提出的组织公民行为维度从二维到十维不等。相对而言，Organ 于 1988 年提出的“公民道德”、“利他主义”、“责任意识”、“运动员精神”和“谦恭有礼”五维结构模型在学术界影响较广。而 Farh、Earley 和 Lin 于 1997 年提出的中国文化背景下的五维模型（包含“认同组织”、“协助同事”、“不生事争利”、“保护公司资源”、“敬业精神” 5 个维度）则在国内有较大影响。在组织公民行为测量方面，目前国外常用的测量工具有以下三个：Smith、Organ 和 Near (1983) 依据组织公民行为二维模型编制的由 16 道题目组成的调查问卷；Podsakoff、MacKenzie、Morrman 、Fetter (1990) 在 Organ (1988) 提出的组织公民行为五维模型的基础上开发的由 24 个题目构成的调查问卷；Dyne、Graham (1994) 依据三维模型开发的包含 34 个题项的调查问卷。国内常用的测量工具除以上三个之外，还有 Farh、Earley 和 Lin (1997) 根据华人组织公民行为五维模型编制的包含 20 个题项的调查问卷。

现有研究存在以下一些问题：①与组织公民行为等职责外行为研究相比，职责内行为的研究相对薄弱。一方面，学术界对职责内行为的关注程度较低，就数量而言，对职责外行为（如组织公民行为）的研究远远超过对职责内行为（如工作敬业）的研究，学者们也更多地讨论职责外工作行为（而不是职责内行为）对工作绩效的影响。这种现象是不正常的，因为在管理实践中，人们首先关注的是职责内行为，然后才是职责外行为；对员工的考核评价，也是职责内行为重于职责外行为；在逻辑上，职责内行为也应比职责外行为更能预测工作绩效。另一方面，学术界对职责内行为的研究不够深入。相关研究停留在对员工体能、认知及情绪上投入程度的一般性讨论上，没有深入研究职责内行为与工作背景的关系，没有研究不同个体在行为性质上的差异（如管理者的职责内行为包括决策、计划、指挥、协调、控制等，与普通员工的职责内行为在性质上是有差异的），也没有研究同一个体职责内行为各组成部分的差异（如一个管理者可能重计划轻控制）。这种状况导致相关研究只能探知抽象工作行为的投入程度（或者说整体而言的工作投入程度），而不能探知具体工作行为的投入程度，影响了相关研究成果的应用价值。②工作行为与工作绩效、工作态度等变量的界限模糊不清。在学者们对工作绩效及其前因变量所作的定义中，经常可见将工作绩效、工作态度视为行为的。而在各种工作绩效、工作态度的测量模型或测量量表中，更是包含了大量的有关工作行为的观察变量。在我们整理出来的 244 项工作行为条目中，有 184 项见于工作态度量表或工作绩效量表，占工作行为条目的 75.4%。由于工作行为与工作绩效、工作态度等变量界限模糊，工作绩效及其前因变量的关系也被异化了。一方面，工作绩效本应是工作行为的结果，工作态度是通过影响工作行为来影响工作绩效的，但在工作行为与工作绩效混为一谈的情况下，工作态度被假定为直接影响工作绩效；另一方面，工作绩效与其前因变量之间本应是对立关系，但在工作绩效及其前因变量均把行为作为其观察变量的情况下，工作绩效与工作行为、工作态度等前因变量之间在外延与内涵上出现了重叠。

第二节 小型团队领导者职责内工作行为测量量表

为了有效地探测小型团队领导者职责内工作行为与工作绩效的关系，测量量表的设计首先要解决职责内工作行为与工作绩效、工作态度等变量互相混淆的问题。为此本书重新界定了职责内工作行为及相关概念。笔者认为：工作行为是指个体作为组织成员对组织有积极影响的实际行动，它包括职责内行为和职责外行为；工作态度是指引发工作行为的动机，包括内部动机和外部动机；工作绩效是工作行为所产生的、符合顾客或服务对象要求的工作成果，工作绩效由最终绩效、过程绩效和周边绩效组成。工作态度、工作行为和工作绩效之间的关系可以用心理学中的需要、动机和行为理论来解释。个体的需要及其层次结构属于个人特质，是胜任力的构成要素，是工作态度的前因变量。个体的需要影响工作态

度，工作态度影响工作行为，工作行为影响工作绩效。

在工作行为中，职责内行为是由个体在组织中的角色及其工作岗位决定的，不同个体因其工作岗位和组织角色不同，具有不同类型的工作行为。现有研究的问题之一就是在测量工作行为的水平时忽视了不同个体职责内行为在性质上的差异。为了对小型团队领导者的工作行为进行有效测量，在设计测量量表时需要充分考虑小型团队领导者的工作特点。小型团队领导者是组织中某项临时性任务（或项目）的负责人，带领小型团队执行任务，其职责内行为主要包括任务管理和团队管理。在任务管理方面，笔者根据管理学界对管理职能的划分，将小型团队领导者的任务管理行为细分为决策、计划、组织、指挥、协调、控制六项；团队管理则可以分为团队领导行为和团队建设行为两项。

由于相关研究存在的上述局限性，现有的量表难以满足小型团队领导者职责内行为测量的需要，笔者采用文献整理法自行设计量表。文献整理过程如下：第一步，从工作绩效及其前因变量的研究文献中查找与工作行为测量有关的量表；第二步，从各种量表中搜寻与职责内行为相关的条目；第四步，对相近条目进行合并并统计各条目出现的频次；第三步，对条目进行筛选和分拣，先将出现频次过低的条目删除，然后将剩余条目划归为任务管理行为和团队管理行为两类；第五步，对任务管理行为和团队管理行为的条目作进一步的筛选和提炼，形成测量小型团队领导者职责内行为的量表。根据小型团队领导者的工作特点，在任务管理行为的相关条目中，笔者筛选出跟决策、计划、组织、指挥、协调、控制有关的6个条目；在团队管理行为的相关条目中，笔者筛选出跟团队领导和团队建设有关的7个条目。这13个条目构成了小型团队领导者职责内工作行为的初始量表，见表6－1。

表6－1　小型团队领导者工作行为初始量表

维度	观察变量	条目
任务管理行为	决策行为	做出决策之前十分注重调查了解具体情况
	计划行为	为本次任务制订了十分全面和详细的计划
	组织管理行为	在规范管理和改善管理方面想了许多办法，实施了较大的改革
	控制行为	对本次任务的执行情况进行频繁的检查监督
	指挥行为	给下属在工作上提供了很多指导
	协调行为	主动与上下左右之间进行频繁的沟通
团队管理行为	团队领导行为	鼓励下属参与管理，非常愿意采纳下属的意见和建议
		喜欢向下属描述本单位的发展前景和所追求的目标

续表

维度	观察变量	条目
团队管理行为	团队领导行为	在本次任务执行期间对下属给予高度的关心和帮助
		给予下属高度的自主权，放手让下属工作
		在本次任务中为人处事正直、公平、公正
	团队建设行为	在本次任务中组织了许多有利于培养团队精神的活动
		在本次任务中为员工组织了许多学习或培训活动

在信度分析方面，笔者采用 Cronbach α 系数和复本信度法来进行检验。本次问卷的复本由原测验问项和意思相反的问项组成。在效度分析方面，笔者采用聚合效度和区别效度对量表的效度进行检验。聚合效度主要是通过测量各维度之间的相关系数得以实现；区别效度则是通过对各维度之间的相关系数与各维度的 Cronbach α 系数进行比较而得。

笔者对广西交通设计院等 5 家企事业单位基层管理人员和员工进行了预调查，在调查过程中让调查对象回想最近一次由其负责或参与的团队任务，根据他们在任务执行过程时的感受来填写调查问卷。小型团队领导者职责内工作行为调查问卷共设计了 13 条正向问项和 13 条反向问项。问卷设计为 Likert 5 级量表的形式，分为“1 = 非常不同意”、“2 = 比较不同意”、“3 = 不确定”、“4 = 比较同意”、“5 = 非常同意”这 5 个等级，被调查者根据自身情况在相应的等级下打“√”。在预调查阶段，共发放了 180 份问卷，回收 149 份，回收率达到 83%，表明此次预调查所收集到的数据能有效地说明问题。

本次调查问卷的缺失数据较少，笔者采用的处理方法是用平均值来替代缺失数据。同时，被调查者在填写问卷时存在个别不认真的现象，由于本次调查问卷采用复本问卷的形式，复本由原测验问项意思相反的问项组成，因此在比对两个问卷结果后，删除掉前后矛盾的 20 条数据。原始数据经过处理后，有效且合理的数据一共 129 条。

表 6 -2 为信度分析的结果。表中可见任务管理行为分量表的 α 系数为 0.800，团队管理行为分量表的 α 系数为 0.881，总量表 α 系数达到 0.907，表明量表具有较高的内部一致性；同时，原量表（正向量表）的与复本量表（反向量表）的 Spearman-Brown 系数为 -0.630，表明量表的复本信度也较好。

表 6 -3 为初始量表的聚合效度和区别效度的检验结果，两个维度之间的相关系数为 0.728，概率 P 值达到了 0.01 的显著性水平，表明初始量表中的任务管理行为和团队管理行为这两个维度之间具有较好的聚合效度。同时，两个维度之间的相关系数 0.728 小于各维度的 Cronbach α 系数（0.800，0.881），表明了初

始量表中的各维度又是具有独立性的，相互之间可以区分开来，区分效度比较好。

表 6-2　小型团队领导者职责内工作行为初始量表信度分析

总量表及其维度	题项数	Cronbach α 系数	Spearman-Brown 系数
总体量表	13	0.907	-0.630
复本量表	13	0.937	
任务管理行为分量表	6	0.800	
团队管理行为分量表	7	0.881	

表 6-3　小型团队领导者职责内工作行为初始量表效度分析

维度	条目数	均值	标准差	Cronbach α 系数	任务管理	团队管理
任务管理	6	4.017	0.589	0.800		
团队管理	7	4.01	0.671	0.881	0.728	

分析结果表明，小型团队领导者职责内工作行为初始量表的信度和效度都达到了比较理想的水平，不需要对量表作进一步的修正，初始量表可以作为最终的正式量表。正式量表一共 13 题，其中任务管理行为维度 6 项；团队管理行为维度 7 项。

第三节　结　论

本书以小型团队领导者为研究对象，在工作行为相关文献整理的基础上，根据职责内外标准重新界定了职责内工作行为的定义。同时，构建了任务管理行为、团队管理行为两个维度，在此基础上，结合小型团队领导者的工作特点，设计了小型团队领导者职责内工作行为初始量表。初始量表通过了信效度的检验，形成小型团队领导者职责内工作行为正式量表。

现有的工作行为测量工具多用于测量职责外行为，职责内行为测量工具的开发极为不足，本量表尝试对此作一些弥补。本量表根据小型团队领导者的工作特点，对现有量表中的测试条目进行了改编，问项直接针对的是被调查者在某项具体任务中的工作行为，而不是平时的工作行为。一个管理者平时的工作行为与其在某一具体任务上的工作行为，可能会有差异，而对某一具体任务中的工作态度和工作绩效产生影响的应该是在该项任务上的工作行为，而不是平时的工作行为。因此，本研究设计的量表更加适合研究工作态度、职责内工作行为和工作绩效之间的关系。

本书所提出的小型团队领导者职责内工作行为量表，是文献整理的基础上，依据以往的理论或研究成果归纳所得的维度和问项。虽然在预调中量表的信效度通过检验，但限于调查范围过窄，样本容量较小，本项研究成果的科学性及普遍性仍有待进一步的实证检验。不过，从整体上看，本书对于职责内工作行为定义和维度的界定，为未来的相关研究提供了一种新的研究思路；而职责内工作行为量表的形成，也为小型团队领导者工作绩效及其前因变量关系的后续研究提供了更为贴切的测量工具。

第七章　调查方法及过程

第一节　实证分析中面临的一个难题

探索工作绩效的影响因素和绩效改进的途径，是管理学研究的永恒课题。100多年来，从科学管理理论、行为科学到现代管理的理论丛林，对工作绩效与其前因变量关系的研究从未停息，并且在不断发展。从研究内容看，对工作绩效影响因素的研究已从早期偏重于生产工具、生产方式、劳动者生理条件、工作环境等"自然"因素拓展到人际关系、员工心理、组织环境等社会心理因素的研究；从研究方法看，实证分析方法在工作绩效与其前因变量关系研究中逐渐占据主导地位并且手段愈益丰富，方差分析、因子分析、回归分析、结构方程、元分析等越来越多的定量分析方法被添加到实证分析的工具箱中。

实证分析将理论依据与经验证据结合起来，弥补了规范分析的不足，在解释和预测社会现象方面具有独特的优势，因而越来越受到研究者的重视。在工作绩效与其前因变量关系领域的实证分析有迅速增长的趋势。以国内为例，在中国知网上以"绩效"和"实证"作为检索词进行精确匹配的跨库检索，从1979年至1999年仅检索到7条记录，从2000年至2012年则检索到1072条记录。实证分析的广泛应用促进了工作绩效与其前因变量关系的研究，产生了丰富的研究成果。在人格与工作绩效的关系方面，任国华、刘继亮（2005）对20世纪90年代以来相关研究成果进行了总结，指出大多数人都认为公正性与员工绩效间存在着显著的相关；在各种职业人群中，公正性、外向性、神经质、宜人性与关系绩效存在着较为密切的关系；外向、宜人、情绪稳定与领导绩效有着高度的相关[168]。在工作态度、工作行为与工作绩效的关系方面，大量的研究表明工作满意度与工作绩效正向相关（叶仁荪、王玉芹、林泽炎，2005）[169]。Keller（1997）研究发现，工作投入与工作绩效显著相关。Karambaya（1990），吴志明和武欣（2005）的研究发现人际层面的组织公民行为对团队绩效和团队成员的满意度具有正向影响；Harter 等（2002）的元分析结果表明员工工作敬业与顾客满意度、生产力、利润率以及单位总体绩效等组织结果变量均存在显著的正相关。

但是，这些发现不足以说明上述人格特征、工作态度和工作行为对工作绩效具有何种影响，甚至不足以说明它们就是工作绩效的前因变量。一方面，一些实证分析的结果与上述发现相悖。例如，Judge（2001）、Bowling（2007）等分别进行的研究均发现工作满意度和工作绩效之间的相关系数很低；Brown（1996）的元分析发现工作投入与工作绩效并没有显著的直接关系。另一方面，即便上述变量之间呈现显著相关，其相关性也可以作不同的解释。以工作满意度和工作绩效的关系为例，Judge et al.（2001）指出工作满意度与工作绩效显著相关，但二者的关系存在 4 种可能性：前者影响后者、后者影响前者、二者相互影响及二者由于共同因而产生虚假关系[40]。李儒林、张进辅（2005）综合西方近几十年相关研究成果，指出工作满意度与工作绩效之间的关系有 7 种模式[170]。Nathan A. Bowling（2007）通过元分析发现，引入个性、基于组织的自尊等控制变量后，工作满意度与工作绩效之间的相关性随之降低或几乎消失，认为二者的相关关系是由共同因引发的虚假关系[41]。

可见，对于实证分析过程中发现的工作绩效与个体能力、工作态度、工作行为等因素的相关性，学术界仍在为其是否反映因果关系而困惑。其原因是现有研究仍缺乏能将因素之间的相互影响进行分离的有效技术，以至于许多研究只是证实了各因素之间的统计相关性，而没有证实其因果关系。其结果是：许多研究成果对于人们根据前因变量预测工作绩效，并无多大的实际意义。在实证分析中导入时间分离技术，利用时间差来分离因素之间的相互影响，是解决这一问题的一种可行方法。

第二节　时间分离技术

实证分析是一种“假说演绎法”，即先在理论或逻辑分析的基础上提出假设，然后收集经验证据并与假设相对照。经验证据的收集是其中的一个关键环节。在工作绩效与其前因变量关系的实证分析中，经验证据的收集大多经过量表开发、选择被调查者、施测等若干步骤。现有研究在施测时多采取一次发放调查问卷，收集被调查者个人特征、态度与行为、工作绩效等问项的自评或他评价意

见。这种做法实际上模糊了时间概念，很可能测量到的是被调查者很长一段时间的表现，例如被调查者的自评很可能并非反映特定任务的近期工作态度和工作绩效，而是反映其多年的工作态度和工作绩效。在这种情况下测量到的相关性，往往混合了因素间的多种影响，导致不能反映变量之间真实的因果关系。

时间分离技术是为解决上述问题而提出的一种分阶段测量方法，其做法是将被调查者的工作根据其“投入—转化—产出”过程分解为若干阶段，不同的阶段测量不同的变量，以达到对两个相关因素之间的相互影响（如能力、态度对绩效的影响和绩效对能力、态度的反向影响）进行分离的目的。采用时间分离技术进行测量，应该在前面的阶段测量自变量（能力、态度等），在后面的阶段测量因变量（绩效）。在这一过程中，尽管被调查者在执行任务时取得的阶段性成果（绩效的组成部分之一）会反过来对其能力和工作态度产生影响，但由于时间很短，其影响是有限的，甚至是不显著的，变量之间的相关性将主要反映单向的因果关系。时间分离技术的原理是：事物之间的影响是一个过程，需要一定的时间才能产生效果。对测量的时间进行控制，便可以将事物之间某一方面的影响效果控制在不显著的水平，从而使其他方面的影响效果显现出来。

可以借助综合激励理论来解释时间分离技术的机理。波特和劳勒（1968）提出的综合激励理论较为系统地论述了工作绩效与个体特征、工作态度、工作行为等变量之间互相影响的过程（见图 7－1）。这个过程既包含了工作态度、工作行为等变量对工作绩效的影响，也包含了工作绩效对工作态度、工作行为等变量的影响，这两种影响在时间上是可以分离的。如果在投入阶段 1 测量态度（动机）、行为等变量，在产出阶段 1 测量绩效，二者的相关系数反映的是态度和行为对绩效的影响，此时态度和行为是前因变量，绩效是后果变量，是一种单向的因果关系。如果在产出阶段 1 测量绩效，在投入阶段 2 测量态度和行为，二者的相关系数反映的是绩效对态度和行为的影响，此时绩效是前因变量，态度和行为是后果变量，也是一种单向的因果关系。如果对工作绩效与工作态度、工作行为的相互影响过程不加区分，所测量的是被调查者在较长时期内（如时间长度跨过了

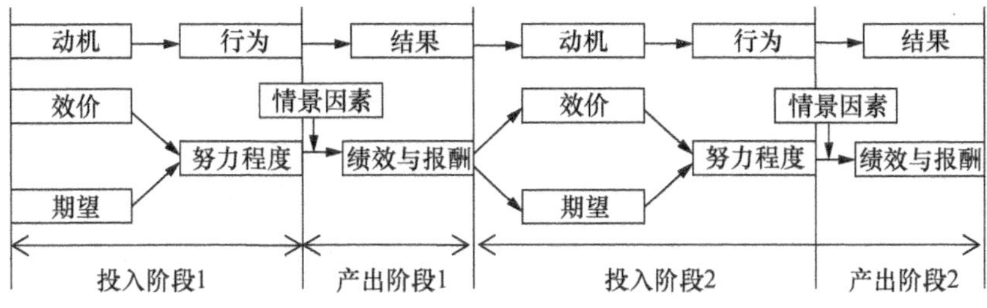

图 7－1 工作绩效与工作态度、工作行为的相互影响过程

图7－1中的4个阶段）的绩效、态度和行为，此时绩效变量和态度与行为变量的相关系数所反映的是二者之间的相互影响，二者互为因果。时间分离技术之所以能够揭示工作绩效与其前因变量之间单向的因果关系，其作用机理就在于：通过时间分离，施测时使后果变量“没有时间”对前因变量产生反向影响，从而使工作绩效与其影响因素之间的因果关系得以凸显出来。

第三节　时间分离技术的应用条件

在工作绩效与其前因变量关系的研究中应用时间分离技术，并非只是简单地在不同的时点测量不同的变量。时间分离技术的有效利用要以相关变量的合理界定、变量间循环作用的分离、测量过程的有效控制为前提条件。

1. 变量的界定

在工作绩效与其前因变量关系的研究中，工作绩效、胜任力特征、工作态度、工作行为等变量之间的界限经常是模糊的。其主要表现在：①工作绩效是指行为还是指结果一直未有定论。Bernardin（1998），杨杰、方利洛、凌文辁（2000）以及Rotundo和Sackett（2002）等倾向将工作绩效界定为个体在组织活动中的产出或结果[171－172]。Campbell等（1993）将工作绩效定义为人们所做的同组织相关的，可观测的事情，这种定义倾向于认为工作绩效是指行为[105]。Michel Lebas和Ken Euske（2002）则认为绩效同时指活动、活动的结果及其与基准的差异，这种定义倾向于认为工作绩效既指“行为”，又指“结果”[173]。②胜任力特征的界定过于宽泛。胜任力被定义为知识、技能、能力、特质、动机、自我形象、社会角色等所有能将绩优者与平庸者区分开来的个体特征，使得胜任力几乎涵盖了工作绩效的所有前因变量（非个体因素除外），个体的工作态度、工作行为等工作绩效的其他前因变量被淹没在胜任力这一概念之中，似乎只要根据员工是否具备相应的胜任力特征（如某些能力）就可以预测其工作绩效的优劣。③工作态度与工作行为未作严格区分。在工作态度的界定方面，不乏学者认为工作态度应该涵盖情感、认知和行为三个层面（张兰霞等，2008；郑淑芬，2009）[174,154]；在工作态度的测量方面，也大都包含对工作行为的测量。然而，在工作敬业、工作投入等工作行为的研究中，由于没有对行动的意愿和实际的行动进行区分，经常可见用态度的测量代替对行为的测量。

在工作绩效与其前因变量之间的界限模糊不清的情况下，连测量的是什么变量都不清楚，更谈不上有效分离变量之间的相互影响和循环作用。因此，采用时间分离技术的前提条件之一就是合理界定有关的变量。我们认为，为了区分工作绩效和胜任力、工作态度、工作行为等前因变量。首先，就要将工作绩效界定为“结果”，即个体或团体的工作行为所带来的、符合服务对象要求的工作成果。这样的界定可以避免工作绩效与工作态度、工作行为互相混淆。其次，要将员工的心智模式、行为模式与一时一事中表现出来的态度和行为区分开来，前者是员工所具有的持久稳定的个体特征，属于胜任力范畴；后者是员工在特定工作、特定时间上的情感、认知和表现，属于工作态度和工作行为。再次，将个人付出努力的意愿和实际付出的努力区别开来，前者是动机，属于工作态度；后者是实际行动，属于工作行为。经过这样的界定，工作绩效、胜任力特征、工作态度、工作行为互相分离，成为各自独立的变量，才有可能分离变量之间的相互影响和循环作用。

2. 循环作用的分离

从逻辑上看，动机产生行为，行为产生结果。由此可以推论，工作态度影响工作行为并通过工作行为影响工作绩效，工作态度、工作行为是工作绩效的前因变量。但是，由于工作绩效存在着一个累积过程，最终的工作成果是由阶段性的工作成果累积而成的，在这个累积过程中工作绩效会反过来影响工作态度和工作行为。例如，在工作中取得的阶段性成果会提高工作的效价和期望，强化工作动机，对工作行为产生激励作用。于是，工作绩效与工作态度、工作行为之间的关系就不再是单向的因果关系，而是相互之间循环作用，即工作态度→工作行为→阶段性工作绩效→工作态度→工作行为→最终的工作绩效。为了有效测量工作态度、工作行为对工作绩效的预测作用（即以工作态度、工作行为为预测变量的单向因果关系），需要对上述循环作用进行分离，剔除工作绩效对工作态度和工作行为的影响。

要分离工作绩效与其前因变量之间的循环作用，需要进一步探讨工作绩效的累积过程。我们认为，应将工作绩效区分为最终绩效、过程绩效、周边绩效。最终绩效是指个体或团体的工作行为所带来的、符合服务对象要求的最终工作成果。过程绩效是指在形成最终绩效之前所取得的阶段性工作成果。周边绩效是指个体或团体的行为对工作环境产生的积极影响。个人的工作行为首先产生阶段性成果，并对团体的工作环境产生影响。在改善了的工作环境下，个体阶段性的工作成果进一步累积，形成最终工作成果。因此，工作绩效的累积过程就是过程绩效、周边绩效转化为最终绩效的过程，工作绩效对工作态度、工作行为的反向影响就发生在这一转化过程。如果在这一转化过程之后测量工作态度和工作行为，它们与工作绩效的相关性就包含了这些变量之间的相互影响或循环作用；如果在这一转化过程之前测量工作态度和工作行为，它们与工作绩效的相关性就只反映单向的因果关系，就可以达到剔除工作绩效对工作态度和工作行为的影响，分离循环作用的目的。

3. 测量过程的控制

在工作绩效与其前因变量关系的研究中应用时间分离技术，需要将被调查者的工作根据其投入—转化—产出过程分解为若干阶段，不同的阶段测量不同的变量。整个测量过程历时较长，并且需要对同一对象多次施测，极易因为测试时机选择不当、被调查者感到麻烦或厌倦而不愿配合等原因导致测试半途而废。对测量过程的控制，是有效应用时间分离技术的另一前提条件。

对测量过程的控制有两个关键点：①对工作的投入产出全过程进行跟踪。调查者需要界定清楚工作绩效是指哪些工作的绩效？这些工作的起点和终点在哪里？会在什么时间产生哪些阶段性成果？什么时间产生最终成果？对于不同的调查对象而言，这些时间点是不一样的。从事日常性工作的员工，其工作任务通常是按年度下达的，工作的起点在年初，终点在年末，最终成果要在年终考核后（通常是次年年初）才能观察得到。承担临时性任务的员工，其工作任务是由项目规定的，项目的起点和终点就是其工作的起点和终点，最终成果要在项目结束时才能观察得到。调查过程要与调查对象所承担工作的投入产出过程相匹配，在合适的时间测量合适的变量。在大样本调查的情况下，对调查对象工作的投入产出全过程进行跟踪是一项十分艰巨的任务，调查者需要制订严密的调研工作计划并及时推进。②保持调查对象的合作意愿。采用时间分离技术需要在多个时点对同一调查对象的有关特征进行反复测量。为了保证所有的样本都是配对样本，调查时还需要收集被调查对象的姓名、联系方式等个人信息。这些做法增加了调查对象的麻烦和顾虑，如何争取调查对象的合作成为一个困难而又关键的问题。在笔者目前承担的国家自然科学基金项目的研究中，就遇到了这样的困难。该项目分期初、期中、期末三个时点分别对小型团队领导者工作绩效及其前因变量进行测量，出现了填写问卷的人数随着调查次数的增加逐步减少的情况。为了保证时间分离技术的有效应用，在整个调查过程中必须想方设法保持调查对象的合作意愿。笔者的体会是，在时间分离技术的应用过程中要保持调查对象的合作意愿，如下四个方面是关键：第一，便利。要简化测量量表和程序，调查方式和时间要照顾调查对象的需要，尽量减少对调查对象工作和生活的干扰。第二，安全。要让调查对象感觉到其填写的信息受到严密的保护，并且不会对其产生不利影响。第三，情感。要利用调查对象与其上级、同事、朋友的情感，以及调查者与调查对象的良好沟通和交流，增强与调查对象的情感纽带。第四，互惠。要让调查对象在参与调查的过程中也能获益。

第四节　调查过程

“小型团队领导者工作绩效及其前因变量关系模型探索式研究”课题组于2011～2012年间，利用自行开发的量表，采用问卷调查的方式，对小型团队领导者的胜任力特征、工作态度、工作行为及工作绩效进行了测量。为了分离工作绩效与前因变量之间的相互影响，调查分三轮进行。2011年上半年进行了第一轮调查，主要是对小型团队领导者的胜任力特征进行测量。调查以电子邮件为主，纸质问卷为辅，调查对象是广西壮族自治区内外80家中小企业的部门经理（日常性任务团队领导者）和项目经理（临时性任务团队领导者）。调查过程中采取了如下措施：第一，在每个被调查的企业聘请一个人作为联系人（该企业的高管或人力资源部经理），由联系人以电子邮件的方式发放调查问卷，并督促回收。纸质问卷则由研究者本人现场发放和回收。第二，为了保证调查数据为配对样本，调查采用实名制，要求调查对象填写真实姓名、工作单位及电子邮箱地址。第一轮调查收到了505份问卷。第二轮调查在2011年下半年进行，主要是对小型团队领导者的工作态度、工作行为及过程绩效进行测量。第二轮调查均采用电子邮件，通过各企业的联系人将问卷发放给填写了第一轮调查问卷的505名小型团队领导者。此次调查共收回问卷344份，其中有效问卷323份。第三轮调查在2012年年初进行，主要是对小型团队领导者的最终绩效进行测量。由于本次调查需要填写被调查对象的年终考核结果及其在本单位管理人员中的排位，问卷改由调查对象所在单位的高管或人力资源部经理（即前述联系人）填写。调查对象是填写了第二轮调查问卷的323名小型团队领导者。由于部分人员已离开原有的企业，本轮调查共收集到308名小型团队领导者的数据。

课题组在调研过程中遇到了许多困难。一是时间分离方法给调查带来的实际困难。由于对同一对象要分三个时间段进行调查，为便于跟踪，需要被调查对象提供真实的姓名、联系方式、工作单位等，涉及较多的私人信息，不少人心存顾虑而不愿意配合。二是调查对象的特殊性带来的困难。本课题的调查对象为部门经理或项目经理，在中小企业中这些管理人员人数不多，每个企业能采集到的样本数量极为有限，使得调查不得不分散在数十家企业进行。加上不少人（特别是项目经理）工作地点十分偏僻，不便联系，使得对调查对象的跟踪调查较为困难。三是调查题量较大，三轮调查共需要被调查对象回答80余个问题；加上调查历时较长，前后经历了大约一年的时间，一些接受了初次调查的对象会因为多次打扰而不愿配合。为了克服这些困难，课题组在调研过程中采取了如下做法：一是争取企业负责人及人力资源经理的支持，由企业负责人或人力资源经理动员所在单位的小型团队领导者参与调研。在三轮调查中，先后有数十家企业的负责人或人力资源经理成为课题研究的“联系人”，动员、督促本单位的管理人员参与调研，并在问卷的发放和回收方面给予了大量的帮助。二是为参与调研的小型团队领导者提供“管理知识快递”的服务，包括将调查数据的一些统计分析结果反馈给调查对象，使之能够了解自己的水平和群体的水平；将有关领导力的一些优秀文章和案例通过电子邮件发给调查对象，供其学习和参考，同时使之保持对课题研究的关注和支持。调查过程中共向 500 名左右的小型团队领导者提供了这样的服务，累计发出电子邮件数千封。三是策划并实施了名为“研究式学习”的校企交流活动，具体做法是邀请企业的人力资源经理及高层管理人员与我们的研究生一起开展学习交流（如学术沙龙、专题报告）和课题调研活动。“研究式学习”既为研究生提供了深入了解企业管理实践的窗口，也为企业管理人员提供了深入学习的机会。同时，通过这样的校企交流活动，课题组成员与企业高层管理人员及人力资源经理建立了良好的关系，为课题研究所需要的深度调研创造了条件。

第五节 时间分离技术的效度

在工作绩效与其前因变量关系的研究中，时间分离技术的功能是对变量间的相互影响或循环作用进行分离，使工作态度、工作行为等前因变量对工作绩效的单向影响得以显现出来。如果时间分离技术是一种有效的测量方法，测量结果应该能够显示出变量间的单向影响与双向影响有显著的差异。因此，可以考虑以变量间的单向影响与双向影响是否有明显差异作为检验时间分离技术效度的依据。

1. 检验方法与数据

时间分离技术是一种测量方式而非测量工具，似乎难以用内容效度、结构效度、区分效度等常规方法进行效度检验。鉴于其特殊性，我们采用如下方案检验其效度。这一方案分为三步：第一步，对胜任力特征变量与过程绩效、最终绩效作相关分析，计算这两个相关系数之差（D1）；第二步，对工作行为变量与过程绩效、最终绩效作相关分析，计算这两个相关系数之差（D2）；第三步，观察 D2 是否显著大于 D1，如果是，则表明时间分离技术能够有效地分离变量间的相互影响或循环作用；如果不是，则表明时间分离技术不能有效地分离变量间的相互影响或循环作用。

笔者采用国家自然科学基金项目（70962007）课题组的调查数据进行效度检验。课题组于2011～2012年间利用自行开发的小型团队领导者胜任力特征、职责内工作行为、过程绩效、最终绩效等量表，按照时间分离技术的思路，分三轮（2011年初、2011年中及2012年初）对广西中烟工业有限责任公司、广西康华药业有限责任公司、广西建荣项目管理公司、广西交通设计院、南宁用友政务公司等广西壮族自治区内外数十家中小企业的部门经理（日常性任务团队领导者）和项目经理（临时性任务团队领导者）进行跟踪式调查。第一轮调查测量胜任力特征，收到了505份问卷；第二轮向填写了第一轮调查问卷的505人发放问卷，测量其工作态度、工作行为、过程绩效及周边绩效，收回问卷344份，其中有效问卷323份；第三轮调查在2012年年初进行，对小型团队领导者的最终绩效进行测量。调查对象是填写了第二轮调查问卷的323人。由于部分人员已离开原有的企业，本轮调查共收集到308名小型团队领导者的数据。三个时点的调查共采集到配对样本308个，样本基本情况如表7－1所示。

表7－1 研究样本基本情况（N＝308）

性别	个数	占比	类型	个数	占比
男	234	76.0%	部门经理	199	64.6%
女	65	21.1%	项目经理	109	35.4%
缺	9	2.9%	缺	0	0

上述调查所获得的308个配对样本含有80多个观察变量，数据十分庞杂。为简化问题，我们从中挑选了一些变量进行效度分析。挑选的依据是：前因变量与后果变量之间从逻辑上看有明显的关联性。表7－2列出了所挑选的变量及数据来源。

表7－2 效度分析数据来源

观察变量	来源	汇总变量的生成	汇总变量命名	在效度分析中的角色
关注细节、计划性、务实、雷厉风行、过程管理	胜任力特征量表	关注细节＋计划性＋务实＋雷厉风行＋过程管理	工作行为模式	前因变量（胜任力特征）
决策、计划、组织、控制、指挥、协调	职责内工作行为量表	决策＋计划＋组织＋控制＋指挥＋协调	任务管理行为	前因变量（工作行为）

续表

观察变量	来源	汇总变量的生成	汇总变量命名	在效度分析中的角色
过程绩效	过程绩效量表	过程绩效量表总分	过程绩效	后果变量（过程绩效）
最终绩效	最终绩效量表	最终绩效量表总分	最终绩效	后果变量（最终绩效）

从逻辑上看，表7－2中的工作行为模式、任务管理行为、过程绩效、最终绩效四个汇总变量之间有着内在的联系。关注细节、计划性、务实、雷厉风行、过程管理变量均指管理者在面对工作任务时的行为习惯，或者说固化的工作行为模式，属于管理者的胜任力特征，一般认为对工作绩效（包括过程绩效和最终绩效）有影响；决策、计划、组织、控制、指挥、协调是指管理者在特定工作任务上的管理行为，显然也是影响工作绩效的前因变量。这四个汇总变量的相关系数矩阵如表7－3所示。

表7－3　四个汇总变量间的相关系数矩阵

	工作行为模式	任务管理行为	过程绩效	最终绩效
工作行为模式	1	0.289**	0.308**	0.212**
任务管理行为	0.289**	1	0.515**	0.214**
过程绩效	0.308**	0.515**	1	0.562**
最终绩效	0.212**	0.214**	0.562**	1

注：** 在显著性水平为0.01时相关。

2. 结果

从表7－3可以看到，胜任力特征变量（工作行为模式）与过程绩效的相关系数为0.308，与最终绩效的相关系数为0.212，D1＝0.308－0.212＝0.096；工作行为变量（任务管理行为）与过程绩效的相关系数为0.515，与最终绩效的相关系数为0.214，D2＝0.515－0.214＝0.301。D2大于D1，如果这一差异是显著的，则表明利用时间分离技术不仅测量到X变量的调节作用（D1），而且也测量到工作绩效对工作行为的反向影响（D2大于D1的部分），产生了分离变量间相互影响或循环作用的效果。

可以采用T检验来判断D2与D1之间的差异是否显著。我们以上述308个配对样本为母样，随机抽取半数（154个）作为子样。利用SPSS16.0作100次随机抽取子样的实验，根据各次实验的相关系数矩阵计算D2与D1的差值，计算结果如表7－4所列。

表 7 -4 D2 - D1 的差值

实验序号	D2 - D1	实验序号	D2 - D1	实验序号	D2 - D1	实验序号	D2 - D1	实验序号	D2 - D1
1	0.115	21	0.211	41	0.174	61	0.119	81	0.119
2	0.156	22	0.308	42	0.26	62	0.226	82	0.24
3	0.155	23	0.187	43	0.194	63	0.115	83	0.226
4	0.207	24	0.201	44	0.24	64	0.199	84	0.115
5	0.181	25	0.266	45	0.063	65	0.156	85	0.199
6	0.284	26	0.324	46	0.268	66	0.155	86	0.156
7	0.2	27	0.226	47	0.195	67	0.207	87	0.155
8	0.164	28	0.268	48	0.152	68	0.181	88	0.207
9	0.257	29	0.22	49	0.175	69	0.284	89	0.181
10	0.235	30	0.33	50	0.196	70	0.2	90	0.284
11	0.128	31	0.294	51	0.236	71	0.164	91	0.119
12	0.269	32	0.191	52	0.234	72	0.257	92	0.24
13	0.158	33	0.111	53	0.138	73	0.235	93	0.226
14	0.156	34	0.256	54	0.231	74	0.128	94	0.115
15	0.183	35	0.268	55	0.192	75	0.269	95	0.199
16	0.209	36	0.231	56	0.289	76	0.158	96	0.156
17	0.179	37	0.235	57	0.241	77	0.156	97	0.155
18	0.237	38	0.153	58	0.176	78	0.183	98	0.207
19	0.334	39	0.153	59	0.146	79	0.209	99	0.181
20	0.23	40	0.272	60	0.238	80	0.179	100	0.284

假设 D2 与 D1 无差异，在 SPSS16.0 中，对 D2 与 D1 的差值作单样本 t 检验，得到如下结果（见表 7 -5、表 7 -6）：

表 7 -5 D2 - D1 的基本描述统计结果

	实验次数	均值	标准差	均值标准误差
D2 - D1	100	0.20324	0.05541	0.005541

表 7 -6 D2 - D1 的单样本 t 检验结果

	t 的观测值	自由度	双尾概率 P 值	样本均值与检验值之差	95% 置信区间	
					最小值	最大值
D2 - D1	36.679	99	0.000	0.20324	0.19225	0.21423

注：显著性水平为 0.05。

表7－5和表7－6显示，100次随机实验中D2与D1之差的平均值为0.20324，标准差为0.05541；单样本t检验中t统计量的双尾概率P值为0.000，小于显著性水平0.05，所以拒绝原假设，认为D2与D1之间有显著差异。

3. 讨论

D1是胜任力特征与过程绩效、最终绩效的相关系数之差，D2是工作行为与过程绩效、最终绩效的相关系数之差。由于胜任力特征是个体固化的心智和行为模式，是稳定的个体特征，不会在某一具体的工作过程中轻易改变，因此胜任力特征与具体任务工作绩效的关系主要是单向因果关系。如果胜任力特征与过程绩效、最终绩效的相关性出现了差异（D1不等于零），这种差异并不表明工作绩效对胜任力特征有反向影响，而是表明存在某些未知变量（可称为X变量）的调节作用。工作行为则不同，它可能会在某一具体工作过程中发生改变，与具体任务工作绩效之间存在相互影响和循环作用。如果早期的工作行为与过程绩效、最终绩效的相关性出现了差异（D2不等于零），且D2显著大于D1，则表明不仅存在X变量的调节作用，而且也存在工作绩效对工作行为的反向影响（D2大于D1的部分）。换言之，它表明时间分离技术让我们观察到了工作绩效对工作行为的反向影响。这表明，利用时间分离技术不仅测量到X变量的调节作用（D1），而且也测量到工作绩效对工作行为的反向影响（D2大于D1的部分），产生了分离变量间相互影响或循环作用的效果，时间分离技术是有效的。

第八章　实证分析

第一节　样本

本研究于2011～2012年间对广西壮族自治区内外80家中小企业的部门经理（日常性任务团队领导者）、项目经理（临时性任务团队领导者）进行调查。测量工具为自行开发的小型团队领导者工作态度量表（测量情感、效价、期望，含V1～V19共19个测项）、工作行为量表（测量任务管理行为、团队领导行为，含V20～V30共11个测项）、工作绩效量表（测量过程绩效、周边绩效、最终绩效，含V31～V48共16个测项），各量表经检验均有良好的信效度。（插入引用）调查以电子邮件为主，纸质问卷为辅。为了提高调查质量，采取了如下措施：第一，在每个被调查的企业聘请一个人作为联系人（该企业的高管或人力资源部经理），由联系人以电子邮件的方式发放调查问卷，并督促回收。纸质问卷则由研究者本人现场发放和回收。第二，为了保证调查数据为配对样本，调查采用实名制，要求调查对象填写真实姓名、工作单位及电子邮箱地址。第三，为鼓励调查对象配合调查，开展了回馈活动，向填写了问卷的调查对象反馈部分研究结果、邮寄管理学资料等。

样本数据采集于两个不同的时点。第一个时点为2011年下半年，调查内容为小型团队领导者在任务执行过程中的工作态度、工作行为、过程绩效及周边绩效，有323人填写了问卷，对象是80家中小企业的部门经理和项目经理。第二个时点为2012年初，调查内容为小型团队领导者在任务结束后的最终绩效，对象是填写了第一次问卷的323人，获得308个样本。分两个时点采集样本是基于如下考虑：①工作绩效存在累积过程，过程绩效和最终绩效应予以分离；②通过先测工作绩效的前因变量（工作态度、工作行为），后测工作绩效，有助于分离二者之间的相互作用，更好地探测工作态度、工作行为与工作绩效的因果关系；③员工的绩效考核通常要等到次年年初才有结果，于次年年初测量其最终绩效会更为准确。两次调查的样本基本情况如表 8 - 1 所示。第一个时点和第二时点所采集的 308 个配对样本构成本研究的研究样本。

表 8 - 1 研究样本基本情况

	N	性别	个数	占比	类型	个数	占比
第一次	323	男	243	75.2%	部门经理	212	65.6%
		女	70	21.7%	项目经理	111	34.4%
		缺	10	3.1%	缺	0	0
第二次	308	男	234	76.0%	部门经理	199	64.6%
		女	65	21.1%	项目经理	109	35.4%
		缺	9	2.9%	缺	0	0

第二节 研究流程及数据处理方法

本研究是一项探索式研究，研究流程为：第一步，在理论分析的基础上界定小型团队领导者工作态度、行为与绩效关系的基本框架（概念模型）；第二步，在基本框架的基础上提出 PA-OV 分析模型①（Path Analysis with Observed Variables Model），利用调查数据进行模型适配；第三步，对模型进行修正，建立最终模型。

为了进行 PA-OV 模型分析，本研究对调查数据作了如下处理：在 PA-OV 模型中，各维度的调查数据先进行加总，所生成的变量用做结构模型中的外因变量或内因变量。PA-OV 模型中各变量的来源如表 8 - 2 所示。

表 8 - 2 PA-OV 模型变量汇总表

变量名称	计算方法	说　明
情感	V1 + V2 + V3 + V4 + V5 + V6	V1 和 V2 测量被调查者对组织的情感，V3 和 V4 测量被调查者对同事的情感，V5 和 V6 测量被调查者对工作的情感。

① 结构方程分析可采用 PA-LV 模型（Path Analysis With Latent Variables Model）、PA-OV 模型或混合模型，由于本研究涉及的观察变量数目众多，采用 PA-LV 分析方法将使模型过于复杂，故而选择较为简约的 PA-OV 模型。

续表

变量名称	计算方法	说　明
效价	V7 + V8 + V9 + V10 + V11 + V12	V7、V8 和 V9 测量留在本单位工作的意义，V10、V11 和 V12 测量工作本身的意义。
期望	V13 + V14 + V15 + V16 + V17 + V18 + V19	V13、V14、V15 和 V16 测量对完成任务可能性的感知，V17 + V18 + V19 测量对获得报酬可能性的认知。
任务管理行为	V20 + V21 + V22 + V23 + V24 + V25	分别测量被调查者履行决策、计划、组织、指挥、协调、控制 6 项管理职能的投入程度。
团队领导行为	V26 + V27 + V28 + V29 + V30	分别测量被调查者对下属进行智力激发、鼓舞性激励、个性化关怀、授权、理想化影响的程度。
过程绩效	V31 + V32 + V33 + V34 + V35 + V36 + V37 + V38 + V39 + V40 + V41	V31、V32、V33、V34、V35、V36 和 V37 分别测量任务进展情况及决策、计划、组织、指挥、协调、控制的效果，V38、V39、V40 和 V41 分别测量下属的工作意义认知、效能感、自主性、影响力。
周边绩效	V42 + V43	V42 测量所带领团队的公平感，V43 测量团队合作程度。
最终绩效	V44 + V45 + V46	V44 为被调查者年度考核结果，V45 为被调查者工作绩效在本单位管理人员中的排位，V46 为被调查者工作目标的完成程度。

回收的调查问卷中，有极少量的缺损值，这些数据采用相应变量的平均值进行了补齐。本研究的数据统计、模型估计与适配均采用 SPSS 16.0 及 AMOS 7.0 版结构方程软件进行分析。

第三节　模型适配

本书将图 8 - 1 所示的概念模型作为小型团队领导者工作绩效及其前因变量关系的 PA-OV 模型。该模型由八个观察变量构成，各观察变量的数据根据原量表中的 46 个题目的数据按照表 8 - 2 中计算方法加总而成。用 AMOS7.0 进行模型识别和参数估计，所有误差方差均大于 0，标准化系数最大值为 0.70，不存在太大的标准化误差，未出现违反估计的情况，模型可以识别。表 8 - 3 是小型团队领导者工作绩效及其前因变量关系 PA-OV 模型的样本协方差矩阵。

表 8－3　小型团队领导者工作绩效及其前因变量关系 PA-OV 模型的样本协方差矩阵

	期望	效价	情感	团队领导行为	任务管理行为	周边绩效	过程绩效	最终绩效
期望	12.71							
效价	6.41	9.88						
情感	7.04	5.31	9.18					
团队领导行为	4.52	3.09	4.13	6.46				
任务管理行为	5.10	3.37	4.77	4.92	7.53			
周边绩效	0.15	0.14	0.20	0.28	0.25	1.09		
过程绩效	7.81	5.16	7.32	5.65	6.88	1.03	23.66	
最终绩效	1.61	1.27	1.71	1.11	1.22	0.95	5.69	4.33

PA-OV 模型的主要适配指标如表 8－4 所示，观察表中的适配结果，可以看到该模型的适配结果并不理想，仅有 GFI 一项指标达到适配标准，其余指标均未达标。尽管如此，PA-OV 模型未出现违反估计的情况，模型可以识别，检查其修正指数，模型有合理修正的空间，适合于作为小型团队领导者工作绩效与其前因变量关系模型发展的基础。

表 8－4　PA-OV 模型主要适配指标

CMIN	P	CMIN/DF	RMSEA	RMR	AGFI	GFI	NFI	RFI	IFI	TLI	CFI
142.71	0.00	11.89	0.19	0.91	0.71	0.90	0.86	0.67	0.87	0.69	0.87

第四节　模型修正

模型修正在 PA-OV 模型的基础上进行。笔者按照以下原则进行修正：①在参数调整过程中优先考虑方差和协方差，不得已时再考虑路径系数，目的是使模型尽可能与原有的理论假设保持一致；②每次修正只调整一个参数，参数选择以效果最大为依据；③每次修正应该是符合逻辑，可以解释的。检查 PA-OV 模型初次识别的修正指数表（见表 8－5），共有 3 个协方差、5 个路径系数可调整。我们先在 e1（任务管理行为的测量误差）和 e2（团队领导行为的测量误差）之间建立共变关系，这一调整是合理的，因为在管理实践中任务管理行为与团队管

理行为并无严格的界限，二者的测量误差存在共变关系也是可能的。

表 8－5 PA-OV 模型的修正指数表

修正方式	修正指标值	参数改变值	修正方式	修正指标值	参数改变值
e1 <--> e2	92.58	2.50	团队领导行为 <-- 任务管理行为	62.20	0.39
e3 <--> e2	7.43	－1.31	过程绩效 <-- 期望	11.31	0.22
e3 <--> e1	8.86	－1.50	过程绩效 <-- 效价	5.93	0.18
团队领导行为 <-- 任务管理行为	58.59	0.33	过程绩效 <-- 情感	13.72	0.28

经过第一次修正后，PA-OV 模型的适配指标显著改善。CMIN 由 142.71 降为 32.54，CMIN/DF 由 11.89 降为 2.96，RMSEA 由 0.19 降为 0.08，RMR 由 0.91 降为 0.71，AGFI、GFI、NFI、RFI、IFI、TLI、CFI 均达到 0.90 以上，虽然还有部分适配指标未达到标准，但大部分适配指标均达到标准。因此，可以认为经过第一次修正之后 PA-OV 模型与实际数据可以适配。再次检查修正指数，仍有 3 个参数可以调整。其中，过程绩效 <-- 期望的修正指标值和参数改变值分别为 11.314 和 0.218；过程绩效 <-- 效价的修正指标值和参数改变值分别为 5.93 和 0.18；过程绩效 <-- 情感的修正指标值和参数改变值分别为 13.72 和 0.28。如果增列情感对过程绩效的路径系数，模型适配的改善效果将最为显著。但是，这一修正意味着要改变原有的路径模型，需要探讨其合理性。原有的路径模型中，情感等工作态度变量不能直接影响工作绩效，而是要通过任务管理行为和团队领导行为间接影响工作绩效。我们认为，尽管行为理论大多将领导行为划分为以工作为中心和以人为中心两个维度，但仍有可能存在这两种行为之外的、未被模型测量的未知领导行为。例如，对同事情感可能会导致利他行为，情感因素会通过这种未知领导行为影响工作绩效。在模型中未包含这种未知领导行为的情况下，可以增列情感对过程绩效的路径系数来反映这种影响，作此修正是合理的。第二次修正后，PA-OV 模型的适配指标如表 8－6 所示。

表 8－6 PA-OV 模型修正后的适配指标

CMIN	P	CMIN/DF	RMSEA	RMR	AGFI	GFI	NFI	RFI	IFI	TLI	CFI
10.18	0.43	1.02	0.01	0.23	0.97	0.90	0.99	0.97	1.00	1.00	1.00

经过两次修正，整体模型适配度的卡方值在自由度等于 10 时为 10.18，显著性概率值 P＝0.43，未达到 0.05 的显著性水平，接受虚无假设，表示理论模型与

样本数据间可以适配。再从其他适配指标来看，卡方自由度比（CMIN/DF）为 1.02<2.00，RMSEA=0.01<0.05，GFI、AGFI、NFI、RFI、IFI、CFI、TLI 均大于 0.90 且接近或等于 1.00，α=0.05 时，CN=553>200，AIC、CAIC 均小于独立模型的数值，也小于饱和模型的数值，各项适配指标均达到检验标准，模型适配良好，可以接受。可作为最终的小型团队领导者工作态度、行为与绩效关系模型。最终模型及其主要参数如图 8-1 所示。

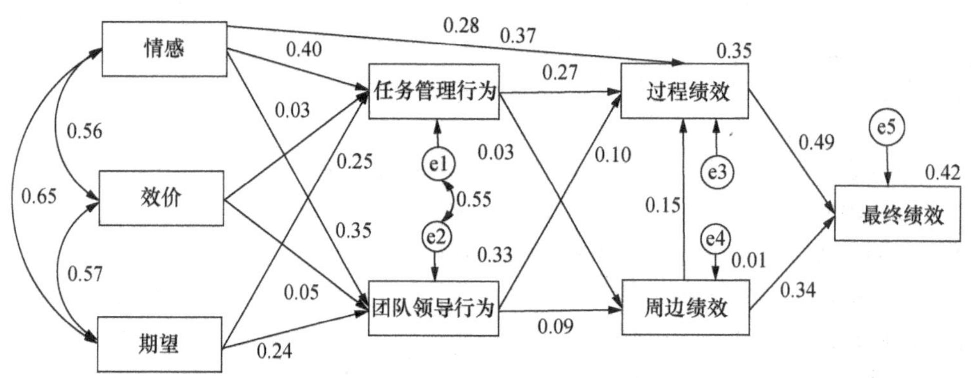

图 8-1 小型团队领导者工作态度、行为与绩效关系最终模型及主要参数

第五节 结果讨论

1. 工作绩效的累积过程

在团队生产方式下，个体的工作绩效体现在个体工作成果对团体工作成果的贡献上。这种贡献具体体现在三个方面：一是个体取得符合服务对象要求的最终工作成果，并成为团体工作成果不可缺少的一部分，此为最终绩效；二是个体取得符合服务对象要求的阶段性工作成果，此为过程绩效；三是个体工作行为对团体工作环境产生有利影响，此为周边绩效。个体工作绩效存在着一个累积过程：个体的工作行为首先产生阶段性成果（过程绩效），并对团体的工作环境产生影响（周边绩效）。在改善了的工作环境下，个体阶段性的工作成果进一步累积，形成个体的最终工作成果（最终绩效）。小型团队领导者的工作绩效同样存在于这样的累积过程中。

这一过程在最终的 PA-OV 模型中得到了验证。模型中“过程绩效→最终绩效”的标准化回归系数为0.49，“周边绩效→过程绩效”的标准化回归系数为0.15，“周边绩效→最终绩效”的标准化回归系数为0.34。过程绩效对最终绩效的标准化总效果为0.49，周边绩效对最终绩效的标准化总效果为0.41。表明过程绩效对最终绩效、周边绩效对过程绩效以及周边绩效对最终绩效均有显著影响。

这一研究结果对于改善小型团队领导者的工作绩效具有多种启迪：第一，过程绩效和周边绩效对最终绩效具有预测作用，加强过程绩效和周边绩效的跟踪和测量可帮助小型团队领导者正确判断形势，防范风险；第二，周边绩效对最终绩效也有显著影响，小型团队领导者应重视改善团队的工作环境；第三，工作绩效存在着一个累积过程，小型团队领导者要注重过程管理。

2. 任务管理行为与团队领导行为的中介作用

在工作绩效与其前因变量的关系中，工作行为是中介变量，工作态度通过工作行为间接地影响工作绩效。上述最终模型参数估计的结果部分地证实了这种关系。模型中，“情感→任务管理行为”的路径系数为0.40，“期望→任务管理行为”的路径系数为0.25，“期望→团队领导行为”的路径系数为0.24，“任务管理行为→过程绩效”的路径系数为0.27，均达到显著水平。情感通过任务管理影响过程绩效的间接效果为0.11，期望通过任务管理影响过程绩效的间接效果为0.08。任务管理在情感与过程绩效、期望与过程绩效之间的中介作用是明显的。

值得注意的是，在检查任务管理行为与团队领导行为的中介作用时，我们发现“效价→任务管理行为”的路径系数仅为0.03，“效价→团队领导行为”的路径系数仅为0.05，均未达到显著水平，表明效价对小型团队领导者的工作行为没有影响，这似乎与期望理论不尽相符。为探讨其原因，笔者进一步研究了原始数据，模型中效价变量由留任效价和工作效价两大部分组成，留任效价测量的是留在本企业对于被调查者的意义，与具体工作或任务没有直接联系，这可能是效价对工作行为影响不显著的原因。剔除原效价变量中的留任效价部分，保留工作效价部分作为新的效价变量，并将其代入原结构方程，重新进行参数估计。结果显示，“效价→任务管理行为”的路径系数为0.17，$P < 0.01$；“效价→团队领导行为”的路径系数为0.20，$P < 0.001$；情感、期望对任务管理行为和团队领导行为的路径系数均达到显著水平。模型适配依然良好①。这一结果表明，效价和期望对领导者的任务管理行为和团队领导行为有显著的正向影响，证实了期望理论；同时也表明，相对于留任效价，工作效价对领导者行为的激励作用要显著得多。

---

① CMIN = 12.05（p = 0.28 < 0.05），CMIN/DF = 1.21，RMSEA = 0.03，GFI = 0.99，NFI = 0.99，RFI = 0.97，IFI = 1.00，TLI = 0.99，CFI = 1.00

3. 小型团队领导者的第三种行为

在表 8 - 2 的最终模型中，“情感→过程绩效”的标准化路径系数为 0.28，达到显著水平。由于情感只是动机不是行为，无法将其解读为情感对过程绩效有直接影响。笔者认为，可以将这一路径系数理解为某种未被模型测量到的行为对情感与过程绩效的中介作用。从表 8 - 2 中可知，模型中的情感变量所测量的是小型团队领导者本人对组织、同事、工作的情感，这些情感有可能引发一些并无明确目的的行为。例如，对组织的情感可能会引发利组织行为，同事的情感可能会引发利他行为，对工作的情感可能会引发敬业行为。这些行为是一种无目标指向的、自发的行为，有别于任务管理和团队领导这两种目的性极强的行为，可以暂且称之为领导者的第三种行为，它能感染团队成员，影响士气，因而对工作绩效会有正向的影响。模型中过程绩效的总变差应该包含第三种行为的影响，它是总变差中未被任务管理行为和团队领导行为解释的部分，隐藏于过程绩效的残差之中。在模型添加了情感到过程绩效的路径之后，第三种行为的影响就通过“情感→过程绩效”路径系数反映出来。该路径系数达到显著水平，表明可能存在第三种行为变量，并且对情感与过程绩效具有中介作用。

第三种行为对领导者工作绩效的影响值得深入研究。在领导理论中，行为学派、权变学派多将领导行为分为两个维度，并据以细分出不同的领导方式，研究何种领导方式在何种情况下会产生何种工作绩效。在研究中引入第三种行为，将领导方式的细分变量从两个增加到三个，领导方式的类型将变得更为多样，可能会产生新的发现。

第六节　结论

结论 1：过程绩效及周边绩效对最终绩效具有显著的正向影响。

按照工作绩效的累积过程，小型团队领导者的工作绩效可分为过程绩效、周边绩效和最终绩效。三者之间的关系是：①过程绩效对最终绩效有直接影响；②周边绩效对最终绩效有直接影响；③周边绩效对过程绩效有直接影响，并且通过过程绩效间接影响最终绩效。小型团队领导者工作绩效与其前因变量关系 PA-OV 模型的适配结果证实了上述关系，并且显示这些影响都是正向和显著的。过程绩效及周边绩效对最终绩效具有预测作用。

结论 2：至少有三个行为变量对工作态度与工作绩效具有中介作用。

领导行为传统上被分为对工作的关心和对员工的关心两个维度，据此可将小型团队领导者的管理行为分为任务管理行为和团队领导行为。这些行为由情感、效价和期望等动机引发，并影响工作绩效，在工作态度和工作绩效之间起中介作用。PA-OV 模型的适配结果证实了任务管理行为和团队领导行为的中介作用，但也显示还存在另一种由情感引发的未知行为，这种行为可能并非领导者刻意为之，其结果也可能并非领导者刻意追求，却能产生促进工作绩效的效果，对情感和工作绩效也具有中介作用。

结论 3：情感、效价、期望对领导行为具有显著的正向影响。

期望理论认为效价和期望对工作行为具有正向的激励作用，据此可推论小型团队领导者的领导行为与效价和期望是显著正向相关的。PA-OV 模型的适配结果证实了这种关系，验证了期望理论，但有如下补充：①效价可分为留任效价和工作效价，相对于留任效价，工作效价对领导者行为的激励作用要显著得多；②除了效价和期望，情感对领导行为也具有显著的正向影响，情感也是一个重要的动机因素。

小型团队领导者工作绩效的前因变量为数众多，其间的关系难以用一个模型进行完整的描述。本研究所探索的模型主要反映工作态度、工作行为与工作绩效之间的关系，是对小型团队领导者工作绩效及其前因变量关系的初步研究。后续研究将以这一模型为基础，探讨胜任力特征、情景因素等变量的调节作用。

第九章　多群组分析：团队类型的调节作用

第一节　小型团队领导者工作绩效因果关系初始模型

小型团队领导者工作绩效的影响因素众多。从小型团队领导者自身的角度看，工作绩效受其胜任力特征、工作态度、工作行为影响。其中：胜任力特征是指对工作绩效有显著影响的持久、稳定的个体特征，包括个体所具有的能力和能力的构成要素。工作态度是指个体对具体工作的情感和认知，主要包括对组织、工作、同伴的心理依恋或偏好程度（情感），对工作意义的认知（效价），对完成任务及取得报酬可能性的认知（期望）。换言之，工作态度就是指个体的工作动机。工作行为是指个体在工作中实际付出的努力，包括职责内行为和职责外行为。对于小型团队领导者而言，其职责内行为主要包括两个方面：一是任务管理行为，即为了完成任务在决策、计划、组织、指挥、协调、控制等方面付出的努力；二是团队领导行为，即为了调动团队成员的工作积极性、挖掘团队的潜能而实施的领导行为，其中包括理想化影响力、鼓舞性激励、智力激发、个性化关怀等典型的关系导向行为。

从小型团队领导者自身的角度看，其工作绩效与前因变量的关系可用图 9 - 1 所示的模型进行描述①。该模型是按照“动机—行为—结果”这一逻辑构建的，即小型团队领导者的工作动机（情感、效价、期望）引发工作行为，工作行为（任务管理行为和团队领导行为等）产生工作绩效。模型中这种关系不仅符合逻

① 该模型是小型团队领导者工作绩效与其前因变量关系的简易模型，未包含胜任力特征，盖因胜任力特征为数众多，若纳入模型会使之过于复杂。简易模型并不排斥胜任力特征与工作绩效关系的研究，例如可在简易模型的基础上，研究某些胜任力特征产生工作绩效的传导机制，或研究某些胜任力特征的调节作用。

辑，而且也与许多管理理论是相吻合的。弗鲁姆（1964）的期望理论认为工作努力程度与效价和期望正向相关[32]。根据该理论，工作动机由效价和期望构成，激励力 = 效价 × 期望值，效价和期望值越高，越能导致积极的工作行为。工作行为与工作绩效正向相关的关系也得到一些经典领导行为理论的支持。布莱克与莫顿（1964）提出管理方格理论，将对工作和对人都极为关心的 9.9 型方式作为理想的管理模式[9]。三隅二不二在 20 世纪 60 年代提出 PM 理论，从绩效和维持两个维度观察管理者的行为，并据以划分出 PM、、Pm、Mp、pm 四种领导类型，认为 PM 型领导效果最好，pm 型最差型最差[10]。根据这些理论，领导者对人的关心程度以及对工作的关心程度越高，领导效能就越高，或者说领导的工作绩效就越好。劳勒和波特（1968）则将工作动机对工作行为、工作行为对工作绩效的影响整合在一个综合激励模型中[142]。该模型表明：在能力等情景因素的调节下，效价、期望等动机因素通过工作行为影响工作绩效，工作绩效所产生的报酬影响下一次的工作动机，这一过程不断循环。可以看出，这些理论是支持图 9 – 1 所示的关系的。

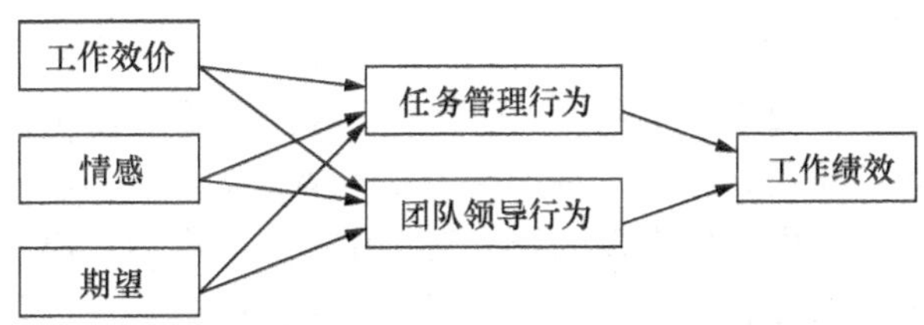

图 9 –1　小型团队领导者工作绩效因果关系初始模型

第二节　修正模型

笔者于 2011 年初至 2012 年初，对广西壮族自治区内外 80 余家企事业单位的 308 个小型团队领导者的工作绩效及其影响因素进行了调查，其中日常性任务团队领导者 199 人，临时性任务团队领导者 109 人。调查中使用的测量量表包含有情感分量表（6 个题目）、工作效价分量表（3 个题目）、期望分量表（7 个题目）、任务管理行为分量表（6 个题目）、团队领导行为分量表（5 个题目）、任务执行过程中的工作绩效分量表（11 个题目）。计算各个分量表的总分，可得情感、工作效价、任务管理行为、团队领导行为、期望、工作绩效 6 个变量的测量值，其描述性统计如表 9 – 1 所示。

表9-1 工作绩效及其前因变量的描述性统计

	样本量	最小值	最大值	均值	标准差
工作效价	308	5	15	12.2	1.8
情感	308	8	30	25.7	3.0
期望	308	11	35	27.0	3.6
任务管理行为	308	10	30	24.2	2.7
团队领导行为	308	8	25	20.6	2.5
工作绩效	308	29	55	42.9	4.9

以图9-1所示的初始模型作为预设模型，利用表9-1所列各个变量的测量值及AMOS 17.0软件进行路径分析，经两次修正（依次为：设定任务管理行为与团队领导行为的误差变量有共变关系，增列情感至工作绩效的路径系数），得到图9-2所示的修正模型。该模型的卡方值=4.364，概率P-值=0.113，大于0.05的显著性水平。GFI=0.995，AGFI=0.951，NFI=0.995，RFI=0.959，IFI=0.997，TLI=0.977，CFI=0.997，各项指标均达0.9以上。RMSEA=0.062，小于0.08。所有指标均达到适配标准，修正模型适配良好。

修正后的模型及主要参数如图9-2所示。与初始模型相比，修正模型增添了情感对工作绩效的路径，路径系数为0.28。笔者认为，可以将这一路径系数解读为某种未被测量到的由情感引发的行为对工作绩效的影响。模型中的情感变量所测量的是小型团队领导者本人对组织、同事、工作的情感，这些情感有可能引发一些不同于任务管理和团队领导的行为，例如领导者的组织公民行为。这些行为是一种无目标指向的、自发的行为，有别于任务管理和团队领导这两种目的性

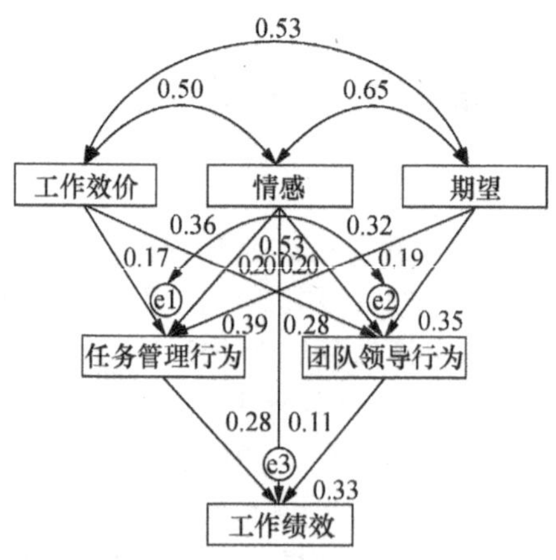

图9-2 小型团队领导者工作绩效因果关系修正模型及标准化参数

极强的行为，可以暂且称之为领导者的第三种行为，它能感染团队成员，影响士气，因而对工作绩效会有正向的影响。由于模型中未包括这一行为变量，其影响就通过“情感→过程绩效”路径系数表现出来。模型中工作效价对任务管理行为的路径系数为0.17，对团队领导行为的路径系数为0.36；情感对任务管理行为和团队领导行为的路径系数均为0.20；期望对任务管理行为的路径系数为0.32，对团队领导行为的路径系数为0.19；验证了效价、期望和情感与积极的工作行为正向相关的关系。任务管理行为对工作绩效的路径系数为0.28，团队领导行为对工作绩效的路径系数为0.11，验证了两种工作行为与工作绩效正向相关的关系。

第三节　多群组分析

小型团队领导者可分为日常性任务团队领导者和临时性任务团队领导者。日常性任务团队所承担的任务具有重复性、周而复始的特点，无明确的起止时间，通常按年度定工作目标并进行考核，团队成员较为稳定。企业中职能部门、车间班组、门店网点的工作任务就具有这种特点，其负责人属于日常性任务团队领导者。临时性任务团队所承担的任务具有一次性、特殊性的特点，有明确的起止时间，每次任务都有不同的要求，通常根据任务的时间要求设立工作目标并进行考核，团队成员不太稳定。企业中的项目团队所承担的工作任务就具有这种特点，其负责人属于临时性任务团队领导者。

由于日常性任务团队和临时性任务团队所承担任务具有不同的特性，团队类型变量应当具有调节作用，可能会对小型团队领导者工作绩效与其前因变量的关系产生影响。为探讨此种影响，笔者以上述修正模型为基础进行实证分析。分析方法为：以团队类型为分组变量，将小型团队领导者分为日常性和临时性任务团队领导者两个群组，在修正模型的基础上进行多群组分析，设定两个群组的路径系数不等，其余参数相等。如果模型适配良好且两个群组的路径系数有明显差异，证明团队类型对小型团队领导者工作绩效与其前因变量的关系具有调节作用；如果模型无法适配，或者两个群组的路径系数无明显差异，则不能证明团队类型具有调节作用。按照这一思路，命名日常组的协方差为C，方差为V，路径系数为W；临时组的协方差为PC，方差为PV，路径系数为PW。令C1、C2、C3、C4分别等于PC1、PC2、PC3、PC4，V1、V2、V3、V4、V5、V6分别等于PV1、PV2、PV3、PV4、PV5、PV6，可建立路径系数不等模型。

对上述路径系数不等模型进行模型适配和参数估计，结果如图 9－3 所示。该模型的卡方值＝25. 507，概率 P－值＝0. 030，小于 0. 05 的显著性水平，但卡方自由度比＝1. 822，介于 1 和 3 之间，表明剔除估计参数和样本数量的影响后，模型适配良好。其余指标中，GFI＝0. 976，AGFI＝0. 928，NFI＝0. 968，RFI＝0. 932，IFI＝0. 985，TLI＝0. 968，CFI＝0. 985，均达 0. 9 以上。RMSEA＝0. 052，小于 0. 08。按照模型适配的多元准则，模型适配良好。

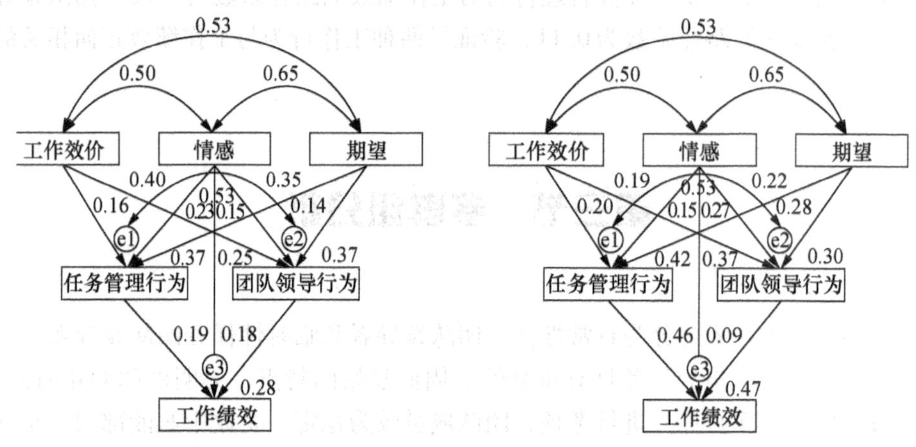

Standardized estimates
路径系数不等模型：日常组
方值=25.507；P=0.030；卡方自由度比=25.507/14
GFI=0.976；AGFI=0.928
NFI=0.968；RMSEA=0.052

Standardized estimates
路径系数不等模型：临时组
卡方值=25.507；P=0.030；卡方自由度比=25.507/14
GFI=0.976；AGFI=0.928
NFI=0.968；RMSEA=0.052

图 9－3 模型适配情况

图 9－3 显示，日常组与临时组的路径系数有明显差异。工作效价对任务管理行为的路径系数日常组为 0. 16，临时组为 0. 20；工作绩效对团队领导行为的路径系数日常组为 0. 23，临时组为 0. 15；情感对任务管理行为的路径系数，日常组为 0. 40，临时组为 0. 29；情感对团队领导行为的路径系数，日常组为 0. 35，临时组为 0. 22；情感对工作绩效的路径系数，日常组为 0. 25，临时组为 0. 37；期望对任务管理行为的路径系数，日常组为 0. 15，临时组为 0. 27；期望对团队领导行为的路径系数，日常组为 0. 14，临时组为 0. 30；任务管理行为对工作绩效的路径系数，日常组为 0. 19，临时组为 0. 46；团队领导行为对工作绩效的路径系数，日常组为 0. 18，临时组为－0. 09。对比日常组和临时组，9 个路径系数中有 7 个相差 0. 1 以上，其中团队领导行为对工作绩效的路径系数两群组差异最大，高达 0. 27。这一结果表明，团队类型变量对小型团队领导工作绩效与其前因

变量的关系具有调节作用，不同团队的领导者，其工作动机、工作行为对工作绩效的影响程度是不一样的。

第四节　分析结果的进一步讨论

对多群组分析结果作进一步讨论，可以发现日常组与临时组小型团队领导者工作绩效与其前因变量的关系有如下异同：

（1）在工作效价对小型团队领导者工作行为的影响方面，两群组无明显差异。观察两群组工作效价对任务管理行为和团队领导行为的路径系数，可以看到两群组的路径系数在0.15～0.23之间，日常组和临时组工作效价与任务管理行为和团队领导行为均为正向相关。比较两群组路径系数的大小，工作效价对任务管理行为的路径系数相差0.04，工作效价对团队领导行为的路径系数相差0.08，差异不大。在工作效价对小型团队领导者工作行为的影响方面，两群组无明显差异。

在期望理论中，效价是指某项工作对于满足个人需求的价值，是个体对工作意义的认知。笔者在调查中用“我觉得自己在这项任务中所承担的工作是无足轻重的”、“我在这项任务中表现的好坏对于我而言十分重要”、“在这项任务中，我的个人价值得到体现”三个题目测量工作效价，这与期望理论所指的效价显然是一致的。根据期望理论，效价对工作积极性有正向的作用，效价越高，越能引发积极的工作行为。上述结果表明，无论是在日常组还是临时组，期望理论都得到了验证。工作效价对日常性小型团队领导者和临时性小型团队领导者的工作行为同样具有激励作用，提高工作效价会使他们在任务管理和团队领导上更加投入，对工作和对员工都更加关心。

（2）情感和期望对领导行为在两群组均具有正向影响，但日常组情感的影响程度较大，临时组期望的影响程度较大。从情感对领导行为的影响看，无论是在日常组还是在临时组，情感对任务管理行为和团队领导行为的路径系数均大于零，显示情感对领导行为有正向影响。但是，影响程度在两个群组有差异，日常组情感对任务管理行为的路径系数比临时组高出0.11，情感对团队领导行为的路径系数也比临时组高出0.13。从期望对领导行为的影响看，无论是在日常组还是在临时组，期望对任务管理行为和团队领导行为的路径系数均大于零，表明期望对领导行为有正向影响。但影响程度在两个群组也有差异，与日常组相比，临时组期望对任务管理行为的路径系数高出0.12，期望对团队领导行为的路径系数则高出0.16。这些结果揭示了人们从未注意的一个现象：与临时性团队领导者相比，情感因素对日常性团队领导者的激励作用更为明显，更能引发积极的领导行为；反过来，与日常性团队领导者相比，期望因素对临时性团队领导者的激励作用更为明显，更能引发积极的领导行为。

不难理解在两个群组情感和期望对领导行为都具有正向影响。笔者在调查中用“我为自己身为本单位的一员而感到骄傲”、“我很高兴我选择了为本单位工作而不是其他单位”、“我很喜欢与本次任务团队里的同事一起讨论问题、解决问题”、“我和本次任务团队里的同事彼此和睦相处”、“我对我的工作有很强烈的感情，很难割舍”、“我对我的工作充满兴趣”6个题目测量情感变量，可以看出这6个题目分别测量了调查对象对组织的情感、对团队的情感及对工作的情感。期望的测量则采用了“在本次任务中，我享有充分的自主权”、“在本次任务中，我相信我和我的工作伙伴之间能够很好地合作”、“我认为本单位的整体环境对本次任务的顺利完成是非常有利的”、“我感到本次任务十分艰巨，很难完成”、“我相信只要自己在本单位努力工作，就会有广阔的职业发展空间”、“只要自己工作出色，就会得到上级和同事的充分肯定”、“我的报酬与我的工作表现直接相关”7个题目。前面4个题目测量的是工作期望，即调查对象对完成工作可能性的认知；后面3个题目测量的是报酬期望，即调查对象对获得报酬的可能性的认知。从逻辑上说，团队领导者对组织、团队、工作的情感越深，对工作和报酬的期望值越高，对任务和员工的关心程度就越高，在任务管理和团队领导上就会更加投入，因而情感和期望会对领导行为产生正向影响。这一逻辑推论也得到一些研究和理论的支持，有关组织承诺的许多研究证实情感承诺与工作投入等员工的积极行为正向相关（李金波等，2006；刘小平，2008；王勇，2009）[175-177]。弗鲁姆（1964）的期望理论和劳勒和波特（1968）的综合激励理论则论证了期望值对工作行为具有激励作用[32、142]。

为何情感和期望对领导行为的影响程度在两个群组会有差异？现有的研究对此尚无解释。我们认为，其原因是日常性任务团队领导者与临时性任务团队领导者的工作特征存在差异。临时性任务团队所承担的任务具有一次性、特殊性的特点，在进度、质量、成本等方面有严格而明确的要求，其领导者的工作紧迫感要强于日常性任务团队领导者，完成任务的需要是其最主要的工作驱动力，有关任务完成可能性的期望值对其工作积极性的影响也就比较大。因此，在期望对领导行为的影响方面，临时组要大于日常组。日常性任务团队所承担的任务具有重复性、周而复始的特点，无明确的起止时间，通常按年度定工作目标并进行考核，其领导者的工作紧迫感要弱于临时性任务团队领导，情感等内在因素是其最主要的工作驱动力。因此，在情感对领导行为的影响方面，日常组要大于临时组。

（3）日常组两种领导行为对工作绩效的影响无明显差异，临时组两种领导行为对工作绩效的影响有显著差异。比较两群组领导行为对工作绩效的路径系数，可以看到日常组任务管理行为对工作绩效的路径系数比临时组高出0.26，而临时组团队领导行为对工作绩效的路径系数比日常组高出0.27，领导行为对工作绩效的影响在组间有显著差异。进一步的分析表明，这种差异是由临时组两种领导行为对工作绩效的不同影响造成的。比较每一组内部两种领导行为对工作绩效的路径系数，日常组两种领导行为对工作绩效的路径系数相差仅0.01，无明显差异；临时组两种领导行为对工作绩效的路径系数相差高达0.55，差异十分明显，其中任务管理行为对工作绩效的路径系数为0.46，高度正相关，团队领导行为对工作绩效的路径系数为-0.09，低度负相关，且相关度极低。正是由于临时组两种领导行为对工作绩效的影响有显著差异，导致日常组任务管理行为对工作绩效的路径系数高于临时组，同时临时组团队领导行为对工作绩效的路径系数高于日常组。

在上述调查中，任务管理行为是用“做出决策之前十分注重调查了解具体情况”、“为本次任务制定了十分全面和详细的计划”、“在规范管理和改善管理方面想了许多办法，实施了较大的改革”、“对本次任务的执行情况进行频繁的检查监督”、“给下属在工作上提供了很多指导”、“主动与上下左右之间进行频繁的沟通”6个题目进行测量的。可以看到，任务管理行为反映了小型团队领导者对工作的关心和投入程度；团队领导行为是用“鼓励下属参与管理，非常愿意采纳下属的意见和建议”、“喜欢向下属描述本单位的发展前景和所追求的目标”、“在本次任务执行期间对下属给予高度的关心和帮助”、“给予下属高度的自主权，放手让下属工作”、“在本次任务中为人处事正直、公平、公正”5个题目进行测量的，这些题目显然反映了小型团队领导者对下属的关心程度。在领导行为理论中，对工作的关心和对下属的关心是领导行为的两个基本维度。由此，上述现象可以解读为：临时组小型团队领导者的工作绩效主要取决于对工作的关心和投入程度，任务管理行为对工作绩效的影响要大于团队领导行为。日常组小型团队领导者的工作绩效则同时取决于对工作和对人的关心程度，任务管理行为和团队领导行为对工作绩效有同样的影响。

笔者认为，临时组小型团队领导者的工作绩效之所以主要取决于对工作的关心和投入程度，有两个原因。一个原因是前面所说的临时性团队工作特征的影响。工作的紧迫性使得临时性任务团队从领导到下属都把注意力集中在执行任务上，领导者对工作的关心比对人的关心更能引起下属的重视，会对下属的工作态度和行为产生更为直接的影响。另一个原因是领导效能的时滞效应。不同的领导行为产生效果所需的时间不一样。任务管理行为具有直接性，领导者对下属的工作行为有明确要求，能产生立竿见影的效果；团队领导行为具有间接性，对下属工作态度和行为的影响有一个潜移默化的过程，需要较长的时间才能见效。对临时性团队来说，很可能因为时间紧、任务重，某些团队领导行为的效果来不及显现。这两个原因有可能导致临时组小型团队领导者的工作绩效与任务管理行为高度相关，与团队领导行为低度相关甚至不相关。这两个原因也可以用来解释为什么日常性团队领导者的任务管理行为和团队领导行为对工作绩效有同样的影响。一方面，日常性任务团队的工作具有重复性、周而复始的特点，任务紧迫性相对较弱，不至于因为过于关注任务而削弱团队领导行为的影响。另一方面，日常性任务团队的领导者与下属长期共事，有足够的时间通过各种对人的关心行为影响下属的工作态度和行为。因此，日常性任务团队的领导者的任务管理行为和团队领导行为，或者说对任务的关心和对人的关心，都会对工作绩效产生影响。

第五节　结论

小型团队领导者工作绩效的影响因素众多，其中包括效价、情感、期望等工作态度因素和任务管理、团队领导等工作行为因素。工作效价、情感、期望通过任务管理、团队领导等行为影响小型团队领导者的工作绩效。本书根据 308 个样本所作的实证分析证实了这一因果关系。

小型团队领导者根据其所管理的团队类型可分日常性任务团队领导者和临时性任务团队领导者。由于两类任务团队的工作特征不同，使得日常性和临时性任务团队领导者工作绩效与其前因变量的因果关系产生了差异，表明团队类型在这种因果关系上具有调节作用。以团队类型为分组变量进行的多群组分析，证实了这一调节作用。团队类型对小型团队领导者工作绩效因果关系的调节作用具有如下特点：

（1）在工作效价对小型团队领导者工作行为的影响方面，两群组无明显差异。这表明工作效价的影响不因团队类型不同而改变。工作效价对日常性小型团队领导者和临时性小型团队领导者的工作行为同样具有激励作用，提高工作效价会使他们在任务管理和团队领导上更加投入，对工作和对员工都更加关心。

（2）情感和期望对领导行为在两群组均具有正向影响，但日常组情感的影响程度较大，临时组期望的影响程度较大。这表明情感和期望的影响会因团队类型不同而改变，要善于利用情感因素激发日常性团队领导者的工作积极性，利用期望因素激发临时性团队领导者的工作积极性。

（3）日常组两种领导行为对工作绩效的影响无明显差异，临时组两种领导行为对工作绩效的影响有显著差异。这表明领导行为对工作绩效的影响会因团队类型不同而发生部分的改变。管理不同类型的团队，应选择不同的领导方式。

研究团队类型的调节作用，对于选拔培养小型团队领导者，调动其工作积极性，改善其领导方式，提高其工作绩效均有现实的实践指导意义。将本书的研究结果予以延伸，可为管理实践提供如下建议：不同类型的团队由于工作特征不同，对领导者的能力素质有不同的要求，选拔培养小型团队领导者应考虑此种差异；无论何种类型的团队，提高工作意义或价值都是重要的，可采用工作内容丰富化、工作轮换、愿景激励等措施提高领导者对工作意义或价值的认知；对于日常性任务团队领导者，要重视培养和增强其对组织、团队和工作的情感；对于临时性任务团队领导者，可通过合理设置工作目标，充分授权，增强组织支持度，提升其自我效能感等措施，提高领导者对任务完成可能性的期望值。最后，对小型团队领导者还应加强领导理论方面的培训，使其了解各种领导方式的特点及其适用条件，掌握更多的领导方法，提高其应变能力，使其能适应不同团队的特点，灵活变通领导方式。

第十章 领导成熟度：二维结构与领导效能

第一节 领导成熟度的概念

1957年，美国行为学家克里斯·阿吉里斯（Chris Argyris）在《个性与组织》一书中提出了著名的成熟—不成熟理论。该理论提出了成熟人格的概念，描述了成熟人格的特征，论述了成熟人格与正式组织的相互作用及其对个体和组织发展的影响，开辟了组织行为和领导科学研究的一个新领域[178]。在阿吉里斯之后，许多学者相继对员工成熟度与管理方式的关系进行了研究。卡曼（1966）的生命周期理论提出领导类型应当适应组织成员的成熟度，在被领导者趋于成熟时，应当相应调整领导者的行为方式以取得有效的领导。豪斯（1971）在路径—目标理论中提出了4种领导方式，他认为必须根据员工的不同情况分别选择，而员工个人特质、技术水平、责任心强弱等因素均会对领导方式的选择产生影响。在《情境领导者》一书中，保罗·赫塞提出了准备度这一与成熟度相似的概念。他将员工的准备度区分为能力（工作成熟度）和意愿（心理成熟度）两个方面，根据能力和意愿的高低程度划分出R1、R2、R3、R4四种准备度水平，指出要根据准备度水平来决定是选择命令式、说服式、参与式还是选择授权式领导方式[179]。在另一本著作中，保罗·赫塞和肯尼斯·布兰查德采用了成熟度概念，将成熟度区分为高中低三种水平，主张根据成熟度的不同水平选择不同的领导方式[180]。在国内，毛寿龙（1996）将部属成熟度划分为能力和意愿，认为有效的领导应该对部属的成熟度有一个比较清醒的估计，并根据部属的成熟度，决定采取什么样的领导方式[181]。罗海滨（2008）也对中国环境下员工成熟度与领导风格匹配关系及其对员工绩效影响进行了实证研究[182]。闪烁、芦慧（2007）以情景领导理论为依据，分析不同员工成熟度对高管影响作用的调节[183]。周珺，游一兰，童明（2005）认为员工成熟度是指一定时期内员工各方面综合素质能力值，并得出计算公式：员工成熟度 = ∑素质 i * 权值 i[184]。

上述研究提出了组织中个体成熟度的概念和度量方法，以员工成熟度作为重要的情景因素，探测了各种情景因素下领导方式的有效性，催生并丰富了权变领导理论。现有研究中的个体成熟度多指下属的人格成熟度，研究的主要目的是探讨领导者如何根据员工成熟度选择适当的领导方式，以提高组织的效率。但是，人们对组织中领导者的人格成熟度，却很少研究。

组织中的所有个体都会经历从不成熟到成熟的人格演化过程，领导者也不例外。基于此，我们提出领导成熟度的概念。阿吉里斯在其著作《个性与组织》中，指出个体人格从不成熟状态发展到成熟状态会经历七种变化，即从被动变为主动、从依赖变为独立和相互依存、从有限行为方式变为多样化的行为方式、从兴趣不稳定变为专心致志、从只顾眼前变为目光长远、从附属地位变为平等甚至支配地位、从不自觉变为自觉自制。比照这一说法，我们将领导成熟度这一概念表述为：领导成熟度是指领导者在管理工作中表现出来的人格成熟程度，是领导者的多维人格从“婴儿”状态向“成人”状态接近的程度，是领导者在主动性、创造性、专注性、前瞻性、独立性、自觉性等方面所处的状态。这一概念的内涵是：①领导者作为个体具有丰富的人格特征，领导成熟度则是指其中与管理工作相关联的部分；②领导成熟度是动态的，其变化的趋势是从不成熟向成熟发展；③主动性、独立性、创造性、专注性、前瞻性、自觉性是领导者人格成熟的基本特征。

领导成熟度是一个与管理胜任力既有联系又相区别的概念。二者的联系在于：管理胜任力是指能将业绩优秀的管理者与平庸的管理者区别开来的个人特质，这些个人特质中包含了领导成熟度中的人格特征，或者说领导成熟度中的成熟人格是管理胜任力特征中的一个子集。二者的区别在于，它们从不同的视角观察这些个人特质。管理胜任力关注的是这些个人特质在不同个体之间的差异，即是否一些人（绩优者）具备而另一些人（绩效平平者）不具备。领导成熟度关注的是这些个人特质如何在同一个体身上演化，即如何从无到有、从弱到强。

领导成熟度概念派生出一系列有待研究的课题，其中包括：如何测量管理者的领导成熟度？领导成熟度具有哪些构面？领导成熟度与员工成熟度有何关系？领导成熟度对领导效能有何影响等。研究领导成熟度对于解决组织管理中的诸多问题都是有帮助的，具有明显的现实意义。以企业为例，如何选拔、培养干部？如何正确使用干部？如何提升团队的能力？如何进行有效的绩效管理？这些问题均为众多企业所关心，也都与领导成熟度有关。研究和开发领导成熟度的测量工具，可帮助企业正确选拔、培养、任用管理者，也有助于管理者对自己职业生涯进行合理的规划和管理；对团队中领导成熟度和员工成熟度的关系进行研究，探索领导与下属匹配的方式，可帮助企业寻找团队建设的有效途径，有助于提升团队能力；对领导成熟度与领导效能的关系进行研究，有助于企业根据领导成熟度预测管理绩效，实施更为有效的绩效管理。

第二节　领导成熟度的观察变量

作为一个新的研究对象，领导成熟度仍缺乏现成的测量工具。由于领导成熟度概念源于不成熟—成熟理论，且与员工成熟度、管理胜任力等概念较为接近，笔者据此筛选领导成熟度的观察变量。筛选的方法是从现有的员工成熟度、管理胜任力量表中收集测量人格特征的观察变量，再根据这些观察变量与领导成熟度概念的内涵及不成熟—成熟理论所提及的成熟人格的吻合程度，按照精简原则，挑选出数个测量领导成熟度的观察变量。表 10－1 列了筛选出的 6 个观察变量与阿吉里斯的成熟人格及领导成熟度概念的对照情况。

表 10－1　领导成熟度观察变量与阿吉里斯的成熟人格对照表

阿吉里斯的成熟人格	领导成熟度概念	对应的观察变量	观察变量释义
主动行为	主动性	主动性	在工作中从不等待和依赖，不踢“皮球”，想尽一切办法自己解决问题
多样化的行为	创造性	创新意识	思想活跃，富有开拓创新精神，在工作中想法新，办法多，喜欢寻求新的方法创造性地解决问题
专心致志	专注性	责任心	一贯对自己和他人有高标准及严格的要求，能够全身心地投入到本职工作中
目光长远	前瞻性	大局观	在工作中喜欢思考“战略”、“全局”、“未来”等问题
自觉自制	自觉性	毅力	善于自我调节和克制，无论工作压力有多大，都会坚持到底，始终保持高昂的斗志
平等意识和主导作用 独立和相互依存	独立性	团队意识	非常重视整体配合，总是将集体利益和整体目标放在第一位，选拔人员时对合作意愿的重视要超过对个人能力的重视。在团队中既尊重自己也尊重他人

笔者认为，6 个观察变量与阿吉里斯的成熟人格及领导成熟度概念是相吻合的：①阿吉里斯成熟人格中的多样化行为指的是组织中的个体在成长过程中会从婴儿的有限的行为方式发展为成人多种多样的行为方式，对于走向成熟的管理者而言，这种变化表现为创新意识和能力的提高，变得越来越富有开拓创新精神，喜欢寻求新的方法创造性地解决问题。②阿吉里斯成熟人格中的专心致志指的是组织中的个体在成长过程中会从婴儿经常变化和肤浅、短暂的兴趣发展为成人相对持久、专一的兴趣，对于走向成熟的管理者而言，这种变化表现为越来越喜爱本职工作，不再见异思迁，而是把更多的精力投入到本职工作，责任心不断增强。③阿吉里斯成熟人格中的目光长远指的是组织中的个体，在成长过程中会从婴儿时期只顾当前发展到成人时期有长远的打算，对于走向成熟的管理者而言，这种变化表现为逐渐习惯于从长远和全局考虑问题，在工作中喜欢思考“战略”、“全局”、“未来”等问题。④阿吉里斯成熟人格中的自觉自制指的是组织中的个体，在成长过程中会从婴儿时期的缺乏自觉发展为自觉自制，对于走向成熟的管理者而言，这种变化表现为自我认知、自我控制和自我调节能力的提高，意志坚定，不因内部因素或外部因素的干扰而轻易动摇，能够以坚强的毅力面对工作压力。⑤阿吉里斯成熟人格中的平等意识和主导作用，指的是组织中的个体，在成长过程中会从婴儿时期在家庭或社会上属于从属地位发展为成年人与周围的人处于平等甚至支配的地位；独立和相互依存，指的是组织中的个体在成长过程中会从婴儿的依赖他人发展为既独立又和其他人保持必要的依存关系。这两种特征都反映了成熟个体在群体关系方面的认知和行为方式。对于走向成熟的管理者而言，这种变化表现为团队意识增强，更加重视个体在团队中的作用，尊重团队中的每一个个体。

第三节 领导成熟度的因素结构

为使领导成熟度因素结构的讨论更为合理，笔者采用 EFA（探索性因子分析）和 CFA（肯证式因子分析）相结合的研究方法。其具体做法是将研究样本随机分为两半，构成两个子样，先对其中一个子样作探索式因子分析，以初步构建领导成熟度的因子结构模型；再借助另一个子样作肯证式因子分析，结合各项主要适配指标值验证这一假设模型是否成立。

1. 样本

本研究采用的样本来自国家自然科学基金项目（70962007）课题组的调查数

据。课题组于2011～2012年间利用自行开发的小型团队领导者胜任力、工作态度与行为、工作绩效等量表（插入引用），采用问卷调查的方法，对广西中烟工业有限责任公司、广西康华药业有限责任公司、广西建荣项目管理公司、广西交通设计院、南宁用友政务公司等广西壮族自治区内外数十家中小企业的管理人员进行调查，量表的填答采用李克特五点量表法。在有关小型团队领导者胜任力的调查中，发出问卷600份，回收505份，回收率为84.2%。根据前面的讨论，本研究从小型团队领导者胜任力量表中选取团队意识、大局观、创新意识、毅力、主动性、责任心6个观察变量组成领导成熟度量表，用其测量值作为研究用数据。研究样本的描述性统计结果如表10－2所示。

表10－2 研究样本的描述性统计

	样本数	最小值	最大值	平均值	标准差	方差
团队意识	505	1	5	3.84	0.896	0.802
毅力	505	1	5	3.77	0.949	0.900
大局观	505	1	5	3.64	0.969	0.939
创新意识	505	1	5	3.42	0.876	0.768
主动性	505	1	5	3.90	0.903	0.815
责任心	505	1	5	4.09	0.809	0.654

2. 探索式因子分析

为探测领导成熟度的因子结构，我们首先利用SPSS 16.0软件，按近似50%的比例，从505个样本中随机抽取半数组成探索式因子分析所用的子样。经检验，子样的KMO值为0.845 > 0.5，表明变量之间相关性较强；巴特利球形检验统计量为461.184，相应的概率Sig.为0.000，可认为样本的相关系数矩阵与单位阵有显著差异。综合两方面，表明该样本适合作因子分析。分析过程采用了主成分分析法和方差最大正交旋转法，观察因子分析碎石图，可以发现提取两个因子较为合理（见图10－1）。

命SPSS 16.0软件按因子数目等于2的准则提取因子，得到二因子模型的因子载荷矩阵（见表10－3）。表10－3可见，提取2个因子后，各项目都在其中的一个因子上有较高的载荷值，而对另一因子的载荷值较低，2个因子的累计方差贡献率达到64.884%，能解释观察变量的大部分变异，且两个因子的实际含义比较清晰，模型具有合理性。在二因子模型中，因子1主要解释毅力、主动性和责任心三个观察变量，因子载荷分别为0.636、0.741和0.858。这三个观察变量中，毅力指的是领导者在工作中面对困难仍能自我激励、坚持不懈的个性；主动性指的是领导者无须外界推动也能自觉工作中的个性；责任心指的是领导者自律

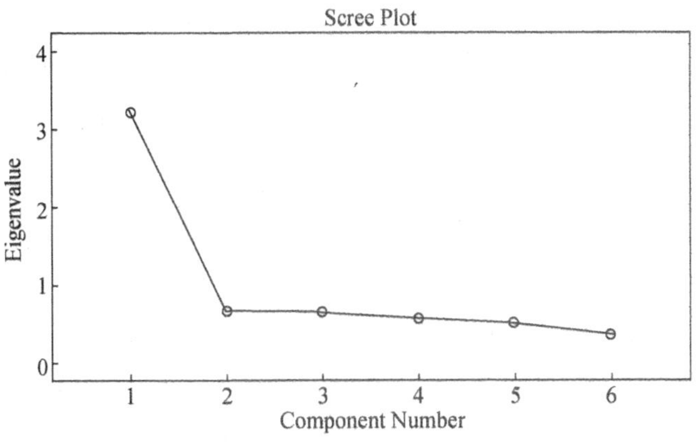

图 10－1　因子分析碎石图

的个性，对工作的严格要求来源于自己的内心。三者都反映领导者对工作的态度，更深一层，三者都是领导者内心复杂需要和工作动机的表现。如果领导者内心的各种需要和动机协调一致，则会表现出较强的毅力、主动性和责任心，如果领导者内心的各种需要和动机互相冲突，则会表现为缺乏毅力、主动性和责任心。因此，可将因子1命名为内在协调性因子。因子2主要解释团队意识、大局观和创新意识三个观察变量，因子载荷分别为0.657、0.836和0.697。这三个观察变量反映了领导者对外部环境的适应性。其中：团队意识反映了领导者对团体关系的适应程度；大局观反映了领导者对组织的适应程度；创新意识反映了领导者对环境不确定性的适应程度。因此，可将因子2命名为环境适应性因子。

表 10－3　旋转后的因子载荷矩阵

	因子	
	因子1	因子2
团队意识	0.364	0.657
毅力	0.636	0.393
大局观	0.184	0.836
创新意识	0.307	0.697
主动性	0.741	0.377
责任心	0.858	0.168

3. 肯证式因子分析

根据以上探索式因子分析的结果，可建立领导成熟度的二维结构模型（见图10－2），为了验证这一模型的可靠性，笔者进一步以调查数据的另一半为样本，对该模型做肯证式因子分析。肯证式因子分析对样本量有较高的要求，一般要求不低于200个（插入依据）。本研究的剩余样本为252个，达到肯证式因子分析的要求。用AMOS 7.0软件作结构方程分析，各观察变量间的协方差如表10－4所示。

表10－4　样本协方差矩阵

	毅力	主动性	责任心	团队意识	大局观	创新意识
毅力	0.921					
主动性	0.384	0.920				
责任心	0.324	0.399	0.652			
团队意识	0.262	0.318	0.246	0.746		
大局观	0.352	0.385	0.250	0.337	0.920	
创新意识	0.237	0.270	0.174	0.295	0.304	0.726

参数估计的结果如图10－2所示。因子2（环境适应性）与团队意识、大局观、创新意识三个测量指标的标准化路径系数最高为0.66，最低为0.57；因子1（内在协调性）与毅力、主动性、责任心三个测量指标的标准化路径系数最高为0.74，最低为0.61。由此可见，各测量指标在对应因子上的路径系数均较大。

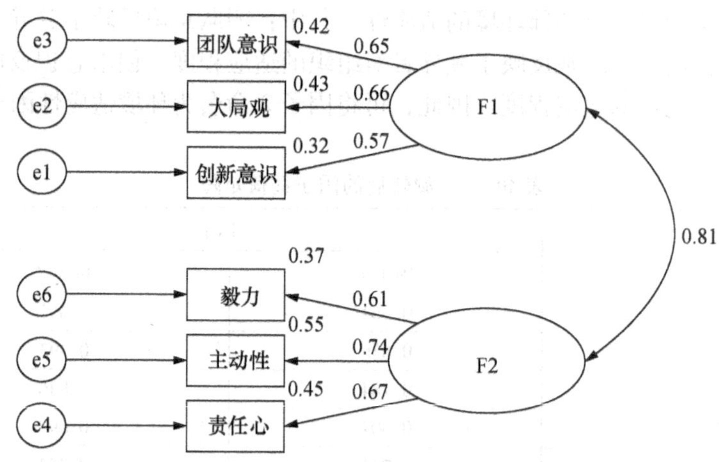

图10－2　领导成熟度二维结构模型及其标准化参数估计

检查模型适配的情况，所有误差方差均大于0，标准化系数均未超过0.95，未出现违反估计的情况，模型可以识别。表10－5列出了模型的各项主要适配指标，其中CMIN值为7.163，概率P－值为0.519，未达到显著性水平，接受虚无假设，表示假设模型与观察数据可以契合。卡方自由度比值 CMIN/DF = 0.895 < 2，表示模型的适配度良好。其余指标中，RMSEA = 0，RMR = 0.0019，均小于 0.05；AGFI、GFI、NFI、RFI、IFI、TLI、CFI 均大于 0.9，达到适配标准；假设模型的 AIC = 32.163，小于饱和模型（42.000）及独立模型（366.685）。按照模型适配的多元准则，上述领导成熟度模型在绝对适配、增值适配、简约适配方面都具有较好的适配度，是可以接受的。验证式因子分析证实了领导成熟度具有二维结构，领导成熟度的二维结构表明，成熟的领导者应该是“内”“外”兼修的。

表 10-5 领导成熟度结构模型主要适配指标

CMIN	P	CMIN/DF	RMSEA	RMR	AGFI	GFI	NFI	RFI	IFI	TLI	AIC
7.163	0.519	0.895	0.000	0.019	0.977	0.991	0.980	0.962	1.002	1.005	32.163

第四节 讨论

1. 测量工具的信效度

测量量表的信度通常可用重测信度、复本信度、分半信度、内部一致性等方法进行分析。用 Cronbach'α 系数来检验测量量表的内部一致性是目前最常见的方法。一般认为，Cronbach'α 系数值应大于0.7，数值越大，Cronbach'α 系数问卷的内部一致性越好。本研究利用全部 505 个样本对整个领导成熟度量表作内部一致性分析，α 系数为 0.804 > 0.7，具有较高的内部一致性，且删除任一项目都会降低 α 系数值，表明该量表具有较高的信度，量表中也没有多余的测试题目。

表 10-6 项目—总体分析结果

	删除项目后的均值	删除项目后的方差	项目—总体相关系数	平方复相关系数	删除后的 a 值
团队意识	18.81	10.724	0.620	0.314	0.775
大局观	19.02	10.327	0.566	0.327	0.773
创新意识	19.24	11.022	0.516	0.278	0.784
毅力	18.89	10.491	0.553	0.315	0.776
主动性	18.75	10.360	0.622	0.410	0.760
责任心	18.57	11.118	0.560	0.351	0.775

测量量表的效度可从内容效度、结构效度方面进行分析。领导成熟度量表的内容效度在表 10－1 中已有涉及，这里进一步考察其结构效度。量表的结构效度可通过测量量表的聚合效度和区别效度予以评价，各维度间相关系数的 P 值如果小于预设的显著性水平（通常为 P＝0.05），表明聚合效度较好；维度间的相关系数小于信度系数，表明量表具有较好的区别效度；如果兼有聚合效度和区别效度，则表明量表具有结构效度。领导成熟度量表的聚合效度和区别效度如表 10－7所示。表 10－7 可见，环境适应性因子和内在协调性因子两个维度间的相关系数是 0.613，P 值小于 0.01；环境适应性维度的信度系数为 0.681，内在协调性维度的信度系数为 0.723，均大于两维度间的相关系数 0.613；该量表兼有聚合效度和区别效度，表明其具有良好的结构效度。

表 10－7　量表的聚合效度和区别效度

维度	均值	标准差	内在协调性	环境适应性
内在协调性	11.76	2.139	(0.723)	0.613 **
环境适应性	10.9	2.143	0.613 **	(0.681)

注：(1) 矩阵中，括号内的数字为各维度的 Cronbach'α 信度系数，其余为各维度的相关系数；
(2) ** 表示 P<0.01。

2. 研究方法的合理性

本研究为讨论领导成熟度的因素结构，将所有样本随机分为两半，通过二样本交叉证实领导成熟度的二维结构。这一方法将探索式因子分析和肯证式因子分析结合起来，一方面利用了 EFA 无须先验信息，可完全依据样本数据构建理论模型的功能；另一方面利用了 CFA 在模型检验方面的优点，弥补 EFA 无法合理评价模型结构效度的不足。基于结构方程模型的肯证式因子分析可从绝对适配、增量适配、简效适配等多个方面检验假设模型与经验数据的吻合程度，能够较为全面地验证假设模型的可靠性。

有许多学者注意到将探索式因子分析和肯证式因子分析结合起来的优点和必要性，并在研究中予以应用。李跃平（2007）认为，在进行量表的标准化研究中，不能仅仅根据 EFA 的结果就下结论，即在进行结构效度的分析时，要将 EFA 和 CFA 结合起来，即采用两者方法结合起来，进行交叉证实，这样可以保证量表的确定性、稳定性和可靠性[185]。周晓宏（2008）对探索式因子分析与验证性因子分析进行了比较，认为由于两种方法在基本思想、应用前提、理论假设、应用方法等方面的差异，在管理实践中，将二者结合起来使用，方能保证科学研究的严谨性、科学性[186]。姜勇，庞丽娟（2000）将探索式因子分析和验证

性因子分析相结合，探讨了幼儿责任心维度的构成[187]。赵铁牛，王泓午，刘桂芬（2010）以大学生人际交往心理影响因素为例，将两种方法相结合，找出了能得到合理心理学解释的最优因子模型[188]。

3. 领导成熟度及其二维结构的理论依据与价值

在实证研究中，即使假设模型被证实与经验数据相契合，也未必说明假设模型与真实模型是一致的，假设模型还需理论或逻辑的支持。因此，有必要进一步讨论领导成熟度二维结构与现有理论的关系。

人格成熟度的研究始于阿吉里斯提出的成熟—不成熟理论。人格平衡是成熟—不成熟理论的一个重要观点。这一观点认为人格平衡可分为“内在平衡”、“外在平衡”和“总平衡”。“内在平衡”是指一个人人格的各组成部分之间相互保持平衡状态，“外在平衡”是指人格作为一个整体与其外部环境保持平衡状态。一个人既达到“内在平衡”又达到“外在平衡”时，就实现了“总平衡”[9]。显然，人格平衡论与领导成熟度二维结构是相似的。构成内在协调性因子的三个观察变量都是领导者内心复杂需要和工作动机的表现，其状态与领导者内心的各种需要和动机是否协调一致相关，这与人格平衡论中的“内在平衡”含义相近；构成环境适应性因子的三个观察变量反映了领导者对外部环境的适应性，这与“外在平衡”的含义相近。领导成熟度二维结构与成熟—不成熟理论中的人格平衡论是契合的。

领导成熟度的二维结构与情境领导理论也有相通之处。该理论将成熟度定义为个体对自己的直接行为负责的能力和意愿，将员工成熟度分为工作成熟度和心理成熟度两个要素，进而区分出四种情境。其中，工作成熟度反映员工在知识与技能方面所处的状态，这与本书提出的环境适应性因子相似，环境适应性因子所解释的三个观察变量也偏重于测量能力；心理成熟度反映员工在工作意愿和动机方面所处的状态，这与本书提出的内在协调性因子相似，内在协调性因子所解释的三个观察变量也主要测量工作态度。情境领导理论也在一定程度上印证了领导成熟度二维结构的合理性。

本书所讨论的领导成熟度与现有理论所讨论的员工成熟度同属组织中的个体成熟度，二者具有共性，上述因素结构的相似性正是二者共性的体现。但二者又有区别：第一，不成熟—成熟、情境领导等理论所讨论的成熟度是指下属的人格成熟度，而本书所讨论的成熟度则是指管理者本人的成熟度。第二，不成熟—成熟、情境领导等理论将个体成熟度当作情景因素进行研究，或者说是将个体成熟度当作领导效能的调节变量进行研究，目的是探讨领导方式如何与情景相匹配。而本书则将领导成熟度作为领导效能的前因变量进行研究，目的是进一步探讨领导成熟度与领导效能的因果关系，探讨如何提高管理者的领导成熟度，使其更能胜任管理工作。这些区别使得领导成熟度及其因素结构的研究具有自身的价值，它对于个体成熟度、管理胜任力、领导行为等方面的理论研究是一个补充，同时也有助于解决管理实践中面临的如何评估管理者的胜任力水平、如何选拔培养优秀的领导者、如何转变领导方式、如何提高领导效能等问题。

不成熟—成熟理论和情境领导理论在个体成熟度领域进行了开拓性的研究。不成熟—成熟理论揭示了组织中个体人格发展的基本趋势及其影响，情境领导理论则揭示了员工成熟度领导效能的调节作用。此后许多学者延续了这一领域的研究，使成熟度的研究逐渐形成了从属性及测量到内部结构、外部关系与影响的理论体系。但是，现有理论偏重于研究下属的成熟度，对于领导者的成熟度却很少有人研究，个体成熟度的研究仍有很大的拓展空间。

领导者作为组织的一员，其人格也存在从不成熟向成熟发展趋势。领导成熟度是指领导者在管理工作中表现出来的人格成熟程度，是领导者在主动性、独立性、创造性、专注性、前瞻性、自觉性等方面所处的状态。领导成熟度可通过团队意识、大局观、创新意识、毅力、主动性、责任心等管理胜任力特征表现出来，用这六个特征作为观察变量可组成领导成熟度量表。利用505个样本进行的信效度分析表明这一量表具有较高的内部一致性和良好的聚合效度及区分效度，可用于测量领导成熟度。

探索性因子分析发现领导成熟度存在二维因素结构，两个因子可命名为环境适应性因子和内在协调性因子。环境适应性因子主要解释团队意识、大局观和创新意识三项管理胜任力特征的变差，内在协调性主要解释毅力、主动性和责任心三项管理胜任力特征的变差。两个因子的累计方差贡献率为64.884%。肯证式因子分析进一步证实了领导成熟度的二维结构，各项检验指标显示二维结构模型在绝对适配、增值适配、简约适配方面都具有较好的适配度。领导成熟度的二维结构表明，成熟的领导者应该是“内”、“外”兼修的。

以领导成熟度概念及其因素结构的研究为基础，可以进一步研究领导成熟度的测评、领导成熟度与领导效能的关系、领导成熟度及员工成熟度与领导方式的匹配模式、领导成熟度与人才开发的关系等问题。这些问题的研究就理论意义而言，可补充和丰富组织行为、管理胜任力、领导效能、人力资源开发等方面的理论研究；就实践意义而言，有助于解决管理实践中所面临的管理者测评、管理者的选拔培养、领导方式的改善、领导效能的提升等迫切问题。

第五节　领导成熟度与领导效能的关系

基于以上分析，可对领导成熟度与领导效能的关系作如下推论：①领导成熟

度是领导者的人格在趋向成熟时所达到的一种状态，领导成熟度越高，领导者的主动性、独立性、创造性、专注性、前瞻性、自觉性程度就越高，与低成熟度者相比，其在管理工作中消极行为会更少，积极行为会更多。②积极的领导行为有利于提高领导的有效性，因此高成熟度的领导者会比低成熟度的领导者具有更高的领导效能，领导成熟度与领导效能正向相关。③领导成熟度由环境适应性和内在协调性两个维度构成，因此领导成熟度与领导效能正向相关的关系具体表现为：环境适应性对领导效能有正向影响，以及内在协调性对领导效能有正向影响。据此可建立图 10－3 所示的领导成熟度与领导效能关系模型。

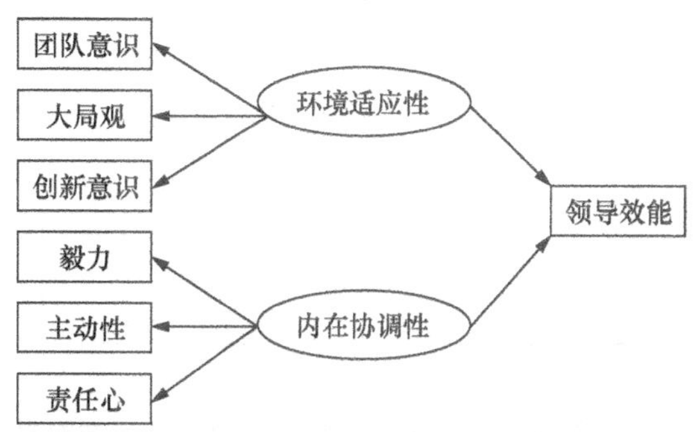

图 10－3　领导成熟度与领导效能关系模型

在前面提及的调查中，笔者还对 308 名小型团队领导者的工作绩效进行了调查。其中一项内容是调查小型团队领导者的过程绩效（指调查对象在任务执行过程中进行任务管理和团队领导所取得的工作成效）。过程绩效通过 11 个测试题进行测量，这 11 个测试题分别是："任务进展情况"、"决策水平"、"计划工作效果"、"组织工作效果"、"指挥工作效果"、"协调工作效果"、"控制工作效果"、"团队成员对工作意义的认知"、"团队成员的效能感"、"团队成员工作自主性"和"团队成员影响力"，过程绩效为这 11 个测试题得分之和。显然，过程绩效反映了领导者的领导效能。

利用过程绩效及上述领导成熟度 6 个观察变量的数据，可对领导成熟度与领导效能关系模型进行验证。我们用 AMOS 7.0 软件作结构方程分析，各观察变量间的协方差如表 10－8 所示。

检查模型适配的情况，所有误差方差均大于 0，标准化系数均未超过 0.95，未出现违反估计的情况，模型可以识别。表 10－9 列出了模型的各项主要适配指标，其中 CMIN 值为 12.424，概率 P 值为 0，未达适配标准，但 CMIN/DF = 1.035，小于 2，表示剔除估计参数和样本数对卡方值的影响后，假设模型的适配度较佳。其余指标中，RMSEA = 0.011，RMR = 0.036，均小于 0.05；AGFI、GFI、NFI、RFI、IFI、TLI、CFI 均大于 0.9，达到适配标准；假设模型的 AIC = 44.424，小于饱和模型及独立模型。按照模型适配的多元准则，上述领导成熟度与领导效能关系模型在绝对适配、增值适配、简约适配方面都具有较好的适配度，是可以接受的。

表 10-8 领导成熟度与领导效能关系模型样本协方差矩阵

	过程绩效	责任心	主动性	毅力	创新意识	大局观	团队意识
过程绩效	23.661						
责任心	0.979	0.664					
主动性	1.322	0.442	0.815				
毅力	0.992	0.361	0.386	0.918			
创新意识	0.944	0.245	0.334	0.276	0.773		
大局观	0.849	0.263	0.344	0.360	0.330	0.907	
团队意识	0.936	0.265	0.358	0.300	0.279	0.320	0.786

表 10-9 领导成熟度与领导效能关系模型主要适配指标

CMIN	P	CMIN/DF	RMSEA	RMR	AGFI	GFI	NFI	RFI	IFI	TLI	AIC
12.424	0.00	1.035	0.011	0.036	0.974	0.989	0.977	0.959	0.999	0.999	44.424

参数估计的结果如图 10-4 所示。因子 2（环境适应性）与团队意识、大局观、创新意识三个测量指标的标准化路径系数最高为 0.62，最低为 0.60；因子 1（内在协调性）与毅力、主动性、责任心三个测量指标的标准化路径系数最高为 0.80，最低为 0.61。各测量指标在对应因子上的因子载荷均在 0.60 以上。因子 2 对过程绩效的标准化路径系数为 0.11，因子 1 对过程绩效的标准化路径系数为 0.26，表明环境适应性和内在协调性对过程绩效均有正向影响。模型检验的结果证实了领导成熟度与领导效能正向相关。

领导成熟度与领导效能的正相关关系从理论上也是可以解释的。管理方格理论根据对人的关心程度和对工作的关心程度，划分出代表不同领导方式的八十一个方格，提出了五种典型的领导方式，认为 1.1 型领导（对人和对工作都很少关心）必然失败，而 9.9 型领导（对人和对工作都极为关心）则是最理想的领导方式，主张领导者要把自己的领导方式改造为 9.9 型领导方式。这一理论表明：领导效能会随着领导者对人和对工作关心程度的提高而提高。可以看出，领导成熟度与领导者对人和对工作关心程度有内在的联系。首先，高成熟度意味着领导

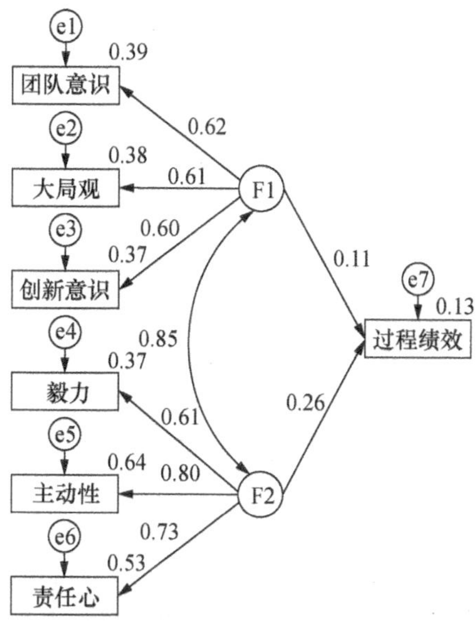

图 10－4 领导成熟度与领导效能关系模型标准化参数估计

者具有高度的环境适应性。这样的领导者强调团队合作，致力于在团队中建立良好的人际关系；关心组织的“战略”、“全局”、“未来”等问题，会对下属描述愿景和期望，实施鼓舞性激励；富有开拓创新精神，懂得尊重和保护下属，鼓励其创新。高成熟度领导对员工的关心已经不是单纯的嘘寒问暖，而是上升到一个更高的层面，即尊重员工自我实现的需要，帮助员工自我提升和发挥潜能。其次，高成熟度意味着领导者具有高度的内在协调性。这样的领导者在工作上目标明确并且意志坚定，会为员工制定清晰的目标并努力推进，不达目的不罢休；会适应工作的要求，建立和改善规章制度和工作程序，主动解决工作中面临的各种难题；在工作质量上对自己和员工有严格的要求，并且严加控制。因此，高成熟度领导也会表现出对工作的高度关心。由于对员工和工作都极为关心，高成熟度领导应该具有较高的领导效能。反之，低成熟度领导对员工和工作都缺乏关心，其领导效能从理论上看应该是比较低的。

第六节 结论

不成熟—成熟理论和情境领导理论在组织中个体成熟度领域进行了开拓性的研究。不成熟—成熟理论揭示了组织中个体人格发展的基本趋势及其影响，情境领导理论则揭示了员工成熟度对领导方式及领导有效性的调节作用。这些理论所研究的主要是下属的成熟度，其角度是研究组织及其领导者的领导方式如何与下属的成熟度相匹配，以提高领导的有效性。

领导者作为组织的一员，其人格也存在从不成熟向成熟发展趋势，并且对领导效能产生影响。领导成熟度是指领导者在管理工作中表现出来的人格成熟程度，是领导者在主动性、独立性、创造性、专注性、前瞻性、自觉性等方面所处的状态。与不成熟—成熟理论中的健康人格或成熟人格概念不同，领导成熟度概念假定高成熟度的领导者更能抵御挫折感、冲突感、失败感和短视，更能避免退缩、放弃、好斗等各种负面的适应性行为。这为组织中个体成熟度的研究提供了另一个角度，即领导成熟度的研究应该侧重于探讨成熟度的提高如何引发正面的行为而不是负面的行为，应该探讨如何提高领导者本人的成熟度，使其更能胜任管理工作。

领导成熟度可通过团队意识、大局观、创新意识、毅力、主动性、责任心等管理胜任力特征表现出来，内部一致性检验表明由这六个观察变量组成的测量量表具有较高的信度，可作为领导成熟度的测量工具。领导者的人格具有复杂性，是由许多组成部分构成的统一体，探索性因子分析的结果表明，领导成熟度存在环境适应性和内在协调性两个因子。环境适应性因子主要解释团队意识、大局观和创新意识三项管理胜任力特征的变差，内在协调性主要解释毅力、主动性和责任心三项管理胜任力特征的变差，领导成熟度存在二维结构。换言之，领导成熟度就是一项高阶的管理胜任力特征。利用结构方程方法对 308 个样本进行的实证分析验证了本书提出的领导成熟度和领导效能的关系模型，证实领导成熟度对领导效能有正向影响，其中，环境适应性对过程绩效的路径系数为 0.11，内在协调性对过程绩效的路径系数为 0.26。

无论是从理论研究还是从管理实践的角度看，领导成熟度的研究都具有重要意义。首先，领导成熟度的研究与管理胜任力、领导有效性等方面的理论研究有着千丝万缕的联系，或者说是这些理论研究的一个特殊领域。领导成熟度的研究，可以使这些理论变得更为丰富。其次，领导成熟度的研究与管理实践的需要也有密切的联系。企业现有的领导者是否合格？如何选拔培养优秀的领导者？如何转变领导方式？如何提高领导效能？都是管理实践中迫切需要解决的问题。领导成熟度的研究，可为领导者能力素质的测量提供有效的工具，可以揭示领导者的人格、领导行为或方式、领导效能之间的关系，有助于解决管理实践所提出的上述问题，对管理实践具有指导意义。

第十一章　小型团队领导者领导方式的转型

第一节　领导方式转型的趋势与现状

自20世纪40年代美国依阿华大学、俄亥俄州立大学的一些学者对领导风格、领导行为及其影响进行研究开始，人们一直在探求何种领导方式才是有效的，产生了许多颇具影响的学说，其中包括：Kurt Lewin 的三种领导方式理论、E. Fleishman 的二维构面理论、Rensis Likert 的四种领导方式理论、Fred E. Fiedler 的有效领导权变模式、Blake 与 Mouton 的管理方格理论、三隅二不二的 PM 理论、Paul Hersey 和 Kenneth Blanchard 的情境领导理论、R. J. Howse 的通路—目标理论等。20世纪70年代以后，一种新型领导理论逐渐形成。Burns（1978）对传统领导和变革型领导（Transformational Leadership）进行了区分，认为传统领导是一种交易型领导，领导者用奖励换取下属的追随，领导行为随着交易的结束而结束，领导者和追随者之间因为缺乏对更高目标的共同追求，难以结成持续稳定的关系；变革型领导则致力于塑造、改变和提升追随者的动机、价值观和目标，试图通过满足追随者更高层次的需要使其全心全意为己效劳，这种领导行为会使领导者与追随者之间形成一种互相激励和提高的关系[12]。在 Burns 研究的基础上，Bass（1985），Bass 和 Avolio（1994）等人进一步发展了变革型领导理论，深入研究了变革型领导行为的维度，先后提出6维度说、3因素说、4维度说。其中4维度说为大多人所认同，它将变革型领导行为划分为理想化影响力（Idealized Influence）、鼓舞性激励（Inspirational Motivation）、智力激发（Intellectual Stimulation）、个性化关怀（Individualized Consideration）4个方面[13]。国内自2000年后对变革型领导的研究逐年升温，其中一些研究体现了中国特色。李超平与时勘

(2005)对中国文化背景下的变革型领导进行了研究，发现国内变革型领导的4个维度与国外不完全相同，其中包含德行垂范这一具有中国特色的维度[189]。

变革型领导理论的影响日益明显。陈永霞等人（2006）指出："自从Burns（1978）提出变革型领导风格（Transformational Leadership）的概念以及Bass（1994）提出变革型领导理论以来，在过去的20年中变革型领导理论占据了领导研究的中心"[190]。李超平等人（2006）指出："变革型领导理论一经提出就受到了学术界和企业界的欢迎，目前变革型领导理论已经成为领导理论研究的新范式，并被众多跨国企业用来指导企业的人才选拔、培训和培养"[191]。变革型领导理论的繁荣景象实际上反映了管理实践中的一种变化趋势：领导方式正在经历从传统领导向变革型领导的转型。导致这种趋势的原因是当今社会的发展变化。丁琳、席酉民（2007）认为，随着人类社会和经济的发展，尤其是进入21世纪以来，组织内外部环境复杂多变，不确定性越来越强，人的不确定性更突出地成为当代多数组织管理的核心所在，需要选择更有效的领导方式[192]。吴志明，武欣（2006）认为，知识经济时代，组织所面临的竞争环境更加具有挑战性，从而对组织成员的工作表现也提出了更高的要求。员工仅仅完成基本的工作要求是远远不够的，而必须做出更加卓越的行为表现。变革型领导往往会激发员工做出超出期望的工作表现[193]。李琳、陈维政（2011）则论述了我国国有企业出现变革型领导的原因，认为国有企业性质和目标的转变、市场竞争压力所带来的严峻挑战，催生了国有企业的变革型领导者[194]。笔者认为还有另一个重要的原因，那就是人性的觉醒。伴随着社会进步、生活水平和教育水平的提高，员工的需要会趋向多样化和高级化，价值观会趋向多元化，独立性会更强，需要新型的领导方式。

在企业的领导者中，小型团队领导者是一个庞大的群体，其领导的有效性对企业的生存发展具有至关重要的影响。在当今的环境下，这一群体是否也在经历领导方式的转型？有多少人属于变革型领导者？为了回答这些问题，笔者对某样本中变革型领导行为的分布状况进行了统计分析（见图11－1）。这一样本来自笔者于2011～2012年间对小型团队领导者的领导效能及其影响因素所进行的一项调查。调查对象是广西壮族自治区内外80家中小企业的部门经理和项目经理。调查按照领导工作从投入到产出的顺序，分三轮进行，第一轮调查小型团队领导者的胜任力特征，含34个测项，共收到有效问卷505份；第二轮调查其工作态度、工作行为、过程绩效及周边绩效，含46个测项，收到有效问卷323份；第三轮调查其最终绩效，含3个测项，收到有效问卷308份，这308名管理人员全程参与了三轮调查，构成了领导效能与其影响因素的配对样本，即为本研究所采用的样本。样本基本情况如表11－1所示。

表 11-1 研究样本基本情况

N	性别	个数	占比	类型	个数	占比
308	男	234	76.0%	部门经理	199	64.6%
	女	65	21.1%	项目经理	109	35.4%
	未填	9	2.9%	未填	0	0

调查中，变革型领导行为是通过智力激发、鼓舞性激励、个性化关怀、授权、理想化影响力 5 个测项进行测量的，这 5 个测项得分加总后的总分表示变革型领导行为的水平。总分高表示有明显的变革型领导行为，总分低表示变革型领导行为不明显，更接近于传统领导。经 SPSS 16.0 软件计算，该变量 N=308，平均值=20.56，标准差=2.55，偏度系数=-0.241，偏斜程度不大。

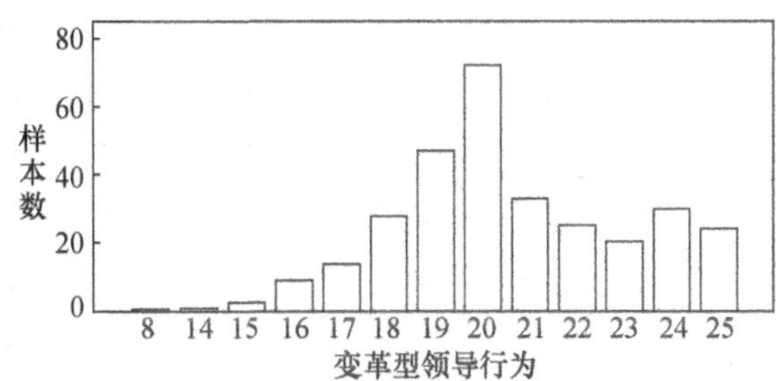

图 11-1 小型团队领导者变革型领导行为分布

图 11-1 显示，小型团队领导者变革型领导行为基本上呈现正态分布。其含义是：一方面，有相当数量的样本落在均值的右边，表明在小型团队领导者中变革型领导行为已不鲜见，领导方式的转型正在进行之中。另一方面，大量的样本仍集中分布在均值附近，偏斜程度不大，表明变革型领导行为仍非主流。如果变革型领导行为已经成为主流，样本的分布应该是明显左偏。由此可见，小型团队领导者在领导方式转型方面，仍然是任重道远。

第二节 为何转型

变革型领导之所以在理论研究和管理实践两个领域都引起重视，是因为人们认为这种领导方式比传统的交易型领导方式更具领导效能。李超平、田宝、时勘

(2006)从大量文献中归纳了变革型领导提高工作绩效的诸多理由，其中包括：变革型领导者能够创建富有吸引力的愿景，让员工认识到所从事工作的价值与意义；变革型领导者能够通过自己的激情、高道德标准等来让员工认识到所从事工作的意义，提高员工的自信水平和自我效能；变革型领导者能够让员工去挑战自己的思想、想象力、创造力与对自己的看法，并鼓励员工以各种不同的创造性方法去解决问题等[74]。如此，企业就应该大力推动领导方式的转型，鼓励管理人员向变革型领导转变。

为了验证变革型领导行为与领导有效性的关系，笔者利用上述调查结果进行方差分析。分析以过程绩效为观察变量，以变革型领导行为为控制变量。过程绩效是指调查对象在任务执行过程中进行任务管理和团队领导所取得的工作成效，由调查问卷中的11项测试题得分加总而成。这11项测试题中有7项测量任务管理的工作成效，分别是："任务进展情况"、"决策水平"、"计划工作效果"、"组织工作效果"、"指挥工作效果"、"协调工作效果"和"控制工作效果"；有4项是测量团队领导行为对员工行为产生的影响，分别是："团队成员对工作意义的认知"、"团队成员的效能感"、"团队成员工作自主性"和"团队成员影响力"。变革型领导行为变量的数据以平均值为界分为两组，低于平均值的一组表示低（变革型领导）行为，高于平均值的一组表示高（变革型领导）行为。分组后过程绩效变量的描述性统计结果如表11－2所示。

表11－2　过程绩效变量的描述性统计分析结果

	样本数	均值	标准差	均值标准误	最小值	最大值
低行为	175	41.31	4.249	0.321	29	50
高行为	133	45.02	4.852	0.421	31	55
全部	308	42.91	4.872	0.278	29	55

对控制变量不同水平下观察变量的总体方差作齐性检验，方差齐性检验值为0.995，概率P－值为0.319，大于0.05的显著性水平，可以认为变革型领导行为不同水平下过程绩效的总体方差无显著差异，满足方差分析的前提条件。笔者以变革型领导行为对过程绩效无显著影响作为原假设，进行方差分析。表11－3是变革型领导行为对过程绩效的单因素方差分析结果。

表11－3中可见组间方差为1038.147，组内方差为20.423，F统计量为50.833，概率P－值为0.000，小于0.05的显著性水平，所以应拒绝原假设，可以认为低变革型领导行为和高变革型领导行为下的过程绩效有显著差异，变革型领导行为对过程绩效有显著影响。观察表11－2中的描述性统计分析结果，可以

看到低行为组的过程绩效均值为41.31分，高行为组的过程绩效均值为45.02分，后者高于前者。这表明，变革型领导行为对过程绩效的影响是正向的，即过程绩效随着变革型领导行为水平的提高而提高。变革型领导方式比传统的交易型领导方式更具领导效能的观点在此得到了证实。在当今组织内外部环境复杂多变、员工的需求和价值观日益多元化的情况下，要想充分调动员工的工作积极性，提高个体和组织的工作绩效，保证组织的生存和发展，确实需要转变领导方式，倡导变革型领导。

表11-3 变革型领导行为对过程绩效的单因素方差分析结果

	离差平方和	自由度	方差	F统计量	概率P-值
组间	1038.147	1	1038.147	50.833	0.000
组内	6249.307	306	20.423		
全部	7287.455	307			

第三节 如何转型

领导方式的转型是外因和内因共同作用的结果。外因是环境因素的影响和组织的推动，内因是领导者自身的状况，内因在领导方式转型中具有关键作用。领导者的需要、动机、能力等个人特质决定了其是否愿意转变领导方式、能否转变领导方式以及能够转变到什么程度。探讨如何转变领导方式，就必须要了解领导者的哪些个人特质与变革型领导行为具有内在的联系。

在上述调查中，我们测量了小型团队领导者的34项胜任力特征，其中有6项测量调查对象的知识水平，有2项测量调查对象所拥有的资源，另外26项测量调查对象的人格特征、心智模式、行为模式等个人特质。这26项个人特质分别是：团队意识、客户意识、意志坚定、自信心、顾全大局、关注细节、成就欲、道德观、逻辑性、创新意识、开放意识、风险意识、主动性、责任心、灵活性、自觉学习、计划性、民主管理、自我控制、实事求是、人际互动、雷厉风行、精神鼓励、信守承诺、过程管理、以人为本。为了了解变革型领导行为与哪些个人特质有关联，我们对其进行相关分析，计算了变革型领导行为与这26项个人特质的Pearson相关系数。相关分析显示，这26项个人特质中，有13项与变革型领导行为显著相关（见表11-4）。

表 11－4　小型团队领导者个人特质与变革型领导行为的相关系数

	团队意识	意志坚定	顾全大局	创新意识	积极主动	自觉学习	民主管理	自我控制	实事求是	人际互动	精神鼓励	信守承诺	以人为本
变革型领导行为	0.121*	0.145*	0.144*	0.113*	0.121*	0.130*	0.158**	0.147**	0.137*	0.247**	0.278**	0.114*	0.256**

注：** 在 0.01 的水平上显著相关；

* 在 0.05 的水平上显著相关。

在调查过程中，小型团队领导者胜任力特征（含上述 26 项个人特质）与变革型领导行为是分开测量的。胜任力特征的测量在前（2011 年初），变革型领导行为的测量在后（2011 年中），因此表 11－4 的相关性可以解释为一种单向的影响，即个人特质影响变革型领导行为。其含义是：个人特质是因，领导行为是果。小型团队领导者如果具备上述个人特质，在具体工作中就有可能倾向于采取变革型领导方式；如果不具备上述个人特质，在具体工作中就有可能倾向于采取传统的领导方式。需要指出的是，表 11－4 所列的 13 项个人特质中，民主管理、精神鼓励、以人为本 3 项特质与变革型领导有同义反复之嫌，应该剔除。因此准确的说法是：具有团队意识、意志坚定、顾全大局、创新意识、积极主动、自觉学习、自我控制、实事求是、人际互动、信守承诺 10 项特质的小型团队领导者，较有可能成为变革型领导。表 11－5 是对这 10 项特质的描述。

表 11－5　变革型领导的 10 项个人特质

胜任力特征	思维或行为模式
团队意识	非常重视整体配合，总是将集体利益和整体目标放在第一位，选拔人员时对合作意愿的重视要超过对个人能力的重视
意志坚定	无论工作压力有多大，都会坚持到底，始终保持昂扬的斗志
顾全大局	在工作中喜欢思考“战略”、“全局”、“未来”等问题
创新意识	思想很活跃，富有开拓创新精神，在单位中是最积极的变革推动者
积极主动	在工作中从不等待和依赖，只要接到任务就会在身心上高度投入，想尽一切办法保质保量完成
自觉学习	养成终身学习的习惯，只要有空闲就会学习；或者在单位里属于花在学习上的时间最多的那一类人
自我控制	廉洁自律，成熟稳重，无论遇到什么情况都能保持冷静和理性
实事求是	非常重视调查研究，处理问题以事实为依据，注重实干，从不讲空话、大话和套话
人际互动	喜欢与人交往，与人沟通时总是能够保持倾听，对下属及有工作联系的人都能积极地给予信息反馈
信守承诺	不轻易作承诺，一旦承诺，无论多么困难都会兑现

变革型领导行为包括理想化影响力、鼓舞性激励、智力激发、个性化关怀4个维度。不难看出上述10项特质与变革型领导及其4个维度之间的联系。整体而言，变革型领导是一种适应复杂多变环境以及应对高度不确定性的领导方式，要求领导者自觉学习，并且具有意志坚定、积极主动的品质。分开来看，领导者具有信守承诺、实事求是和自我控制的特质，能帮助其得到下属的认同、尊重和信任，是理想化影响力的基础；顾全大局、具有强烈团队意识的领导者关注组织的发展战略，善于描绘愿景，乐于对下属实施鼓舞性激励；领导者如果具有强烈的创新意识，就会要求和支持下属创新，包括向下属灌输新观念，鼓励下属发表新见解和创造性地解决工作中遇到的问题，通过智力激发的方式引领下属；最后，擅长于人际互动的领导者会更愿意倾听下属的声音，关注下属的需要和愿望，更能给予下属个性化关怀。

由此可见，要实现小型团队领导者领导方式的转型，关键是对领导者进行改造，使其具备变革型领导应有的素质。改造的途径是从变革型领导的视角，选拔和培养小型团队领导者。也就是将上述变革型领导的10项个人特征，作为小型团队领导者选拔的标准和培养的依据。对上述10项特征作探索性因子分析，采用主成分分析和方差最大正交旋转法，可提取3个因子。因子1的特征根为2.576，方差贡献率为25.755%；因子2的特征根为2.285，方差贡献率为22.853%；因子3的特征根为1.077，方差贡献率为10.766%。3个因子的累计方差贡献率为59.374%，能解释原有变量总变差的主要部分。3个因子的因子载荷见表11－6，各因子对原有变量均有显著的解释作用。这一结果显示出一个3因子的变革型领导素质模型，可作为选拔和培养小型团队领导者的依据。

表11－6　旋转后的因子载荷

	因子		
	1	2	3
意志坚定	0.572		
顾全大局	0.575		
创新意识	0.777		
积极主动	0.638		
自觉学习	0.728		
团队意识		0.539	
自我控制		0.691	
实事求是		0.694	
信守承诺		0.722	
人际互动			0.923

表11－6中可见，因子1对意志坚定、顾全大局、创新意识、积极主动、自觉学习5项特征有显著的解释作用。这些特征的共同特点是对环境变化的主动适应，因此可将因子1命名为适应性因子。这一因子可作为小型团队领导者选拔培养的第一个标准。选拔培养小型团队领导者要重点考察其对环境变化的适应能力。具体而言，要考察其在充满对不确定性的环境下是否能处变不惊，勇往直前；是否能预见未来，把握全局；是否能够开拓创新，积极应对各种压力和困难；是否有足够的学习意愿和学习能力，能够不断地吸收新思想、新知识，与时俱进。

因子2对团队意识、自我控制、实事求是、信守承诺4项特征有显著的解释作用。这些特征的共同特点是尽管环境复杂多变，仍能坚守一定的价值观，因此可将因子2命名为价值观因子。这一因子可作为小型团队领导者选拔培养的第二个标准。选拔培养小型团队领导者要重点考察其坚守价值观的定力。具体而言，要考察其是否能坚持小我服从大我，始终将集体利益和整体目标放在第一位；是否廉洁自律，心智成熟；是否能坚持以事实为依据，公平公正地处理问题，并且注重实干；是否将诚信作为其人生信条，是否能坚持言而有信，言出必行。

因子3对人际互动单一特征有极高的解释作用，反映了领导者对他人的基本态度以及与人沟通、建立关系的能力，可命名为人际关系因子。这一因子可作为小型团队领导者选拔培养的第三个标准。选拔培养小型团队领导者要重点考察其人际关系能力。具体而言，要考察其是否在潜意识里就是尊重员工、平等待人的；是否在具有乐群性的人格特征，喜欢与人交往；是否具有良好的沟通技能，善于倾听；是否与人为善，乐于助人。

综上所述，随着组织内外部环境日趋复杂多变，员工的需要趋向多样化和高级化，管理实践出现了领导方式从传统领导向变革型领导转变的趋势。小型团队领导者同样面临领导方式转型的问题，大多数小型团队领导者仍未完成从传统领导向变革型领导的转变。实证分析证实变革型领导行为对领导有效性具有正向影响，说明领导方式转型具有必要性。选拔培养小型团队领导者，提升其自身的素质是实现领导方式转型的关键举措。有10项胜任力特征关系到小型团队领导者能否成为变革型领导，对其进行探索式因子分析，显示存在一个3因子的变革型领导素质模型，这3个因子分别为适应性因子、价值观因子和人际关系因子。这一模型可作为从变革型领导角度选拔培养小型团队领导者的依据。

第十二章　数据挖掘：领导者选拔、培养与激励的再讨论

第一节　胜任力特征的分布状况

在领导者胜任力特征的研究方面，人们的视线大多集中在个体的身上，主要研究一个业绩优秀的领导者身上具有哪些与众不同的个体特征，或者更进一步，研究这些特征可以区分为多少个维度，领导者的胜任力模型呈现何种构造。关于胜任力特征在一个群体中（例如小型团队领导者）是如何分布的，在人群中各项胜任力特征的频数及其集中趋势、离散程度、分布形态如何，却很少有人关注。由于对胜任力特征在人群中的分布状况的研究仍几近荒芜，这方面的探索有可能会带来一些不一样的发现。

1. 胜任力特征的描述性统计分析

调查数据的描述性统计分析主要包括三个方面：①计算刻画数据集中趋势的描述统计量，如均值、中位数、丛数等；②计算刻画数据离散程度的描述统计量，如样本标准差、样本方差、全距等；③计算刻画数据分布形态的描述统计量，如偏度系数、峰度系数等。为了刻画小型团队领导者胜任力特征的分布状况，本书计算了308个样本中26项胜任力特征数据的均值、标准差、偏度系数和峰度系数，计算结果见表12－1。

表12－1　胜任力特征的基本描述统计量

胜任力特征	样本量	最小值	最大值	均值	标准差	偏度	峰度
团队意识	308	1	5	3.81	0.888	－0.434	－0.094
客户意识	308	1	5	3.63	0.889	－0.385	0.206

续表

胜任力特征	样本量	最小值	最大值	均值	标准差	偏度	峰度
毅力	308	1	5	3.77	0.959	-0.459	-0.31
自信心	308	1	5	3.48	0.85	-0.14	-0.164
大局观	308	1	5	3.67	0.954	-0.392	-0.262
关注细节	308	1	5	3.43	0.955	-0.496	-0.043
成就欲	308	1	5	3.72	0.899	-0.439	-0.02
道德观	308	1	5	4.06	0.929	-0.902	0.717
逻辑性	308	1	5	3.5	0.856	-0.291	0.127
创新意识	308	1	5	3.35	0.881	-0.229	-0.144
开放意识	308	1	5	3.91	0.895	-0.649	0.171
风险意识	308	1	5	3.58	0.96	-0.344	-0.19
主动性	308	1	5	3.91	0.904	-0.629	0.077
责任心	308	1	5	4.07	0.816	-0.68	0.414
灵活性	308	1	5	3.43	0.899	-0.282	0.111
自觉学习	308	1	5	3.35	1.061	-0.335	-0.365
计划性	308	1	5	3.35	0.926	-0.376	-0.08
民主管理	308	1	5	3.66	0.919	-0.656	0.546
自我控制	308	1	5	3.44	0.895	-0.32	0.027
务实	308	1	5	3.91	0.859	-0.57	0.095
人际互动	308	1	5	3.8	0.855	-0.48	0.166
雷厉风行	308	1	5	3.48	0.873	-0.328	-0.016
鼓舞性激励	308	1	5	3.47	0.976	-0.176	-0.394
信守承诺	308	1	5	3.95	0.863	-0.573	0.044
过程管理	308	1	5	3.36	1.017	-0.426	-0.293
以人为本	308	1	5	3.75	0.943	-0.541	0.064

就表12－1的计算结果而言，一个值得研究的问题是：在小型团队领导者这一群体中，哪些胜任力特征的水平普遍较高？哪些胜任力特征的水平普遍较低？对上述26项胜任力特征的均值由高到低进行排序，并以四分位为分割点，可以看到位于四分之一分位之前的6项胜任力特征依次为责任心、道德观、信守承诺、开放意识、积极主动、务实，表明在308位小型团队领导者中，这6项胜任力特征普遍具有较高的水平；位于四分之三分位之后的6项胜任力特征依次为关注细节、灵活性、过程管理、创新意识、自觉学习、计划性，表明在308位小型

团队领导者中，这6项胜任力特征水平普遍较低。

在水平较高的6项胜任力特征中，绝大部分都属于企业极为重视的工作价值观，如责任心、信守承诺、积极主动、务实等。这或许可以解释为什么在小型团队领导者这一群体这些胜任力特征普遍较为明显。由于企业的高度重视，企业会对其员工（特别是对基层管理人员）反复灌输这些价值观，并要求其员工予以践行，渐渐地会使员工的工作价值观与企业的要求趋于一致。此外，在职位晋升方面企业会优先考虑这些特征比较明显的员工，能被提拔到领导岗位的员工往往都是责任心强、信守承诺、积极主动和务实的人。

至于6项水平较低的胜任力特征，大体上可以分为两组：一组是关注细节、过程管理和计划性，这一组特征反映了领导者在管理上的精细程度。另一组是灵活性、创新意识和自觉学习，这一组特征反映了领导者在管理上的创造力。在小型团队领导者中这两组胜任力特征的水平都比较低，意味着许多企业的基层管理者在精细化管理和创造力方面还较为薄弱，这与我国众多企业，特别是本调查所涉及的企业（主要为广西的中小企业）管理粗放、因循守旧的管理现状是吻合的。

表12－1的标准差显示了各项胜任力特征的数据离散程度。对26项胜任力特征的标准差由高到低进行排序，可以看到位于四分之一分位之前的6项胜任力特征依次为自觉学习、过程管理、鼓舞性激励、风险意识、毅力、关注细节，表明在小型团队领导者这一群体中，这些胜任力特征的水平在个体之间存在较大差异。位于四分之三分位之后的6项胜任力特征依次为信守承诺、务实、信守承诺、人际互动、自信心、责任心，表明在小型团队领导者这一群体中，这些胜任力特征的水平在个体之间差异较小。从这些分析结果看，什么样的胜任力特征的水平在个体之间存在较大差异，离散程度较高？什么样的胜任力特征的水平在个体之间差异较小，离散程度较低？似乎并无规律可循。尽管如此，基于调查数据的统计分析结果本身就是有意义的。它显示了某些胜任力特征的水平在某一群体的个体之间存在较大的差异，这对于企业甄别、选拔和培养员工是有实际指导意义的。例如，统计分析结果显示在308个小型团队领导者中，自觉学习这一特征有较大的差异，表明有一部分小型团队领导者在学习上的自觉性远远低于平均水平，企业可以据此采取相应的措施，或者改变这些领导者的学习态度，或者调整其工作岗位，以提高小型团队领导者队伍的整体胜任力水平。

2. 胜任力特征的频数与分布

从表12－1看，26项胜任力特征的偏度系数均为负值，表明各项胜任力特征均呈左偏分布；偏度系数的绝对值最大为0.902，最小为0.14。26项胜任力特征中，峰度系数大于0和小于0的各占一半；峰度系数的绝对值最大为0.717，最小为0.016。为了进一步了解各项胜任力特征的分布，笔者计算了26项胜任力特征各组别的频数、频率和累积频率。计算结果见表12－2。各组当中，胜任力特征的得分为1分的为1组，2分的为2组，依此类推。

表12－2 26项胜任力特征的频数和频率汇总表

胜任力		频数	百分比	有效百分比	累计百分比
名称	分组				
团队意识	1	3	1	1	1
	2	17	5.5	5.5	6.5
	3	87	28.2	28.2	34.7
	4	130	42.2	42.2	76.9
	5	71	23.1	23.1	100
客户意识	1	6	1.9	1.9	1.9
	2	18	5.8	5.8	7.8
	3	109	35.4	35.4	43.2
	4	126	40.9	40.9	84.1
	5	49	15.9	15.9	100
毅力	1	4	1.3	1.3	1.3
	2	26	8.4	8.4	9.7
	3	83	26.9	26.9	36.7
	4	119	38.6	38.6	75.3
	5	76	24.7	24.7	100
自信心	1	3	1	1	1
	2	31	10.1	10.1	11
	3	122	39.6	39.6	50.6
	4	119	38.6	38.6	89.3
	5	33	10.7	10.7	100
大局观	1	5	1.6	1.6	1.6
	2	28	9.1	9.1	10.7
	3	93	30.2	30.2	40.9
	4	119	38.6	38.6	79.5
	5	63	20.5	20.5	100
关注细节	1	11	3.6	3.6	3.6
	2	38	12.3	12.3	15.9

续表

胜任力		频数	百分比	有效百分比	累计百分比
名称	分组				
关注细节	3	98	31.8	31.8	47.7
	4	130	42.2	42.2	89.9
	5	31	10.1	10.1	100
成就欲	1	4	1.3	1.3	1.3
	2	22	7.1	7.1	8.4
	3	91	29.5	29.5	38
	4	132	42.9	42.9	80.8
	5	59	19.2	19.2	100
道德观	1	6	1.9	1.9	1.9
	2	8	2.6	2.6	4.5
	3	64	20.8	20.8	25.3
	4	114	37	37	62.3
	5	116	37.7	37.7	100
逻辑性	1	5	1.6	1.6	1.6
	2	26	8.4	8.4	10.1
	3	119	38.6	38.6	48.7
	4	125	40.6	40.6	89.3
	5	33	10.7	10.7	100
创新意识	1	6	1.9	1.9	1.9
	2	42	13.6	13.6	15.6
	3	122	39.6	39.6	55.2
	4	114	37	37	92.2
	5	24	7.8	7.8	100
开放意识	1	3	1	1	1
	2	18	5.8	5.8	6.8
	3	66	21.4	21.4	28.2
	4	138	44.8	44.8	73.1
	5	83	26.9	26.9	100
风险意识	1	7	2.3	2.3	2.3
	2	29	9.4	9.4	11.7
	3	104	33.8	33.8	45.5

续表

胜任力		频数	百分比	有效百分比	累计百分比
名称	分组				
风险意识	4	114	37	37	82.5
	5	54	17.5	17.5	100
主动性	1	3	1	1	1
	2	18	5.8	5.8	6.8
	3	68	22.1	22.1	28.9
	4	133	43.2	43.2	72.1
	5	86	27.9	27.9	100
责任心	1	2	0.6	0.6	0.6
	2	7	2.3	2.3	2.9
	3	59	19.2	19.2	22.1
	4	139	45.1	45.1	67.2
	5	101	32.8	32.8	100
灵活性	1	8	2.6	2.6	2.6
	2	29	9.4	9.4	12
	3	126	40.9	40.9	52.9
	4	112	36.4	36.4	89.3
	5	33	10.7	10.7	100
自觉学习	1	18	5.8	5.8	5.8
	2	42	13.6	13.6	19.5
	3	105	34.1	34.1	53.6
	4	101	32.8	32.8	86.4
	5	42	13.6	13.6	100
计划性	1	10	3.2	3.2	3.2
	2	41	13.3	13.3	16.6
	3	113	36.7	36.7	53.2
	4	119	38.6	38.6	91.9
	5	25	8.1	8.1	100
民主管理	1	9	2.9	2.9	2.9
	2	19	6.2	6.2	9.1
	3	90	29.2	29.2	38.3
	4	141	45.8	45.8	84.1

续表

胜任力		频数	百分比	有效百分比	累计百分比
名称	分组				
民主管理	5	49	15.9	15.9	100
自我控制	1	7	2.3	2.3	2.3
	2	33	10.7	10.7	13
	3	117	38	38	51
	4	120	39	39	89.9
	5	31	10.1	10.1	100
务实	1	2	0.6	0.6	0.6
	2	16	5.2	5.2	5.8
	3	69	22.4	22.4	28.2
	4	143	46.4	46.4	74.7
	5	78	25.3	25.3	100
人际互动	1	3	1	1	1
	2	16	5.2	5.2	6.2
	3	84	27.3	27.3	33.4
	4	143	46.4	46.4	79.9
	5	62	20.1	20.1	100
雷厉风行	1	5	1.6	1.6	1.6
	2	32	10.4	10.4	12
	3	112	36.4	36.4	48.4
	4	127	41.2	41.2	89.6
	5	32	10.4	10.4	100
鼓舞性激励	1	7	2.3	2.3	2.3
	2	38	12.3	12.3	14.6
	3	115	37.3	37.3	51.9
	4	99	32.1	32.1	84.1
	5	49	15.9	15.9	100
信守承诺	1	2	0.6	0.6	0.6
	2	14	4.5	4.5	5.2
	3	69	22.4	22.4	27.6
	4	136	44.2	44.2	71.8
	5	87	28.2	28.2	100

续表

胜任力		频数	百分比	有效百分比	累计百分比
名称	分组				
过程管理	1	15	4.9	4.9	4.9
	2	45	14.6	14.6	19.5
	3	96	31.2	31.2	50.6
	4	119	38.6	38.6	89.3
	5	33	10.7	10.7	100
以人为本	1	6	1.9	1.9	1.9
	2	21	6.8	6.8	8.8
	3	85	27.6	27.6	36.4
	4	127	41.2	41.2	77.6
	5	69	22.4	22.4	100

从表12－2可见，各项胜任力特征的相应组别的频数及频率有的比较接近，有的相去甚远，表明有些胜任力特征服从相同的概率分布，有些则服从不同的概率分布。为了探测哪些胜任力特征具有相同的概率分布，笔者采用卡方检验对各项胜任力特征的概率分布进行比较。具体做法是：用26项胜任力特征构建判断矩阵，以矩阵中每一列的第一个元素（胜任力特征）各组的频数分布作为期望分布，依次对该列其他元素（胜任力特征）作卡方检验。如果某元素卡方检验的概率P值大于预设的显著性水平，表明该元素的概率分布与第一个元素相同；如果某元素卡方检验的概率P值小于或等于预设的显著性水平，表明该元素的概率分布与第一个元素不同。卡方检验的结果如表12－3所示。

表12－3　26项胜任力特征的卡方检验矩阵表

名称	团队意识	客户意识	毅力	自信心	大局观	关注细节	成就欲	道德观	逻辑性	创新意识	开放意识	风险意识	主动性
团队意识	1	0.003	0.3	0	0.112	0	0.418	0	0	0	0.063	0.001	0.093
客户意识	0.004	1	0	0.001	0.038	0	0.12	0	0.024	0	0	0.181	0
毅力	0.162	0	1	0	0.403	0	0.108	0	0	0	0.021	0.004	0.042
自信心	0	0.001	0	1	0	0.007	0	0	0.71	0.1	0	0.008	0
大局观	0.03	0.013	0.418	0	1	0	0.467	0	0	0	0	0.465	0
关注细节	0	0	0	0	0	1	0	0	0.002	0.008	0	0.002	0
成就欲	0.394	0.143	0.155	0	0.52	0	1	0	0	0	0.001	0.092	0.002

续表

名称	团队意识	客户意识	毅力	自信心	大局观	关注细节	成就欲	道德观	逻辑性	创新意识	开放意识	风险意识	主动性
道德观	0	0	0	0	0	0	0	1	0	0	0	0	0
逻辑性	0	0. 041	0	0. 659	0	0. 018	0	0	1	0. 031	0	0. 016	0
创新意识	0	0	0	0. 056	0	0. 015	0	0	0. 008	1	0	0	0
开放意识	0. 11	0	0. 045	0	0	0	0. 001	0	0	0	1	0	0. 986
风险意识	0	0. 06	0. 006	0	0. 444	0	0. 052	0	0. 002	0	0	1	0
主动性	0. 119	0	0. 082	0	0	0	0. 001	0	0	0	0. 985	0	1
责任心	0	0	0	0	0	0	0	0. 032	0	0	0. 02	0	0. 025
灵活性	0	0. 002	0	0. 074	0	0. 009	0	0	0. 396	0. 082	0	0. 012	0
自觉学习	0	0	0	0	0	0. 004	0	0	0	0	0	0	0
计划性	0	0	0	0	0	0. 308	0	0	0. 002	0. 423	0	0	0
民主管理	0. 001	0. 143	0	0	0. 009	0	0. 062	0	0	0	0	0. 013	0
自我控制	0	0	0	0. 246	0	0. 158	0	0	0. 528	0. 325	0	0. 016	0
务实	0. 194	0	0. 017	0	0	0	0. 005	0	0	0	0. 881	0	0. 724
人际互动	0. 622	0. 011	0. 021	0	0. 02	0	0. 497	0	0	0	0. 032	0	0. 023
雷厉风行	0	0. 002	0	0. 624	0	0. 173	0	0	0. 753	0. 116	0	0. 018	0
鼓舞性激励	0	0	0	0. 001	0. 003	0	0	0	0. 001	0	0	0. 173	0
信守承诺	0. 079	0	0. 012	0	0	0	0	0. 001	0	0	0. 81	0	0. 86
过程管理	0	0	0	0	0	0. 434	0	0	0	0	0	0	0
以人为本	0. 418	0. 007	0. 529	0	0. 436	0	0. 517	0	0	0	0. 017	0. 021	0. 025

名称	责任心	灵活性	自觉学习	计划性	民主管理	自我控制	务实	人际互动	雷厉风行	鼓舞性激励	信守承诺	过程管理	以人为本
团队意识	0	0	0	0	0. 005	0	0. 123	0. 615	0	0	0. 054	0	0. 679
客户意识	0	0. 002	0	0	0. 154	0. 001	0	0. 005	0. 004	0. 001	0	0	0. 011
毅力	0	0	0	0	0	0	0. 004	0. 008	0	0	0. 001	0	0. 549
自信心	0	0. 43	0	0. 033	0	0. 59	0	0	0. 703	0. 01	0	0	0
大局观	0	0	0	0	0. 009	0	0	0. 004	0	0. 004	0	0	0. 372
关注细节	0	0. 011	0. 006	0. 303	0	0. 144	0	0	0. 033	0	0	0. 496	0
成就欲	0	0	0	0	0. 214	0	0. 002	0. 399	0	0	0	0	0. 607
道德观	0. 002	0	0	0	0	0	0	0	0	0	0	0	0
逻辑性	0	0. 509	0	0. 026	0	0. 657	0	0	0. 806	0. 002	0	0	0
创新意识	0	0. 062	0. 001	0. 648	0	0. 309	0	0	0. 11	0. 003	0	0. 004	0

续表

名称	责任心	灵活性	自觉学习	计划性	民主管理	自我控制	务实	人际互动	雷厉风行	鼓舞性激励	信守承诺	过程管理	以人为本
开放意识	0	0	0	0	0	0	0.81	0.022	0	0	0.685	0	0.043
风险意识	0	0.002	0.003	0	0.009	0.001	0	0	0.001	0.204	0	0	0.016
主动性	0	0	0	0	0	0	0.645	0.01	0	0	0.727	0	0.046
责任心	1	0	0	0	0	0	0.009	0	0	0	0.125	0	0
灵活性	0	1	0.002	0.081	0	0.746	0	0	0.223	0.037	0	0.001	0
自觉学习	0	0	1	0	0	0	0	0	0	0.001	0	0.149	0
计划性	0	0.057	0.007	1	0	0.341	0	0	0.044	0.002	0	0.138	0
民主管理	0	0	0	0	1	0	0	0.005	0	0	0	0	0.049
自我控制	0	0.735	0.003	0.407	0	1	0	0	0.823	0.019	0	0.016	0
务实	0.001	0	0	0	0	0	1	0.122	0	0	0.811	0	0.042
人际互动	0	0	0	0	0.08	0	0.124	1	0	0	0.019	0	0.256
雷厉风行	0	0.287	0	0.141	0	0.865	0	0	1	0.004	0	0.008	0
鼓舞性激励	0	0.01	0.057	0	0	0.005	0	0	0.002	1	0	0	0
信守承诺	0.034	0	0	0	0	0	0.799	0.008	0	0	1	0	0.01
过程管理	0	0	0.162	0.083	0	0.002	0	0	0	0	0	1	0
以人为本	0	0	0	0	0.026	0	0.002	0.141	0	0	0	0	1

从表12－3可见，26项胜任力特征中，以团队意识的频数分布作为期望分布进行卡方检验，团队意识及毅力、成就欲、开放意识、主动性、务实、人际互动、信守承诺、以人为本的概率P值均大于0.05的显著性水平，不能否定原假设，表明这9项胜任力特征服从相似的概率分布；同理可得，以客户意识的频数分布作为期望分布进行卡方检验，客户意识及成就欲、风险意识、民主管理的概率P值均大于0.05的显著性水平，不能否定原假设，表明这4项胜任力特征服从相似的概率分布；以毅力的频数分布作为期望分布进行卡方检验，毅力及团队意识、大局观、成就欲、主动性、以人为本的概率P值均大于0.05的显著性水平，不能否定原假设，表明这6项胜任力特征服从相似的概率分布；以自信心的频数分布作为期望分布进行卡方检验，自信心及逻辑性、创新意识、灵活性、自我控制、雷厉风行的概率P值均大于0.05的显著性水平，不能否定原假设，表明这6项胜任力特征服从相似的概率分布；以大局观的频数分布作为期望分布进行卡方检验，大局观及团队意识、毅力、成就欲、风险意识、以人为本的概率P值均大于0.05的显著性水平，不能否定原假设，表明这6项胜任力特征服从相

似的概率分布；以关注细节的频数分布作为期望分布进行卡方检验，关注细节及计划性、自我控制、雷厉风行、过程管理的概率P值均大于0.05的显著性水平，不能否定原假设，表明这5项胜任力特征服从相似的概率分布；以成就欲的频数分布作为期望分布进行卡方检验，成就欲及团队意识、客户意识、毅力、大局观、风险意识、民主管理、人际互动、以人为本的概率P值均大于0.05的显著性水平，不能否定原假设，表明这9项胜任力特征服从相似的概率分布；以道德观的频数分布作为期望分布进行卡方检验，所有的概率P值均小于0.05的显著性水平，拒绝原假设，表明没有一项胜任力特征与道德观服从相似的概率分布；以逻辑性的频数分布作为期望分布进行卡方检验，逻辑性及自信心、灵活性、自我控制、雷厉风行的概率P值均大于0.05的显著性水平，不能否定原假设，表明这5项胜任力特征服从相似的概率分布；以创新意识的频数分布作为期望分布进行卡方检验，创新意识及自信心、灵活性、计划性、自我控制、雷厉风行的概率P值均大于0.05的显著性水平，不能否定原假设，表明这6项胜任力特征服从相似的概率分布；以开放意识的频数分布作为期望分布进行卡方检验，开放意识及团队意识、主动性、务实、信守承诺的概率P值均大于0.05的显著性水平，不能否定原假设，表明这5项胜任力特征服从相似的概率分布；以风险意识的频数分布作为期望分布进行卡方检验，风险意识及团队意识、大局观、成就欲、鼓舞性激励的概率P值均大于0.05的显著性水平，不能否定原假设，表明这5项胜任力特征服从相似的概率分布；以主动性的频数分布作为期望分布进行卡方检验，主动性及团队意识、开放意识、务实、信守承诺的概率P值均大于0.05的显著性水平，不能否定原假设，表明这5项胜任力特征服从相似的概率分布；以责任心的频数分布作为期望分布进行卡方检验，所有的概率P值均小于0.05的显著性水平，拒绝原假设，表明没有一项胜任力特征与责任心服从相似的概率分布；以灵活性的频数分布作为期望分布进行卡方检验，灵活性及自信心、逻辑性、创新意识、计划性、自我控制、雷厉风行的概率P值均大于0.05的显著性水平，不能否定原假设，表明这7项胜任力特征服从相似的概率分布；以自觉学习的频数分布作为期望分布进行卡方检验，自觉学习及鼓舞性激励、过程管理的概率P值均大于0.05的显著性水平，不能否定原假设，表明这3项胜任力特征服从相似的概率分布；以计划性的频数分布作为期望分布进行卡方检验，计划性及关注细节、创新意识、灵活性、自我控制、雷厉风行、过程管理的概率P值均大于0.05的显著性水平，不能否定原假设，表明这7项胜任力特征服从相似的概率分布；以民主管理的频数分布作为期望分布进行卡方检验，民主管理及客户意识、成就欲、人际互动的概率P值均大于0.05的显著性水平，不能否定原假设，表明这4项胜任力特征服从相似的概率分布；以自我控制的频数分布作为期望分布进行卡方检验，自我控制及自信心、关注细节、逻辑性、创新意识、灵活性、计划性、雷厉风行的概率P值均大于0.05的显著性水平，不能否定原假设，表明这8项胜任力特征服从相似的概率分布；以务实的频数分布作为期望分布进行卡方检验，务实及团队意识、开放意识、主动性、人际互动、信守承诺的概率P值均大于0.05的显著性水平，不能否定原假设，表明这6项胜任力特征服从相似的概率分布；以人际互动的频数分布作为期望分布进行卡方检验，人际互动及团队意识、成就欲、务实、以人为本的概率P值均大于0.05的显著性水平，不能否定原假设，表明这5项胜任力特征服从相似的概率分布；以雷厉风行的频数分布作为期望分布进行卡方检验，雷厉风行及自信心、逻辑性、创新意识、灵活性、自我控制的概率P值均大于0.05的显著性水平，不能否定原假设，表明这6项胜任力特征服从相似的概率分布；以鼓舞性激励的频数分布作为期望分布进行卡方检验，鼓舞性激励及风险意识的概率P值均大于0.05的显著性水平，不能否定原假设，表明这2项胜任力特征服从相似的概率分布；以信守承诺的频数分布作为期望分布进行卡方检验，信守承诺及团队意识、开放意识、主动性、责任心、务实的概率P值均大于0.05的显著性水平，不能否定原假设，表明这6项胜任力特征服从相似的概率分布；以过程管理的频数分布作为期望分布进行卡方检验，过程管理及关注细节、自觉学习、计划性的概率P值均大于0.05的显著性水平，不能否定原假设，表明这4项胜任力特征服从相似的概率分布；以以人为本的频数分布作为期望分布进行卡方检验，以人为本及团队意识、毅力、大局观、成就欲、人际互动的概率P值均大于0.05的显著性水平，不能否定原假设，表明这6项胜任力特征服从相似的概率分布。上述结果显示，在小型团队领导者中，某些胜任力特征的概率分布较有普遍性，多项特征服从同一分布；某些胜任力特征的概率分布较为特殊，没有其他特征的概率分布与其相同。图12－1直观地反映了这一现象。

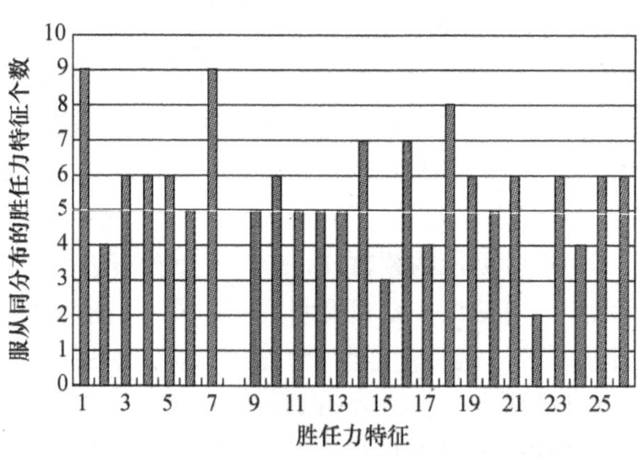

图12－1 服从相同分布的胜任力特征数量的直方图

采用上述方法对两项胜任力特征（例如A和B）的概率分布进行比较，还存在这样一种可能：当以A的频数分布作为期望分布对B作卡方检验时，如果B的概率P值大于显著性水平，得到A与B同分布的结论；那么以B的频数分布作为期望分布对A作卡方检验，仍有可能得到A的概率P值小于等于显著性水平的结果，得到A与B的概率分布不同的结论。在这种情况下，显然是不能认为A与B的概率分布是相同的。为此，笔者对上述判断矩阵，以矩阵中每一行的第一个元素（胜任力特征）各组的频数分布作为期望分布，依次对该行其他元素（胜任力特征）作卡方检验。使得每一对胜任力特征都交互进行了卡方检验。交互检验的结果出现了如下三种情形：①一对胜任力特征在交叉进行卡方检验后，双方的分布都与对方的频数分布相同（概率P值均大于显著性水平）；②只有一方的分布与对方的频数分布相同；③双方的分布都与对方的频数分布不同（概率P值均小于等于显著性水平）。笔者认为，在第一种情况下，可以认为该对胜任力特征具有相同的概率分布。26个胜任力特征组成了包含338个独特元素（338对胜任力特征）的矩阵，其中52对属于第一种情况，7对属于第二种情况，279对属于第三种情况。26个胜任力特征交互检验的结果如表12－4所示。

表12－4　26个胜任力特征交互检验结果的汇总表

情形	对数	涉及的胜任力特征
1	52	团队意识、客户意识、毅力、自信心、大局观、关注细节、成就欲、逻辑性、创新意识、开放意识、风险意识、主动性、灵活性、自觉学习、计划性、民主管理、自我控制、务实、人际互动、雷厉风行、鼓舞性激励、信守承诺、过程管理、以人为本
2	7	团队意识、毅力、大局观、关注细节、主动性、责任心、自觉学习、计划性、民主管理、人际互动、雷厉风行、鼓舞性激励、信守承诺
3	279	团队意识、客户意识、毅力、自信心、大局观、关注细节、成就欲、道德观、逻辑性、创新意识、开放意识、风险意识、主动性、责任心、灵活性、自觉学习、计划性、民主管理、自我控制、务实、人际互动、雷厉风行、鼓舞性激励、信守承诺、过程管理、以人为本
合计	338	

了解胜任力特征在概率分布上的普遍性和特殊性，对于小型团队领导者的选拔、使用和培训，无疑是具有现实意义的。小型团队领导者的胜任力是由众多特征组成的一个集合。其中某些特征是易于观察和测量的，另一些特征是难以观察和测量的，就像著名的冰山模型所描述的那样，一小部分是浮在水面的，大部分则是隐藏在水下的。在小型团队领导者的选拔、使用和培训方面，需要了解管理

团队中各项胜任力特征的分布情况，即胜任力特征处于某种水平的人占多大比重。由于并非所有胜任力特征都是易于观察和测量的，要观测各项胜任力特征的分布情况并非易事。一方面，如果能够了解哪些胜任力特征具有相同的概率分布，便可以根据某种胜任力特征的分布预测其他胜任力特征的分布，满足小型团队领导者的选拔、使用和培训的需要。另一方面，即便是发现某些胜任力特征在分布上十分特殊，与其他特征的分布均不相同，对于小型团队领导者的选拔、使用和培训而言，也具有现实意义，它意味着考虑这一胜任力特征时，对小型团队领导者的选拔、使用和培训要采用特殊的方案。

3. 胜任力特征的伴生现象

在自然与社会系统中，各种因素之间的“伴生”现象是屡见不鲜的。例如，在自然界钒钛矿与铁矿具有相似的化学性质和共同的物质来源，在铁矿中有时会伴生钒钛矿。在社会生活中同样存在着类似的伴生现象。例如，我国改革开放后城市化进程加快，农村剩余劳动力开始大规模向城市移动，随之产生了一个特殊的未成年人群体——农村留守儿童。这些儿童在成长过程中由于缺少父母情感上的关心、呵护和思想上的引导、帮助，极易产生个性、心理发展异常，甚至走上犯罪道路等问题，从而出现农村留守儿童问题与城市化伴生的现象。伴生现象是复杂系统中各因素之间因某种联系而在同一时空中共存的现象。

胜任力特征是能将绩优者与绩效平平者区别开来的知识、技能、能力、特质、动机、自我形象、社会角色等所有能够观察或测量的重要个体特征，各种特征之间存在着千丝万缕的联系，也是一个复杂系统。胜任力特征之间是否也存在某种伴生现象？如果存在伴生现象，如何用统计分析的方法进行探测？

笔者将胜任力特征之间的伴生现象定义为在一个群体中，两个或两个以上的胜任力特征具有相同或比较接近的水平，或者说在一个群体中某项胜任力特征处于较高水平，则在该群体中另一项胜任力特征也会处于较高水平。这与胜任力特征之间的相关性不同，相关性指的是两个变量之间具有相同的变化方向（正相关）或相反的变化方向（负相关），它并不排除群体中各个个体之间的胜任力特征的水平存在较大的差异。因此，胜任力特征之间的伴生现象不太适合用相关分析的方法进行探测。相比之下，胜任力特征之间的伴生现象更适合用聚类分析的方法进行探测。聚类分析分为 Q 型聚类和 R 型聚类，Q 型聚类根据数据之间距离来测量样本之间的亲疏关系，R 型聚类根据数据之间的距离来测量观察变量之间的亲疏关系。对于多个胜任力特征，采用 R 型聚类方法可将水平接近（并不一定变化方向相同或相反）的胜任力特征聚为一类。这更符合笔者对伴生现象的定义。表 12 – 5 虚拟了 A、B、C 三项胜任力特征变量，对三个变量分别作相关分析和 R 型聚类分析，结果显示聚类分析方法更适合用于探测伴生现象。

表 12－5　胜任力特征 A、B、C 及其相关分析与聚类分析

编号＼特征	A	B	C	相关分析	聚类分析
1	1	11	4	由相关分析发现，A 与 B 的相关系数为 1，两者显著相关；A 与 C 的相关系数为 0.281，两者不相关	由聚类分析发现，A 与 C 两个个体首先聚为一个小类，然后再与 B 聚为一类
2	3	13	6		
3	5	15	8		
4	7	17	2		
5	9	19	5		
6	11	21	3		
7	13	23	7		
8	15	25	6		
9	17	27	4		
10	19	29	9		

表 12－5 可见，虚拟的胜任力特征 A、B、C 之间，A 与 C 的水平整体上最为接近，A 与 B 及 A 与 C 则较为疏远。相关分析的结果显示 A 与 B 的相关系数最高，显然它不能真实地反映三个变量之间的亲疏关系。聚类分析的结果则首先将 A 与 C 聚为一类，与上述三个变量之间的亲疏关系吻合。两种统计分析方法互相比较，在探测胜任力特征的伴生现象问题上，聚类分析方法是一种更好的选择。基于此，我们用 R 型聚类方法对来自前述 308 个样本的 26 个胜任特征作了层次聚类分析，聚类过程如表 12－6 所示。

表 12－6　层次聚类分析中的凝聚状态表

步骤	混合聚类		相关系数	聚类中第一次出现的步骤		下一步骤
	聚类 1	聚类 2		聚类 1	聚类 2	
1	13	14	191	0	0	3
2	4	9	225	0	0	4
3	13	20	238.5	1	0	8
4	4	10	249.5	2	0	7
5	11	21	261	0	0	13
6	17	25	266	0	0	17
7	4	22	275.333	4	0	12
8	1	13	285.667	0	3	9
9	1	24	297.25	8	0	13

续表

步骤	混合聚类		相关系数	聚类中第一次出现的步骤		下一步骤
	聚类1	聚类2		聚类1	聚类2	
10	15	19	298	0	0	15
11	18	26	300	0	0	20
12	4	7	309	7	0	14
13	1	11	316.9	9	5	16
14	4	5	319.4	12	0	17
15	12	15	330	0	10	20
16	1	3	335.571	13	0	22
17	4	17	337.5	14	6	18
18	4	23	343.125	17	0	19
19	4	6	353.333	18	0	21
20	12	18	356	15	11	22
21	4	16	365.8	19	0	23
22	1	12	372.825	16	20	23
23	1	4	381.07	22	21	24
24	1	2	396.625	23	0	25
25	1	8	461.32	24	0	0

图 12－2 显示，在第 1 步中，第 13 项胜任力特征（主动性）和第 14 项胜任力特征（责任心）首先被聚为一类。继而在第 2 步中，第 4 项胜任力特征（自信心）和第 9 项胜任力特征（逻辑性）被聚为一类，经过 25 步后全部胜任力特征聚为一类。在聚类过程中，有个体与个体聚为一类（0，0）、个体与小类聚为一类及小类与小类聚为一类三种情况。为了简化问题，笔者将个体与个体聚为一类的情况视为发生了伴生现象。整个聚类过程共有 6 对胜任力特征，这 6 对胜任力特征详见图 12－2。

图 12－2 中可见，6 对伴生的胜任力特征分别为：主动性与责任心、开放意识与人际互动、民主管理与以人为本、灵活性与自我控制、计划性与过程管理、自信心与逻辑性。两种胜任力特征伴生，是由于二者之间存在某种内在联系。上述 6 对伴生的胜任力特征中，有一些特征的内在联系是显而易见的。其中，主动性与责任心伴生应该不难理解。在调查问卷中，主动性是指在工作上积极投入的程度，责任心是指在工作上对人对己有高标准及严格的要求，从个人角度看，二者都源于大五人格中的尽责性；从组织角度看，二者都属于企业极力倡导的工作

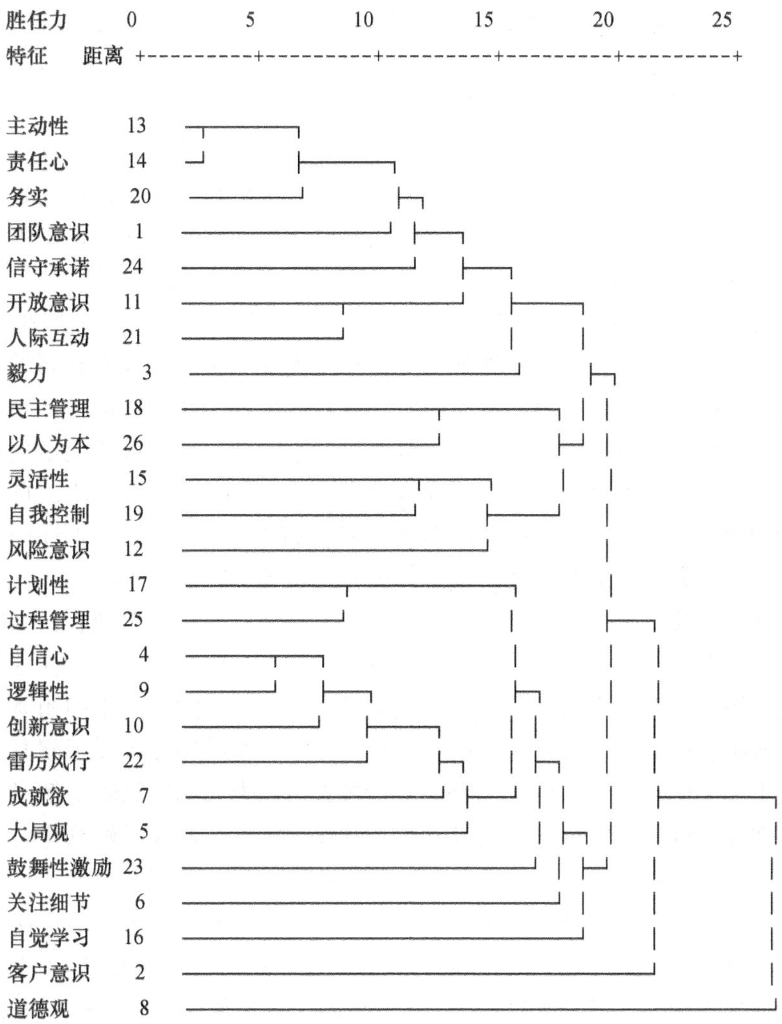

```
胜任力      0         5         10        15        20        25
特征   距离 +---------+---------+---------+---------+---------+

主动性       13
责任心       14
务实         20
团队意识      1
信守承诺     24
开放意识     11
人际互动     21
毅力          3
民主管理     18
以人为本     26
灵活性       15
自我控制     19
风险意识     12
计划性       17
过程管理     25
自信心        4
逻辑性        9
创新意识     10
雷厉风行     22
成就欲        7
大局观        5
鼓舞性激励   23
关注细节      6
自觉学习     16
客户意识      2
道德观        8
```

图 12-2　层次聚类分析的树形图

价值观，都因为组织的鼓励而强化，因此高主动性往往会伴随着高责任心。开放意识与人际互动伴生也是可以解释的。开放意识表示“思想很开放，乐于向别人学习，非常重视与外界的交流”，人际互动表示“喜欢与人交往，与人沟通时总是能够保持倾听，对下属及有工作联系的人都能积极地给予信息反馈”，二者都与大五人格中的外倾性相关联。因此，较强的开放意识很有可能会伴随较强的人际互动。民主管理表示“充分授予下属分内工作所需的自主权，积极鼓励下属对分外的工作提合理化建议，当自己的意见与多数意见不一致时，愿意放弃自己的立场”；以人为本表示“对下属不分亲疏都能在生活和事业上给予高度关怀，并且尽一切可能给予帮助”，二者均属于领导方式范畴，在大量有关变革型领导的研究中，大多认为这两项特征在变革型领导身上共存。计划性表示“承担每一项任务时都会自觉制订详细的书面计划，并且严格按计划行事”；过程管理表示“养成了对任务进行分解，并将其划分成较细阶段的工作习惯，在每一阶段都会严格按时检查监督下属的工作情况”。二者体现了领导者在任务管理过程中前后一贯的严谨作风，因此较强的计划性与较明显的过程管理特征并存也是可以理解的。自信心表示“认为自己能力超群，非常相信自己能做好每一件事情”；逻辑性表示“分析问题很透彻，概念清晰，条理性很强”。二者的伴生似乎难以解释，但也并非没有关联性。逻辑性强在一定程度上反映了一个人有较高的智力水平，这与较强的自信心应当是有联系的。在6对伴生的胜任力特征中，唯有灵活性与自我控制的伴生现象难以解释。在调查问卷中，灵活性表示“无论之前做出了什么决定，当环境条件有变化时，常常会改变自己的决定和行为”；自我控制表示“成熟稳重，无论遇到什么情况都能保持冷静和理性”。就逻辑性而言，二者之间还看不出有明显的关联性，或许理智性是这两个特征的共性。

对胜任力特征之间伴生问题的进一步研究，是探讨两种或多种胜任力特征伴生的原因。受调查数据所限，此项工作有待今后开展。研究胜任力特征伴生现象及其形成的原因，对于人力资源管理实践是具有实际意义的。以小型团队领导者的招聘、选拔、培训、培养为例。招聘、选拔一个合格的领导者要考察其综合素质，这使得相关的测试、评估工作要耗费许多人力物力。如果能够了解哪些胜任力特征存在伴生现象，便可以只测量有限个胜任力特征，达到了解其综合素质的目的，提高招聘和选拔工作的效率。在小型团队领导者的培训、培养方面，为了使领导者的能力得到全面提高，企业往往需要针对不同的胜任力特征，制订和实施一系列的培训、培养方案，使得领导者的培训和培养代价高昂。如果能够发现胜任力特征伴生的原因（例如共同因），从根源上寻找解决方案，针对共同因制订和实施培训、培养方案，可望收到一箭双雕的效果：即只需要抓住少数关键因素，便可提升多项能力。这不仅有利于降低人力资源开发的成本，也有利于缩短小型团队领导者培养的周期，提高人才开发的效率。

第二节　胜任力特征的可塑性

尽管胜任力的概念产生于20世纪70年代，领导者胜任力的研究却可以追溯到20世纪四五十年代的领导特质理论。如同胜任力概念一样，领导特质理论也认为某些个人特质对领导者的绩效有直接影响，决定了一个人能否成为成功的领导者。早期的领导特质理论多认为这些个人特质是与生俱来的，或者说存在天生的或天才的领导者。后期的领导特质理论对此从两个方面提出了质疑，一是某些个人特质是否能够决定一个人成为领导者，要视场合而定，在某种场合下，具备某些个人特质的人可能成为领导者，在另外一种场合却未必能够成为领导者。二是领导者所具有的个人特质并非与生俱来，可以后天习得。在后来的胜任力特征的研究中，多认为胜任力特征可以在生活和工作中，通过不断学习而逐渐养成和增强。换言之，胜任力特征是可塑的。

所有能将业绩优秀者与平庸者区分开来的个体特征都属于胜任力特征，因此胜任力特征的构成十分复杂，胜任力特征是天生的还是后天形成的，难以一概而论，只能说各种胜任力特征在可塑性上存在差异。由此产生的问题是：在众多的胜任力特征中，哪些具有较高的可塑性？哪些不太具备可塑性？对于小型团队领导者的选拔、培养而言，这也是颇为值得研究的问题。如果能够知晓某项胜任力特征是可塑的或不可塑的，在小型团队领导者的选拔、培养方面就可以制定更为有效的策略。例如，如果有两个候选人，一个在可塑的胜任力特征方面较强，而在不可塑的胜任力特征方面较弱；另一个则相反，在可塑的胜任力特征方面较弱，而在不可塑的胜任力特征方面较强，显然选择后者是较为明智的策略，因为后者更有发展潜力，可通过后来的培养发展成更为全面的领导者。

1. 胜任力特征的可塑性的初步分析

胜任力特征的可塑性可以解释为某项胜任力特征随着时间的推移而改善的程度。这意味着可以根据某项胜任力特征与时间（年龄、工作年限等）的关联程度来测量该项胜任力特征的可塑性。有多种统计分析的方法可用来做这种测量，如方差分析、相关分析、回归分析等。为了在测量胜任力特征与时间因素的关联程度时剔除其他因素的影响，笔者主要采用方差分析的方法来分析胜任力特征的可塑性，同时也列出了相关分析和回归分析的结果，以供比较。

在前述26项小型团队领导者胜任力特征中，成熟欲、自觉学习、创新意识3项特征反映了一个人不满足现状，积极进取的心态。笔者将这3项特征的测量值相加，组成一个新的变量，这个新的变量可以命名为进取心。胜任力特征的水平除了受时间变量影响外，应该也受进取心的影响。进取心强和进取心弱的人，其胜任力特征随着时间的推移而改善的程度应该是有区别的。为此，笔者将进取心变量单列出来，用于协方差分析。其具体分析过程是：分别以23项胜任力特征作为观察变量，以调查对象的管理工作年限为控制变量，以进取心为协变量，依次作单因素方差分析和协方差分析。分析中还对管理工作年限变量进行了处理，将管理工作年限分为3组，其中1～10年为第一组，赋值为1；11～20年为第二组，赋值为2；20年以上为第三组，赋值为3。方差分析所用的样本来自于308位小型团队领导者填写的调查问卷，由于308位被调查者中有25位未填写其管理工作年限的信息，故实际的样本容量为283个。23项胜任力特征单因素方差分析和协方差分析的结果详见表12－7。表中还给出了各项胜任力特征与管理工作年限相关分析和回归分析结果。

表12－7　23项胜任力特征分析结果汇总表

胜任力	单因素方差分析		协方差分析		相关分析		回归分析	
	卡方值	概率P值	卡方值	概率P值	相关系数	概率P值	回归系数	概率P值
团队意识	0.149	0.862	0.600	0.549	0.028	0.634	0.047	0.634
客户意识	1.276	0.281	0.856	0.426	0.052	0.385	0.088	0.385
毅力	0.906	0.406	1.377	0.254	0.080	0.181	0.144	0.181
自信心	0.776	0.461	0.803	0.449	0.065	0.276	0.105	0.276
大局观	0.881	0.415	0.934	0.394	0.072	0.225	0.131	0.225
关注细节	0.143	0.867	0.568	0.567	0.022	0.716	0.039	0.716
成就欲	3.251	0.04	2.326	0.100	-0.069	0.248	-0.116	0.248
道德观	0.605	0.547	0.378	0.686	0.035	0.562	0.059	0.562
逻辑性	0.249	0.78	1.138	0.322	0.027	0.649	0.043	0.649
创新意识	0.169	0.845	0.563	0.570	0.029	0.631	0.047	0.631
开放意识	0.063	0.939	0.225	0.799	0.020	0.734	0.034	0.734
风险意识	1.556	0.213	2.123	0.122	0.103	0.085	0.181	0.085
主动性	1.612	0.201	2.151	0.118	0.106	0.074	0.178	0.074
责任心	0.857	0.425	0.341	0.712	0.017	0.770	0.026	0.770
灵活性	0.464	0.629	0.593	0.554	0.057	0.342	0.096	0.342
自觉学习	0.318	0.728	0.210	0.810	-0.019	0.747	-0.038	0.747
计划性	0.844	0.431	0.854	0.427	0.069	0.248	0.118	0.248
民主管理	4.523	0.012	4.447	0.013	0.168	0.005	0.285	0.005
自我控制	4.009	0.019	4.081	0.018	0.156	0.009	0.262	0.009
务实	2.526	0.082	3.676	0.027	0.121	0.041	0.195	0.041
人际互动	2.622	0.074	2.267	0.105	0.105	0.078	0.169	0.078
雷厉风行	0.225	0.798	0.489	0.614	0.040	0.503	0.066	0.503
鼓舞性激励	2.262	0.106	2.339	0.098	0.117	0.050	0.214	0.050
信守承诺	0.102	0.903	0.473	0.623	-0.007	0.913	-0.011	0.913
过程管理	0.239	0.787	0.676	0.509	0.038	0.526	0.073	0.526
以人为本	7.244	0.001	7.375	0.001	0.203	0.001	0.362	0.001

表12－7中可见，23项胜任力特征中，有20项胜任力特征的单因素方差分析结果不显著，表明这些胜任力特征的水平不因管理工作年限的不同而改变；有3项胜任力特征的单因素方差分析结果显著，表明这些胜任力特征的水平随着管理工作年限的不同而改变。协方差分析、相关分析和回归分析的结果与单因素分析的结果大体一致。唯有务实一项，单因素方差分析的结果为不显著，协方差分析的结果为显著，表明在剔除了进取心的影响后，务实的程度会随着管理工作年限的不同而改变。上述结果有点出人意料，笔者原本以为小型团队领导者的大多数胜任力特征都具有可塑性，都会随着管理工作年限的增加而明显改善。上述分析结果却显示只有不到20%的胜任力特征（3～4个）水平随着管理工作年限的不同而改变。这4项胜任力特征是民主管理、自我控制、务实和以人为本。

2. 胜任力特征的可塑性的进一步分析

在胜任力的研究中，人们把更多的注意力放在胜任力模型的研究上，探讨某一类人的胜任力特征由哪几个维度构成，也就是在更高阶的层面上探讨胜任力特征。对胜任力特征的可塑性，也可以在这一层面上进行研究。

卡茨于20世纪50年代提出，高效的管理者要具备三种基本技能：一是人际技能，指处理人际关系、协调内外部关系的能力；二是技术技能，指使用某一专业领域有关的工作程序、技术和知识完成组织任务的能力；三是概念技能，指系统思维，洞察环境变化和发展规律的能力。这一观点至今仍然获得许多人的认同。笔者的问题是，这三种基本技能是否具有可塑性？为了探讨这一问题，笔者从前述26项胜任力特征中，挑选了与这三个概念相近的一些特征，组成了三个变量，分别命名为人际技能、任务技能（对应于技术技能）和概念技能。其中，人际技能变量由民主管理、人际互动、鼓舞性激励、以人为本4个胜任力特征的测量值相加而成；任务技能变量由计划性、过程管理、关注细节、灵活性4个胜任力特征的测量值相加而成；概念技能变量由专业技术水平、业务知识水平、社会规则认知、管理知识水平、文化素养、工作经验6个胜任力特征的测量值相加而成。

在小型团队领导者胜任力特征测量量表中，民主管理表示“充分授予下属分内工作所需的自主权，积极鼓励下属对分外的工作提合理化建议，当自己的意见与多数意见不一致时，愿意放弃自己的立场”；人际互动表示“喜欢与人交往，与人沟通时总是能够保持倾听，对下属及有工作联系的人都能积极地给予信息反馈”；鼓舞性激励表示“喜欢对员工描述愿景（本单位的发展前景），努力让员工了解组织对他们的期望”；以人为本表示“对下属不分亲疏都能在生活和事业上给予高度关怀，并且尽一切可能给予帮助”。4项胜任力特征都与人际关系有关。可以看出这四个方面都体现了领导者对人的重视及争取他人的参与和支持的领导艺术。因此，由这4项胜任力特征组成的变量与卡茨提出的人际技能概念是接近的。人际技能变量的基本描述性统计量如表12－8所示。

表12－8 人际技能的基本描述性统计量

管理工作年限分组	频次	均值	标准差	标准误差	95%置信区间		最小值	最大值
					置信下限	置信上限		
1	222	14.460	2.636	0.177	14.111	14.808	4.000	20.000
2	49	15.020	2.719	0.388	14.239	15.802	9.000	20.000
3	12	17.333	1.969	0.569	16.082	18.585	14.000	19.000
合计	283	14.678	2.685	0.160	14.364	14.993	4.000	20.000

从组成任务技能的4项胜任力特征看，无论是计划性还是过程管理、关注细节、灵活性都反映了领导者在任务管理方面的方式方法，4项胜任力特征都与组织任务完成能力有关。因此，由这4项胜任力特征组成的变量与卡茨提出的技术技能概念是接近的。任务技能变量的基本描述性统计量如表12－9所示。

表12－9 任务技能的基本描述性统计量

管理工作年限分组	频次	均值	标准差	标准误差	95%置信区间		最小值	最大值
					置信下限	置信上限		
1	222	13.482	2.73525	0.18358	13.1202	13.8438	5	20
2	49	13.8367	2.56862	0.36695	13.0989	14.5745	9	20
3	12	14.0833	2.57464	0.74324	12.4475	15.7192	10	17
合计	283	13.5689	2.69713	0.16033	13.2533	13.8845	5	20

用专业技术水平、业务知识水平、社会规则认知、管理知识水平、文化素养、工作经验6项胜任力特征代表卡茨提出的概念技能，也是符合逻辑的。这6项胜任力所测量的都是领导者的知识水平，知识水平的高低显然会影响到领导者系统思维、洞察环境变化和发展规律的能力。因此，由它们组成的变量与卡茨提出的概念技能是有关联的。概念技能变量的基本描述性统计量如表12－10所示。

以管理工作年限作为控制变量分别对任务技能、人际技能、概念技能作单因素方差分析，得到如表12－11所示的结果。从表中可见，任务技能的F值为0.573，概率P值为0.564，大于0.05的显著性水平，表明在控制变量的不同水平下，任务技能没有显著差异。人际技能的F值为7.313，概率P值为0.001，小于0.05的显著性水平，表明在控制变量的不同水平下，人际技能有显著差异。

概念技能的F值为2.826，概率P值为0.061，大于0.05的显著性水平，表明在控制变量的不同水平下，概念技能没有显著差异。从三项基本技能的单因素分析结果看，管理工作年限对人际技能的影响显著，对其余两项技能影响不显著，但概念技能受到的影响要比任务技能明显一些。

表12-10 概念技能的基本描述性统计量

管理工作年限分组	频次	均值	标准差	标准误差	95%置信区间		最小值	最大值
					置信下限	置信上限		
1	222	20.54	3.848	0.258	20.03	21.05	8	29
2	49	21.76	3.694	0.528	20.69	22.82	12	29
3	12	22.17	3.243	0.936	20.11	24.23	15	27
合计	283	20.82	3.824	0.227	20.37	21.27	8	29

表12-11 三项基本技能的单因素方差分析结果

三大技能	平方和		自由度	均方	F值	P值
任务技能	组间	8.368	2	4.184	0.573	0.564
	组内	2043.038	280	7.297		
	总和	2051.406	282			
人际技能	组间	100.957	2	50.479	7.313	0.001
	组内	1932.781	280	6.903		
	总和	2033.739	282			
概念技能	组间	81.611	2	40.806	2.826	0.061
	组内	4042.673	280	14.438		
	总和	4124.284	282			

如前所述，管理者胜任力特征的水平除了受管理工作年限的影响外，还可能受其上进心的影响，上进心强的管理者，随着管理工作年限的增加，其胜任力特征改善的程度可能会大一些；上进心不强的管理者，随着管理工作年限的增加，其胜任力特征改善的程度可能会小一些。考虑到这一点，笔者以管理工作年限为控制变量，以上进心为协变量，对上述三项技能作协方差分析，以考察在剔除上进心的影响后，管理工作年限的影响程度。三项技能中，任务技能的协方差分析结果见表12-12。表中可见，在剔除上进心的影响后，F值为1.213，概率P值为0.299，大于0.05的显著性水平，管理工作年限对任务技能的影响仍然是不显著的。图12-3描述了283位小型团队领导者按管理工作年限分组的任务技能均

值，可以看到各组的任务技能均值还是有差异的，但差异不显著。

表 12－12　任务技能的协方差分析结果

来源	第三类平方和	自由度	均方	F 值	P 值
校正模型	467.186a	3	155.729	27.426	0
	2127.183	1	2127.183	374.622	0
进取心	458.818	1	458.818	80.803	0
管理工作年限	13.775	2	6.887	1.213	0.299
误差	1584.22	279	5.678		
合计	54156	283			
总变差	2051.406	282			
a. R^2 = 0.228（调整的 R^2 = 0.219）					

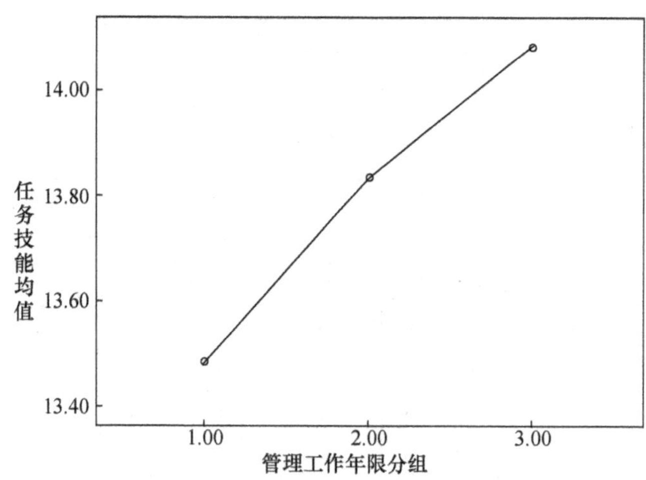

图 12－3　任务技能均值图

人际技能的协方差分析结果见表 12－13。表中可见，在剔除上进心的影响后，F 值为 7.787，概率 P 值为 0.001，小于 0.05 的显著性水平，管理工作年限对人际技能的影响是显著的。不仅如此，管理工作年限对人际技能的影响还是正向的，图 12－4 描述了 283 位小型团队领导者按管理工作年限分组的人际技能均值。图 12－4 中可见，管理工作年限越长，人际技能水平越高。协方差分析结果表明，随着管理工作年限的增加，管理者处理人际关系、协调内外部关系的能力会随着管理工作年限的增加而提高，人际技能是可塑的。

表 12－13　人际技能的协方差分析结果

来源	第三类平方和	自由度	均方	F 值	P 值
校正模型	422.238a	3.000	140.746	24.367	0.000
	3312.512	1.000	3312.512	573.497	0.000
进取心	321.281	1.000	321.281	55.624	0.000
管理工作年限	89.950	2.000	44.975	7.787	0.001
误差	1611.500	279.000	5.776		
合计	63008.000	283.000			
总变差	2033.739	282.000			
a. $R^2 = 0.208$（调整的 $R^2 = 0.199$）					

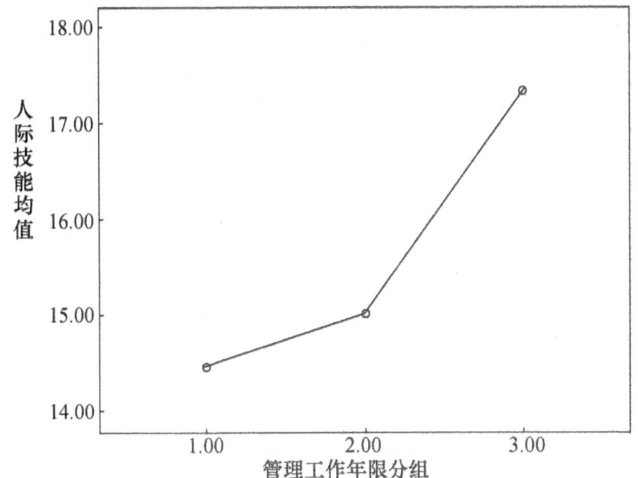

图 12－4　人际技能均值图

概念技能的协方差分析结果见表 12－14。表中可见，在剔除上进心的影响后，F 值为 5.407，概率 P 值为 0.005，小于 0.05 的显著性水平，管理工作年限对概念技能的影响是显著的。不仅如此，管理工作年限对概念技能的影响还是正向的，图 12－5 描述了 283 位小型团队领导者按管理工作年限分组的概念技能均值。图 12－5 中可见，管理工作年限越长，概念技能水平越高。协方差分析结果表明，随着管理工作年限的增加，管理者的系统思维、洞察环境变化和发展规律的能力会随着管理工作年限的增加而提高。这与概念技能单因素方差分析的结果有所不同，但至少说明，在一定条件下，概念技能是可塑的。

表 12－14　概念技能的协方差分析结果

来源	第三类平方和	自由度	均方	F 值	P 值
校正模型	1356.504a	3	452.168	45.58	0
	4870.992	1	4870.992	491.01	0
进取心	1274.892	1	1274.892	128.513	0
管理工作年限	107.284	2	53.642	5.407	0.005
误差	2767.78	279	9.92		
合计	126819.5	283			
总变差	4124.284	282			

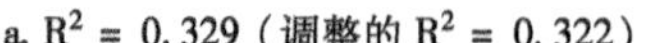
a. R^2 = 0.329（调整的 R^2 = 0.322）

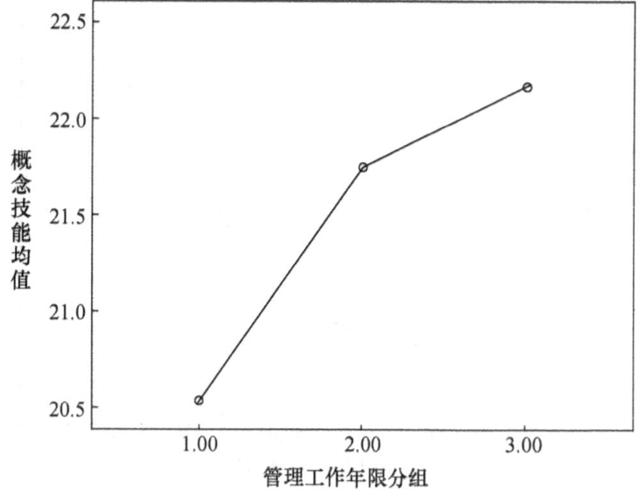

图 12－5　概念技能均值图

综上所述，相对于管理工作年限而言，管理者的三项基本技能中，人际技能最具可塑性，概念技能次之，任务技能最不具有可塑性。人际技能具有较强的可塑性是容易理解的。随着时间的推移，管理者在与上下级及相关部门的频繁交往中，逐渐积累起处理人际关系的经验，知道与人相处何种方式会带来好的结果，何种方式会带来坏的结果，并根据这些经验修正自己的人际交往行为，不断改善其人际技能。概念技能的可塑性略低，可能是因为人们的系统思维、洞察环境变化和发展规律的能力中包含着某些天赋的成分，例如概念技能可能在一定程度上与智商有关。但概念技能也受许多后天因素影响，例如知识的积累无疑有助于提高人们的系统思维、洞察环境变化和发展规律的能力。因此，概念技能与管理工

作年限的关系虽不及人际技能密切，但也是可塑的。分析结果显示任务技能的可塑性较低，有可能是因为人们使用专业知识完成组织任务的能力受到较多的外部因素制约，管理工作年限及个人的上进心对任务技能的影响有限。

第三节　胜任力特征与工作态度的关系

弗鲁姆的激励理论、劳勒和波特的综合激励模型及有关工作态度与工作绩效关系的研究，指出员工的工作积极性受情感、期望值和效价影响。笔者之前根据308个小型团队领导者调查数据所做的实证分析也证实了这种关系。这种关系为解决员工激励问题（包括小型团队领导者激励问题）提供了一种可行的途径，即通过影响员工的情感、期望值和效价，增强其工作动机，来激发员工的工作积极性。由此引发了另一个问题：用什么办法影响员工的情感、期望值和效价？或者说员工的工作态度（情感、期望值和效价）受到哪些因素影响？特别是有没有哪些员工本人的个体特征会影响其情感、期望值和效价？找到这些影响员工情感、期望值和效价的个体特征，显然有助于找到影响员工的情感、期望值和效价的办法。

1. 成就欲与效价的关系

期望值理论中的效价是指达到目标对于满足个人需要的价值，亦即个人对工作意义的认知。在小型团队领导者工作态度测量量表中，笔者用“如果现在离开本单位，我心里会有一种负疚感”、“继续留在本单位工作的一个主要原因是离职将会造成很大的个人损失，其他单位也许不能提供我在这所能享受到的所有待遇”、“如果我继续留在本单位工作，不会有什么前途”、“我觉得自己在这项任务中所承担的工作是无足轻重的”、“在这项任务中，我的个人价值得到体现”、“我在这项任务中表现的好坏对于我而言十分重要”6个测项来测量效价。以下分析中的效价即为这6个测项的测量值之和。由于6个测项中“如果我继续留在本单位工作，不会有什么前途”、“我觉得自己在这项任务中所承担的工作是无足轻重的”两个问题是反向的，在求和前笔者对其测量值作了逆向处理，即将1分、2分、3分、4分、5分转换成5分、4分、3分、2分、1分。效价的基本描述性统计量如表12－15所示。

从逻辑上看，前述26项小型团队领导者胜任力特征中，成就欲与效价的关系最为密切。成就欲强的人其兴趣中心是工作，渴望在工作中取得成就，并且一旦工作上有所成就，带给他的满足感会远甚于常人。成就欲弱的人，其兴趣中心

表 12 – 15 效价的基本描述性统计量

效价	均值	标准差	标准误差	最小值	最大值
留任效价 1	3.67	0.928	0.053	1	5
留任效价 2	3.19	1.041	0.059	1	5
留任效价 3（反）	3.81	0.892	0.051	1	5
工作效价 1（反）	4.1	0.953	0.054	1	5
工作效价 2	3.94	0.751	0.043	1	5
工作效价 3	4.14	0.731	0.042	1	5
汇总效价	22.79	3.148	0.179	13	30

往往是生活，对工作成就没有很强烈的渴望，工作本身带给他的满足感会低于常人。因此，成就欲应当是影响效价的一个重要因素。基于这一考虑，笔者以成就欲为控制变量，对效价作单因素方差分析，以检验在成就欲的不同水平下，效价是否会有显著差异。分析过程中我们以均值为分割点，将成就欲分为两组。低于均值的一组取值为 1，高于均值的一组取值为 2。单因素方差分析的结果如表 12 – 16所示。

表 12 – 16 成就欲与效价的单因素方差分析结果

	平方和	自由度	均方	F 值	P 值
组间	49.103	1	49.103	5.019	0.026
组内	2993.598	306	9.783		
总和	3042.701	307			

表 12 – 16 显示，按成就欲分组，效价的组间平方和为 49.103，F 值为 5.019，概率 P 值为 0.026，小于 0.05 的显著性水平，表明在成就欲的不同水平下，效价有显著差异，成就欲对效价有显著影响。图 12 – 6 显示了效价与成就欲的关系，图中可见成就欲较高的第二组的效价均值，要高于成就欲较低的第一组的效价均值，表明成就欲对效价的影响是正向的。这与前面对二者关系所作的假设是一致，方差分析的结果证实了前面所说的效价与成就欲的逻辑关系。

2. 自信心与期望值的关系

期望值是人们对自己达到某种目标或满足需要的可能性大小的判断，亦即个人对其能够达到目标的主观概率的感知。在小型团队领导者工作态度测量量表中，笔者将期望值分为对完成任务可能性的感知和对获得报酬可能性的感知这两

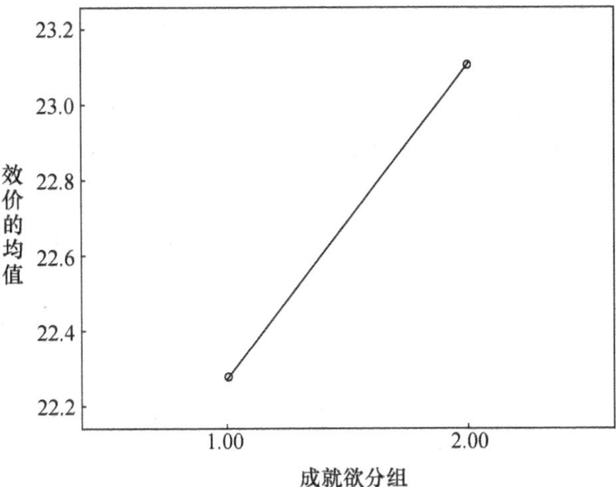

图 12－6　成就欲与效价的均值图

个方面，用“在本次任务中，我享有充分的自主权”、“在本次任务中，我相信我和我的工作伙伴之间能够很好地合作”、“我认为本单位的整体环境对本次任务的顺利完成是非常有利的”、“我感到本次任务十分艰巨，很难完成”4 个测项测量前者；用“我相信只要自己在本单位努力工作，就会有广阔的职业发展空间”、“只要自己工作出色，就会得到上级和同事的充分肯定”、“我的报酬与我的工作表现直接相关”3 个测项测量后者。这 7 个测项的测量值之和即为期望值。由于 7 个测项中“我感到本次任务十分艰巨，很难完成”这一问题是反向的，在求和前笔者对其测量值作了逆向处理。期望值的基本描述性统计量如表 12－17 所示。

表 12－17　期望值的基本描述性统计量

期望	均值	标准差	标准误差	最小值	最大值
工作期望 1	3.67	0.888	0.051	1	5
工作期望 2	4.2	0.65	0.037	1	5
工作期望 3	3.96	0.804	0.046	1	5
工作期望 4（反）	3.49	0.967	0.055	1	5
报酬期望 1	3.94	0.835	0.048	1	5
报酬期望 2	4.04	0.783	0.045	1	5
报酬期望 3	3.73	0.911	0.052	1	5
汇总期望	27	3.572	0.204	11	35

从逻辑上看，前述26项小型团队领导者胜任力特征中，自信心与期望值有密切关系。自信心强的人，会有较高的自我效能感，相信自己能做好每一件事情，即使面对艰难的工作任务，也会对达成目标的可能性有较为乐观的估计。反之缺乏自信的人，其自我效能感会比较低，对达成目标的可能性会有较为悲观的估计。基于这一考虑，笔者以自信心为控制变量，对期望值作单因素方差分析，以检验在自信心的不同水平下，期望值是否会有显著差异。分析过程中笔者以均值为分割点，将自信心分为两组。低于均值的一组取值为1，高于均值的一组取值为2。单因素方差分析的结果如表12－18所示。

表12－18　自信心与期望值的单因素方差分析结果

	平方和	自由度	均方	F值	P值
组间	63.647	1	63.647	5.056	0.025
组内	3852.353	306	12.589		
总和	3916	307			

表12－18显示，按自信心分组，期望值的组间平方和为63.647，F值为5.056，概率P值为0.025，小于0.05的显著性水平，表明在自信心的不同水平下，期望值有显著差异，自信心对期望值有显著影响。图12－7显示了期望值与自信心的关系，图中可见自信心较高的第二组的期望值均值，要高于自信心较低的第一组的期望值均值，表明自信心对期望值的影响是正向的。这与前面对二者关系所作的假设是一致，方差分析的结果证实了前面所说的期望值与自信心的逻辑关系。

3. 自我—他人中心与情感的关系

在工作态度中，情感因素是较为复杂的。工作中的情感包括对组织的情感、对同事的情感及对工作本身的情感。在小型团队领导者工作态度测量量表中，笔者用“我为自己身为本单位的一员而感到骄傲”、“我很高兴我选择了为本单位工作而不是其他单位”两个测项测量对组织的情感；用“我很喜欢与本次任务团队里的同事一起讨论问题、解决问题”、“我和本次任务团队里的同事彼此和睦相处”两个测项测量对同事的情感；用“我对我的工作有很强烈的感情，很难割舍”、“我对我的工作充满兴趣”两个测项测量对工作本身的情感。这6个测项的测量值之和即代表情感变量的水平。情感的基本描述性统计量如表12－19所示。

在26项小型团队领导者胜任力特征中，团队意识、客户意识、开放意识都反映了同一方面的人格特质，即一个人是以自我为中心还是以他人为中心。以自

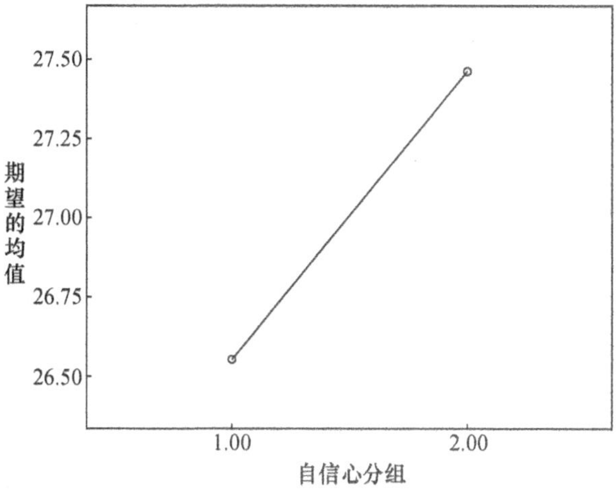

图 12－7　自信心与期望的均值图

表 12－19　情感的基本描述性统计量

情感	均值	标准差	标准误差	最小值	最大值
组织情感 1	4.42	0.678	0.039	1	5
组织情感 2	4.24	0.721	0.041	1	5
同事情感 1	4.43	0.607	0.035	1	5
同事情感 2	4.38	0.595	0.034	1	5
工作情感 1	4.05	0.785	0.045	1	5
工作情感 2	4.2	0.725	0.041	1	5
汇总情感	25.69	3.034	0.173	8	30

我为中心的人，其团队意识、客户意识、开放意识会比较弱；以他人为中心的人，其团队意识、客户意识、开放意识会比较强。因此，笔者将这三项胜任力特征的测量值相加，组成一个新的变量，并命名为自我—他人中心，这一变量的测量值高表示以他人为中心，测量值低表示以自我为中心。从逻辑上看，自我—他人中心这一变量会对情感有影响。以他人为中心的人，会更多地考虑他人的需要，重视与他人改善关系，易对组织、团队及工作产生情感；以自我为中心的人，会更多地考虑自身的感受，忽视他人的需要，对组织、团队及工作的情感则较为淡薄。基于这一考虑，笔者以自我—他人中心为控制变量，对情感作单因素方差分析，以检验在自我—他人中心的不同水平下，情感是否会有显著差

异。分析过程中笔者以均值为分割点，将自我—他人中心分为两组。低于均值的一组取值为1，高于均值的一组取值为2。单因素方差分析的结果如表12-20所示。

表12-20　自我—他人中心与情感的单因素方差分析结果

	平方和	自由度	均方	F值	P值
组间	53.375	1	53.375	5.89	0.016
组内	2773.076	306	9.062		
总和	2826.451	307			

表12-20显示，按自我—他人中心分组，情感的组间平方和为53.375，F值为5.89，概率P值为0.016，小于0.05的显著性水平，表明在自我—他人中心的不同水平下，情感有显著差异，自我—他人中心对情感有显著影响。图12-8显示了自我—他人中心与情感的关系，图中可见自我—他人中心较高的第二组的情感均值，要高于自我—他人中心的第一组的情感均值，表明自我—他人中心对情感的影响是正向的。这与前面对二者关系所作的假设是一致的，方差分析的结果证实了前面所说的情感与自我—他人中心的逻辑关系。

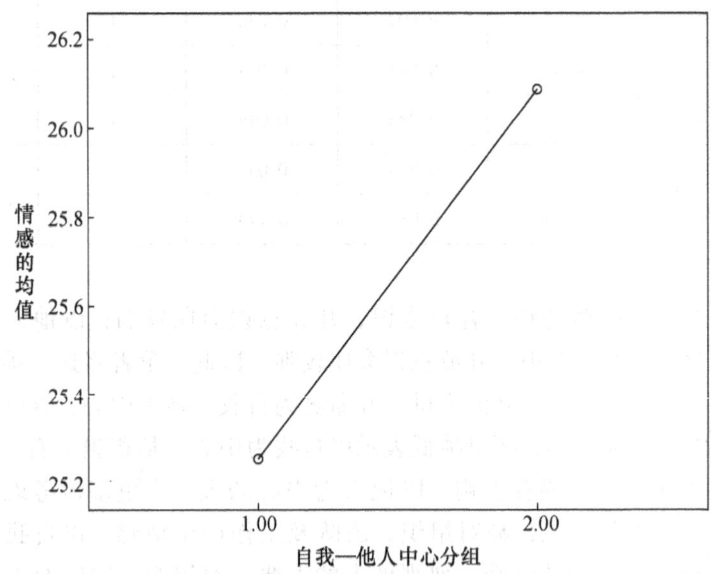

图12-8　自我—他人中心与情感的均值图

第四节　小型团队领导者的选拔、培养和激励

统计分析方法为挖掘样本数据提供了多种多样的工具。利用其中的基本统计分析、非参数检验、聚类分析、方差分析等工具，对308个小型团队领导者样本数据进行统计分析，笔者在胜任力特征的概率分布、胜任力特征的伴生现象、胜任力特征与工作态度的关系等方面获得了一些有趣的发现，其中包括：

第一，小型团队领导者胜任力特征在数据集中和离散趋势上存在差异。从数据集中趋势上看，责任心、道德观、信守承诺、开放意识、主动性、务实等项胜任力特征的均值较高，表明在小型团队领导者这一群体中，这些特征的水平普遍较高。关注细节、灵活性、过程管理、创新意识、自觉学习、计划性等项胜任力特征的均值较低，表明在小型团队领导者这一群体中，这些特征的水平普遍较高。从数据离散程度看，自觉学习、过程管理、鼓舞性激励、风险意识、毅力、关注细节等项胜任力特征的标准差较大，表明在小型团队领导者之间，这些特征的差异较大。信守承诺、务实、逻辑性、人际互动、自信心、责任心等项胜任力特征的标准差较小，表明在小型团队领导者这一群体中，这些胜任力特征的水平在个体之间差异较小。从集中趋势和离散程度两个方面进行综合比较，还可看到两种极端情况：责任心、信守承诺、务实3项胜任力特征是高水平低差异；关注细节、过程管理、自觉学习、鼓舞性激励4项胜任力特征则是低水平高差异，综合比较的结果详见表12－21。

表12－21　胜任力特征的集中趋势和离散程度

胜任力特征	集中趋势		离散程度	
	均值	水平	标准差	水平
团队意识	3.81	中	0.888	中
客户意识	3.63	中	0.889	中
毅力	3.77	中	0.959	高
自信心	3.48	低	0.85	低
大局观	3.67	中	0.954	高
关注细节	3.43	低	0.955	高
成就欲	3.72	中	0.899	中
道德观	4.06	高	0.929	中

续表

胜任力特征	集中趋势		离散程度	
	均值	水平	标准差	水平
逻辑性	3.5	低	0.856	低
创新意识	3.35	低	0.881	中
开放意识	3.91	高	0.895	中
风险意识	3.58	中	0.96	高
主动性	3.91	高	0.904	中
责任心	4.07	高	0.816	低
灵活性	3.43	低	0.899	中
自觉学习	3.35	低	1.061	高
计划性	3.35	低	0.926	中
民主管理	3.66	中	0.919	中
自我控制	3.44	低	0.895	中
务实	3.91	高	0.859	低
人际互动	3.8	中	0.855	低
雷厉风行	3.48	低	0.873	中
鼓舞性激励	3.47	低	0.976	高
信守承诺	3.95	高	0.863	低
过程管理	3.36	低	1.017	高
以人为本	3.75	中	0.943	高

第二，在小型团队领导者这一群体中，某些胜任力特征的概率分布较有普遍性，多项特征服从同一分布；某些胜任力特征的概率分布较为特殊，没有其他特征的概率分布与其相同。对 26 项胜任力特征的概率分布交互采用卡方检验的方法进行两两比较，结果显示有 52 对胜任力特征双方的分布都与对方的频数分布相同；有 7 对胜任力特征只有一方的分布与对方的频数分布相同；有 279 对胜任力特征双方的分布都与对方的频数分布不同。52 对双方分布相同的变量涉及团队意识、客户意识、毅力、自信心、大局观、关注细节、成就欲、逻辑性、创新意识、开放意识、风险意识、主动性、灵活性、自觉学习、计划性、民主管理、自我控制、务实、人际互动、雷厉风行、鼓舞性激励、信守承诺、过程管理、以人为本 24 项胜任力特征，7 对单方分布相同的变量涉及团队意识、毅力、大局观、关注细节、主动性、责任心、自觉学习、计划性、民主管理、人际互动、雷厉风行、鼓舞性激励、信守承诺 13 项胜任力特征，279 对分布互不相同的变量涉

及团队意识、客户意识、毅力、自信心、大局观、关注细节、成就欲、道德观、逻辑性、创新意识、开放意识、风险意识、主动性、责任心、灵活性、自觉学习、计划性、民主管理、自我控制、务实、人际互动、雷厉风行、鼓舞性激励、信守承诺、过程管理、以人为本26项胜任力特征。

第三，就胜任力特征之间的亲疏关系而言，某一总体中会有一些胜任力特征之间的“距离”比另一些胜任力特征更近（可用胜任力水平的接近程度衡量），笔者将这些“距离”最近的胜任力特征称为“伴生”的胜任力特征。聚类分析的结果显示，在26项小型团队领导者胜任力特征中，有6对胜任力特征相互之间的距离比其他胜任力特征更近，符合伴生的特点。这6对伴生的胜任力特征分别为：主动性与责任心、开放意识与人际互动、民主管理与以人为本、灵活性与自我控制、计划性与过程管理、自信心与逻辑性。

第四，胜任力特征的可塑性可以解释为某项胜任力特征随着时间的推移而改善的程度。笔者以管理工作年限为控制变量、进取心为协变量，对23项小型团队领导者的胜任力特征和管理者的三项基本技能做了协方差分析，结果显示小型团队领导者的各项胜任力特征和管理者的3项基本技能在可塑性上存在差异。在23项胜任力特征中，民主管理、自我控制、以人为本、务实4项胜任力特征的可塑性较强。在管理者的3项基本技能中，人际技能最具可塑性，概念技能次之，任务技能可塑性较低。

第五，在胜任力特征与小型团队领导者工作态度（笔者将其界定为工作动机，包括效价、期望值和情感）的关系方面，方差分析得到了如下结果：①在成就欲的不同水平下，效价有显著差异，且效价的水平越高，成就欲水平也越高，这表明成就欲对效价有显著的正向影响；②在自信心的不同水平下，期望值有显著差异，且自信心的水平越高，期望值水平也越高，这表明自信心对期望值有显著的正向影响；③在自我—他人中心变量（由团队意识、客户意识、开放意识3项胜任力特征组成）的不同水平下，情感有显著差异，且自我—他人中心变量的水平越高，情感水平也越高，这表明自我—他人中心变量对情感有显著的正向影响。

胜任力特征研究对人力资源管理实践的影响与日俱增。基于胜任力特征的招聘策略、基于胜任力特征的培训体系、基于胜任力特征的人力资源评估、基于胜任力特征的薪酬体系、基于胜任力特征的绩效管理，诸如此类的词汇不仅频繁出现在文献中，也被越来越多的企业使用。上述的数据挖掘揭示了隐藏在小型团队领导者胜任力特征中某些规律，对于小型团队领导者的选拔、培养和激励，无疑也是具有指导意义的。至少在如下方面，上述发现为相关的管理实践提供了一些新的思路：

1. 基于分布特点的选拔策略

小型团队领导者的选拔有两个途径：一是外部招聘，二是内部晋升。无论是外部招聘还是内部晋升，选拔时都会考虑其是否具有工作岗位要求的能力素质，或者说是否具有相应的胜任力特征。由于胜任力特征的多样性，外部招聘和内部晋升在甄选小型团队领导者时都会面临诸多困难，而且困难各不相同。外部招聘面临的主要困难是信息不对称，企业对应聘者的情况不了解，为了判断其是否具备相应的胜任力特征，往往要采用复杂的测试方法和漫长的招聘流程，不仅要耗费大量的人力物力，效果也未必理想。由于企业可以对自己的员工进行长期考察，信息不对称问题对内部晋升的影响相对较小。内部晋升面临的主要困难是候选人的综合评估。由于人无完人，各个候选人往往各有所长、各有所短，需要通过综合评估来进行甄选，但如何进行综合评估，仍是困扰许多企业的难题。

可利用小型团队领导者胜任力特征的分布特点，来解决外部招聘所面临的信息不对称问题。首先，可利用胜任力特征的伴生现象精简被测内容，提高招聘工作的效率。例如，数据分析结果显示主动性与责任心、开放意识与人际互动、民主管理与以人为本、灵活性与自我控制、计划性与过程管理、自信心与逻辑性6对胜任力特征呈伴生状态，可从这6对胜任力特征中各挑选一个进行测试。由于余下的胜任力特征具有相同的水平，测试6个胜任力特征的效果便相当于对12个胜任力特征进行全面测试。其次，可利用胜任力特征的集中和分布趋势选择测试的重点。数据分析结果显示，总体中各项胜任力特征的集中和分布趋势存在较大差异，其中关注细节、灵活性、过程管理、创新意识、自觉学习、计划性等项胜任力特征的均值较低，自觉学习、过程管理、鼓舞性激励、风险意识、毅力、关注细节等项胜任力特征的标准差较大，特别是其中的关注细节、过程管理、自觉学习3项胜任力特征不仅低水平而且高差异，意味着应聘者在这些方面达不到要求的概率较大，可列为测试的重点。此外，在测试过程中也应注意辨别这些胜任力特征信息的真伪。

至于内部晋升所面临的候选人胜任力综合评估问题，同样也可以从小型团队领导者胜任力特征的分布特点中寻找到一部分解决办法。综合评估一是要解决评估内容合理性问题，即合理地选择评估指标（胜任力特征）。二是要解决各项评估指标权重设置的科学性问题。就第一个问题，上述外部招聘的策略同样可以借鉴。就第二个问题，也可以从数据分析结果中寻找答案。在一定意义上，胜任力特征的概率分布反映了该项特征达到某一水平（如某一较高水平）的难易程度，某一水平的累计概率大，说明这一水平较为容易达到，反之表示难以达到。因此，可根据某一水平的累计概率确定权重，概率大的权重较小，概率小的权重较大。利用这一权重综合评估。

2. 基于可塑性的培养策略

小型团队领导者的培养涉及到个人和组织两个层面。就个人层面而言，小型团队领导者应该自觉学习，不断提升自己的能力素质，具备管理胜任力。就组织层面而言，需要选择好培养对象，通过有组织的培训、指导、激励等一系列措施提升其能力素质。组织对小型团队领导者的培养时常面临效率不高的问题，往往投入了大量的时间和人力物力，组织了许多培训活动，却收效甚微。其原因之一，在于各种胜任力特征在可塑性方面存在差异。不少企业在组织培训时，哪些方面的培训投入较多的时间和预算，哪些方面的培训投入较少的时间和预算，主要考虑重要性和迫切性，极少考虑胜任力特征的可塑性，未能根据胜任力特征可塑性的不同设计差异化的培训方案。

数据分析的结果表明，不同的胜任力特征在可塑性方面是存在差异的，例如在管理者的三项基本技能中，人际技能最具可塑性，概念技能次之，任务技能可塑性较低。胜任力特征在可塑性方面的差异虽然使小型团队领导者培养问题变得更为复杂，却也为提高小型团队领导者培养的有效性，留下许多空间。例如，利用胜任力特征可塑性的差异，采取如下策略也许有助于提高培养效果。这一策略的基本思路是：将小型团队领导者胜任力特征分为高可塑性、中可塑性和低可塑性三类（例如将管理者的三项基本技能中的人际技能划为高可塑性胜任力特征，概念技能划为中可塑性胜任力特征，任务技能划为低可塑性胜任力特征）。在选拔培养对象时主要考虑低可塑性的胜任力特征，例如优先选择任务技能较突出的人作为培养对象。对所选择的培养对象进行培训、辅导时，以高可塑性的胜任力特征（例如人际技能）为主要对象开展大范围的培训、辅导工作。对于中可塑性胜任力特征（例如概念技能）则采用重点突破的办法，集中资源有选择性地进行培训，培训工作不做则已，一旦开展就投入足够的人力物力，避免半途而废。

3. 内在激励策略

激励问题从本质上说就是强化人们的工作动机（情感、效价、期望值），使其更加积极地工作。激励可分为外部激励和内在激励。外部激励是指外部报酬（例如工资、奖金等物质报酬）产生的激励力量，内在激励是指由员工自身因素（例如工作本身给员工带来的满足感）产生的，或者说发自内心的激励力量。一般认为，内在激励比外部激励具有更为稳定、更为持久、更为强烈的效果。在管理实践中，外部激励的传递路径较为透明，激励手段受到了足够的重视，得到了广泛的应用。内在激励的有效途径和手段则仍在探索之中。内在激励的机理是十分复杂的，远非笔者所能解释。尽管如此，前面的数据分析仍然揭示了内在激励的三条传递路径，即“成就欲—效价—工作行为”、“自信心—期望值—工作行为”和“自我、他人中心—情感—工作行为”。仅此发现，也可窥见通过内在激励途径来激发小型团队领导者工作积极的若干可能性。

首先，可以通过强化小型团队领导者的成就欲，使其兴趣中心转移到工作上，更多地从工作本身寻求满足。一个人成就欲的高低并非是天生的，而是在其人生道路上受家庭、学校、组织及社会环境的影响而逐渐形成的。作为员工长期工作生活的场所，组织有许多手段可以增强员工（特别是小型团队领导者）的成就欲。例如，可以通过对其工作成就的及时肯定和精神表彰，可以通过职业生涯规划和管理，可以在工作分配上更多地考虑其偏好，甚至可以如圣吉在《第五项修炼》中所说的那样，创造一种学习型组织的氛围，引导小型团队领导者“自我超越”，使其努力地去了解并强化自己内心深处最想实现的积极愿望，学会以“全心投入、不断创造和超越”的态度工作和生活等，增强其成就欲。一个具有强烈成就欲的小型团队领导者，无疑将更能领悟工作的意义，更乐于从工作寻求满足，更容易自发产生强烈的工作动机和行为。

其次，可以通过增强小型团队领导者的自信心，提升其期望值水平，进而激发其积极的工作行为。数据分析结果表明自信心对期望值有显著的正向影响。有关自我效能感的相关研究也表明了利用这一途径进行激励的可能性。自我效能感是一个与自信心相近的概念，最早提出这一概念的美国心理学家班杜拉，就将自我效能感定义为人们对自身能否利用所拥有的技能去完成某项工作行为的自信程度。有关自我效能感前因后果的研究表明：从后果看，自我效能感会影响人们对特定工作的期望值，进而影响工作行为，其中包括：决定人们对活动的选择及对该活动的坚持性；影响人们的思维模式和情感反应模式。自我效能感较强的人，对工作勇于担当并能保持持久的工作热情；面对困难不会轻易退缩，反而以更大的努力去迎接挑战；思维模式和情感反应方面，自我效能感较强的人不会过多考虑可能的失败和不利的后果，而是将注意力集中在如何解决问题和实现目标上。这说明，自信心对于提高期望值，调动工作积极性具有积极的作用。从前因看，直接经验、替代经验、言语劝说、情绪唤醒等因素都会影响自我效能感。例如：自身的成功经验能提高个人的自我效能感，失败经验则会降低自我效能感。对与自己相近者行为结果的观察（间接经验）对自我效能感也会有类似的影响，看到相似的人成功能提高自我效能感，看到与己相近的人失败，则会降低自我效能感/他人的评价、劝说甚至自我规劝（言语劝说）也会影响自我效能感，积极正面的言语劝说能提高自我效能感，消极负面的言语劝说则会降低自我效能感。这说明，存在着许多提高自信心的手段和方法。充分利用这些手段和方法，提高小型团队领导者的自信心，是调动其工作积极性的一种有效途径。

此外，还可以通过转变小型团队领导者考虑问题的角度，从以自我为中心转向以他人为中心，培养其积极的情感，强化其工作动机，使其更加积极地工作。数据分析结果显示自我—他人中心变量对情感有显著的正向影响。越能站在团队的角度、客户的角度、他人的角度考虑问题的人，对组织、对同事、对工作的情感就越强；越是偏向于站在自己的角度考虑问题的人，对组织、对同事、对工作的情感就越弱。因此，促成小型团队领导者从以自我为中心向以他人为中心转变，可以增进其对组织的忠诚、对团队的关心、对工作的喜爱，进而诱发更为积极的工作行为。这一转变与组织文化、组织支持感、工作满意度等许多因素有关。企业可以通过企业文化建设活动培育其团队意识、客户意识、开放意识及组织认同；可以通过赋予更多的工作自主权、展示高层支持力、提供主动性支持、培养相互信任、恪守程序公平等举措提升其组织支持感和工作满意度，最终促成小型团队领导者从以自我为中心转向以他人为中心，更多地关注团队、关注客户、关注他人，培养起对组织、对同事、对工作的积极情感。

附件1：小型团队领导者胜任力构成要素调查问卷

请根据您对自己的真实评价填写本问卷。在调查完成之后，我们将把统计分析结果反馈给您，它可以让您了解自己与所有调查对象平均水平相比处于什么状态。本次调查是国家自然科学基金项目“小型团队领导者工作绩效及其前因变量关系模型探索式研究”工作之一，调查数据仅仅用于学术研究，不会对您有任何不利的影响，您填写的内容我们会严格保密。

表中列出了从国内外大量研究文献中整理出来的34项胜任力特征，评分标准中描述了最低分和最高分两种情形，请根据您的实际情况与这两种情形接近或偏离的程度逐项进行评分，评分分为1分、2分、3分、4分、5分五个等级。

为便于联系及分析问题，也请您填写填表人基本情况。

谢谢您的支持。

1. 填表人基本情况

姓名：　　性别：　　从事管理工作的年限：　　电子邮箱：

工作单位：

您目前所管理的团队是（在符合您情况的选项上打钩）：

① 本企业的一个部门　② 项目或临时性任务团队

您目前所管理的团队人数是（在符合您情况的选项上打钩）：

① 不足10人　② 10～19人　③ 20人以上

2. 评分表

胜任力特征	评分标准	评分
团队意识	最低分（1分）表示“凡事喜欢单干，不重视整体配合，总是将个人利益和目标放在第一位，选拔人员时对个人能力的重视要超过对合作意愿的重视”； 最高分（5分）表示“非常重视整体配合，总是将集体利益和整体目标放在第一位，选拔人员时对合作意愿的重视要超过对个人能力的重视”	
客户意识	最低分（1分）表示“以自我为中心，不考虑客户（或他人）的需要和感受；喜欢按照自己的喜好来判断事情的对错”； 最高分（5分）表示“非常重视客户（或他人）的需要和感受，习惯于讨客户（或他人）的欢心”	
毅力	最低分（1分）表示“遇到困难经常会退缩或回避，容易感到情绪低落”； 最高分（5分）表示“无论工作压力有多大，都会坚持到底，始终保持昂扬的斗志”	
自信心	最低分（1分）表示“认为自己毫无过人之处，什么都做不好”； 最高分（5分）表示“认为自己能力超群，非常相信自己能做好每一件事情”	
大局观	最低分（1分）表示“在工作中习惯于只考虑任务本身和眼前的要求”； 最高分（5分）表示“在工作中喜欢思考‘战略’、‘全局’、‘未来’等问题”	
关注细节	最低分（1分）表示“想问题办事情习惯于只是了解方向和大概，不关心细节”； 最高分（5分）表示“在工作中考虑问题很仔细，几乎方方面面的细节都考虑到了”	
成就欲	最低分（1分）表示“在事业上没有什么追求，纯粹混日子”； 最高分（5分）表示“追求成功的愿望非常强烈”	
道德观	最低分（1分）表示“不受社会道德的约束，认为只要能达到目的就可以不择手段”； 最高分（5分）表示“原则性很强。认为无论对自己多么有利，只要是违背社会道德的事都不能做”	
逻辑性	最低分（1分）表示“只看问题的表面，概念模糊，条理性差，自相矛盾”； 最高分（5分）表示“分析问题很透彻，概念清晰，条理性很强”	
创新意识	最低分（1分）表示“安于现状，墨守成规，对新生事物和变革有很强的排斥心理”； 最高分（5分）表示“思想很活跃，富有开拓创新精神，在单位中是最积极的变革推动者”	
开放意识	最低分（1分）表示“自我封闭，对本部门或小团体之外的事态漠不关心，很少与外界交流”； 最高分（5分）表示“思想很开放，乐于向别人学习，非常重视与外界的交流”	

续表

胜任力特征	评分标准	评分
风险意识	最低分（1分）表示“对风险毫无警惕性，常常在不考虑任务失败可能性的情况下贸然行事”； 最高分（5分）表示“对风险有高度的警惕性，承担任务时通常都会分析任务失败的可能性”	
主动性	最低分（1分）表示“在工作中像棋子一样，推一步才走一步，不推就不走；等待指示、依赖帮助的行为很明显”； 最高分（5分）表示“在工作中从不等待和依赖，只要接到任务就会在身心上高度投入，想尽一切办法保质保量完成”	
责任心	最低分（1分）表示“在工作中，一贯持应付的态度，只求能够交差”； 最高分（5分）表示“在工作中，一贯对自己和他人有高标准及严格的要求”	
灵活性	最低分（1分）表示“一旦做出决定，基本上不会改变”； 最高分（5分）表示“无论之前做出了什么决定，当环境条件有变化时，常常会改变自己的决定和行为”	
自觉学习	最低分（1分）表示“学习的动力不断衰退，变成只要单位没有强制性要求，就不会去学习；或者在单位里属于花在学习上的时间最少的那一类人”； 最高分（5分）表示“养成终身学习的习惯，只要有空闲就会学习；或者在单位里属于花在学习上的时间最多的那一类人”	
计划性	最低分（1分）表示“接到任务后直接开始工作，如果没有强制要求，从不制定书面的计划，在工作中经常是走一步看一步”； 最高分（5分）表示“承担每一项任务时都会自觉制定详细的书面计划，并且严格按计划行事”	
民主管理	最低分（1分）表示“独断专行，从不听取下属的意见”； 最高分（5分）表示“充分授予下属分内工作所需的自主权；积极鼓励下属对分外的工作提合理化建议；当自己的意见与多数意见不一致时，愿意放弃自己的立场”	
自我控制	最低分（1分）表示“容易感情用事，遇到问题会有明显的情绪波动，经常可见非理性的行为”； 最高分（5分）表示“成熟稳重，无论遇到什么情况都能保持冷静和理性”	
务实	最低分（1分）表示“很少做调查研究，经常凭主观想象作决定，爱讲空话、大话和套话，光说不练”； 最高分（5分）表示“非常重视调查研究，处理问题以事实为依据，注重实干，从不讲空话、大话和套话”	
人际互动	最低分（1分）表示“不喜欢与人交往，不能倾听，没有反馈”； 最高分（5分）表示“喜欢与人交往，与人沟通时总是能够保持倾听，对下属及有工作联系的人都能积极地给予信息反馈”	

续表

胜任力特征	评分标准	评分
雷厉风行	最低分（1分）表示“工作拖泥带水，顾虑较多，容易妥协”； 最高分（5分）表示“非常强调工作效率，做事喜欢立竿见影，有魄力，从不轻易让步”	
鼓舞性激励	最低分（1分）表示“从不与员工谈论本单位的发展前景，也无意让员工了解组织对他们的期望”； 最高分（5分）表示“喜欢对员工描述愿景（本单位的发展前景），努力让员工了解组织对他们的期望”	
信守承诺	最低分（1分）表示“很轻易作承诺，并且经常违背承诺”； 最高分（5分）表示“不轻易作承诺，一旦承诺，无论多么困难都会兑现”	
过程管理	最低分（1分）表示“只要结果不问过程，一般不会在任务执行期间检查监督下属的工作情况”； 最高分（5分）表示“养成了对任务进行分解，并将其划分成较细阶段的工作习惯；在每一阶段都会严格按时检查监督下属的工作情况”	
以人为本	最低分（1分）表示“只关心任务能否完成，对下属的生活问题和事业发展漠不关心”； 最高分（5分）表示“对下属不分亲疏都能在生活和事业上给予高度关怀，并且尽一切可能给予帮助”	
专业技术水平	最低分（1分）表示“基本上不懂相关领域专业知识，被同事认为是外行”； 最高分（5分）表示“被同事公认为是本单位在相关领域最专业的人”	
业务知识水平	最低分（1分）表示“不了解本单位的业务性质和工作流程”； 最高分（5分）表示“非常熟悉本单位的业务性质和工作流程”	
社会规则认知	最低分（1分）表示“不了解与本职工作相关的政策法规、行业规范、潜在规则”； 最高分（5分）表示“通晓与本职工作相关的政策法规、行业规范、潜在规则”	
管理知识水平	最低分（1分）表示“对人们经常提到的管理方面的概念几乎不了解，基本不看管理学的书籍，了解并且能够使用的管理工具和方法极少”； 最高分（5分）表示“阅读过大量的管理学书籍，在本单位属于管理理论知识最丰富、了解并且能够使用的管理工具和方法最多的那一类人”	
文化素养	最低分（1分）表示“在本单位接受过初中以上教育的人群中，自己属于语文、数学、计算机、社交等通用知识水平最低的那一类人”； 最高分（5分）表示“在本单位中，自己属于语文、数学、计算机、社交等通用知识水平最高的那一类人”	

续表

胜任力特征	评分标准	评分
工作经验	最低分（1分）表示“在目前的工作领域是一个新手，几乎没有相关工作经验”； 最高分（5分）表示“在本单位中，自己属于相关工作经验最为丰富的那一类人”	
人脉资源	最低分（1分）表示“对于本职工作来说，没有属于自己的可利用的社会关系网”； 最高分（5分）表示“拥有对本职工作有帮助的广泛的社会关系网”	
个人品牌	最低分（1分）表示“未能取得同事的信任，多数人对自己的评价不佳，在员工中缺乏威信”； 最高分（5分）表示“被同事公认为是值得信赖的，获得上下左右一致好评，在员工中很有威信”	

注：本问卷用于第一轮调查。

附件2：小型团队领导者工作态度、行为及工作效果调查问卷

填表人基本情况

姓名：　　　　　工作单位：

如果您是部门负责人，以下问卷请根据您在本部门本年度的本人表现填写；如果您是项目或临时性任务团队负责人，以下问卷请根据您在目前所管理项目的本人表现填写。

工作态度问卷

序号	问　　项	非常不同意	比较不同意	不确定	比较同意	非常同意
1	我为自己身为本单位的一员而感到骄傲					
2	我很高兴我选择了为本单位工作而不是其他单位					
3	我很喜欢与本次任务团队里的同事一起讨论问题、解决问题					
4	我和本次任务团队里的同事彼此和睦相处					
5	我对我的工作有很强烈的感情，很难割舍					
6	我对我的工作充满兴趣					
7	如果现在离开本单位，我心里会有一种负疚感					
8	继续留在本单位工作的一个主要原因是离职将会造成很大的个人损失，其他单位也许不能提供我在这里所能享受到的所有待遇					
9	如果我继续留在本单位工作，不会有什么前途					
10	我觉得自己在这项任务中所承担的工作是无足轻重的					
11	在这项任务中，我的个人价值得到体现					

续表

序号	问项	非常不同意	比较不同意	不确定	比较同意	非常同意
12	我在这项任务中表现得好坏对于我而言十分重要					
13	在本次任务中，我享有充分的自主权					
14	在本次任务中，我相信我和我的工作伙伴之间能够很好地合作					
15	我认为本单位的整体环境对本次任务的顺利完成是非常有利的					
16	我感到本次任务十分艰巨，很难完成					
17	我相信只要自己在本单位努力工作，就会有广阔的职业发展空间					
18	只要自己工作出色，就会得到上级和同事的充分肯定					
19	我的报酬与我的工作表现直接相关					
20	我对本次任务非常投入，即使无人要求，也常常在晚上和节假日思考或处理工作问题					

工作行为问卷

序号	问项	非常不同意	比较不同意	不确定	比较同意	非常同意
21	在本次任务中做出决策之前十分注重调查了解具体情况					
22	为本次任务制定了十分全面和详细的计划					
23	在规范管理和改善管理方面想了许多办法，实施了较大的改革					
24	对本次任务的执行情况进行频繁的检查监督					
25	在本次任务中给下属在工作上提供了很多指导					
26	在本次任务中主动与上下左右之间进行频繁的沟通					
27	在本次任务中鼓励下属参与管理，非常愿意采纳下属的意见和建议					
28	在本次任务中喜欢向下属描述本单位的发展前景和所追求的目标					
29	在本次任务执行期间对下属给予高度的关心和帮助					
30	在本次任务中给予下属高度的自主权，放手让下属工作					
31	在本次任务中为人处世正直、公平、公正					
32	在本次任务中组织了许多有利于培养团队精神的活动					
33	在本次任务中为员工组织了许多学习或培训活动					

工作效果问卷

序号	指标	问项	评分标准	评分
34	任务进展情况	到目前为止，本项任务（或本部门工作）的进展状况	很好，总的来说超过预期（5分） 正常，总的来说达到预期（4分） 基本正常，总的来说基本达到预期（3分） 不太正常，明显低于预期（2分） 很不正常，严重低于预期（1分）	
35	决策水平	在本次任务（或本部门工作）执行的过程中，所做的决定	全部都是及时和正确的（5分） 有需要改进的方面，但绝大部分是及时和正确的，能保证任务目标的实现（4分） 基本上是及时和正确的，存在一些问题但对任务目标的实现没有多大影响（3分） 出现了较多问题，对任务目标的实现有影响但可以纠正（2分） 出现了严重的错误或延误，对任务目标的实现有较为严重的不利影响（1分）	
36	计划工作效果	在本次任务执行（或本部门工作）的过程中，所制订的计划	对任务执行有很强的指导作用，能保证任务目标的全面实现（5分） 对任务执行有较强的指导作用，能保证任务主要目标的实现（4分） 对任务执行有一定的指导作用，能使各项工作的运转基本保持正常，存在一些计划脱离实际的问题但可以修正（3分） 对任务执行的指导作用较弱，难以保证各项工作的正常运转，计划脱离实际的问题较严重（2分） 所制定的计划只是一个摆设，对任务执行毫无指导作用（1分）	
37	组织工作效果	在本次任务（或本部门工作）执行的过程中，组织管理的状况是	团队工作井然有序，效率很高，所有资源需求问题都得到及时解决（5分） 工作秩序比较正常，效率较高，完成任务所需要的关键资源有保障（4分） 工作秩序基本正常，效率一般，部分资源需求不能及时满足并使任务目标的实现受到一些影响（3分） 工作秩序较为混乱，效率较低，部分资源需求不能及时满足并使任务目标的实现受到较为严重影响（2分） 团队内部行为无章可循、工作秩序混乱、工作效率低下的现象严重，任务因缺乏关键资源而失败（1分）	

续表

序号	指标	问项	评分标准	评分
38	指挥工作效果	在本次任务（或本部门工作）执行的过程中，任务安排及工作指导的状况是	任务设置和分配很合理，知人善用；对下属的工作指导非常及时有效（5分） 任务设置和分配比较合理，将任务交给了适当的人选去执行；对下属的工作指导及时有效（4分） 任务设置和分配基本合理，用人方面没有明显的失误；对下属的工作指导不够及时有效（3分） 任务设置和分配不够合理，存在用人不当的现象并且对任务目标的实现有不利影响；对下属很少提供工作指导（2分） 任务设置和分配不合理，将任务交给不适当的人选去执行，严重影响了任务目标的实现；没有给下属提供工作上的指导（1分）	
39	协调工作效果	在本次任务（或本部门工作）执行的过程中，对工作中冲突和矛盾进行处理的状况是	各种冲突和矛盾都得到了有效的解决，协调的效果十分明显，保证相关各方都能协调一致，能够从根源上消除冲突和矛盾对总体目标的不利影响（5分） 大多数情况下能较好地协调冲突和矛盾，个别情况下不得不采用高压或退让的方式进行处理，基本上能够保证总体目标的实现（4分） 能协调一般的冲突和矛盾，激烈的冲突和矛盾只能采用高压或退让的方式进行处理，虽然不能够从根源上消除冲突和矛盾对总体目标的不利影响，但能将其影响控制在可接受的范围内（3分） 多数情况下冲突和矛盾只是得到缓和与减轻，没有从根本上解决问题，总体目标的实现受到一定程度的影响（2分） 不但不能化解矛盾反而激化矛盾，由于未能解决工作中的冲突而严重影响总体目标的实现（1分）	
40	控制工作效果	在本次任务（或本部门工作）执行的过程中，对偏差、风险的控制状况是	对任务的进展情况了如指掌，发现偏差很及时，纠正偏差的措施很有效，所有突发事件都能冷静处理，预见到了本项任务的所有主要风险并能有效控制（5分） 比较全面地了解任务的进展情况，能够发现关键点的偏差并及时纠正，预见到了本项任务的部分主要风险并能有效控制（4分） 了解任务进展的主要情况，对部分偏差的了解不够及时，采取纠偏措施后基本上能实现任务目标，预见到了一部分风险并有合理的应对措施（3分）	

续表

序号	指标	问项	评分标准	评分
			粗略了解任务进展的部分情况，对偏差的了解普遍不够及时，纠正偏差的措施不是很有效，在一定程度上影响到任务目标的实现，对风险缺乏预见，对突发事件的处理不够冷静（2分） 对任务的进展情况很不了解，只在出现严重偏差时才发现问题，失去了纠正偏差的机会，面对突发事件惊慌失措，没有风险管理（1分）	
41	团队成员对工作意义的认知	总的来说，团队成员对本次任务（或本职工作）的重视程度	非常重视（5分） 比较重视（4分） 一般（3分） 不太重视（2分） 完全不重视（1分）	
42	团队成员的效能感	总的来说，团队成员对于完成本次任务（或本职工作）	充满信心（5分） 比较有信心（4分） 一般（3分） 信心不足（2分） 悲观情绪比较浓厚（1分）	
43	团队成员工作自主性	总的来说，团队成员在本次任务（或本部门工作）执行过程中	工作非常积极主动，充分发挥了他们的聪明才智，能够创造性地解决问题（5分） 工作比较积极主动，遇到问题大多数情况下能够自己处理（4分） 工作主动程度一般（3分） 工作积极主动性较差，遇事大多数情况下会把问题上交（2分） 工作消极被动，遇事总是把问题上交，从不自己想办法解决（1分）	
44	团队成员　影响力	总的来说，在本次任务（或本部门工作）执行过程中团队成员参与管理、提合理化建议的行为	非常踊跃（5分） 比较多见（4分） 一般（3分） 有，但是很少（2） 完全没有（1分）	
45	团队成员　公平感	在本次任务（或本部门工作）执行过程中，团队成员	经常并且强烈抱怨受到不公平对待（5分） 多数人抱怨受到不公平对待（4分） 有一些人抱怨受到不公平对待（3分） 偶尔有人抱怨受到不公平对待（2分） 从来没有人抱怨受到不公平对待（1分）	

注：本问卷用于第二轮调查，发放对象为填写了第一轮调查问卷的人。

附件3：最终绩效调查问卷

本表请您亲自填写。这些内容对课题研究十分重要，请尽可能做到客观、准确。您所填写的内容只有我本人知道，分析时会隐去填表人及调查对象的姓名，请放心填写。

如果您对表中所列的调查对象很了解，请直接填写。如果您对表中所列的调查对象不够了解，可按如下方式之一处理：

1. 向了解调查对象相关情况的人咨询后，由您填写。

2. 请调查对象提供相关情况，由您填写。

填表说明：

1. "2011年度考核结果"可转化为五档，分别为A（优秀）、B（良好）、C（合格）、D（基本合格）、E（不合格），请根据调查对象考核结果的档次，将相应的英文字母填到表中。

2. "年度考核结果在本单位管理人员中的排位"分为五档，分别为：A（拔尖的）、B（位于中上游）、C（位于中游）、D（位于中下游）、E（落后的），根据情况填写。

3. "2011年度工作目标（或项目目标）的完成情况"分为五档，分别为：A（超出期望）、B（圆满完成）、C（基本完成）、D（大部分完成）、E（大部分未完成），根据情况填写。

4. "所带领的团队团结合作的程度"分为五档，分别为：A（非常团结，给人留下深刻印象）、B（比较团结，有一些比较明显的好的表现，没有明显的不和谐现象）、C（一般，没有什么特别的印象）、D（不够团结，有一些明显的不和谐现象）、E（缺乏团结合作精神，团队中存在比较严重的人际关系冲突），根据情况填写。

5. 如果是项目负责人，表中的"本项目"是指上次填写问卷时正在承担的项目，如果该项目已结束，则在"2011年度工作（或本项目）目标的完成情况"一栏填写项目最终目标完成的情况，如果该项目还未结束，则填写阶段性目标完成情况。

6. 如果表中部门领导人或项目负责人的身份弄错了，请更正过来。

部门领导者工作绩效调查表

姓名	2011 年度考核结果	年度考核结果在本单位管理人员中的排位	2011 年度工作目标的完成情况	所带领的团队团结合作的程度

项目负责人工作绩效调查表

姓名	2011 年度考核结果	年度考核结果在单位里的排位	本项目目标的完成情况	所带领的团队团结合作的程度

注：本问卷用于第三轮调查，发给各企业的联系人，发放时在表中列出了调查对象的姓名。

附件 4：调查数据

附表 4－1　代码—标签—含义对照表

代码	标签	含　　义
V1	性别	
V2	管理年限	
V3	管理团队	
V4	团队人数	
V5	团队意识	非常重视整体配合，总是将集体利益和整体目标放在第一位，选拔人员时对合作意愿的重视要超过对个人能力的重视
V6	客户意识	非常重视客户（或他人）的需要和感受，习惯于讨客户（或他人）的欢心
V7	毅力	无论工作压力有多大，都会坚持到底，始终保持昂扬的斗志
V8	自信心	认为自己能力超群，非常相信自己能做好每一件事情
V9	大局观	在工作中喜欢思考“战略”、“全局”、“未来”等问题
V10	关注细节	在工作中考虑问题很仔细，几乎方方面面的细节都考虑到了
V11	成就欲	追求成功的愿望非常强烈
V12	道德观	原则性很强。认为无论对自己多么有利，只要是违背社会道德的事都不能做
V13	逻辑性	分析问题很透彻，概念清晰，条理性很强
V14	创新意识	思想很活跃，富有开拓创新精神，在单位中是最积极的变革推动者
V15	开放意识	思想很开放，乐于向别人学习，非常重视与外界的交流
V16	风险意识	对风险有高度的警惕性，承担任务时通常都会分析任务失败的可能性
V17	主动性	在工作中从不等待和依赖，只要接到任务就会在身心上高度投入，想尽一切办法保质保量完成
V18	责任心	在工作中，一贯对自己和他人有高标准及严格的要求
V19	灵活性	无论之前做出了什么决定，当环境条件有变化时，常常会改变自己的决定和行为
V20	自觉学习	养成终身学习的习惯，只要有空闲就会学习；或者在单位里属于花在学习上的时间最多的那一类人

续表

代码	标签	含 义
V21	计划性	承担每一项任务时都会自觉制订详细的书面计划，并且严格按计划行事
V22	民主管理	充分授予下属分内工作所需的自主权；积极鼓励下属对分外的工作提合理化建议；当自己的意见与多数意见不一致时，愿意放弃自己的立场
V23	自我控制	成熟稳重，无论遇到什么情况都能保持冷静和理性
V24	务实	非常重视调查研究，处理问题以事实为依据，注重实干，从不讲空话、大话和套话
V25	人际互动	喜欢与人交往，与人沟通时总是能够保持倾听，对下属及有工作联系的人都能积极地给予信息反馈
V26	雷厉风行	非常强调工作效率，做事喜欢立竿见影，有魄力，从不轻易让步
V27	鼓舞性激励	喜欢对员工描述愿景（本单位的发展前景），努力让员工了解组织对他们的期望
V28	信守承诺	不轻易作承诺，一旦承诺，无论多么困难都会兑现
V29	过程管理	养成了对任务进行分解，并将其划分成较细阶段的工作习惯；在每一阶段都会严格按时检查监督下属的工作情况
V30	以人为本	对下属不分亲疏都能在生活和事业上给予高度关怀，并且尽一切可能给予帮助
V31	专业技术	被同事公认为是本单位在相关领域最专业的人
V32	业务知识	非常熟悉本单位的业务性质和工作流程
V33	社会规则	通晓与本职工作相关的政策法规、行业规范、潜在规则
V34	管理知识	阅读过大量的管理学书籍，在本单位属于管理理论知识最丰富、了解并且能够使用的管理工具和方法最多的那一类人
V35	文化素养	在本单位中，自己属于语文、数学、计算机、社交等通用知识水平最高的那一类人
V36	工作经验	在本单位中，自己属于相关工作经验最为丰富的那一类人
V37	人脉资源	拥有对本职工作有帮助的广泛的社会关系网
V38	个人品牌	被同事公认为是值得信赖的，获得上下左右一致好评，在员工中很有威信
V39	组织情感 1	我为自己身为本单位的一员而感到骄傲
V40	组织情感 2	我很高兴我选择了为本单位工作而不是其他单位
V41	同事情感 1	我很喜欢与本次任务团队里的同事一起讨论问题、解决问题
V42	同事情感 2	我和本次任务团队里的同事彼此和睦相处
V43	工作情感 1	我对我的工作有很强烈的感情，很难割舍
V44	工作情感 2	我对我的工作充满兴趣
V45	留任效价 1	如果现在离开本单位，我心里会有一种负疚感
V46	留任效价 2	继续留在本单位工作的一个主要原因是离职将会造成很大的个人损失，其他单位也许不能提供我在这所能享受到的所有待遇
V47	留任效价 3（反）	如果我继续留在本单位工作，不会有什么前途

续表

代码	标签	含　义
V48	工作效价 1（反）	我觉得自己在这项任务中所承担的工作是无足轻重的
V49	工作效价 2	在这项任务中，我的个人价值得到体现
V50	工作效价 3	我在这项任务中表现得好坏对于我而言十分重要
V51	工作期望 1	在本次任务中，我享有充分的自主权
V52	工作期望 2	在本次任务中，我相信我和我的工作伙伴之间能够很好地合作
V53	工作期望 3	我认为本单位的整体环境对本次任务的顺利完成是非常有利的
V54	工作期望 4（反）	我感到本次任务十分艰巨，很难完成
V55	报酬期望 1	我相信只要自己在本单位努力工作，就会有广阔的职业发展空间
V56	报酬期望 2	只要自己工作出色，就会得到上级和同事的充分肯定
V57	报酬期望 3	我的报酬与我的工作表现直接相关
V58	工作投入	我对本次任务非常投入，即使无人要求，也常常在晚上和节假日思考或处理工作问题
V59	决策	做出决策之前十分注重调查了解具体情况
V60	计划	为本次任务制定了十分全面和详细的计划
V61	组织	在规范管理和改善管理方面想了许多办法，实施了较大的改革
V62	控制	对本次任务的执行情况进行频繁的检查监督
V63	指挥	给下属在工作上提供了很多指导
V64	协调	主动与上下左右之间进行频繁的沟通
V65	智力激发	鼓励下属参与管理，非常愿意采纳下属的意见和建议
V66	鼓舞性激励 A	喜欢向下属描述本单位的发展前景和所追求的目标
V67	个性化关怀	在本次任务执行期间对下属给予高度的关心和帮助
V68	授权	给予下属高度的自主权，放手让下属工作
V69	理想化影响力	在本次任务中为人处事正直、公平、公正
V70	团队建设 1	在本次任务中组织了许多有利于培养团队精神的活动
V71	团队建设 2	在本次任务中为员工组织了许多学习或培训活动
V72	任务进展情况	到目前为止，本项任务（或本部门工作）的进展状况
V73	决策水平	在本次任务（或本部门工作）执行的过程中，所做的决定是否全部都是及时和正确的
V74	计划工作效果	在本次任务执行（或本部门工作）的过程中，所制订的计划是否对任务执行有很强的指导作用，能保证任务目标的全面实现
V75	组织工作效果	在本次任务（或本部门工作）执行的过程中，组织管理的状况：团队工作是否井然有序，效率很高，所有资源需求问题都得到及时解决

续表

代码	标签	含　义
V76	指挥工作效果	在本次任务（或本部门工作）执行的过程中，任务安排及工作指导的状况：任务设置和分配是否很合理，知人善用；对下属的工作指导是否非常及时
V77	协调工作效果	在本次任务（或本部门工作）执行的过程中，对工作中冲突和矛盾进行处理的状况
V78	控制工作效果	在本次任务（或本部门工作）执行的过程中，对偏差、风险的控制状况
V79	工作意义认知	总的来说，团队成员对本次任务（或本职工作）的重视程度
V80	效能感	总的来说，团队成员对于完成本次任务（或本职工作）是否充满信心
V81	自主性	总的来说，团队成员在本次任务（或本部门工作）执行过程中是否工作非常积极主动，充分发挥了他们的聪明才智，能够创造性地解决问题
V82	影响力	总的来说，在本次任务（或本部门工作）执行过程中团队成员参与管理、提合理化建议的行为是否非常踊跃
V83	公平感反	在本次任务（或本部门工作）执行过程中，团队成员是否经常并且强烈报怨受到不公平对待
V84	团结合作程度	所带领的团队团结合作的程度
V85	考核结果	2011 年度考核结果
V86	排位	年度考核结果在单位里或本单位管理人员中的排位
V87	工作目标的完成	2011 年度工作目标或本项目目标的完成情况

附表 4－2　样本基本信息及第三轮调查数据

序号＼变量名	V1	V2	V3	V4	V83	V84	V85	V86	V87
1	男	3	2	1	2	4	5	4	4
2	男	5	1	1	2	4	5	4	4
3	男	15	1	3	2	4	5	4	4
4	女	7	2	1	3	4	5	4	4
5	男	3	2	3	1	4	5	4	4
6	男	4	1	3	3	4	5	4	4
7	男	7	1	3	2	4	5	4	4
8	男	2	1	2	1	5	5	5	5
9	男	11	2	3	3	4	5	5	4
10	男	5	1	2	5	4	5	5	4

续表

变量名 序号	V1	V2	V3	V4	V83	V84	V85	V86	V87
11	男	8	1	2	2	4	5	4	5
12	男	12	1	3	3	3	5	4	3
13	男	13	1	2	3	3	5	4	3
14	女	3	2	1	1	4	5	5	4
15	男	4	1	3	2	5	5	5	3
16	女	8	2	2	2	5	5	4	3
17	女	2	1	1	2	4	5	4	4
18	女	3	1	1	1	4	5	4	4
19	女	14	1	1	2	4	5	4	4
20	男	1	1	1	2	4	5	4	4
21	男		2	1	2	3	5	5	5
22	男	2	2	1	2	4	5	4	4
23	男	7	2	1	1	4	5	4	4
24	男	18	2	1	2	4	5	4	4
25	男	23	1	1	3	5	5	5	4
26	男	11	1	3	2	5	5	5	4
27	男	8	1	3	2	5	5	5	5
28	女		1	1	2	5	5	5	5
29	男	13	1	3	2	5	5	5	5
30	男	8	1	3	3	5	5	5	4
31	男	3	1	3	3	5	5	5	4
32	女	10	1	1	2	4	5	5	4
33	男	12	1	1	5	4	5	5	4
34	男	8	2	1	4	4	5	4	3
35	男	3	2	1	1	4	5	5	5
36	男	5	2	1	2	3	5	5	4
37	女	3	1	1	4	3	5	5	4
38	男	6	2	2	2	4	5	5	4
39	女	3	1	1	3	5	5	4	5
40	女	8	1	3	1	4	5	4	4
41	女	4	1	1	2	5	5	5	5

续表

序号＼变量名	V1	V2	V3	V4	V83	V84	V85	V86	V87
42	女	8	1	1	3	5	5	4	4
43	女	20	1	1	2	5	5	4	4
44	男	6	2	1	2	4	4	3	3
45	男	6	2	1	2	3	4	4	4
46	男	6	2	1	2	4	4	3	3
47	男	5	2	1	2	2	4	4	4
48	男	12	2	1	2	4	4	3	3
49	男	2	2	1	2	4	4	4	4
50	女	2	1	1	2	3	4	4	4
51	女	4	1	1	2	4	4	4	4
52	男	13	1	1	2	4	4	4	4
53	男	1	2	1	2	4	4	4	4
54	男	9	2	1	2	4	4	4	4
55	男	6	2	2	2	4	4	4	4
56	男	13	2	3	2	4	4	4	4
57	男	11	1	2	2	4	4	3	4
58	男	1	2	1	1	4	4	3	4
59	男	10	2	1	1	4	4	3	3
60	男	4	2	1	2	4	4	3	3
61	男	8	1	3	3	3	4	3	3
62	男		2	1	3	3	4	3	3
63	男	3	2	2	3	4	4	3	4
64	男	10	1	1	1	4	4	3	4
65	女	1	2	2	2	4	4	3	4
66	男	7	1	3	2	4	4	3	4
67	男	11	1	2	2	4	4	3	4
68	男		1	1	2	4	4	3	4
69	女	4	1	1	4	3	4	3	3
70	男	12	1	1	2	3	4	3	3
71	男	2	1	2	2	4	4	4	3
72	男	10	2	1	3	3	4	4	3

续表

变量名 / 序号	V1	V2	V3	V4	V83	V84	V85	V86	V87
73	女	19	1	2	4	4	4	4	4
74	女	6	1	1	2	5	4	4	3
75	男	3	2	1	2	4	4	3	3
76	男	10	1	1	4	4	4	3	3
77	女	2	1	1	5	4	4	4	4
78	女	2	1	1	2	5	4	4	4
79	男	5	1	1	2	5	4	4	4
80	男	25	1	1	1	3	4	4	3
81	女	15	1	2	2	3	4	4	4
82	男	2	1	1	1	5	4	4	4
83	女	1	1	1	1	3	4	4	3
84	女	1	1	1	2	4	4	4	4
85	男	20	1	2	1	4	4	4	4
86	男	7	1	2	2	3	4	3	3
87	男	1	1	1	2	3	4	3	3
88	男	7	1	3	2	3	4	3	2
89	男	4	1	3	1	4	4	4	5
90	男	21	1	1	2	3	4	3	4
91	女	2	1	3	3	3	4	4	4
92	女	9	1	2	1	4	4	3	3
93	女	10	1	3	2	3	4	4	4
94	女	17	1	3	2	4	4	4	4
95	女	2	1	3	2	4	4	4	3
96	女	5	1	3	2	3	4	4	4
97	女	8	1	2	2	4	4	4	4
98	女	1	1	1	2	4	4	4	5
99	男	10	1	3	1	3	4	4	3
100	男	10	1	2	2	3	4	3	2
101		10	1	3	2	3	4	3	3
102	男	4	2	1	2	4	4	4	4
103	女	2	1	1	2	4	4	4	4

续表

序号 \ 变量名	V1	V2	V3	V4	V83	V84	V85	V86	V87
104	男	3	2	1	2	3	4	2	2
105	女	3	2	1	2	4	4	2	4
106	女	3	2	1	3	4	4	4	3
107	男		2	1	2	3	4	4	3
108	男	2	1	1	3	3	4	3	3
109	男	3	1	1	5	3	4	3	2
110	男		1	1	3	2	4	2	2
111	男	4	1	1	2	2	4	3	2
112	男		1	1	1	3	4	4	3
113	男	7	2	1	2	2	4	2	3
114	男	15	1	2	2	3	4	4	3
115	男	4	1	1	2	3	4	4	2
116	女	1	1	3	3	3	4	3	4
117	女	5	1	2	2	4	4	3	4
118	女	5	1	1	3	3	4	3	3
119	男	5	1	1	3	3	4	3	3
120	女	4	1	1	2	2	4	4	3
121	男	10	1	1	1	4	4	3	4
122	女	13	1	2	1	3	4	4	4
123	男	12	1	1	1	4	4	3	4
124	女		1	1	2	4	4	3	3
125	男	16	2	1	2	3	4	4	4
126	男	10	2	3	2	3	4	4	3
127	男	6	2	1	2	4	4	4	4
128	男	5	1	1	1	4	4	3	4
129	男	7	2	1	4	2	4	2	2
130	男	6	2	1	3	3	4	4	3
131	男	12	2	1	3	3	4	4	3
132	男	21	2	1	3	3	4	3	4
133			1	1	2	4	4	5	4
134			1	1	3	3	4	5	3

续表

变量名 序号	V1	V2	V3	V4	V83	V84	V85	V86	V87
135			1	2	3	4	4	5	4
136	男	4	1	1	2	5	4	5	5
137	男	7	1	3	2	3	4	4	2
138	男	5	2	1	3	4	4	4	4
139	男	4	2	1	3	4	4	4	3
140	男	8	2	1	1	2	4	2	3
141			1	1	1	4	4	4	4
142	男	16	1	3	3	4	4	4	4
143	男	8	1	2	2	4	4	4	4
144	男	6	1	3	2	4	4	4	4
145	男	3	1	2	2	4	4	4	4
146	女	2	1	1	2	4	4	4	4
147	男	1	1	1	2	4	4	4	4
148	男	7	1	3	2	4	4	4	4
149	男	6	1	2	2	4	4	4	4
150	男	6	1	1	1	4	4	4	5
151	男	8	1	1	1	4	4	4	4
152	男	13	1	2	3	4	4	4	4
153	女	24	1	1	1	5	4	4	3
154	男	1	1	2	1	4	4	4	4
155	男	11	1	2	2	4	4	4	4
156	男	7	1	1	1	4	4	4	4
157	女	8	1	3	2	4	4	4	4
158	男	7	1	1	5	4	4	4	4
159	男	5	1	2	1	4	4	4	4
160	男		1	1	1	4	4	4	4
161	男	15	1	1	2	4	4	4	4
162	男	22	1	1	3	4	4	4	4
163	男	9	1	1	3	4	4	4	4
164	女	9	1	1	2	4	4	4	4
165	男	13	1	3	3	4	4	4	4

续表

序号 \ 变量名	V1	V2	V3	V4	V83	V84	V85	V86	V87
166	男	11	1	3	3	4	4	4	4
167	男	10	1	1	2	4	4	4	4
168	男	10	1	3	2	4	4	4	4
169	男	2	1	1	1	4	4	4	4
170	男	2	1	3	2	4	4	4	4
171	男	24	1	3	2	4	4	4	4
172	男		1	3	3	4	4	4	4
173	男	6	1	3	2	4	4	4	4
174	男	4	1	3	3	4	4	4	4
175	男	17	1	1	1	4	4	4	4
176	男	2	2	1	2	4	4	4	3
177	男	2	1	1	2	4	4	4	4
178	男	3	2	2	2	4	4	4	4
179	男	1	2	2	2	4	4	4	4
180	男	7	1	3	2	4	4	3	3
181	男	4	2	3	2	4	4	4	4
182	男	12	1	2	3	4	4	3	4
183	女	1	2	1	2	4	4	4	4
184	男	8	2	1	2	4	4	4	4
185	男	2	2	1	3	3	4	4	4
186	男		2	1	3	3	4	4	3
187	男	10	1	3	2	2	4	3	2
188	男		1		3	3	4	3	3
189	男	3	1	1	4	2	4	3	3
190	男	3	1	3	2	3	4	4	3
191	女	2	1	1	3	2	4	3	3
192	男	2	1	1	2	3	4	3	3
193	女	1	1	1	2	3	4	3	3
194	男	3	1	3	2	2	4	3	3
195	男	1	1	1	1	3	4	4	2
196	男	12	2	1	1	3	4	3	3

续表

变量名 序号	V1	V2	V3	V4	V83	V84	V85	V86	V87
197	男	15	1	3	2	2	4	3	3
198	女	7	2	1	2	3	4	4	3
199	女	3	1	2	2	3	4	4	2
200	男	8	1	1	3	2	4	3	2
201	男	10	2	2	1	2	4	3	2
202	男	7	1	1	4	3	4	3	3
203	女	18	1	3	2	3	4	3	3
204	男	4	2	1	1	3	4	3	3
205	男	15	1	3	2	4	4	3	4
206	男	3	2	2	2	4	4	4	4
207	男	2	2	2	3	4	4	3	4
208	男	5	1	3	2	4	4	4	5
209	男	10	1	2	1	4	4	4	5
210	女	3	1	1	1	5	4	4	4
211	女	1	1	1	1	4	4	4	4
212	男	1	1	1	2	5	4	4	4
213	男	6	2	1	2	3	3	3	3
214	男	6	2	1	2	2	3	3	3
215	女	2	1	1	2	2	3	3	3
216	男	5	2	1	2	3	3	3	3
217	男	6	2	1	2	2	3	3	3
218	男	14	2	1	2	2	3	3	3
219	男	10	2	1	2	2	3	3	3
220	男	2	2	1	3	3	3	3	3
221	男	3	2	1	3	3	3	3	3
222	男		2	1	2	3	3	3	3
223	男	3	2	1	2	2	3	3	3
224	男	16	2	1	2	3	3	3	3
225	男	16	2	1	2	2	3	3	3
226	男	7	2	1	2	4	3	3	3
227	女	4	1	1	2	4	3	3	3

续表

序号＼变量名	V1	V2	V3	V4	V83	V84	V85	V86	V87
228	男	3	2	1	1	4	3	3	4
229	男	3	2	2	2	4	3	3	4
230	男		2	1	1	4	3	3	4
231	男		2	1	1	4	3	3	4
232	男	13	2	1	2	3	3	4	3
233	男	11	2	1	3	2	3	3	3
234	男	5	2	2	3	2	3	2	3
235	男	0	2	1	4	3	3	2	3
236	男	2	1	3	3	3	3	2	2
237	男	8	1	1	2	3	3	4	2
238	男		1	1	2	3	3	2	2
239	男	10	1	1	2	3	3	4	3
240	男	10	2	1	2	3	3	3	2
241	男	7	1	1	3	2	3	3	2
242	男	21	1	1	2	3	3	3	3
243	男	31	1	1	3	3	3	3	3
244	男	8	2	1	3	3	3	3	3
245	男	9	2	1	2	4	3	4	3
246	男	10	2	2	3	2	3	2	3
247	男	6	2	1	2	3	3	3	3
248	男	42	1	1	2	2	3	2	2
249	男	8	2	1	3	2	3	3	3
250	女	6	1	1	1	2	3	4	3
251	男	10	1	1	2	5	3	3	3
252	女	2	1	2	2	3	3	3	3
253	女	2	1	2	2	3	3	3	2
254	男	17	2	3	2	4	3	3	3
255	男	12	1	3	1	3	3	3	4
256	男	3	2	1	3	3	3	2	2
257	男	3	1	1	4	3	3	3	2
258	男	9	1	2	2	3	3	2	3

续表

变量名 序号	V1	V2	V3	V4	V83	V84	V85	V86	V87
259	男	5	2	1	2	3	3	2	3
260	男	21	1	1	2	3	3	2	2
261	男	10	1	1	2	2	3	2	2
262	女	1	1	1	2	1	3	2	1
263	男	2	1	3	2	4	3	4	3
264	男	15	1	1	2	3	3	2	2
265	男	3	2	1	2	3	3	2	2
266	男	10	1	1	3	2	3	2	3
267	男	8	2	3	2	4	3	4	3
268	男	7	1	3	2	2	3	3	2
269	男	9	2	1	3	2	3	2	3
270	男	6	2	1	3	2	3	3	2
271	男	8	2	1	3	3	3	3	3
272	男	16	2	1	2	2	3	3	3
273			1	1	2	4	3	2	3
274			1	2	4	2	3	4	3
275			1	3	4	2	3	4	3
276	男	9	1	2	4	2	3	3	2
277	男	4	1	3	3	3	3	4	4
278	男	10	1	3	2	3	3	3	2
279	男	15	2	1	3	3	3	2	3
280	男	16	2	1	2	3	3	2	2
281	男	13	2	1	3	3	3	3	2
282	女	5	1	2	2	3	3	2	2
283	女	6	1	1	2	3	3	3	3
284	男	7	1	3	2	3	3	3	3
285	女	3	1	3	3	3	3	3	3
286	男	2	2	2	2	3	3	3	3
287	男	1	1	1	4	3	3	2	2
288	男	8	1	2	2	3	3	3	3
289	女	3	1	1	3	3	3	2	2

续表

变量名 序号	V1	V2	V3	V4	V83	V84	V85	V86	V87
290	男	2			2	3	3	2	2
291	男	3	1	1	3	2	3	2	3
292	男	1	1	1	2	2	3	3	2
293	男	6	1	1	3	3	3	3	3
294	男	2	2	1	3	4	3	3	3
295	男	1	2	2	1	5	3	3	3
296	男	5	1	1	2	4	3	4	5
297	女	3			3	2	2	2	2
298	男	3	2	2	2	3	2	2	2
299	男	3	1	1	3	2	2	1	2
300	男	3	1	1	3	3	2	2	3
301	男		1	2	1	3	2	2	3
302	男	9	2	1	3	3	2	2	2
303			1	1	2	2	2	1	2
304	男	7	1	1	2	3	2	1	2
305	男	2	1	1	2	4	2	3	1
306	男	23	2	1	2	2	2	3	2
307	男	6	1	3	2	3	2	2	3
308	男	3	1	1	4	2	2	2	3

附表 4-3　胜任力特征表（V5～V38）

变量名 序号	V5	V6	V7	V8	V9	V10	V11	V12	V13	V14	V15
1	5	4	5	5	4	4	5	4	4	4	4
2	5	4	3	3	4	3	4	5	3	4	4
3	4	3	5	4	4	4	3	4	4	4	5
4	4	4	2	3	4	4	3	5	2	3	5
5	5	4	5	4	5	3	4	5	5	3	5
6	5	3	5	4	5	4	5	3	5	5	4
7	5	5	4	4	4	5	5	4	4	4	5
8	3	2	3	5	4	4	4	3	3	4	3

续表

序号＼变量名	V5	V6	V7	V8	V9	V10	V11	V12	V13	V14	V15
9	4	4	3	4	4	4	2	4	3	5	3
10	4	5	5	4	5	5	4	5	3	4	4
11	4	4	5	4	5	4	3	5	4	4	4
12	5	3	3	3	4	3	3	4	3	4	5
13	1	3	4	5	2	3	5	3	4	4	5
14	3	3	3	3	3	3	3	3	4	3	3
15	2	3	4	4	4	4	4	3	5	4	4
16	3	2	4	3	2	5	4	4	3	2	3
17	4	4	4	2	4	3	3	4	4	4	3
18	3	4	1	4	2	4	2	5	3	3	5
19	3	3	4	3	2	2	2	3	2	3	3
20	4	5	4	4	5	4	4	3	4	4	4
21	5	5	5	4	4	4	5	5	4	4	5
22	4	3	3	2	2	2	3	3	3	3	4
23	3	3	2	2	2	4	2	4	2	3	3
24	3	3	3	2	3	3	2	3	3	3	4
25	3	4	5	3	4	3	4	5	3	3	3
26	4	3	3	3	4	3	4	4	3	2	2
27	3	2	5	4	5	3	5	5	5	3	5
28	3	4	4	4	4	4	3	5	4	3	4
29	5	5	4	4	5	4	4	5	4	4	4
30	3	3	4	3	2	3	4	4	3	4	3
31	4	3	3	3	3	2	3	5	3	3	3
32	2	3	4	4	3	4	3	5	4	3	4
33	5	4	4	4	4	5	3	5	4	3	3
34	5	4	4	3	3	4	4	3	3	4	4
35	5	3	5	4	5	4	5	5	5	5	5
36	3	4	4	4	4	4	4	4	4	4	4
37	3	4	3	3	4	4	3	4	4	4	3
38	3	3	3	3	3	4	4	4	4	3	4
39	4	3	2	3	3	4	4	3	4	3	4

续表

变量名 序号	V5	V6	V7	V8	V9	V10	V11	V12	V13	V14	V15
40	5	3	3	3	4	3	4	5	3	4	5
41	5	3	1	3	4	4	2	5	3	2	1
42	3	3	4	3	4	3	3	5	3	3	4
43	4	4	5	3	3	4	3	3	4	4	4
44	5	4	5	5	4	4	5	4	3	4	5
45	4	5	4	4	4	3	3	4	4	3	4
46	4	4	3	4	4	4	4	4	4	4	3
47	4	4	4	4	4	3	4	4	3	3	4
48	3	5	3	4	2	2	4	3	3	3	4
49	3	5	5	4	3	3	5	3	4	3	4
50	5	4	5	4	5	3	4	5	4	4	5
51	5	5	4	4	5	4	4	5	4	4	5
52	4	4	3	4	4	5	4	4	4	4	4
53	4	4	4	3	3	4	4	5	4	4	5
54	5	4	4	4	4	4	5	5	4	4	4
55	5	5	5	5	5	4	4	5	4	4	5
56	5	4	5	5	5	4	5	5	5	4	5
57	5	4	5	5	5	4	5	4	4	4	4
58	4	4	5	4	3	3	5	5	4	3	5
59	4	4	4	3	3	4	4	4	4	3	4
60	4	5	4	4	3	4	4	4	4	3	3
61	4	4	4	4	4	3	4	4	4	3	4
62	4	3	4	3	2	3	4	3	3	3	3
63	4	5	4	4	4	4	5	4	4	4	5
64	5	5	5	5	4	5	5	5	5	4	5
65	4	4	5	4	4	4	4	4	4	4	5
66	5	4	4	3	5	3	4	2	4	5	4
67	4	4	5	4	4	5	4	4	4	4	5
68	5	4	2	4	5	2	5	3	2	3	5
69	3	5	5	3	5	2	4	3	3	3	4
70	3	2	2	2	3	2	2	3	2	1	2

续表

变量名/序号	V5	V6	V7	V8	V9	V10	V11	V12	V13	V14	V15
71	3	4	1	3	4	1	1	5	5	4	4
72	3	4	4	3	4	3	4	4	3	3	2
73	5	3	5	4	3	5	4	5	4	4	5
74	4	3	5	4	4	4	5	5	4	3	5
75	3	3	4	3	3	3	4	3	3	3	4
76	4	4	3	3	4	4	3	4	4	3	4
77	5	4	4	4	5	4	5	5	5	3	4
78	4	4	4	3	3	4	3	5	4	4	5
79	5	5	4	4	4	4	5	5	5	4	5
80	5	5	4	3	5	4	4	5	4	4	4
81	5	5	4	4	4	4	5	5	4	5	5
82	5	4	5	4	4	4	4	4	5	5	5
83	4	3	5	5	3	3	4	5	3	3	4
84	5	4	5	5	5	5	5	5	5	4	5
85	4	4	5	5	4	4	4	5	4	4	4
86	4	4	4	3	3	4	3	4	4	3	3
87	3	5	3	3	3	4	3	4	4	4	4
88	5	4	5	5	5	4	5	5	5	5	5
89	5	2	5	4	2	5	3	4	4	4	4
90	4	3	4	4	4	3	4	4	3	3	4
91	4	5	4	3	5	5	5	4	4	3	4
92	4	2	4	4	3	3	3	5	3	2	3
93	4	3	4	3	4	4	4	5	3	3	5
94	3	2	4	3	4	5	4	5	2	2	3
95	4	3	5	3	3	4	4	4	4	2	3
96	4	3	5	3	3	4	3	5	3	3	4
97	3	4	3	3	4	3	3	5	3	3	3
98	4	3	3	3	4	4	3	4	4	4	4
99	3	4	3	3	4	2	4	4	3	5	5
100	5	3	5	4	4	3	5	2	3	4	5
101	4	4	5	3	5	5	3	2	3	5	5

续表

变量名/序号	V5	V6	V7	V8	V9	V10	V11	V12	V13	V14	V15
102	3	3	3	2	2	2	4	4	2	2	4
103	3	3	3	2	2	4	4	5	3	3	5
104	3	3	2	2	2	4	4	3	4		4
105	3	3	3	4	4	4	4	5	4	3	4
106	4	4	4	3	2	3	4	4	3	2	3
107	5	4	5	4	5	5	4	4	4	5	4
108	3	4	3	4	3	3	3	4	3	3	4
109	3	3	3	5	3	3	5	3	3	5	5
110	4	4	4	4	5	4	4	5	4	3	4
111	5	3	5	5	5	3	5	4	5	4	5
112	3	3	3	4	4	4	5	5	4	4	4
113	5	3	5	4	5	3	3	5	4	4	4
114	5	4	5	4	4	5	5	4	4	4	4
115	4	5	3	3	5	3	4	5	3	4	5
116	3	3	2	1	1	2	3	3	1	1	3
117	4	2	3	4	4	1	4	4	3	3	4
118	5	5	3	4	5	4	5	3	4	4	5
119	4	3	4	3	5	3	3	5	4	3	4
120	3	3	2	2	2	2	3	3	2	2	2
121	4	4	5	4	5	4	4	5	4	4	5
122	4	3	5	3	4	3	2	5	3	2	5
123	4	2	3	3	2	3	3	3	4	3	4
124	5	4	5	3	2	2	3	5	4	4	3
125	5	4	4	4	4	3	3	4	4	3	5
126	1	1	2	3	3	5	3	3	3	3	2
127	3	3	4	2	2	2	3	3	2	2	4
128	4	5	3	2	3	2	5	1	4	5	4
129	3	4	3	4	4	3	4	3	4	3	4
130	3	3	3	3	3	3	4	3	3	4	4
131	3	3	3	3	3	3	3	4	3	3	4
132	5	4	4	4	5	3	4	4	3	5	5

续表

序号 \ 变量名	V5	V6	V7	V8	V9	V10	V11	V12	V13	V14	V15
133	5	5	5	4	5	5	4	5	5	4	4
134	3	4	3	4	3	4	3	4	4	4	3
135	2	3	2	3	3	3	1	2	1	1	2
136	3	2	4	5	5	4	5	5	5	2	3
137	3	3	4	4	5	1	3	3	4	3	4
138	3	4	3	3	4	4	3	2	4	4	3
139	3	4	4	4	4	4	3	4	4	3	5
140	4	3	3	3	4	4	4	3	3	4	4
141	5	5	4	3	3	4	4	5	5	3	3
142	4	3	4	3	4	3	3	4	3	3	3
143	4	4	5	5	4	4	4	5	3	4	5
144	4	3	5	4	4	3	4	3	3	3	4
145	5	3	5	3	3	4	4	5	3	3	3
146	4	3	2	2	1	1	1	5	2	2	2
147	4	4	4	3	2	3	3	5	4	4	4
148	4	2	3	3	4	3	4	5	3	2	3
149	5	3	4	4	5	4	5	5	4	4	4
150	3	3	3	3	3	3	3	3	3	3	3
151	2	3	4	3	3	4	4	4	3	3	4
152	5	3	5	3	3	2	3	5	3	2	5
153	4	5	4	4	5	4	4	5	3	4	5
154	4	3	5	4	4	3	5	5	5	4	4
155	4	3	4	4	4	4	2	4	4	2	4
156	5	5	5	5	4	5	5	5	5	5	5
157	4	4	5	4	5	4	4	5	4	4	4
158	4	5	3	4	4	5	5	5	4	4	5
159	4	4	3	3	5	2	5	5	3	4	3
160	5	5	3	4	4	3	4	4	3	3	5
161	4	4	5	4	4	4	4	5	4	4	5
162	3	4	2	4	2	2	3	5	3	3	4
163	4	4	2	3	4	3	2	4	3	2	3

续表

序号 \ 变量名	V5	V6	V7	V8	V9	V10	V11	V12	V13	V14	V15
164	4	5	4	3	5	4	4	5	4	4	4
165	2	1	4	2	4	4	4	3	4	4	1
166	3	3	4	3	3	3	3	4	3	2	3
167	4	3	4	3	4	3	4	4	4	3	4
168	4	4	3	3	4	5	4	4	4	3	4
169	5	3	3	4	4	3	4	3	3	3	4
170	4	3	3	3	3	4	4	4	3	3	2
171	4	4	4	3	3	3	4	5	3	3	4
172	4	3	4	4	4	4	3	4	3	3	4
173	2	1	4	3	4	3	3	5	2	2	3
174	5	3	4	5	5	3	4	5	4	3	5
175	2	5	3	3	3	4	2	5	3	2	5
176	3	2	4	2	3	2	2	4	3	4	3
177	3	3	5	3	3	3	5	3	3	2	5
178	3	3	3	2	4	2	5	3	4	3	3
179	3	5	2	4	3	3	5	3	4	2	4
180	4	4	4	4	4	4	4	4	4	4	4
181	4	3	2	2	3	3	2	4	3	2	4
182	5	4	5	5	5	5	3	5	5	4	5
183	5	4	4	3	3	4	4	3	3	3	4
184	4	4	4	3	4	5	4	3	3	4	4
185	3	3	3	3	3	3	4	4	3	3	3
186	4	4	4	5	4	4	4	4	3	4	4
187	4	4	4	4	4	4	4	4	4	3	3
188	3	4	4	3	5	4	4	4	4	3	4
189	4	4	5	3	3	1	3	4	3	4	4
190	4	4	3	3	2	4	3	2	3	3	4
191	3	1	4	3	2	2	3	3	3	3	3
192	4	4	3	4	4	4	4	4	4	3	4
193	3	4	5	3	4	4	2	4	4	2	2
194	5	5	5	3	3	2	2	5	3	3	5

续表

变量名 / 序号	V5	V6	V7	V8	V9	V10	V11	V12	V13	V14	V15
195	2	3	4	2	4	4	2	5	3	2	2
196	4	4	4	4	4	3	5	4	5	5	5
197	3	4	4	3	4	3	4	3	3	2	3
198	4	4	4	3	4	3	4	4	4	4	5
199	3	4	5	3	5	5	4	4	3	3	3
200	4	5	5	5	5	4	5	3	5	5	3
201	4	2	4	4	5	4	4	4	5	4	5
202	5	3	3	3	5	1	5	3	3	3	4
203	5	5	4	4	5	4	4	5	4	5	5
204	4	4	4	5	5	3	4	5	4	4	4
205	2	5	4	3	5	4	3	4	4	3	5
206	3	3	4	3	2	3	3	3	3	3	2
207	3	3	2	3	3	2	3	3	3	2	3
208	4	4	4	3	3	4	3	4	5	4	5
209	4	4	5	4	3	4	5	5	4	3	4
210	4	5	3	4	3	4	4	5	5	4	3
211	3	4	3	2	2	2	4	5	3	2	5
212	4	3	5	5	3	5	2	5	2	5	5
213	3	2	4	3	4	3	3	5	3	3	5
214	4	4	4	3	3	3	4	3	3	3	4
215	4	4	3	4	4	3	4	4	3	4	4
216	4	3	4	4	4	3	5	5	3	3	4
217	4	3	3	4	4	4	4	4	3	4	4
218	4	4	3	4	3	3	4	4	4	4	3
219	4	4	4	3	3	3	3	3	3	3	4
220	4	4	4	3	3	4	5	4	4	3	5
221	5	3	4	4	5	4	5	5	3	3	4
222	4	4	3	3	4	2	5	4	3	3	5
223	5	3	4	4	3	3	3	4	3	3	4
224	4	4	3	3	3	2	3	4	3	2	3
225	4	3	3	3	4	3	4	4	4	3	3

续表

序号＼变量名	V5	V6	V7	V8	V9	V10	V11	V12	V13	V14	V15
226	4	4	5	4	5	4	4	4	4	4	4
227	4	4	5	5	4	4	4	5	4	4	5
228	5	3	5	5	4	4	5	5	5	5	5
229	4	4	3	4	3	3	5	4	4	4	4
230	3	3	3	2	3	2	3	3	2	2	4
231	5	4	5	5	4	4	5	5	4	5	4
232	5	4	4	4	4	4	4	5	4	4	4
233	4	5	5	5	5	4	3	4	4	4	4
234	3	4	4	5	4	3	5	4	3	5	5
235	4	5	3	4	4	4	4	4	4	3	4
236	4	4	3	3	5	3	4	5	4	3	4
237	4	5	2	2	4	4	2	5	3	2	4
238	4	3	3	4	3	2	4	5	2	2	3
239	3	4	3	4	4	4	3	4	3	3	4
240	4	4	4	5	3	4	4	5	3	3	4
241	4	4	5	4	4	4	5	5	4	3	4
242	3	3	4	4	4	4	4	5	4	4	4
243	5	5	5	4	5	4	4	4	4	4	4
244	5	4	4	3	4	4	4	4	4	4	4
245	5	5	5	4	3	3	5	5	3	4	5
246	4	3	5	4	4	4	3	5	4	4	5
247	3	4	4	4	3	5	4	5	4	4	4
248	3	3	4	3	4	4	4	3	4	3	4
249	4	4	4	3	4	3	3	3	3	4	4
250	5	4	5	4	5	5	4	5	5	4	5
251	4	3	4	3	4	3	4	3	3	3	4
252	4	4	4	4	4	4	3	5	4	4	4
253	4	3	4	3	3	4	3	4	4	3	3
254	4	1	5	2	5	1	2	1	3	2	5
255	4	5	4	3	3	3	4	5	4	4	2
256	2	2	3	3	3	2	3	1	2	2	3

续表

序号＼变量名	V5	V6	V7	V8	V9	V10	V11	V12	V13	V14	V15
257	2	5	4	3	5	2	4	3	3	5	4
258	5	4	5	4	3	4	4	5	3	4	4
259	4	3	4	2	4	4	4	2	3	3	3
260	3	4	4	5	3	3	4	4	4	3	4
261	5	4	4	4	5	5	3	4	5	3	3
262	3	3	3	2	3	2	4	4	2	2	3
263	2	3	4	3	3	3	3	4	2	4	5
264	4	4	3	2	5	4	3	4	4	5	5
265	5	5	4	4	5	4	4	5	5	4	4
266	2	3	4	3	3	3	3	4	3	3	3
267	4	5	3	2	3	1	2	4	2	3	4
268	3	3	3	4	4	3	4	4	3	3	4
269	4	3	4	4	3	3	5	4	3	3	4
270	3	3	4	4	3	3	4	4	3	3	4
271	4	3	3	3	3	3	4	3	3	3	4
272	3	3	2	3	3	3	3	4	3	3	4
273	5	5	5	5	5	5	5	5	5	5	5
274	2	3	3	3	3	2	3	5	2	2	2
275	3	3	2	2	2	2	2	1	1	2	3
276	3	3	2	2	2	2	3	4	3	4	3
277	4	4	3	4	4	4	5	4	5	4	4
278	5	5	5	4	4	4	4	3	4	3	4
279	4	4	3	3	3	3	3	3	4	4	3
280	3	2	4	3	3	3	4	4	3	4	4
281	3	3	3	3	3	3	3	3	3	2	3
282	4	3	3	3	3	3	3	4	3	3	3
283	3	3	4	3	5	4	5	5	5	4	5
284	3	3	3	3	3	2	3	4	2	3	3
285	4	4	4	3	2	3	2	5	4	2	5
286	4	4	3	4	3	3	5	3	3	4	4
287	1	1	1	1	1	1	1	3	2	4	2

续表

序号\变量名	V5	V6	V7	V8	V9	V10	V11	V12	V13	V14	V15
288	5	4	4	4	4	5	4	3	3	4	4
289	5	3	4	3	3	4	3	5	3	3	5
290	4	4	5	4	5	5	4	5	4	4	5
291	3	4	4	3	3	2	3	3	2	3	3
292	4	2	3	3	4	4	4	4	5	3	4
293	4	3	2	3	4	1	3	4	4	4	2
294	2	3	5	4	4	4	4	3	4	3	3
295	3	3	4	4	4	4	4	4	4	3	4
296	3	3	2	4	4	3	3	5	3	4	4
297	3	2	3	5	4	2	5	5	4	3	4
298	5	4	2	2	3	3	3	3	2	1	4
299	3	4	3	2	2	1	3	5	2	2	1
300	2	5	2	2	1	2	4	2	1	1	2
301	4	5	2	3	3	4	3	1	4	4	5
302	3	3	3	4	3	4	4	4	2	4	3
303	3	4	5	5	4	5	3	5	4	2	2
304	2	5	4	1	4	5	4	4	1	1	5
305	4	4	3	2	3	3	3	1	2	3	4
306	4	4	4	4	4	4	4	3	4	3	3
307	3	4	2	3	1	2	3	4	3	2	3
308	3	4	4	4	3	4	3	4	3	3	2

序号\变量名	V16	V17	V18	V19	V20	V21	V22	V23	V24	V25	V26
1	4	5	5	4	3	4	4	4	4	4	5
2	5	5	4	5	4	4	5	4	4	4	3
3	4	5	5	5	4	4	3	4	5	4	4
4	5	5	4	4	3	4	4	2	5	5	4
5	5	5	5	4	4	4	5	4	5	4	3
6	3	5	5	3	5	3	3	3	4	3	4
7	3	5	5	5	3	5	4	4	5	5	5
8	1	3	3	3	2	2	4	2	4	3	4

续表

序号＼变量名	V16	V17	V18	V19	V20	V21	V22	V23	V24	V25	V26
9	2	5	5	3	3	4	2	3	4	3	3
10	4	5	5	4	4	5	5	4	4	5	5
11	5	5	5	4	4	4	5	4	5	4	4
12	4	3	4	3	3	3	4	3	4	3	3
13	1	5	4	5	5	3	4	1	3	5	4
14	4	4	4	3	1	3	4	3	4	3	4
15	4	5	5	5	5	4	4	4	4	3	4
16	3	2	4	4	2	3	4	4	4	3	3
17	4	4	4	3	3	2	4	3	5	3	3
18	4	2	3	3	1	1	5	4	2	5	1
19	2	3	4	3	3	2	2	3	2	3	2
20	4	5	4	4	4	4	3	4	4	4	4
21	5	5	5	5	5	4	5	4	5	5	4
22	4	4	4	3	3	3	4	3	3	4	2
23	2	4	3	4	2	4	3	2	3	5	1
24	4	4	4	4	3	3	4	4	4	3	4
25	4	5	3	3	3	4	4	4	4	4	3
26	3	3	3	2	2	2	4	4	3	4	2
27	5	5	5	3	4	4	3	5	5	5	4
28	3	5	5	3	5	3	4	4	4	4	4
29	5	4	4	4	4	4	5	4	4	4	4
30	3	2	4	3	3	4	4	4	3	4	3
31	4	3	4	4	3	3	4	3	4	3	2
32	3	5	5	5	4	3	2	3	4	5	4
33	4	4	5	3	3	4	4	3	5	3	5
34	3	4	5	4	4	5	3	4	5	3	4
35	5	5	4	4	5	5	3	4	5	5	5
36	4	4	4	4	4	3	4	3	4	3	4
37	3	4	4	4	4	4	3	4	4	3	3
38	3	3	3	4	4	3	4	3	4	3	4
39	3	4	4	4	2	3	2	2	3	3	5

续表

序号＼变量名	V16	V17	V18	V19	V20	V21	V22	V23	V24	V25	V26
40	4	5	5	4	4	3	5	3	4	4	5
41	3	5	5	4	4	5	4	3	3	5	3
42	4	5	4	3	3	4	5	3	4	4	4
43	3	5	4	3	4	3	3	3	5	4	3
44	4	4	5	4	3	4	4	3	4	5	4
45	4	4	5	4	4	3	4	4	3	3	3
46	4	4	4	4	4	3	4	3	4	4	3
47	4	4	5	3	4	4	4	4	5	4	4
48	3	4	4	5	3	3	5	3	3	4	4
49	3	3	5	4	3	3	4	4	3	4	4
50	4	5	5	5	5	4	4	4	5	4	5
51	4	5	5	5	5	5	5	4	5	5	4
52	5	4	4	4	4	4	4	5	4	4	4
53	4	4	4	5	4	3	4	4	5	4	3
54	5	4	5	4	4	4	4	4	4	3	3
55	5	5	5	4	4	5	4	5	5	4	5
56	5	5	5	4	4	5	5	5	5	4	5
57	5	5	5	4	4	4	4	4	5	5	4
58	4	5	5	4	3	4	3	4	5	5	4
59	4	4	4	3	4	4	3	4	4	4	4
60	5	5	4	3	3	3	4	4	5	4	4
61	4	4	4	4	3	4	4	4	4	4	4
62	3	4	4	3	3	2	3	3	4	4	3
63	5	4	5	5	4	4	4	3	4	4	4
64	3	5	5	3	4	5	5	5	5	5	5
65	4	5	5	4	4	4	4	4	4	4	4
66	2	4	3	3	3	5	4	4	4	4	4
67	4	5	5	4	4	3	4	4	4	4	4
68	5	4	4	3	1	3	4	3	5	5	5
69	2	4	3	2	5	5	3	4	3	5	3
70	2	3	3	2	1	2	3	2	2	2	2

续表

序号 \ 变量名	V16	V17	V18	V19	V20	V21	V22	V23	V24	V25	V26
71	3	1	1	4	1	3	5	5	4	4	3
72	3	3	4	3	3	4	3	4	3	4	3
73	5	5	5	4	5	3	4	4	4	5	5
74	4	5	4	4	4	3	3	4	4	4	4
75	3	3	3	3	3	3	3	3	3	3	3
76	4	3	4	4	3	3	4	4	4	4	3
77	5	5	4	4	4	4	5	4	5	4	4
78	4	4	5	4	3	3	5	3	5	5	5
79	5	4	5	4	4	4	4	5	5	4	5
80	3	5	5	4	5	4	5	5	5	4	4
81	5	4	5	5	5	4	5	5	5	5	5
82	5	5	4	4	5	5	5	5	4	5	4
83	3	3	3	4	3	3	4	3	4	3	4
84	5	5	5	4	4	4	5	5	5	5	5
85	4	4	5	4	4	4	4	4	5	4	4
86	4	4	5	4	4	4	4	4	4	3	3
87	4	3	4	4	2	4	4	4	5	4	2
88	5	5	5	3	4	5	3	3	5	5	5
89	5	5	5	3	5	3	3	4	3	3	4
90	3	4	4	3	2	3	3	4	3	4	4
91	4	4	5	3	5	4	4	5	4	4	3
92	4	4	4	2	2	2	5	4	4	4	3
93	3	5	3	2	3	4	2	4	4	3	3
94	4	5	4	5	3	3	5	5	5	4	4
95	3	4	4	3	3	3	4	4	3	3	3
96	3	5	4	4	3	4	3	3	4	4	3
97	3	3	4	3	4	3	4	3	4	3	3
98	4	5	4	3	3	3	4	3	4	4	4
99	3	4	4	1	2	3	1	1	3	5	4
100	5	5	4	3	5	4	3	4	5	5	4
101	3	5	5	5	3	3	5	5	4	5	5

续表

序号 \ 变量名	V16	V17	V18	V19	V20	V21	V22	V23	V24	V25	V26
102	2	3	3	5	3	3	4	2	4	4	2
103	3	4	4	2	3	3	3	3	4	3	3
104	3	5	5	3	3	3	4	3	3	4	3
105	3	4	3	4	3	2	3	2	2	5	4
106	3	4	3	4	2	3	4	2	3	3	3
107	5	5	4	3	4	4	4	3	4	5	4
108	3	3	4	3	3	3	4	3	3	4	3
109	3	5	4	5	5	3	4	3	4	4	4
110	5	5	5	4	4	4	4	5	5	3	3
111	5	5	5	4	5	4	5	3	5	5	4
112	4	4	5	3	4	4	3	4	3	4	3
113	3	4	3	3	5	5	4	4	4	4	3
114	4	5	5	4	3	4	4	3	4	4	5
115	4	4	3	1	3	3	4	2	5	5	4
116	2	3	3	2	3	2	2	2	3	3	2
117	4	4	4	4	3	4	4	4	5	5	4
118	3	5	5	3	4	4	3	4	5	2	3
119	4	4	5	4	4	4	4	4	4	4	3
120	1	3	3	2	2	2	3	2	3	2	2
121	3	4	4	4	3	4	3	3	4	4	4
122	4	4	5	3	3	3	3	4	5	4	4
123	2	4	3	3	2	2	4	4	4	4	3
124	3	3	4	2	5	3	5	2	5	4	2
125	4	4	4	4	3	3	4	2	4	4	4
126	3	3	4	3	4	4	4	2	4	4	4
127	3	3	3	3	3	2	3	2	3	4	2
128	2	5	5	1	4	1	2	2	3	5	4
129	4	3	5	3	3	4	4	3	3	3	3
130	3	3	4	4	3	3	3	3	3	3	3
131	3	3	3	3	3	3	3	3	3	4	3
132	3	4	5	3	5	4	4	4	4	5	4

续表

序号 \ 变量名	V16	V17	V18	V19	V20	V21	V22	V23	V24	V25	V26
133	5	5	5	5	5	5	4	5	5	5	4
134	3	3	4	4	3	4	3	3	4	4	4
135	2	2	2	2	2	1	1	2	2	4	2
136	5	4	5	4	4	4	3	4	4	4	4
137	2	3	4	3	2	2	2	4	5	3	3
138	3	3	4	4	5	4	3	3	4	3	3
139	3	4	4	3	4	4	3	3	4	4	4
140	2	4	4	3	3	3	3	3	3	3	3
141	5	5	4	4	5	4	5	4	5	4	4
142	3	4	4	3	3	3	3	3	4	3	3
143	4	4	5	5	4	4	4	3	5	5	5
144	4	4	4	3	3	3	3	3	3	4	3
145	4	4	4	3	3	3	1	3	3	2	3
146	3	3	2	4	3	2	4	4	5	3	3
147	4	4	4	3	2	3	3	3	3	4	3
148	4	3	4	4	5	3	5	4	4	4	2
149	4	4	4	4	4	4	4	4	5	4	4
150	3	3	3	3	3	3	3	3	3	3	3
151	2	3	3	3	2	2	3	2	2	4	3
152	5	4	4	3	2	4	3	4	4	4	4
153	4	5	5	4	5	4	5	5	5	5	4
154	5	5	5	4	4	5	4	3	5	5	4
155	4	3	4	3	2	4	4	4	4	4	2
156	4	5	5	5	5	5	5	5	5	4	5
157	5	5	5	3	4	4	5	4	4	3	4
158	5	5	4	5	3	3	5	5	4	5	4
159	5	4	4	3	4	4	3	3	5	4	3
160	4	4	4	3	3	4	3	3	5	4	4
161	4	4	4	4	4	4	5	4	4	5	4
162	4	4	5	4	2	2	5	5	3	5	4
163	4	3	4	2	2	2	3	3	2	2	4

续表

序号 \ 变量名	V16	V17	V18	V19	V20	V21	V22	V23	V24	V25	V26
164	4	4	5	2	4	4	1	4	3	5	3
165	2	2	2	2	1	2	3	4	3	4	4
166	3	3	3	3	3	2	3	3	4	3	2
167	3	4	4	4	3	4	3	4	4	4	3
168	3	4	4	4	4	4	5	3	4	4	4
169	4	4	5	3	3	3	4	3	4	4	4
170	3	4	4	3	2	3	4	3	4	5	4
171	4	5	4	2	4	3	4	4	5	4	3
172	3	4	3	3	3	4	4	3	4	4	4
173	2	2	3	3	1	3	4	3	2	2	2
174	5	5	5	5	4	5	4	5	5	4	4
175	4	4	4	4	2	3	4	4	4	4	3
176	2	4	4	3	2	3	3	3	3	2	3
177	5	3	5	3	3	4	3	3	5	5	3
178	4	4	4	3	2	4	4	4	4	4	4
179	3	4	5	3	2	3	5	3	5	4	3
180	4	5	4	4	3	4	4	4	4	3	4
181	3	2	3	4	3	2	4	4	4	4	2
182	5	5	5	5	5	5	5	5	5	4	4
183	3	5	5	4	4	4	3	4	5	3	4
184	3	4	5	4	4	4	3	4	4	3	4
185	4	4	4	4	4	4	4	4	4	3	4
186	4	3	5	4	4	5	4	4	4	3	4
187	4	3	4	3	4	3	3	2	3	2	4
188	4	5	4	3	3	4	3	3	4	4	2
189	4	4	4	3	4	3	4	4	5	4	3
190	3	5	5	3	3	4	3	2	4	3	4
191	3	4	4	3	3	2	2	2	3	4	4
192	3	5	5	4	3	3	4	4	4	4	3
193	3	4	5	3	5	4	2	3	4	2	4
194	2	2	5	5	2	2	5	5	5	3	5

续表

序号 \ 变量名	V16	V17	V18	V19	V20	V21	V22	V23	V24	V25	V26
195	3	4	5	2	4	3	3	1	4	1	3
196	4	4	4	3	5	5	4	4	5	4	3
197	5	4	4	3	4	4	4	4	5	4	4
198	4	5	4	2	4	2	4	1	4	4	4
199	5	3	4	5	3	4	4	4	3	4	3
200	5	5	5	3	4	3	4	5	5	4	5
201	4	2	3	5	4	4	4	5	4	4	3
202	1	4	3	1	5	3	4	3	1	5	3
203	4	5	5	3	5	4	4	3	5	5	4
204	3	3	4	2	4	3	4	4	3	4	3
205	3	4	4	5	3	4	5	3	5	5	5
206	3	4	3	3	1	3	2	2	3	3	2
207	3	3	3	2	2	2	3	3	3	3	2
208	4	4	4	4	5	4	4	4	4	3	4
209	3	5	5	3	4	3	4	5	5	5	4
210	3	5	3	3	4	3	3	5	4	3	3
211	2	1	3	1	1	1	4	2	3	5	1
212	3	4	4	3	4	3	4	4	4	5	4
213	2	3	4	3	3	3	2	3	3	4	4
214	4	4	4	4	3	3	4	3	4	5	4
215	3	4	4	4	3	3	3	3	3	3	3
216	4	5	5	3	4	4	4	4	5	4	4
217	4	4	4	3	3	3	5	3	3	5	4
218	4	3	3	3	3	3	3	3	5	3	3
219	3	4	4	4	3	3	3	3	3	4	4
220	4	4	4	3	2	3	5	3	4	4	3
221	4	4	4	3	3	2	4	3	3	3	3
222	3	4	3	3	3	4	5	4	3	4	4
223	2	4	4	2	3	3	4	3	4	4	4
224	3	4	3	2	3	3	4	4	4	2	2
225	4	4	4	3	4	3	4	4	5	3	3

续表

序号 \ 变量名	V16	V17	V18	V19	V20	V21	V22	V23	V24	V25	V26
226	4	5	4	4	4	4	4	4	4	5	4
227	4	5	5	4	4	4	4	4	5	5	4
228	5	5	5	4	5	4	5	5	5	5	5
229	3	4	4	4	3	3	4	3	3	4	5
230	3	3	3	3	3	2	3	3	4	3	3
231	4	5	5	4	4	4	5	4	4	4	5
232	4	4	4	4	4	4	4	4	4	3	3
233	4	4	4	4	3	4	4	4	4	3	5
234	4	3	5	3	5	3	3	3	3	2	2
235	3	4	3	3	3	3	4	3	4	4	3
236	3	4	5	3	3	3	3	3	4	4	4
237	2	2	3	2	3	3	3	3	4	3	3
238	2	3	4	3	5	2	3	3	3	4	4
239	4	3	3	3	3	4	4	4	4	4	3
240	3	3	4	3	4	3	4	3	3	5	3
241	4	4	5	4	4	4	3	3	4	4	4
242	4	4	4	5	3	4	4	3	4	4	4
243	4	4	4	3	3	5	5	4	4	3	4
244	3	4	4	4	4	4	3	4	4	4	4
245	5	4	5	5	3	3	5	3	4	5	3
246	4	4	4	3	5	3	4	5	4	5	4
247	4	4	5	5	3	4	4	3	4	4	4
248	4	4	4	4	4	3	5	4	4	5	3
249	3	4	4	3	3	4	4	3	4	3	4
250	5	5	5	3	4	5	4	4	5	5	4
251	3	4	4	3	3	4	4	3	3	3	3
252	4	4	4	4	4	4	5	4	5	4	4
253	3	4	5	3	3	3	4	3	4	3	4
254	5	4	2	5	2	3	3	4	5	5	3
255	4	4	4	3	3	4	3	3	4	3	4
256	2	2	3	4	1	1	3	2	2	3	2

续表

序号＼变量名	V16	V17	V18	V19	V20	V21	V22	V23	V24	V25	V26
257	3	2	3	1	2	2	3	2	4	3	2
258	5	4	5	3	5	3	2	3	4	3	3
259	3	4	4	2	4	2	1	3	4	3	4
260	5	4	5	4	4	4	5	4	4	5	3
261	5	5	5	4	2	3	3	4	4	4	3
262	4	3	3	3	2	2	4	3	2	2	3
263	4	4	5	2	3	3	2	2	3	4	4
264	5	4	3	2	4	5	4	2	4	3	2
265	3	3	4	4	4	4	4	3	4	3	3
266	4	3	4	3	3	2	4	3	4	4	3
267	4	3	4	5	1	2	1	4	4	4	3
268	4	3	4	3	2	3	3	3	3	3	3
269	3	3	4	4	4	3	4	4	4	4	3
270	3	3	4	4	3	3	3	4	4	4	3
271	3	3	4	3	3	4	3	3	3	3	3
272	3	4	4	3	2	2	4	3	3	4	2
273	5	5	5	5	5	5	5	5	5	5	5
274	1	2	3	3	3	3	2	2	3	3	4
275	1	1	1	1	1	2	1	1	1	1	3
276	3	3	3	3	4	2	2	3	4	3	3
277	4	4	4	4	4	4	4	4	4	4	4
278	3	4	4	2	5	4	3	4	3	4	2
279	4	3	4	3	2	4	4	3	4	4	4
280	4	5	4	4	2	2	3	3	4	4	3
281	3	4	3	3	2	3	3	3	3	3	3
282	3	3	3	3	2	3	4	3	3	4	3
283	5	5	5	5	5	4	4	4	5	4	4
284	3	3	3	2	3	3	3	2	2	2	3
285	2	3	4	4	3	4	4	3	4	4	3
286	3	4	4	4	4	4	4	3	3	4	3
287	2	2	2	3	2	2	3	2	2	2	2

续表

序号 \ 变量名	V16	V17	V18	V19	V20	V21	V22	V23	V24	V25	V26
288	3	5	5	4	4	4	3	4	5	3	4
289	4	4	5	3	3	3	3	3	4	4	3
290	5	5	3	3	4	4	4	4	4	4	4
291	4	4	3	4	4	3	2	3	3	3	2
292	3	4	3	1	4	4	4	3	3	3	3
293	3	3	2	4	1	2	3	4	4	3	2
294	4	3	4	3	3	3	4	4	2	3	4
295	3	3	4	4	4	3	4	3	4	4	3
296	4	4	5	4	4	4	4	4	4	3	3
297	4	4	5	3	5	5	3	5	5	4	5
298	2	2	3	3	1	1	4	2	2	3	1
299	1	3	3	2	2	1	4	3	2	4	1
300	3	2	2	3	2	1	3	1	2	3	3
301	4	4	4	2	4	2	2	4	4	4	3
302	3	3	3	3	4	2	1	2	3	3	3
303	2	3	4	4	2	1	3	3	4	2	2
304	5	4	5	3	1	3	2	1	5	2	5
305	3	3	3	2	1	1	3	2	4	4	4
306	4	3	4	4	1	4	3	3	4	4	3
307	4	2	3	4	1	2	1	3	3	1	2
308	2	2	3	3	4	3	4	4	3	4	3

序号 \ 变量名	V27	V28	V29	V30	V31	V32	V33	V34	V35	V36	V37	V38
1	4	5	4	4	4	5	4	4	4	4	4	4
2	4	5	4	5	3	4	4	4	3	3	3	3
3	4	4	4	4	4	4	4	4	4	4	4	4
4	4	3	3	4	3	2	3	2	4	4	3	4
5	3	5	4	5	3	5	4	3	4	3	3	4
6	5	4	4	5	5	5	5	4	4	5	3	4
7	4	5	5	4	5	5	5	4	4	5	4	4
8	3	3	1	3	3	3	3	2	2	5	4	4

续表

序号 \ 变量名	V27	V28	V29	V30	V31	V32	V33	V34	V35	V36	V37	V38
9	2	4	4	3	2	4	3	3	2	4	3	3
10	5	5	5	5	4	5	5	4	4	4	4	4
11	4	5	4	5	4	4	4	4	4	4	3	5
12	4	4	3	4	3	3	4	3	3	3	3	4
13	5	2	4	2	5	5	5	1	4	5	5	5
14	3	2	4	3	3	4	3	3	3	3	2	3
15	3	3	2	1	4	4	4	3	4	3	3	3
16	5	3	4	2	4	5	3	3	2	5	3	5
17	4	3	3	3	3	4	3	3	4	2	2	3
18	2	5	2	4	2	5	4	1	2	3	4	2
19	2	2	2	2	3	3	4	3	2	2	3	3
20	4	4	4	4	4	4	3	4	4	4	4	4
21	4	5	5	5	2	3	5	3	4	5	5	4
22	3	4	3	3	3	3	2	2	3	2	2	3
23	3	3	2	3	3	2	2	2	3	3	4	3
24	3	4	3	4	3	4	3	3	3	4	3	3
25	3	3	3	4	3	3	3	3	2	4	3	3
26	3	4	2	4	3	3	4	2	3	3	3	3
27	5	5	5	5	3	5	5	4	4	4	4	5
28	4	3	4	4	4	4	5	4	4	4	4	4
29	4	5	4	5	3	4	5	4	4	5	4	5
30	5	4	3	3	3	4	4	3	3	4	3	3
31	3	4	4	4	3	3	2	3	4	2	2	3
32	3	4	4	4	5	4	4	3	4	4	4	4
33	4	5	3	3	3	3	3	4	3	3	3	4
34	3	4	4	4	4	4	3	4	3	4	3	3
35	4	4	3	5	2	5	5	5	5	5	5	5
36	3	5	2	3	4	4	4	3	3	4	3	3
37	3	3	4	4	4	3	3	4	4	4	4	3
38	3	4	3	4	3	3	3	3	3	3	3	3
39	1	5	1	3	2	3	3	2	2	2	3	2

续表

序号＼变量名	V27	V28	V29	V30	V31	V32	V33	V34	V35	V36	V37	V38
40	4	4	2	5	3	5	4	3	3	5	4	3
41	4	4	5	3	3	4	4	2	2	3	1	4
42	3	4	1	3	1	3	3	3	2	3	2	3
43	3	4	1	3	2	4	5	3	3	5	2	3
44	4	4	4	5	3	4	3	3	3	4	4	4
45	3	4	4	3	4	4	3	3	3	4	3	4
46	4	4	4	4	4	4	4	3	3	4	3	4
47	3	4	4	4	4	4	4	4	4	4	3	4
48	4	3	3	5	5	4	5	3	3	4	3	4
49	2	4	4	5	3	4	5	3	4	2	2	4
50	5	5	4	5	4	5	4	4	3	4	3	5
51	5	5	5	5	4	5	4	4	4	4	5	5
52	4	5	4	4	4	5	5	4	4	4	4	4
53	4	4	4	4	4	4	4	3	4	3	3	4
54	4	4	4	4	4	4	4	4	4	4	4	4
55	5	5	5	4	5	5	5	4	4	4	4	4
56	5	5	5	5	5	5	5	4	5	5	5	5
57	5	5	4	5	4	4	4	4	4	4	4	5
58	4	5	3	3	4	4	4	3	4	4	3	5
59	3	4	3	4	3	4	4	3	3	3	2	3
60	3	4	4	4	4	4	3	3	3	4	3	3
61	4	4	4	4	4	4	4	3	4	4	2	3
62	2	4	2	3	3	3	3	2	3	4	3	3
63	5	5	4	5	4	5	4	2	4	3	2	4
64	3	5	5	4	4	5	4	4	4	5	4	5
65	4	4	3	4	4	4	4	3	3	3	4	4
66	5	4	5	3	3	5	5	4	5	4	5	4
67	4	4	4	4	4	5	4	3	4	4	4	4
68	2	3	2	5	3	3	3	4	3	2	2	4
69	5	5	5	5	2	3	3	3	2	2	5	3
70	2	3	3	2	2	2	2	2	2	2	2	2

续表

变量名 序号	V27	V28	V29	V30	V31	V32	V33	V34	V35	V36	V37	V38
71	3	5	3	4	4	4	4	4	3	3	4	3
72	3	4	4	5	4	4	3	3	4	4	3	4
73	5	5	5	5	5	5	5	4	4	5	5	4
74	4	4	4	4	4	5	3	3	4	4	3	4
75	3	4	3	3	3	3	3	3	4	3	3	3
76	4	4	3	4	4	3	4	3	4	4	3	3
77	4	4	4	4	4	4	4	4	4	5	4	3
78	4	5	4	4	4	5	5	3	4	5	5	4
79	5	4	4	5	4	4	4	5	5	5	5	5
80	5	5	4	5	4	4	4	4	4	4	4	4
81	5	5	4	5	5	4	5	4	4	5	4	4
82	5	5	5	5	4	5	4	4	4	4	4	4
83	3	3	3	4	3	4	4	3	3	3	3	3
84	4	5	4	5	4	4	5	4	4	5	5	5
85	5	5	4	5	4	4	4	4	4	4	4	4
86	3	4	4	4	4	4	3	4	4	4	3	3
87	2	5	4	3	4	4	4	4	4	5	2	4
88	5	5	4	5	5	5	5	5	4	5	5	5
89	3	4	4	3	3	5	4	3	4	4	3	4
90	3	3	1	4	2	3	3	2	2	3	3	4
91	4	4	3	3	3	3	3	3	4	3	3	4
92	2	3	2	4	2	4	4	2	2	3	3	4
93	3	3	3	3	1	4	3	2	2	4	3	3
94	3	4	2	5	2	4	5	2	2	5	5	4
95	3	4	3	4	3	4	4	3	3	4	3	4
96	4	4	3	5	3	3	3	3	3	2	1	3
97	3	5	2	4	3	4	4	3	3	3	4	4
98	4	4	4	4	3	4	3	3	3	4	3	4
99	5	5	1	3	3	4	4	2	4	5	4	4
100	4	4	4	3	3	5	5	4	3	5	4	4
101	5	5	4	5	3	5	5	3	4	4	5	5

续表

变量名 / 序号	V27	V28	V29	V30	V31	V32	V33	V34	V35	V36	V37	V38
102	3	3	4	4	3	3	3	2	3	4	2	3
103	3	4	4	3	3	4	3	3	2	3	3	3
104	5	3	3	2	2	3	2	2	2	3	3	4
105	3	2	3	4	4	3	3	3	3	4	4	4
106	2	4	3	3	3	3	3	2	2	2	2	2
107	5	5	5	5	3	4	4	3	3	4	3	3
108	3	4	3	4	2	3	3	2	3	3	2	2
109	4	5	3	3	3	5	5	3	3	3	2	4
110	4	5	4	5	3	5	4	3	4	5	3	4
111	4	5	3	3	3	5	5	3	5	3	5	4
112	4	5	4	3	4	4	4	3	3	5	2	3
113	4	3	4	3	4	4	4	3	3	3	4	3
114	5	5	5	4	3	5	4	4	4	5	4	4
115	3	4	3	4	4	4	4	3	3	3	3	4
116	4	4	3	3	1	2	2	2	2	1	2	2
117	5	4	4	5	4	3	4	2	4	4	4	4
118	3	5	5	5	3	4	4	3	3	3	3	3
119	2	4	3	4	4	3	3	3	4	3	3	4
120	3	3	3	3	2	3	2	2	2	2	2	2
121	3	3	3	4	3	5	4	4	2	3	2	3
122	3	4	3	4	2	4	3	2	3	4	2	3
123	4	4	3	3	3	4	3	3	2	3	4	4
124	3	5	4	5	4	4	3	3	3	1	1	2
125	3	4	4	4	4	4	3	3	3	4	3	3
126	3	4	4	4	4	4	4	2	3	4	4	4
127	2	3	2	3	3	3	3	2	3	3	3	3
128	5	3	3	4	5	5	5	3	3	5	4	5
129	3	4	4	4	1	3	3	3	3	3	3	4
130	3	4	3	4	3	3	3	3	4	3	3	3
131	3	3	3	3	3	4	4	3	3	3	3	3
132	5	4	4	5	3	5	4	5	3	5	5	5

续表

变量名 序号	V27	V28	V29	V30	V31	V32	V33	V34	V35	V36	V37	V38
133	5	5	5	4	4	4	5	5	4	4	5	5
134	4	3	4	3	4	3	4	4	4	3	4	4
135	2	5	2	3	1	2	2	3	3	3	2	2
136	5	5	4	4	3	5	4	4	4	5	3	4
137	5	4	2	2	3	5	4	4	3	4	4	4
138	2	4	3	3	3	3	3	4	4	4	2	3
139	3	3	4	3	2	3	3	3	3	3	3	3
140	3	3	3	3	3	4	3	3	3	3	3	4
141	5	5	4	5	4	4	4	5	4	4	4	4
142	3	4	3	3	3	3	3	3	3	3	3	3
143	4	5	4	5	4	4	4	3	4	4	4	4
144	4	4	3	5	4	5	5	4	3	4	3	4
145	3	3	4	3	3	4	2	3	2	2	2	2
146	2	3	3	4	3	2	2	3	3	2	1	2
147	3	4	3	4	3	4	4	3	4	2	2	3
148	1	5	2	3	4	5	4	3	4	5	3	3
149	4	4	4	4	4	4	4	4	4	4	4	4
150	3	3	3	3	3	3	3	3	3	3	1	3
151	2	2	2	3	2	3	3	2	3	2	1	3
152	3	4	4	4	2	4	4	3	1	1	3	3
153	4	5	4	5	4	4	4	4	4	5	5	5
154	4	4	4	5	5	5	4	2	3	2	3	3
155	3	4	4	4	4	4	4	4	4	4	3	4
156	4	5	5	5	4	5	5	5	4	4	5	5
157	4	5	3	5	3	3	3	4	4	3	4	4
158	3	3	5	4	5	5	4	4	4	5	4	4
159	3	3	4	2	3	4	4	3	4	4	3	4
160	4	4	3	4	3	4	4	3	3	4	4	4
161	3	4	4	5	4	4	4	4	4	4	4	4
162	4	3	2	5	5	4	5	2	1	4	1	4
163	3	4	2	3	4	4	3	2	3	3	3	3

续表

变量名/序号	V27	V28	V29	V30	V31	V32	V33	V34	V35	V36	V37	V38
164	4	3	1	4	4	4	4	4	2	4	3	4
165	3	2	4	5	2	5	4	3	2	4	4	4
166	2	3	2	3	3	3	3	3	3	3	2	2
167	4	5	4	4	3	4	4	3	4	4	4	4
168	4	4	3	4	3	4	4	3	2	2	3	2
169	3	4	2	5	4	4	4	3	3	4	4	4
170	4	2	2	3	3	4	4	4	4	2	2	3
171	4	5	3	5	3	4	4	3	3	4	3	4
172	3	4	3	3	3	3	4	4	4	3	3	4
173	2	3	2	4	2	2	3	2	3	1	1	2
174	4	3	5	4	4	5	5	3	4	5	5	5
175	2	3	3	3	3	3	3	2	2	4	3	3
176	3	4	2	3	2	3	3	2	4	1	2	2
177	4	5	4	3	3	4	4	3	3	2	3	3
178	4	3	4	2	4	4	4	3	3	3	3	3
179	4	4	1	4	2	5	3	2	3	2	1	3
180	3	5	4	4	4	4	4	4	4	4	3	4
181	3	4	3	2	2	3	2	2	2	2	3	3
182	5	5	5	5	5	5	5	4	4	5	4	4
183	3	4	4	3	4	4	3	4	4	4	3	3
184	3	4	4	4	4	4	3	4	4	4	3	3
185	3	3	4	4	4	4	4	3	4	4	3	4
186	4	4	3	4	4	4	3	4	4	4	2	4
187	3	4	3	3	4	5	3	4	3	4	2	3
188	2	4	4	4	4	4	3	3	4	3	2	2
189	2	5	4	4	4	5	4	4	4	5	4	4
190	4	4	5	4	5	5	5	2	4	5	2	5
191	3	3	3	3	3	3	3	3	3	3	2	2
192	3	5	3	5	3	4	4	4	4	3	3	3
193	1	2	1	1	4	4	3	2	3	1	1	3
194	5	3	3	2	5	5	3	1	5	1	1	2

续表

序号＼变量名	V27	V28	V29	V30	V31	V32	V33	V34	V35	V36	V37	V38
195	2	4	2	3	3	4	3	2	4	4	2	3
196	5	4	4	5	5	5	3	4	4	5	4	4
197	4	4	4	4	5	5	4	4	3	5	3	4
198	2	4	3	4	4	4	4	3	3	4	3	3
199	4	5	3	5	3	5	4	4	3	3	4	3
200	5	3	4	4	5	4	4	5	4	5	3	5
201	3	3	3	4	3	3	4	5	4	3	3	4
202	4	1	3	4	2	2	3	3	3	3	4	3
203	5	4	5	5	5	5	4	4	4	4	4	4
204	3	3	2	2	4	4	3	4	5	4	3	4
205	4	5	1	5	2	5	3	3	3	5	4	3
206	2	2	1	1	3	4	3	1	3	3	2	3
207	2	3	2	2	3	3	2	2	3	2	1	3
208	3	5	2	3	2	4	3	1	4	4	1	4
209	5	5	4	5	3	5	5	4	3	4	4	4
210	4	4	4	4	4	4	3	4	4	3	3	4
211	4	5	4	3	1	2	1	1	3	1	2	2
212	5	4	4	4	5	5	4	2	2	4	4	5
213	4	4	2	4	3	4	2	2	3	4	3	4
214	5	5	4	5	3	3	3	3	3	3	4	4
215	3	3	3	4	3	3	3	3	4	3	3	3
216	4	4	3	5	4	4	4	3	3	4	2	4
217	4	5	3	4	4	4	4	3	3	4	3	4
218	3	4	3	3	4	3	4	3	4	5	4	4
219	3	4	3	4	4	4	3	3	3	4	4	4
220	3	4	3	2	3	3	3	3	3	3	4	4
221	3	4	3	3	3	3	3	3	3	3	2	3
222	3	4	4	4	3	3	4	3	4	3	3	4
223	4	4	4	4	3	3	4	3	3	3	3	4
224	2	4	4	4	3	4	2	3	4	3	2	3
225	4	4	4	3	4	3	4	3	4	4	3	3

续表

序号＼变量名	V27	V28	V29	V30	V31	V32	V33	V34	V35	V36	V37	V38
226	4	4	4	4	4	5	4	4	4	4	4	4
227	4	4	5	5	4	4	4	4	4	4	4	4
228	4	5	5	5	5	5	4	4	5	5	4	5
229	2	4	3	4	3	2	2	3	4	3	2	4
230	2	3	3	3	4	4	4	3	3	4	3	3
231	4	5	4	4	4	5	4	4	4	4	4	4
232	4	5	4	4	4	4	4	4	4	4	4	4
233	4	5	4	4	4	5	5	4	4	4	4	4
234	3	1	3	3	4	4	5	4	4	3	3	4
235	3	4	3	4	3	4	4	2	3	3	3	3
236	3	4	4	4	3	3	4	3	3	3	3	4
237	3	4	3	4	4	4	4	3	4	4	3	3
238	4	4	2	3	4	4	4	3	3	4	3	5
239	4	4	4	4	4	3	4	4	4	4	3	3
240	4	3	4	5	3	3	4	3	3	4	3	3
241	3	5	4	4	4	4	4	4	4	3	4	4
242	5	3	3	5	4	4	4	4	3	4	4	4
243	4	4	5	5	5	5	4	4	4	5	3	4
244	3	4	4	3	4	4	4	4	4	4	4	4
245	4	3	4	4	3	4	4	3	3	4	4	3
246	3	3	5	4	4	4	3	4	3	3	3	4
247	5	4	5	5	4	5	5	3	4	4	3	4
248	4	4	3	4	4	4	3	4	4	4	3	4
249	3	4	4	4	4	4	3	3	4	4	4	3
250	4	5	4	4	5	4	5	4	4	5	4	4
251	3	3	4	4	3	3	3	3	3	3	3	4
252	4	4	4	4	4	4	4	4	4	4	4	4
253	3	5	2	3	2	4	3	3	4	4	3	3
254	3	3	2	4	3	5	5	2	3	3	5	2
255	3	5	2	4	3	4	4	3	3	4	2	4
256	2	2	2	3	2	3	3	2	2	2	3	2

续表

序号＼变量名	V27	V28	V29	V30	V31	V32	V33	V34	V35	V36	V37	V38
257	3	4	4	2	2	4	3	3	4	3	2	3
258	4	5	3	3	5	5	4	3	5	5	2	5
259	3	3	3	3	4	2	3	3	2	3	4	2
260	4	4	4	5	4	4	3	3	3	5	3	3
261	1	5	5	3	2	5	3	2	3	4	3	3
262	4	4	2	4	2	2	3	1	2	2	1	2
263	5	5	2	4	2	4	3	2	3	4	4	2
264	3	4	3	4	3	3	3	4	3	3	3	3
265	3	5	4	4	4	4	4	3	4	4	3	3
266	3	4	3	3	4	4	3	3	3	4	3	3
267	4	3	1	1	2	4	3	2	3	4	4	4
268	3	3	3	2	3	3	3	3	2	4	3	3
269	4	4	3	4	4	3	3	3	3	3	3	3
270	3	4	3	4	3	3	3	3	4	3	3	3
271	3	4	4	4	3	3	3	3	3	3	3	4
272	3	3	3	3	3	4	4	3	3	4	2	2
273	5	5	5	5	5	5	5	5	5	5	5	5
274	2	3	3	3	2	2	3	3	3	1	1	2
275	3	3	3	3	1	3	2	2	3	3	3	3
276	2	2	2	2	2		2	2	3	4	2	3
277	4	5	4	4	3	4	4	4	4	5	4	4
278	5	4	4	3	4	3	4	4	3	4	4	4
279	3	3	4	3	4	3	3	4	4	4	4	4
280	3	3	3	3	3	3	3	3	4	4	4	4
281	3	3	3	3	3	3	3	3	3	3	3	3
282	2	3	3	3	3	3	3	3	3	3	3	3
283	5	5	5	5	5	5	5	4	4	4	4	3
284	2	3	2	2	4	4	3	2	2	2	1	1
285	2	5	3	2	3	3	3	3	4	2	2	2
286	3	5	3	4	2	4	4	3	3	3	3	3
287	2	2	2	2	2	2	2	1	3	2	2	2

续表

序号 \ 变量名	V27	V28	V29	V30	V31	V32	V33	V34	V35	V36	V37	V38
288	3	4	4	4	4	4	3	4	4	4	3	3
289	3	3	3	5	3	4	4	3	4	2	2	3
290	4	4	4	4	4	3	3	4	3	3	4	3
291	3	4	3	3	3	4	2	2	3	2	2	2
292	4	4	3	3	4	3	3	3	4	3	2	3
293	2	3	2	4	4	4	4	2	4	4	2	3
294	3	4	1	3	3	4	3	1	3	3	3	3
295	3	5	3	4	3	3	3	2	3	2	2	3
296	4	4	2	4	2	4	4	2	2	2	2	4
297	4	5	5	4	2	4	5	5	4	2	4	3
298	2	2	2	2	1	3	3	2	2	5	2	1
299	1	4	1	2	1	1	1	1	1	3	1	1
300	3	2	1	4	2	3	2	1	1	1	2	1
301	5	4	2	1	2	4	4	4	4	4	3	3
302	4	4	4	3	3	2	4	3	3	3	3	3
303	2	4	3	4	2	4	3	2	2	4	3	4
304	1	4	5	4	3	4	3	3	5	4	3	2
305	5	5	2	3	1	5	4	2	2	5	2	3
306	3	3	5	4	4	4	4	3	3	4	4	4
307	1	3	2	1	3	4	1	2	3	3	5	3
308	4	4	4	3	5	5	4	1	4	4	3	4

附表4-4　工作态度、工作行为及工作效果调查问卷数据（V39~V82）

序号 \ 变量名	V39	V40	V41	V42	V43	V44	V45	V46	V47	V48	V49	V50	V51	V52	V53
1	5	5	5	5	5	5	5	4	5	5	5	5	5	5	5
2	5	5	5	5	5	4	4	4	3	5	4	4	4	4	4
3	4	4	4	4	4	4	4	3	4	4	4	4	4	4	4
4	4	5	5	5	5	4	4	3	4	3	4	5	2	5	3
5	5	5	5	5	4	4	4	3	5	5	4	5	4	4	5
6	5	5	5	5	5	5	5	3	4	5	5	5	4	4	4

续表

变量名 / 序号	V39	V40	V41	V42	V43	V44	V45	V46	V47	V48	V49	V50	V51	V52	V53
7	4	4	4	4	4	4	4	4	4	4	4	4	4	4	4
8	5	5	5	5	5	4	3	1	3	5	4	5	5	3	4
9	4	5	4	5	5	4	5	4	4	5	4	5	5	4	5
10	5	5	5	5	5	5	5	4	5	5	5	5	5	5	5
11	4	5	5	5	4	5	4	2	4	5	4	4	3	5	4
12	5	3	5	4	3	4	4	3	5	5	4	4	4	5	4
13	5	4	5	4	4	4	4	3	5	5	4	4	4	5	4
14	5	5	4	4	5	5	4	2	4	5	4	4	4	4	4
15	5	5	5	4	5	4	5	2	5	5	4	4	4	4	4
16	5	5	5	4	4	5	4	3	4	5	5	5	3	4	5
17	5	5	5	4	4	4	4	5	4	4	4	4	4	4	4
18	4	5	4	4	5	4	2	3	3	2	3	5	4	4	4
19	5	5	5	5	5	4	3	4	3	2	4	4	3	4	3
20	5	4	4	4	4	4	4	3	4	4	4	4	4	4	5
21	5	5	5	5	5	5	5	5	5	5	5	5	5	5	5
22	5	5	5	5	5	5	5	4	5	5	5	5	3	4	4
23	5	5	4	5	4	4	3	2	5	5	4	4	3	4	4
24	4	4	5	4	3	4	3	3	3	5	4	5	1	5	4
25	4	4	4	3	3	4	5	4	3	4	3	3	3	4	4
26	5	5	5	4	4	5	5	1	5	5	5	5	4	5	4
27	5	5	5	5	5	5	2	1	5	5	5	4	3	5	5
28	5	5	5	5	5	5	3	1	5	5	5	5	4	5	5
29	5	5	5	5	5	5	2	1	5	5	5	4	3	4	5
30	4	4	5	4	4	4	2	1	5	5	4	4	3	4	5
31	4	4	5	4	4	4	2	1	5	5	4	4	3	4	4
32	4	4	5	4	4	5	3	3	4	4	4	4	4	5	4
33	5	5	5	5	4	4	3	5	5	2	3	5	4	5	5
34	4	4	4	4	4	4	4	4	2	2	4	4	4	4	4
35	5	4	5	5	5	5	4	2	4	5	5	4	5	5	4
36	4	4	5	5	4	4	4	4	3	5	4	5	4	4	4
37	1	2	1	1	1	2	1	2	5	4	2	1	1	2	1

续表

变量名 序号	V39	V40	V41	V42	V43	V44	V45	V46	V47	V48	V49	V50	V51	V52	V53
38	4	4	4	5	3	4	4	4	4	4	4	4	4	4	4
39	5	4	3	4	4	4	4	2	4	4	4	4	4	4	4
40	4	4	4	4	4	4	4	2	3	5	4	4	4	4	3
41	5	5	5	5	3	2	3	2	4	4	4	4	4	4	4
42	5	4	4	4	5	5	4	2	4	4	4	4	3	5	5
43	5	5	5	5	4	4	4	4	3	4	3	4	4	4	4
44	5	5	4	4	2	4	3	3	3	2	4	3	4	3	3
45	4	3	4	4	3	4	4	3	5	3	3	3	4	5	4
46	4	4	4	5	4	4	3	3	3	3	3	4	4	3	4
47	5	4	4	4	3	3	2	2	3	4	3	4	3	4	4
48	5	4	4	4	2	3	2	2	4	3	3	4	3	4	4
49	5	4	4	5	3	3	2	2	4	4	3	4	4	3	4
50	5	5	4	4	4	4	3	3	3	3	4	4	4	4	4
51	5	4	5	4	5	5	4	4	4	2	4	5	5	4	4
52	5	5	4	4	3	4	3	3	3	3	4	4	4	5	4
53	4	4	4	4	4	4	4	4	4	4	4	4	4	4	4
54	5	5	4	4	4	4	4	4	4	4	4	4	4	4	4
55	5	5	4	4	5	5	4	4	5	5	5	4	4	4	4
56	5	5	4	4	4	5	4	4	5	5	4	4	4	4	4
57	4	4	4	4	4	4	3	3	3	4	4	4	4	4	3
58	4	4	4	5	4	4	4	3	4	5	5	5	4	5	4
59	5	5	4	5	5	4	4	5	4	4	4	4	4	5	4
60	5	5	4	4	4	5	4	5	5	5	5	4	4	4	3
61	3	4	4	4	3	4	3	3	3	3	3	4	3	4	4
62	4	4	4	4	4	4	4	4	2	4	4	4	4	4	4
63	5	5	5	5	4	5	4	4	3	2	4	5	3	4	4
64	5	5	5	5	5	5	5	5	5	5	5	5	2	5	5
65	4	4	4	4	4	4	5	3	4	4	4	4	3	5	4
66	4	4	3	4	3	4	4	4	3	4	4	4	4	4	3
67	4	4	5	5	4	4	4	3	3	4	4	4	3	4	4
68	4	4	4	4	4	4	4	4	4	4	4	4	4	4	4

续表

序号＼变量名	V39	V40	V41	V42	V43	V44	V45	V46	V47	V48	V49	V50	V51	V52	V53
69	5	4	5	5	4	4	3	2	5	5	4	5	5	5	5
70	4	4	4	4	4	4	4	4	3	4	4	4	3	4	3
71	4	5	4	5	5	5	4	3	3	4	4	5	5	5	5
72	4	4	4	4	3	3	3	3	4	3	3	5	4	4	5
73	4	3	5	4	4	5	4	3	3	5	5	5	4	4	5
74	5	5	5	4	4	4	3	3	4	5	5	5	5	5	5
75	4	4	4	4	4	4	3	3	4	4	4	4	4	4	3
76	5	5	5	5	5	5	4	5	4	4	4	5	5	5	5
77	5	5	5	5	5	5	5	3	4	5	5	5	4	5	5
78	5	5	5	5	5	5	5	5	5	5	5	5	5	5	5
79	5	5	5	5	5	5	5	3	4	4	5	5	4	5	5
80	5	5	5	5	5	5	5	4	5	5	5	5	5	5	5
81	5	5	5	5	5	5	5	5	5	5	5	5	4	5	4
82	5	5	5	5	5	5	5	5	1	1	5	5	5	5	5
83	5	5	5	5	5	5	5	5	5	5	5	5	5	5	5
84	5	5	5	5	5	5	5	4	5	4	4	4	2	4	5
85	5	5	5	5	5	5	5	3	5	5	4	5	4	5	5
86	5	5	5	5	5	4	4	4	4	4	4	4	4	4	4
87	4	3	5	5	4	4	3	4	3	4	4	5	4	5	4
88	5	5	5	4	3	3	3	4	5	5	5	5	4	4	4
89	4	4	4	4	4	4	4	3	4	4	2	2	4	4	3
90	5	4	5	4	4	5	4	4	4	4	4	5	4	5	4
91	4	4	4	4	4	4	4	3	4	5	4	4	4	4	4
92	5	5	5	5	5	4	3	3	5	5	5	5	4	5	4
93	4	4	4	4	3	4	4	3	4	5	4	4	3	3	4
94	5	4	4	4	2	5	4	3	4	5	4	4	2	5	4
95	4	4	5	5	5	5	4	4	5	5	5	5	4	5	5
96	5	4	4	5	5	4	4	3	5	5	5	5	5	5	4
97	5	4	5	5	5	5	5	3	4	5	5	3	4	5	4
98	4	4	4	4	4	4	3	3	4	4	4	4	4	4	4
99	5	5	5	5	5	4	4	3	5	4	5	4	5	5	4

续表

序号 \ 变量名	V39	V40	V41	V42	V43	V44	V45	V46	V47	V48	V49	V50	V51	V52	V53
100	5	5	5	5	5	5	2	2	4	5	5	5	4	5	5
101	5	3	5	5	5	5	4	1	4	5	5	5	4	5	5
102	5	5	5	4	5	5	5	4	4	5	4	5	4	5	4
103	5	4	5	5	4	4	4	3	4	2	4	4	3	5	5
104	4	4	5	5	3	5	5	3	3	4	3	4	3	5	4
105	4	4	5	4	4	5	5	4	4	4	4	5	4	5	4
106	3	3	5	5	5	5	3	2	4	4	4	4	3	5	5
107	4	4	5	4	5	5	5	4	4	5	5	5	4	5	4
108	5	5	5	4	5	5	5	4	4	2	4	4	4	5	4
109	5	4	4	5	5	5	5	3	3	4	4	5	4	4	5
110	4	4	4	4	3	3	4	1	5	5	4	4	2	1	2
111	4	4	4	4	5	5	3	2	3	5	4	5	3	4	4
112	4	4	4	4	4	5	5	4	5	5	4	5	4	4	4
113	5	5	5	5	4	5	4	5	5	4	4	5	2	4	4
114	5	5	5	4	4	5	4	3	5	5	5	4	4	4	5
115	5	5	5	5	4	4	4	3	4	5	4	5	4	5	5
116	4	4	4	4	4	4	4	3	3	3	4	4	3	4	3
117	4	4	4	4	4	4	4	3	3	3	4	4	3	3	5
118	5	5	5	4	5	5	5	3	3	3	4	4	3	4	3
119	5	4	5	5	4	5	5	5	4	3	5	4	5	4	4
120	4	4	4	4	5	5	4	2	4	4	4	5	4	4	4
121	5	5	5	5	4	5	5	5	5	5	4	5	4	5	4
122	4	4	5	5	5	5	4	4	4	4	4	4	3	4	4
123	4	4	4	4	4	4	4	4	4	4	4	4	3	4	4
124	5	5	5	5	5	5	5	5	5	4	5	5	4	4	4
125	4	4	5	4	4	4	4	3	3	5	4	4	3	4	3
126	5	5	5	5	4	5	4	4	2	1	5	5	4	4	4
127	5	4	4	4	4	4	3	3	3	4	4	4	4	4	4
128	4	4	5	5	4	5	3	1	4	5	4	5	5	3	4
129	5	3	4	4	3	4	3	4	4	4	4	5	4	4	4
130	4	4	4	4	4	4	3	3	4	5	5	5	4	4	4

续表

序号＼变量名	V39	V40	V41	V42	V43	V44	V45	V46	V47	V48	V49	V50	V51	V52	V53
131	5	4	5	4	4	4	3	4	3	3	4	3	4	4	4
132	5	5	5	4	5	5	3	5	2	5	5	5	5	4	4
133	4	3	5	5	4	5	2	2	3	1	4	4	4	5	4
134	4	4	3	3	4	4	3	2	4	4	3	3	2	4	2
135	4	4	4	4	4	4	4	4	5	4	4	4	3	4	4
136	5	5	5	4	4	4	3	2	4	5	4	4	4	4	3
137	4	4	5	4	3	2	4	1	3	5	4	3	5	4	4
138	2	2	3	4	3	5	3	3	2	4	4	4	2	4	1
139	4	4	4	4	3	4	3	2	3	4	3	3	2	4	4
140	5	5	4	4	3	3	4	4	4	5	2	4	4	4	4
141	5	4	4	4	4	4	3	2	4	5	4	4	4	4	4
142	4	4	4	3	3	4	5	4	3	4	3	3	3	4	4
143	5	5	5	5	4	4	4	4	4	4	4	4	3	5	3
144	5	5	4	5	5	5	5	3	5	1	4	4	5	5	4
145	5	5	5	5	5	5	5	4	5	1	5	4	5	4	4
146	4	3	4	4	2	2	2	4	3	4	2	4	2	4	4
147	4	4	5	5	4	4	4	4	4	3	3	4	4	4	4
148	4	4	5	5	4	4	3	4	5	5	4	4	4	5	4
149	4	4	4	4	4	4	4	4	4	4	4	5	4	4	4
150	5	5	5	5	5	5	5	2	1	4	3	5	5	4	5
151	5	5	5	5	4	4	4	5	4	4	4	4	4	4	3
152	5	5	5	5	4	5	4	3	5	5	4	2	1	5	5
153	5	5	5	5	5	5	5	2	1	4	3	5	5	5	5
154	5	5	5	5	4	4	4	3	5	3	4	5	4	5	5
155	5	5	5	4	5	4	4	4	4	5	4	4	4	4	4
156	5	5	5	5	5	5	5	3	5	5	5	5	4	5	5
157	5	5	5	5	5	5	5	4	5	5	5	5	4	5	5
158	4	5	5	4	4	5	4	4	5	5	5	5	4	4	4
159	4	3	5	5	5	5	4	3	4	5	5	5	3	4	2
160	5	4	4	4	4	4	3	2	4	5	4	4	4	4	4
161	4	4	5	5	4	4	3	2	4	4	4	4	4	4	2

续表

变量名 序号	V39	V40	V41	V42	V43	V44	V45	V46	V47	V48	V49	V50	V51	V52	V53
162	4	4	4	4	4	4	3	4	3	3	3	4	3	4	4
163	4	4	4	4	4	4	3	4	3	3	3	4	3	4	4
164	4	4	5	5	4	4	3	3	3	3	4	4	4	5	4
165	4	4	4	4	4	3	5	5	3	3	3	3	5	4	4
166	5	5	5	5	4	4	4	3	4	5	4	4	4	4	4
167	5	5	5	5	5	5	5	4	4	5	5	5	4	5	4
168	5	4	4	4	4	4	3	2	5	4	4	4	3	4	4
169	4	4	5	5	4	5	4	4	4	5	4	5	4	4	4
170	4	4	5	4	4	4	4	4	4	4	4	4	4	5	4
171	5	4	5	5	5	5	2	1	5	4	3	4	5	5	5
172	5	4	4	4	4	4	3	3	4	4	4	4	4	4	5
173	5	5	4	4	4	4	3	2	5	4	4	4	3	4	4
174	5	5	5	5	5	5	2	2	5	5	5	5	4	5	4
175	5	5	5	5	5	5	5	1	5	5	1	5	5	5	5
176	4	4	5	5	4	4	3	2	4	4	4	4	4	4	2
177	5	5	5	5	4	4	5	3	5	5	5	5	4	4	5
178	5	5	5	5	5	4	4	3	4	4	3	4	4	5	5
179	4	4	4	4	3	4	4	3	4	4	5	4	4	4	4
180	4	4	4	4	4	4	4	3	5	5	4	5	4	4	4
181	4	5	4	4	3	4	3	4	4	4	4	4	3	4	4
182	4	4	4	4	4	4	3	4	4	5	3	3	2	4	4
183	3	3	5	5	3	4	4	4	3	5	4	5	4	4	4
184	3	3	4	4	4	4	3	4	2	4	4	4	4	4	4
185	5	4	4	5	5	5	4	4	4	4	4	4	3	4	4
186	5	4	4	4	4	4	2	2	2	3	4	4	4	4	4
187	3	3	4	4	4	4	3	3	4	4	4	4	4	4	3
188	5	5	5	5	5	5	4	3	3	3	3	4	3	4	4
189	4	2	4	4	4	4	2	3	2	5	4	4	4	4	2
190	4	5	5	5	4	4	2	5	2	5	4	4	4	5	3
191	4	3	4	4	4	4	3	3	4	2	4	4	4	4	4
192	4	3	5	4	4	4	3	3	5	5	4	4	3	4	3

续表

序号 \ 变量名	V39	V40	V41	V42	V43	V44	V45	V46	V47	V48	V49	V50	V51	V52	V53
193	4	5	4	4	4	3	2	3	3	4	4	4	4	4	4
194	5	5	5	4	5	5	3	2	4	4	4	4	5	4	4
195	3	3	3	4	2	2	4	2	5	5	3	3	3	3	3
196	4	3	5	4	4	4	3	3	4	5	4	4	4	4	4
197	5	4	5	4	4	4	3	4	4	4	4	4	4	4	4
198	4	4	4	4	4	4	1	2	3	4	3	3	2	4	2
199	5	4	5	5	4	5	3	3	3	4	4	4	2	4	4
200	4	4	4	4	4	4	3	4	3	4	4	4	4	4	3
201	4	4	5	5	4	4	3	3	4	4	4	3	4	4	4
202	5	5	4	4	3	3	3	1	5	5	3	5	5	3	5
203	3	2	5	5	4	4	2	1	1	4	4	3	2	5	3
204	4	4	5	5	4	4	4	5	4	5	4	4	5	5	4
205	4	3	5	5	3	3	2	4	3	5	3	2	2	4	2
206	5	3	4	4	4	4	4	4	3	4	4	4	2	4	4
207	4	4	4	3	2	4	1	3	4	5	3	4	2	4	4
208	4	4	4	4	4	4	4	3	4	4	4	4	4	4	3
209	5	5	4	4	4	4	3	3	4	2	4	5	4	4	4
210	5	5	5	5	5	5	5	4	5	5	4	4	4	4	4
211	5	5	4	5	4	5	3	2	5	5	4	5	4	5	4
212	5	5	5	5	4	4	4	5	5	5	5	5	5	4	5
213	4	4	5	5	3	4	4	3	4	3	3	4	3	4	3
214	5	4	5	4	3	4	3	3	4	3	4	5	4	3	4
215	5	5	4	4	3	4	3	3	4	4	3	4	3	4	4
216	5	4	5	3	4	4	3	3	5	3	4	4	3	3	4
217	4	5	3	4	3	4	3	2	3	3	3	4	4	3	4
218	5	4	4	4	3	2	3	3	3	3	4	3	4	4	4
219	4	4	4	5	4	3	3	3	4	3	3	2	3	4	3
220	5	4	4	3	3	3	2	3	3	3	4	3	2	3	3
221	4	4	3	3	2	3	2	2	4	4	3	3	2	3	4
222	5	4	4	5	4	4	3	3	3	4	3	3	4	3	3
223	5	5	4	4	4	4	4	3	3	3	3	4	3	4	4

续表

变量名 序号	V39	V40	V41	V42	V43	V44	V45	V46	V47	V48	V49	V50	V51	V52	V53
224	5	4	4	4	4	5	4	3	3	3	3	4	4	3	4
225	5	4	4	5	5	4	3	3	3	3	4	3	4	3	4
226	5	5	4	4	3	4	3	2	5	4	4	3	4	3	3
227	5	4	4	4	4	4	3	3	3	4	3	4	3	4	3
228	4	4	5	5	5	5	4	3	4	4	4	4	4	4	4
229	5	5	5	5	5	5	5	1	5	5	5	5	5	5	5
230	4	4	5	5	5	5	5	5	3	4	5	4	4	5	5
231	5	5	5	5	4	5	4	4	4	5	4	4	4	4	5
232	5	5	4	4	4	4	4	4	4	4	4	4	4	4	4
233	4	4	4	4	4	4	4	2	4	5	4	5	1	5	4
234	5	5	4	4	4	4	5	5	5	3	4	4	4	4	4
235	5	4	5	5	5	4	4	3	4	4	4	4	3	4	4
236	4	3	4	4	3	3	3	4	3	3	3	4	3	4	4
237	5	5	5	5	5	5	4	3	3	4	4	4	5	5	5
238	4	4	5	5	2	2	3	2	3	3	3	2	4	4	5
239	5	5	5	5	4	4	5	3	4	5	5	4	5	5	4
240	4	4	4	4	3	4	3	4	3	4	3	4	3	4	3
241	4	4	4	4	4	4	5	3	4	5	4	4	3	4	4
242	5	4	4	4	5	5	4	3	5	5	4	5	3	5	5
243	4	4	4	4	4	4	4	4	4	4	4	4	4	4	4
244	4	4	4	4	4	4	4	3	4	4	5	4	4	2	2
245	5	5	5	5	5	5	5	1	5	2	5	4	3	4	5
246	4	4	4	4	3	3	3	3	3	4	3	4	3	4	3
247	5	5	5	5	5	5	5	2	4	4	5	5	3	5	5
248	4	4	4	4	4	4	3	4	4	5	4	5	5	4	4
249	4	4	4	4	4	4	4	3	4	4	5	4	4	2	2
250	5	5	4	4	4	5	3	2	5	2	4	4	4	5	4
251	5	5	4	4	4	4	4	4	3	4	4	4	4	4	4
252	5	5	4	5	4	4	5	5	5	3	5	3	4	4	4
253	4	4	4	4	4	4	3	4	3	4	4	4	4	4	4
254	5	5	5	5	5	5	5	1	4	5	5	4	3	5	5

续表

序号 \ 变量名	V39	V40	V41	V42	V43	V44	V45	V46	V47	V48	V49	V50	V51	V52	V53
255	5	5	4	4	5	5	5	2	4	5	4	4	4	5	5
256	4	4	5	5	4	4	4	3	4	5	5	5	5	5	4
257	5	4	4	4	5	5	3	1	4	4	4	4	4	5	4
258	4	4	4	4	5	5	5	4	4	5	5	5	4	4	4
259	4	4	4	4	4	4	3	3	3	5	4	4	3	4	4
260	4	4	4	5	4	4	4	4	5	5	4	5	4	4	4
261	4	4	3	4	4	5	3	4	4	5	4	4	3	5	5
262	5	5	4	4	5	5	5	2	4	4	5	5	4	4	5
263	4	3	4	4	4	5	4	2	3	4	3	5	4	4	4
264	4	4	5	5	4	4	3	4	3	3	4	5	3	4	3
265	5	5	5	4	4	4	4	3	4	4	4	4	4	4	4
266	4	4	3	4	4	4	5	3	3	3	3	3	3	3	4
267	4	4	5	5	3	3	3	2	4	4	4	3	4	5	3
268	2	2	4	4	2	2	3	1	2	4	3	4	2	4	2
269	4	4	3	4	4	4	3	5	3	4	4	4	4	4	4
270	5	4	5	4	3	4	2	4	4	4	4	5	4	5	4
271	4	4	4	4	4	4	3	4	3	5	4	3	4	4	4
272	4	4	4	4	4	4	3	3	3	4	4	4	3	4	4
273	5	5	5	5	5	5	3	2	3	2	2	2	5	5	5
274	5	4	4	4	3	4	3	3	3	3	3	4	3	4	5
275	4	4	4	4	4	4	4	3	3	2	3	4	2	5	5
276	5	5	4	4	4	4	3	3	4	5	4	3	3	4	4
277	4	4	4	4	3	3	3	4	3	4	3	2	2	3	2
278	4	4	5	4	4	5	4	4	3	3	3	4	4	4	4
279	4	4	4	4	4	5	4	4	4	5	4	4	4	4	4
280	4	4	4	4	4	5	4	5	4	5	4	4	4	4	4
281	4	4	4	4	4	5	4	4	4	5	4	4	3	4	4
282	4	4	4	4	3	3	3	4	4	4	3	4	4	4	4
283	3	3	3	3	3	3	4	4	3	3	3	3	3	4	4
284	4	4	4	4	4	4	4	5	5	5	4	5	4	4	4
285	5	4	3	3	3	3	4	2	4	4	3	3	2	3	4

续表

变量名 序号	V39	V40	V41	V42	V43	V44	V45	V46	V47	V48	V49	V50	V51	V52	V53
286	4	3	4	4	4	4	4	3	3	5	4	4	4	4	2
287	2	3	4	4	3	2	2	2	2	3	3	3	3	4	2
288	4	4	5	5	4	5	4	3	3	4	4	5	5	5	3
289	4	3	4	5	3	4	3	2	3	4	4	4	3	4	4
290	4	4	4	4	4	4	4	3	3	4	4	4	4	4	4
291	4	4	5	5	4	4	1	5	3	4	2	4	1	4	2
292	4	4	4	4	4	4	3	4	3	4	4	4	3	4	4
293	2	2	3	3	1	2	2	4	2	4	3	3	3	3	3
294	4	4	5	5	4	4	1	3	4	4	4	4	5	4	3
295	4	4	4	4	4	4	3	3	4	5	4	4	4	4	4
296	4	4	5	5	4	5	4	3	4	4	5	5	5	5	5
297	4	4	4	4	3	3	3	3	3	4	2	2	2	3	3
298	5	5	4	3	5	4	5	3	4	5	3	4	5	3	4
299	4	3	5	5	4	3	4	3	3	4	4	4	3	5	5
300	5	5	4	5	5	5	5	5	4	5	4	4	2	4	3
301	4	3	5	5	4	4	3	4	3	3	4	4	3	5	3
302	3	3	4	3	4	4	4	2	3	2	1	4	3	3	2
303	4	4	4	5	4	4	3	3	3	5	3	3	2	4	4
304	1	1	5	5	3	2	4	2	2	2	1	2	1	5	1
305	4	4	4	5	4	4	3	3	5	5	4	4	5	5	5
306	4	4	4	4	4	4	4	4	3	5	4	4	3	4	4
307	4	4	4	4	5	4	4	5	2	2	4	5	4	4	4
308	5	4	4	5	3	5	4	3	4	5	4	4	3	5	3

变量名 序号	V54	V55	V56	V57	V58	V59	V60	V61	V62	V63	V64	V65	V66	V67	V68	V69
1	5	5	5	5	5	5	5	4	4	4	4	4	4	5	4	5
2	4	4	4	4	4	4	4	4	4	3	4	4	4	4	4	4
3	4	4	4	4	4	4	4	4	4	4	4	4	4	4	4	4
4	3	3	4	4	3	5	4	3	3	3	4	4	4	4	3	5
5	5	4	4	5	4	5	4	3	2	5	5	5	3	5	5	5
6	4	5	4	3	5	5	5	5	4	4	5	5	5	5	4	5

续表

序号＼变量名	V54	V55	V56	V57	V58	V59	V60	V61	V62	V63	V64	V65	V66	V67	V68	V69
7	4	4	4	4	4	4	4	4	4	4	4	4	4	4	4	4
8	2	4	4	4	4	5	4	5	5	5	5	5	5	5	5	5
9	1	4	5	4	5	4	4	5	4	3	4	3	4	4	4	4
10	3	5	5	5	5	5	5	5	5	5	5	5	5	5	5	5
11	4	4	4	4	5	5	5	4	4	5	5	5	4	5	5	5
12	4	4	2	3	4	5	4	4	2	2	2	4	4	4	4	4
13	4	4	2	2	4	5	4	4	2	2	2	4	4	4	4	4
14	4	5	4	4	3	5	4	3	4	4	4	4	4	4	3	5
15	3	4	4	4	4	4	4	4	4	4	4	4	4	4	4	4
16	4	5	4	4	5	4	5	4	4	5	4	4	5	4	4	5
17	3	4	4	4	4	5	4	3	4	4	4	4	4	4	4	5
18	3	4	5	5	5	4	4	5	5	5	4	5	5	5	5	4
19	3	4	4	3	3	4	3	4	4	4	4	4	4	4	4	4
20	4	4	4	4	4	4	4	4	3	4	4	4	4	4	4	4
21	5	5	5	5	5	5	5	5	5	5	5	5	5	5	5	5
22	4	4	5	4	5	4	4	3	3	3	4	4	3	3	3	4
23	3	4	4	4	4	4	4	3	4	5	5	5	4	5	4	5
24	4	3	3	3	3	4	4	3	4	5	4	5	3	4	4	4
25	4	3	3	4	4	4	4	4	4	4	4	4	4	4	4	4
26	2	5	4	5	5	5	4	5	4	4	4	4	4	4	4	5
27	2	5	3	4	5	5	5	5	5	4	5	4	5	5	5	5
28	5	5	4	4	5	5	5	5	4	4	5	5	5	5	5	5
29	2	5	3	4	4	5	5	5	5	4	5	4	5	5	5	5
30	4	5	4	5	4	5	4	4	4	4	4	5	4	4	4	4
31	4	5	5	5	4	5	4	4	4	4	4	4	4	4	4	4
32	4	4	4	3	4	5	4	4	4	4	4	5	4	4	4	5
33	5	5	4	4	5	5	5	4	5	4	4	5	4	4	5	5
34	2	4	4	4	4	4	4	4	4	4	4	4	4	4	4	4
35	1	4	5	3	4	5	4	5	4	4	5	4	4	4	4	5
36	4	3	4	1	5	5	5	3	4	4	4	4	3	4	4	4
37	4	1	1	2	2	1	2	2	2	1	2	2	1	2	2	1

续表

序号 \ 变量名	V54	V55	V56	V57	V58	V59	V60	V61	V62	V63	V64	V65	V66	V67	V68	V69
38	4	4	4	4	4	4	4	4	4	4	4	4	4	4	4	4
39	4	4	5	2	5	4	4	4	4	5	4	3	3	4	4	4
40	4	4	4	4	4	4	4	4	4	4	4	4	4	4	4	4
41	3	5	5	5	5	4	4	4	4	4	4	4	4	4	4	4
42	5	5	5	3	4	5	4	3	3	4	4	4	3	4	4	4
43	3	3	4	4	4	5	4	4	3	4	3	4	4	4	4	4
44	3	4	3	3	4	4	3	4	3	3	3	4	4	4	3	4
45	4	4	5	4	3	4	3	4	4	4	3	3	4	4	3	4
46	3	3	4	4	3	4	4	4	4	3	4	4	4	5	4	5
47	3	3	4	3	4	4	4	3	4	3	3	3	4	4	4	3
48	2	5	4	4	3	4	3	4	3	3	4	4	4	3	4	3
49	3	3	4	4	4	3	4	3	4	4	4	4	3	4	3	4
50	3	4	3	3	4	5	5	4	4	3	3	4	5	4	4	4
51	4	3	4	4	4	4	3	4	4	4	4	4	5	5	4	5
52	3	4	3	4	4	4	4	4	5	5	5	4	5	4	4	4
53	4	3	4	4	4	4	4	4	4	4	4	4	4	4	4	4
54	4	4	4	4	4	4	4	4	4	4	4	4	4	4	4	4
55	4	5	4	4	4	5	5	4	4	3	4	3	3	4	3	4
56	4	4	4	3	4	5	4	4	3	3	4	3	3	3	3	4
57	4	4	4	4	4	4	4	4	3	4	3	3	4	4	3	4
58	4	4	4	4	4	4	4	3	3	4	4	4	3	4	4	5
59	4	4	5	4	4	5	4	4	4	4	4	4	4	4	4	5
60	4	4	4	4	4	4	4	2	4	4	4	4	2	3	3	4
61	4	3	4	4	4	4	4	4	4	4	4	4	4	4	4	4
62	3	4	4	4	3	4	4	3	3	4	4	4	3	4	4	4
63	4	5	5	5	5	5	5	5	4	4	4	5	5	4	5	5
64	5	5	5	5	5	5	5	4	4	4	4	4	4	3	4	5
65	4	4	4	4	4	4	4	4	4	4	4	4	4	4	4	4
66	2	3	3	4	5	5	4	4	4	5	4	3	3	4	4	4
67	4	4	4	4	4	4	4	3	2	4	4	4	4	4	4	4
68	3	4	4	4	3	4	4	4	3	4	4	4	3	4	4	4

续表

序号 \ 变量名	V54	V55	V56	V57	V58	V59	V60	V61	V62	V63	V64	V65	V66	V67	V68	V69
69	5	5	5	4	5	5	4	4	5	3	5	5	5	5	5	4
70	3	3	4	3	4	4	4	4	4	4	4	4	4	4	4	4
71	2	4	5	4	5	5	4	4	3	3	4	4	3	3	4	4
72	1	5	5	4	5	4	4	3	4	4	3	4	4	4	4	5
73	2	4	5	2	5	5	4	5	5	5	5	5	5	5	4	5
74	3	4	4	3	5	4	4	4	4	5	4	5	5	5	5	5
75	3	3	4	3	4	4	3	4	4	4	4	4	3	4	3	4
76	3	4	4	4	5	5	4	4	4	5	5	5	5	5	5	5
77	4	4	4	4	4	5	5	5	5	5	5	5	5	5	5	5
78	1	5	5	5	5	5	4	4	5	5	4	5	4	5	4	5
79	3	5	5	5	4	5	5	5	5	5	5	5	5	5	5	5
80	2	5	5	5	5	5	5	5	4	4	5	5	5	5	5	5
81	2	5	4	4	4	5	4	4	4	5	4	5	4	4	4	4
82	1	5	5	5	5	5	5	5	5	5	5	5	5	5	5	5
83	5	5	5	5	5	5	5	5	5	5	5	5	4	5	5	5
84	4	3	4	4	4	4	4	3	3	4	4	4	4	4	3	4
85	4	4	5	4	5	5	4	4	5	4	5	5	5	5	5	5
86	4	4	4	4	4	4	4	4	4	5	5	5	5	4	4	4
87	3	4	4	4	4	5	4	4	4	4	5	5	4	5	4	5
88	3	5	3	5	5	4	5	3	5	4	4	3	5	3	5	3
89	4	4	4	4	4	4	4	3	4	4	4	3	4	4	4	4
90	4	5	5	4	5	4	4	4	5	4	5	4	5	4	4	5
91	4	4	4	3	4	4	4	4	3	3	4	4	4	4	4	5
92	5	5	5	5	5	5	4	5	5	5	5	5	4	5	5	5
93	3	4	3	4	5	4	4	3	5	4	4	4	4	4	3	5
94	4	3	4	1	4	5	4	4	2	4	2	3	5	5	5	5
95	5	5	4	4	5	5	4	4	4	4	4	5	5	5	4	5
96	5	5	5	3	4	4	4	4	4	4	5	4	4	4	4	5
97	5	3	3	3	5	5	4	4	5	5	5	5	5	5	5	5
98	4	4	4	4	4	4	4	4	4	4	4	4	4	4	4	4
99	4	4	4	4	3	5	5	5	3	5	5	4	5	5	4	5

续表

变量名 序号	V54	V55	V56	V57	V58	V59	V60	V61	V62	V63	V64	V65	V66	V67	V68	V69
100	5	3	5	5	5	5	4	4	2	5	5	5	5	5	4	5
101	5	5	2	3	5	5	4	5	4	5	5	5	4	5	5	5
102	5	4	4	4	1	5	5	4	5	5	4	5	5	5	4	5
103	4	5	3	5	4	4	3	3	4	4	4	5	4	4	4	5
104	4	5	5	2	4	4	4	3	4	4	4	3	4	4	2	5
105	5	4	4	4	5	4	4	3	4	5	4	5	5	5	4	4
106	3	4	5	4	4	5	4	3	5	5	5	5	3	4	3	4
107	5	4	4	4	1	5	5	5	5	5	4	5	5	5	5	5
108	2	4	4	4	3	4	4	3	2	3	4	3	3	3	3	4
109	2	4	4	4	4	5	5	4	4	4	4	4	4	4	4	4
110	4	4	4	4	5	5	4	4	4	4	3	4	3	3	4	5
111	2	4	5	5	5	5	4	5	4	5	5	5	5	4	5	5
112	4	4	4	4	4	5	4	4	4	4	5	5	4	4	4	5
113	4	5	5	3	4	5	5	5	4	4	4	5	5	5	4	5
114	5	5	5	4	5	5	4	4	4	5	4	4	5	4	4	5
115	5	4	5	4	5	4	3	4	4	5	5	5	4	4	4	4
116	3	3	4	4	4	4	3	4	3	4	3	4	4	4	3	4
117	3	4	3	4	4	4	4	4	4	4	4	4	5	5	5	4
118	3	3	4	5	5	4	4	4	3	4	4	4	4	4	3	4
119	2	5	4	5	5	4	5	4	3	4	4	5	4	4	4	5
120	3	4	4	4	4	4	4	3	4	4	4	4	4	4	5	4
121	4	4	4	4	5	5	4	5	4	5	5	5	5	5	5	5
122	4	4	4	4	4	5	4	3	2	4	4	5	3	4	5	5
123	4	4	4	4	4	4	4	4	4	4	4	3	4	4	4	4
124	2	4	5	4	4	5	5	4	4	2	4	4	4	4	5	5
125	2	4	4	3	5	5	4	4	4	5	5	4	2	4	4	4
126	5	4	4	4	5	5	5	5	5	5	5	5	5	4	4	4
127	4	4	4	3	4	4	4	4	3	4	3	4	4	4	4	4
128	3	4	5	5	5	5	4	5	4	5	4	5	3	5	5	5
129	3	5	5	5	5	5	4	4	4	4	4	4	4	4	4	4
130	3	5	5	5	4	4	4	5	4	4	4	4	3	4	4	4

续表

序号＼变量名	V54	V55	V56	V57	V58	V59	V60	V61	V62	V63	V64	V65	V66	V67	V68	V69
131	3	4	3	3	4	4	3	3	3	3	4	3	3	3	3	4
132	3	3	4	5	5	4	5	5	3	5	5	5	5	5	4	5
133	4	3	4	3	5	5	5	5	4	4	5	4	3	4	4	5
134	4	3	3	1	5	5	5	4	5	5	5	5	4	4	5	5
135	4	4	4	3	4	4	4	4	4	4	4	4	4	4	4	4
136	2	2	4	2	4	5	4	5	4	5	4	3	4	5	5	4
137	4	3	3	3	5	4	4	5	3	4	4	4	4	3	3	5
138	4	1	3	3	4	5	4	3	3	4	4	4	4	5	4	4
139	4	4	3	2	4	4	4	4	4	4	4	4	4	4	4	4
140	3	5	4	4	4	4	4	4	3	4	5	5	4	4	4	4
141	4	4	4	4	5	4	4	4	4	4	4	4	4	4	4	5
142	4	3	3	4	4	4	4	4	4	4	4	4	4	4	4	4
143	4	4	4	4	4	4	4	3	3	4	4	4	4	4	4	4
144	3	5	4	4	4	4	4	4	4	4	4	4	4	4	4	5
145	3	4	5	5	5	5	4	4	4	5	5	5	4	4	3	5
146	3	3	4	2	4	5	4	2	2	2	4	4	2	3	5	5
147	4	4	4	3	4	4	4	4	4	4	4	4	4	4	4	4
148	5	3	3	4	3	5	4	3	2	4	4	5	2	5	5	5
149	4	4	4	4	4	5	5	4	5	5	5	5	4	5	5	5
150	5	5	5	4	5	5	4	5	3	5	4	5	5	5	5	5
151	3	4	5	4	4	4	4	4	4	4	4	4	3	4	4	4
152	4	5	4	1	1	5	5	4	2	5	2	4	4	5	4	5
153	5	5	5	4	5	5	4	5	3	5	5	5	5	5	5	5
154	2	4	4	5	5	5	5	4	4	4	5	4	4	5	5	5
155	4	3	4	4	4	4	4	4	4	4	4	4	4	4	3	4
156	5	5	4	4	5	5	5	5	5	5	5	5	5	5	5	5
157	5	5	5	4	5	5	5	5	5	5	5	5	5	5	4	5
158	5	5	4	4	4	4	5	4	3	4	5	5	4	5	5	5
159	4	4	3	4	5	5	4	4	4	4	5	5	3	5	5	5
160	4	4	4	4	5	4	4	4	4	4	4	4	4	4	4	5
161	3	4	4	4	4	4	4	3	4	4	4	4	4	4	4	4

续表

变量名 / 序号	V54	V55	V56	V57	V58	V59	V60	V61	V62	V63	V64	V65	V66	V67	V68	V69
162	4	3	4	3	3	4	3	4	4	4	4	4	3	4	4	4
163	4	3	4	3	3	4	3	4	4	4	4	4	3	4	4	4
164	3	4	4	5	5	5	5	4	4	4	4	4	4	4	4	5
165	4	4	4	3	2	5	4	4	4	4	4	5	5	5	5	5
166	4	4	4	4	4	5	4	4	4	5	5	5	4	4	4	5
167	4	5	5	5	5	5	4	4	5	5	5	5	5	5	5	5
168	3	3	4	4	4	5	5	3	3	4	4	4	3	4	4	5
169	2	5	5	4	4	4	4	4	4	4	5	5	5	5	5	5
170	4	4	4	4	4	5	4	4	4	4	5	5	4	4	5	4
171	4	4	4	4	4	5	4	4	2	4	3	5	4	4	3	5
172	4	4	4	3	4	5	4	5	5	4	4	4	4	4	4	5
173	3	3	4	5	4	5	5	3	3	4	4	4	3	4	4	5
174	4	5	5	5	4	5	5	5	5	5	5	5	5	5	5	5
175	5	5	4	5	5	5	5	4	4	5	4	4	2	4	4	5
176	3	4	4	4	4	4	4	3	4	4	4	4	4	4	4	4
177	3	5	5	4	5	4	5	4	3	4	4	4	4	5	4	5
178	5	5	5	2	5	5	4	4	4	4	4	4	4	4	4	4
179	3	4	4	4	4	4	4	4	3	3	4	4	5	3	5	3
180	3	4	3	4	4	3	4	4	3	4	3	4	3	4	4	5
181	4	4	5	3	3	4	3	3	3	4	5	3	4	4	4	5
182	5	1	2	3	5	4	4	4	4	4	5	5	4	4	5	5
183	4	3	4	1	4	5	5	3	4	4	4	4	3	4	4	4
184	4	3	4	1	3	4	4	4	4	4	4	5	3	4	4	4
185	4	4	4	4	4	4	4	4	4	4	4	4	4	4	4	4
186	4	4	4	4	5	4	4	4	4	3	3	4	4	4	4	4
187	2	4	4	4	4	4	4	3	3	4	4	4	4	4	4	4
188	3	4	3	3	4	5	4	4	4	4	4	4	4	4	4	4
189	3	2	2	2	4	3	4	4	4	4	4	4	2	4	4	4
190	3	2	4	4	4	5	5	3	4	5	4	2	5	5	4	5
191	2	4	4	3	4	4	3	3	4	4	4	4	4	4	4	4
192	3	4	4	4	5	4	4	4	4	4	3	4	4	3	5	5

续表

序号＼变量名	V54	V55	V56	V57	V58	V59	V60	V61	V62	V63	V64	V65	V66	V67	V68	V69
193	5	3	3	3	4	4	4	3	3	4	4	3	3	4	3	4
194	3	5	5	3	4	5	4	5	4	4	4	4	4	3	4	4
195	3	4	4	3	4	4	3	3	3	4	3	4	3	3	3	5
196	4	4	4	4	4	5	4	5	4	4	4	4	4	4	4	4
197	4	4	4	3	4	4	4	4	4	4	4	5	5	5	5	4
198	3	3	3	3	5	5	4	3	5	5	3	4	2	4	4	4
199	4	4	4	4	4	4	4	4	4	4	4	5	5	4	2	4
200	3	4	4	4	4	4	4	4	4	4	4	4	4	4	4	4
201	3	3	4	4	4	5	4	4	4	4	4	4	4	4	4	4
202	4	5	5	1	4	4	2	5	2	3	5	5	5	5	5	5
203	4	2	3	2	3	5	4	5	4	4	4	4	4	4	5	4
204	1	4	4	2	4	4	4	3	2	4	4	4	2	3	5	4
205	2	2	2	2	4	4	4	2	2	4	4	4	2	4	4	4
206	4	4	4	4	4	4	4	2	2	2	4	2	2	2	4	4
207	4	4	4	4	4	4	4	2	2	2	4	4	3	3	4	4
208	4	3	4	4	4	4	4	3	3	4	4	4	4	4	4	4
209	5	5	5	5	3	5	4	4	4	4	4	4	4	5	4	5
210	2	4	5	4	3	4	4	4	4	4	5	4	5	5	5	5
211	3	5	5	5	4	4	3	2	4	5	4	4	4	4	4	4
212	4	5	5	5	4	4	4	5	5	5	5	4	5	4	5	5
213	3	4	5	4	4	4	5	3	4	4	3	4	4	3	3	4
214	2	4	5	4	3	4	4	3	5	4	3	3	4	4	3	3
215	4	4	5	4	3	3	4	3	2	3	3	4	3	3	3	4
216	5	3	5	4	5	4	5	3	4	3	4	3	4	5	3	4
217	2	4	3	4	3	4	3	4	3	3	4	3	4	3	3	4
218	3	4	3	4	3	4	4	4	3	3	4	3	3	4	3	4
219	2	3	5	3	2	5	3	4	3	4	4	4	4	3	4	4
220	3	2	4	2	4	5	2	3	3	3	3	2	5	5	4	4
221	3	4	3	4	3	3	4	3	3	4	3	3	3	4	3	4
222	2	3	4	3	4	3	3	3	4	3	3	3	3	4	3	4
223	3	3	4	4	3	4	3	3	4	3	3	4	3	4	4	4

续表

变量名 序号	V54	V55	V56	V57	V58	V59	V60	V61	V62	V63	V64	V65	V66	V67	V68	V69
224	3	4	4	3	3	4	3	4	3	4	3	4	3	4	5	4
225	3	4	4	4	3	4	3	4	4	5	4	5	4	4	4	4
226	3	4	3	3	3	4	3	4	4	3	4	4	4	4	3	4
227	3	4	3	3	4	4	3	4	4	5	4	4	4	4	4	5
228	4	4	4	4	4	4	4	4	4	4	4	4	4	4	4	4
229	5	5	5	5	5	5	5	4	4	4	4	4	4	4	4	5
230	4	4	4	4	4	5	5	4	4	5	5	5	4	5	5	5
231	5	5	5	5	5	5	4	4	4	4	5	4	4	4	4	4
232	4	4	4	4	4	4	4	4	4	4	4	4	4	4	4	4
233	5	5	5	4	5	5	5	5	5	5	5	5	5	5	5	5
234	2	4	4	4	4	4	4	3	2	4	4	4	4	2	2	3
235	2	4	4	4	4	4	4	3	3	3	4	3	3	3	3	4
236	3	3	3	4	3	4	4	3	3	4	4	3	3	4	3	4
237	3	4	5	5	5	5	4	3	3	3	4	4	3	3	4	4
238	3	4	5	4	4	4	4	4	4	4	5	4	5	4	5	5
239	3	4	4	4	4	5	5	4	4	4	3	4	5	4	5	5
240	3	3	3	4	4	4	4	3	3	4	3	4	3	3	4	4
241	4	4	4	4	4	4	4	4	4	4	4	4	2	4	3	4
242	3	5	5	3	5	5	4	4	5	5	3	5	5	5	5	4
243	4	3	3	2	4	4	4	4	4	4	4	4	4	4	4	4
244	4	4	4	4	4	4	4	4	4	4	4	4	2	3	3	4
245	5	5	5	5	5	5	4	5	5	5	5	4	4	5	4	5
246	4	3	3	2	4	4	4	4	3	4	4	4	3	4	3	4
247	5	4	3	4	5	4	4	4	5	5	5	5	5	4	5	5
248	4	3	5	4	3	4	4	4	2	4	3	4	4	4	4	4
249	4	4	4	4	4	4	4	4	4	4	4	4	3	3	4	4
250	4	4	5	4	4	4	4	4	4	4	4	4	4	4	3	4
251	3	4	4	4	4	4	4	4	3	4	3	4	4	4	4	4
252	3	4	3	4	5	5	4	3	4	4	4	4	3	4	4	4
253	4	2	4	5	4	4	4	4	4	4	3	4	3	4	3	5
254	4	4	4	4	5	5	5	4	5	4	5	5	5	5	4	5

续表

序号 \ 变量名	V54	V55	V56	V57	V58	V59	V60	V61	V62	V63	V64	V65	V66	V67	V68	V69
255	4	4	4	4	4	4	4	4	5	5	4	5	4	4	4	5
256	2	5	5	4	5	4	4	4	5	5	5	5	5	5	5	4
257	3	5	3	4	3	4	3	5	3	5	3	4	4	4	3	4
258	4	4	5	5	5	5	4	4	4	4	4	4	5	4	5	5
259	5	4	4	3	4	4	4	3	4	4	4	4	3	4	4	4
260	5	5	5	4	4	4	4	4	5	5	5	5	4	5	4	5
261	5	5	5	5	5	5	4	4	5	5	4	5	3	5	3	5
262	4	4	2	4	4	4	4	4	3	4	4	4	5	5	5	4
263	4	4	3	3	3	4	4	3	4	4	4	5	5	5	4	5
264	2	3	3	4	5	5	5	4	3	4	4	5	5	4	5	4
265	4	3	4	4	4	4	4	3	3	4	4	4	3	4	4	4
266	2	3	3	3	3	3	3	3	3	3	3	3	4	3	3	5
267	3	3	3	4	4	4	3	3	3	4	4	4	4	4	5	4
268	3	2	2	2	4	3	4	2	4	4	4	4	4	3	2	4
269	3	5	5	4	4	4	4	4	4	4	4	4	3	4	4	4
270	4	5	5	5	5	5	4	4	4	5	5	4	4	5	5	4
271	2	4	5	4	4	4	4	3	4	3	4	4	3	4	4	4
272	3	4	4	4	2	4	4	4	3	4	4	4	3	3	3	4
273	3	5	5	1	4	4	5	4	4	4	5	5	5	5	5	5
274	2	5	3	4	4	5	4	4	3	4	4	4	4	4	4	5
275	5	3	5	4	4	4	4	5	4	4	4	4	4	4	5	5
276	2	4	4	3	5	4	3	4	3	4	5	4	4	5	4	4
277	3	2	2	4	3	3	2	2	3	4	4	4	3	3	4	4
278	2	4	4	4	5	4	4	4	3	5	4	4	5	4	3	4
279	3	4	4	4	4	4	4	3	4	4	4	4	4	4	4	4
280	2	4	4	3	4	4	4	3	4	4	4	4	4	4	4	4
281	3	4	4	4	4	4	4	3	3	3	4	4	4	3	4	4
282	4	4	4	3	3	4	4	4	4	4	4	4	3	4	3	4
283	3	3	3	3	3	3	4	3	4	4	4	3	3	3	3	3
284	3	4	4	4	4	4	4	4	4	3	4	4	3	3	4	4
285	4	4	3	4	3	3	3	3	3	3	3	3	3	3	3	3

续表

序号＼变量名	V54	V55	V56	V57	V58	V59	V60	V61	V62	V63	V64	V65	V66	V67	V68	V69
286	4	4	5	4	4	4	2	4	4	4	4	4	4	4	4	4
287	2	3	5	3	3	4	3	3	3	4	4	4	3	4	4	4
288	4	3	4	3	5	4	4	4	3	4	4	4	2	4	4	4
289	4	4	4	2	4	5	4	4	4	4	4	4	3	4	4	4
290	2	4	4	4	4	4	4	4	4	4	4	4	4	4	4	4
291	4	3	4	4	4	4	4	2	2	4	4	2	4	3	3	4
292	3	4	4	3	4	4	4	3	3	4	4	4	4	4	4	3
293	3	2	4	3	4	4	3	3	3	4	3	4	3	4	4	5
294	4	3	3	2	4	4	4	4	5	4	4	4	2	3	2	5
295	4	4	4	3	4	4	4	4	4	4	4	4	4	4	4	4
296	4	5	5	4	4	4	4	3	4	4	4	4	4	3	4	4
297	4	2	2	2	2	4	3	4	3	3	3	3	4	4	4	4
298	2	5	4	5	5	4	4	3	3	4	5	4	4	3	4	4
299	3	4	5	5	3	4	4	4	2	4	4	5	5	5	4	5
300	2	4	4	4	4	4	5	3	2	4	4	4	4	4	5	4
301	4	3	4	4	3	4	4	4	5	4	4	5	4	5	5	5
302	3	3	4	3	3	4	4	4	4	4	4	3	4	4	3	4
303	3	4	4	2	5	5	4	4	5	5	4	4	4	5	4	5
304	1	1	1	1	4	5	5	4	5	4	3	2	2	3	5	4
305	4	5	5	5	4	4	5	4	4	5	4	4	4	4	5	5
306	3	4	4	3	4	4	4	3	4	4	4	4	4	4	3	4
307	3	4	4	4	3	4	4	4	4	5	4	4	4	4	3	4
308	4	3	5	2	5	4	4	5	4	4	3	4	4	3	4	4

序号＼变量名	V70	V71	V72	V73	V74	V75	V76	V77	V78	V79	V80	V81	V82
1	4	4	5	5	4	5	5	5	5	5	5	4	4
2	4	4	4	4	3	3	3	4	4	4	4	4	4
3	4	4	3	4	4	4	4	5	4	4	4	4	4
4	5	4	3	3	3	4	4	4	3	5	4	4	4
5	3	3	3	4	3	4	4	5	4	5	4	5	3
6	4	4	4	4	4	4	5	4	5	5	5	4	3

续表

序号 \ 变量名	V70	V71	V72	V73	V74	V75	V76	V77	V78	V79	V80	V81	V82
7	4	4	4	4	4	4	4	4	4	4	4	4	4
8	5	5	4	5	4	4	4	4	4	4	4	4	4
9	5	4	4	4	4	4	4	4	4	4	4	4	4
10	5	5	5	5	5	5	5	5	5	5	5	5	5
11	5	4	4	4	5	5	5	5	5	5	5	5	4
12	4	4	5	4	5	4	4	4	4	5	5	4	4
13	4	4	5	4	5	4	4	4	4	5	5	4	4
14	4	4	4	4	3	4	4	5	4	5	4	4	3
15	4	5	4	4	5	4	4	4	4	5	4	5	4
16	4	4	4	4	4	4	4	4	4	5	4	4	3
17	4	3	3	4	4	3	4	3	4	4	4	4	4
18	5	5	4	5	4	5	4	5	4	5	5	4	4
19	4	3	3	4	4	4	3	4	4	4	4	4	5
20	4	4	4	4	4	4	4	5	4	4	4	4	4
21	5	1	5	5	5	5	5	5	5	5	5	5	5
22	2	2	4	4	3	3	4	4	4	5	4	4	4
23	4	4	4	4	4	3	4	4	4	4	4	4	5
24	4	3	4	4	4	3	4	4	4	4	3	3	4
25	4	4	4	4	4	4	3	5	4	4	4	4	3
26	4	4	3	4	4	4	4	4	4	4	4	4	4
27	5	5	4	5	5	5	5	5	5	4	5	5	4
28	5	5	4	4	5	5	5	5	5	4	5	4	5
29	5	5	4	5	4	5	5	5	5	4	5	5	4
30	4	4	4	4	5	4	4	4	4	4	4	4	5
31	4	4	4	4	4	4	4	4	4	4	4	4	5
32	5	4	4	4	4	4	4	4	4	4	5	4	4
33	5	5	5	4	5	5	5	5	5	5	5	5	5
34	4	4	4	4	5	5	4	4	4	4	5	4	4
35	5	4	5	5	5	5	5	4	5	5	5	4	4
36	4	4	4	5	4	4	4	4	4	4	4	4	4
37	2	1	4	4	5	5	4	4	4	4	5	5	5

续表

变量名 序号	V70	V71	V72	V73	V74	V75	V76	V77	V78	V79	V80	V81	V82
38	4	4	4	4	4	4	4	4	4	4	4	4	3
39	3	3	3	3	4	3	4	4	4	4	4	3	4
40	4	4	4	4	4	3	4	4	4	4	4	4	3
41	4	3	4	3	4	3	4	4	4	5	5	4	4
42	4	3	4	4	4	3	4	4	3	4	4	3	3
43	3	4	5	4	4	5	4	4	4	4	5	4	4
44	3	3	4	3	4	4	4	4	4	3	3	3	3
45	4	3	3	4	3	4	4	3	3	4	4	5	3
46	4	4	4	3	3	3	4	3	4	3	3	3	3
47	4	3	3	4	3	3	4	4	4	4	4	4	3
48	3	3	3	3	4	4	3	3	3	3	3	4	3
49	4	3	4	5	4	4	3	4	4	3	4	3	4
50	4	3	4	4	4	3	3	3	4	4	4	4	3
51	4	4	4	4	5	4	4	4	4	4	4	4	3
52	4	3	4	4	4	4	4	3	4	4	4	4	2
53	4	4	4	4	4	4	5	4	4	5	5	4	4
54	4	4	4	4	4	4	5	4	4	4	4	4	4
55	4	3	4	4	4	5	4	4	4	4	4	5	4
56	4	2	3	4	4	4	4	5	3	4	4	4	4
57	4	4	3	3	3	4	4	4	4	4	4	4	4
58	3	3	3	3	3	4	4	4	4	5	4	4	4
59	4	4	4	4	3	4	4	3	4	4	4	4	4
60	3	3	4	4	4	3	4	4	4	5	4	4	4
61	4	4	4	4	4	4	4	4	3	4	4	3	3
62	3	3	4	3	3	3	4	4	4	4	4	4	3
63	5	2	4	4	5	4	4	5	4	5	5	4	3
64	3	3	4	4	5	4	4	5	4	5	5	4	4
65	4	2	4	4	4	4	4	4	4	4	4	4	4
66	4	4	4	3	4	3	3	4	3	4	4	4	3
67	3	3	4	4	3	4	4	4	4	4	4	4	3
68	4	4	4	4	4	4	4	4	4	4	4	4	4

续表

序号 \ 变量名	V70	V71	V72	V73	V74	V75	V76	V77	V78	V79	V80	V81	V82
69	5	5	4	4	4	4	4	4	4	4	4	4	5
70	4	4	4	4	4	4	4	5	5	5	5	5	4
71	4	4	4	4	3	4	3	5	4	4	4	5	4
72	5	5	2	3	3	3	4	4	4	3	4	4	3
73	4	4	4	4	5	4	5	5	5	5	5	4	3
74	4	4	4	4	4	4	4	4	4	4	4	3	3
75	3	3	3	3	3	3	3	4	4	3	3	4	3
76	4	4	5	5	5	5	5	5	4	4	5	4	5
77	5	5	4	5	5	5	5	5	5	5	5	5	5
78	5	5	5	5	5	4	5	4	4	4	4	4	4
79	5	5	5	5	4	5	5	5	5	5	5	5	5
80	4	5	4	4	4	4	5	5	4	5	5	5	5
81	5	5	4	4	4	4	4	4	4	4	4	4	4
82	5	5	4	4	5	5	5	5	5	5	5	5	5
83	5	5	5	4	4	5	4	5	4	5	5	5	5
84	3	4	4	4	4	3	3	4	3	4	4	4	4
85	4	4	4	4	4	5	5	5	4	5	5	5	5
86	5	5	4	4	4	4	4	4	4	5	5	4	3
87	5	5	4	4	3	4	5	5	4	4	4	4	3
88	4	4	5	4	4	3	3	4	4	5	5	4	3
89	3	4	4	3	4	4	4	4	4	4	5	4	4
90	3	3	4	4	5	4	4	5	4	5	5	4	3
91	3	4	4	4	4	4	4	4	5	4	4	4	3
92	5	5	3	4	4	5	5	4	5	5	5	5	5
93	3	3	4	4	4	4	4	5	4	5	5	4	3
94	5	5	4	4	3	3	4	3	4	3	4	4	5
95	5	5	4	4	4	4	4	4	4	4	4	4	3
96	4	3	4	4	3	4	4	5	4	4	4	4	3
97	3	3	4	4	4	4	4	4	4	5	5	4	4
98	4	4	4	4	4	4	4	5	4	4	4	4	4
99	5	5	3	4	4	4	4	5	4	5	4	4	5

续表

变量名 序号	V70	V71	V72	V73	V74	V75	V76	V77	V78	V79	V80	V81	V82
100	5	5	4	4	4	4	4	4	4	4	4	4	4
101	5	4	4	4	4	4	4	4	4	4	4	4	4
102	5	4	4	3	4	3	4	4	4	5	4	4	4
103	4	5	4	4	3	4	4	4	3	5	5	3	4
104	3	4	4	4	4	4	4	5	5	5	5	5	5
105	4	4	4	4	4	4	4	5	4	5	4	4	4
106	4	4	4	3	3	4	4	4	4	4	4	4	5
107	5	4	5	4	5	4	4	4	4	5	5	4	5
108	3	3	4	3	3	3	4	4	4	5	5	4	5
109	4	4	4	3	3	4	4	4	3	5	5	4	5
110	3	3	4	4	4	4	4	3	4	4	4	4	3
111	4	4	2	3	5	4	5	5	4	4	4	4	3
112	4	4	4	4	5	4	4	4	4	5	4	4	4
113	4	4	4	4	4	4	4	4	4	4	4	4	3
114	4	4	4	4	4	4	5	5	4	4	4	3	4
115	5	4	3	4	4	4	5	5	4	5	5	4	4
116	4	4	3	4	4	3	4	4	5	4	4	4	5
117	4	4	4	4	4	3	4	4	3	4	5	4	5
118	4	4	3	4	4	3	4	4	5	4	4	4	5
119	5	4	3	3	3	3	3	3	3	4	4	4	4
120	4	3	3	3	3	3	4	3	4	4	4	4	3
121	4	4	4	5	5	5	4	5	4	5	5	5	4
122	4	4	4	4	4	4	4	4	4	5	4	4	3
123	4	4	4	4	4	4	4	4	4	5	4	4	4
124	5	3	3	4	4	4	4	5	3	5	4	5	4
125	3	4	4	4	4	3	4	4	4	5	4	4	4
126	5	5	4	4	4	4	4	5	5	5	5	5	5
127	4	3	4	4	4	4	4	4	4	4	4	4	4
128	4	4	3	2	3	4	5	3	3	5	4	4	4
129	4	4	3	3	4	4	4	4	4	4	4	4	4
130	4	4	4	4	4	5	5	4	5	4	4	4	3

续表

变量名 序号	V70	V71	V72	V73	V74	V75	V76	V77	V78	V79	V80	V81	V82
131	3	3	5	4	3	4	4	4	4	4	4	4	4
132	4	3	4	4	4	3	4	4	5	5	5	4	4
133	5	5	4	4	5	4	5	4	5	5	4	5	4
134	4	4	4	4	4	4	5	4	4	2	2	3	1
135	4	4	4	4	3	4	4	5	4	5	5	4	3
136	4	4	4	4	4	4	4	5	5	5	4	4	3
137	4	4	4	4	3	4	4	4	5	5	5	4	3
138	4	4	3	3	4	4	4	3	4	4	4	3	4
139	2	4	3	3	3	4	4	4	3	3	3	4	3
140	4	4	4	4	4	3	4	4	4	4	4	4	4
141	4	4	4	4	4	4	4	4	4	5	4	4	4
142	4	4	4	4	4	4	3	5	4	4	4	4	3
143	4	4	4	4	4	3	4	4	4	4	4	4	3
144	4	4	4	4	4	4	4	5	4	5	5	4	5
145	3	3	4	3	4	4	3	4	4	3	5	3	3
146	3	2	3	4	4	3	4	3	4	3	3	3	3
147	4	4	4	4	4	4	4	4	4	4	4	4	4
148	3	3	3	4	5	4	4	5	4	5	4	4	4
149	5	5	4	4	4	4	4	4	4	4	4	4	4
150	4	4	4	4	5	5	4	5	4	5	5	5	4
151	4	4	4	3	3	4	4	4	4	4	4	3	3
152	4	4	4	4	4	4	4	4	4	5	4	4	3
153	4	4	4	4	4	5	4	5	4	5	5	5	4
154	3	4	5	4	4	5	4	5	4	4	4	4	3
155	4	4	4	4	4	4	4	4	4	4	5	5	5
156	5	5	4	4	5	4	5	5	5	5	5	5	5
157	5	5	5	4	5	5	4	5	5	5	5	5	5
158	4	4	5	4	5	4	5	4	3	4	5	5	4
159	4	4	3	3	4	4	3	4	4	5	4	5	4
160	4	4	4	4	4	4	4	4	4	5	4	4	4
161	4	4	4	3	3	4	3	4	4	4	4	4	4

续表

序号＼变量名	V70	V71	V72	V73	V74	V75	V76	V77	V78	V79	V80	V81	V82
162	4	4	4	4	4	4	4	4	4	4	4	4	3
163	4	4	4	4	4	4	4	4	4	4	4	4	3
164	4	4	4	4	4	4	5	5	4	5	5	4	5
165	4	4	4	4	3	4	3	3	3	4	3	4	4
166	5	5	5	4	4	4	4	4	4	4	4	3	3
167	5	5	4	4	4	4	4	5	4	4	4	4	4
168	3	3	4	4	3	4	4	5	4	4	5	4	4
169	5	4	5	4	4	5	5	5	4	5	4	5	4
170	4	4	4	4	4	4	4	4	4	4	5	4	5
171	4	4	4	4	4	4	4	5	4	5	5	4	4
172	5	5	4	4	4	4	4	4	3	3	4	3	4
173	3	3	4	4	3	3	4	5	3	4	5	3	3
174	5	5	3	4	4	4	5	5	4	3	4	3	3
175	5	5	4	4	4	4	5	5	5	5	5	4	4
176	4	4	4	3	3	4	3	4	4	4	4	4	4
177	4	3	4	4	3	4	4	3	4	4	4	3	3
178	5	5	4	4	5	4	4	4	5	5	5	5	5
179	4	4	3	4	4	4	4	5	4	3	4	4	3
180	4	4	4	4	4	4	4	4	4	4	4	4	3
181	5	5	4	4	4	3	3	4	4	4	3	4	3
182	4	4	5	4	5	5	5	5	4	5	5	5	4
183	4	4	4	4	4	4	4	4	4	4	4	4	4
184	4	3	4	4	4	4	4	5	4	4	4	4	4
185	4	4	4	3	4	3	4	4	3	4	4	4	4
186	4	4	4	4	4	4	4	4	5	4	4	4	5
187	4	4	4	4	4	4	4	4	4	4	4	3	3
188	4	4	4	4	5	4	4	4	4	5	4	4	3
189	4	4	4	4	4	4	4	4	4	3	4	4	4
190	3	5	5	4	4	4	5	4	4	5	5	4	3
191	4	4	4	4	4	3	4	3	4	4	4	4	4
192	4	4	4	4	4	4	4	4	4	5	4	4	4

续表

变量名 序号	V70	V71	V72	V73	V74	V75	V76	V77	V78	V79	V80	V81	V82
193	4	4	4	4	4	4	4	4	4	4	5	4	4
194	4	3	4	4	4	3	4	4	4	5	5	4	3
195	3	4	4	3	4	4	4	4	4	5	4	4	4
196	4	4	4	4	5	4	4	4	4	4	5	4	3
197	4	4	4	4	4	4	4	4	4	4	4	4	4
198	4	4	5	4	5	4	4	4	5	4	3	4	4
199	4	4	5	4	4	3	4	4	4	5	4	4	4
200	4	4	3	4	5	3	5	4	4	4	4	3	4
201	4	4	3	4	4	4	4	4	4	4	4	3	4
202	5	5	4	4	4	4	4	4	4	4	4	4	4
203	5	5	4	5	4	4	4	4	4	5	4	4	4
204	3	5	4	4	3	4	4	5	3	5	5	4	4
205	4	4	4	3	4	3	4	4	3	3	4	4	2
206	2	2	4	3	3	4	4	4	3	3	4	4	3
207	3	4	4	4	4	4	3	3	3	3	3	3	3
208	3	3	4	4	3	4	4	4	4	4	4	4	2
209	5	4	4	4	4	4	4	5	4	4	5	4	5
210	5	5	4	4	4	4	4	4	4	5	5	4	5
211	3	3	3	4	3	3	3	4	3	4	4	4	4
212	5	5	4	4	5	4	5	5	4	5	5	4	4
213	4	4	3	3	4	3	4	3	3	3	4	4	3
214	3	4	4	4	3	3	3	4	3	4	4	3	3
215	5	4	3	3	4	3	3	4	3	4	4	3	3
216	4	3	4	3	3	4	3	3	3	4	5	4	2
217	4	4	3	4	3	4	3	3	4	3	3	4	4
218	4	4	4	4	3	3	3	4	4	3	3	3	3
219	4	3	3	4	3	3	3	4	4	4	3	3	3
220	5	4	4	3	4	3	3	3	2	3	3	3	4
221	3	4	3	4	3	4	2	3	4	4	3	4	4
222	3	4	3	4	4	4	3	4	3	3	3	3	3
223	4	4	4	4	4	3	3	3	3	4	3	3	3

续表

序号 \ 变量名	V70	V71	V72	V73	V74	V75	V76	V77	V78	V79	V80	V81	V82
224	4	4	4	4	4	3	4	4	3	3	3	3	2
225	4	4	3	3	3	3	4	3	4	3	3	3	2
226	4	4	4	4	3	3	3	4	3	3	3	3	3
227	4	4	4	3	3	3	4	4	4	4	4	3	3
228	4	4	4	4	4	4	4	5	4	5	5	5	4
229	5	4	4	4	4	4	4	4	4	5	5	5	5
230	4	5	4	4	5	4	5	5	5	5	5	5	4
231	4	4	4	4	4	4	4	4	4	4	4	4	4
232	4	4	4	4	4	4	5	4	4	4	4	4	4
233	5	5	3	3	4	3	4	4	3	3	3	3	2
234	1	1	4	3	4	3	3	3	4	3	4	2	1
235	4	4	2	3	3	3	3	3	3	4	4	3	4
236	3	3	3	3	3	3	3	3	4	3	3	3	3
237	4	4	3	4	3	4	4	5	4	4	3	5	4
238	5	5	3	3	4	3	3	4	3	4	4	4	4
239	4	3	3	4	4	4	5	5	4	4	4	3	3
240	2	2	2	3	3	2	3	4	4	4	4	4	3
241	2	4	3	3	4	3	4	4	4	4	4	4	4
242	3	3	3	5	4	3	4	4	4	5	4	4	4
243	4	4	4	4	5	4	4	4	4	4	5	4	4
244	4	4	4	4	4	5	4	4	4	4	5	4	3
245	5	4	3	4	5	4	4	5	4	5	4	5	4
246	3	3	3	3	3	3	3	3	3	3	3	3	3
247	5	4	4	4	3	3	4	4	4	5	5	4	4
248	3	3	3	2	3	3	3	3	3	3	3	3	3
249	4	4	4	4	4	4	4	4	3	4	4	4	3
250	4	4	4	4	4	5	4	5	4	5	4	4	4
251	4	4	3	3	3	3	4	4	3	4	4	4	4
252	3	3	4	3	3	4	4	3	3	4	3	3	4
253	4	4	4	4	4	4	4	3	3	4	4	4	3
254	5	5	4	4	4	5	5	5	5	5	5	4	4

续表

序号＼变量名	V70	V71	V72	V73	V74	V75	V76	V77	V78	V79	V80	V81	V82
255	4	4	4	4	5	4	5	5	5	5	5	4	4
256	4	5	2	3	4	3	3	4	4	3	3	3	3
257	4	4	3	3	3	4	4	4	4	3	3	3	3
258	4	4	4	4	3	4	4	4	3	3	4	3	3
259	5	4	3	4	3	3	4	4	3	5	4	4	4
260	5	4	3	3	3	3	4	3	3	5	5	5	3
261	5	5	4	4	3	3	4	4	4	4	3	3	4
262	4	4	4	4	4	3	4	4	3	4	5	4	5
263	4	4	3	3	4	3	4	4	4	4	3	3	3
264	5	5	4	4	4	3	4	4	3	3	3	4	4
265	3	3	3	4	3	3	3	3	4	3	3	3	3
266	4	4	4	3	4	3	4	3	4	4	4	3	3
267	4	4	3	4	3	4	4	4	3	4	4	4	3
268	2	2	1	3	4	3	3	3	3	2	3	3	3
269	3	3	4	4	3	4	4	4	4	4	4	4	3
270	4	4	3	4	4	3	4	4	4	4	4	4	4
271	3	4	4	4	4	3	3	4	4	4	4	4	3
272	4	4	4	4	3	4	4	4	4	4	4	4	3
273	5	5	4	4	5	5	4	5	4	5	5	4	5
274	3	3	4	4	3	3	4	3	3	4	4	4	3
275	5	4	4	5	5	4	5	5	4	3	4	3	4
276	5	5	4	3	3	4	3	5	4	5	4	3	4
277	3	2	3	3	3	3	4	4	4	4	4	4	4
278	4	4	3	3	3	4	4	4	4	4	4	4	4
279	2	2	4	3	4	3	4	3	4	4	5	4	3
280	3	3	3	3	4	3	3	3	4	4	4	4	3
281	3	2	3	3	3	3	3	3	4	4	4	4	3
282	4	3	4	4	3	3	3	4	3	4	3	3	3
283	3	3	3	4	3	3	3	3	3	3	3	3	3
284	4	3	3	3	3	3	3	4	3	3	4	3	3
285	3	3	3	3	3	3	3	4	4	3	3	3	3

续表

变量名 序号	V70	V71	V72	V73	V74	V75	V76	V77	V78	V79	V80	V81	V82
286	4	4	3	4	4	3	3	4	4	4	3	4	2
287	3	3	3	3	3	3	4	4	3	3	3	3	4
288	3	4	4	4	3	3	3	3	3	3	3	3	3
289	4	4	3	4	3	3	3	4	3	4	4	3	4
290	4	4	4	3	3	3	3	4	4	4	4	4	3
291	3	3	3	4	4	3	4	4	4	4	3	4	4
292	4	3	3	3	3	3	4	5	4	4	4	4	4
293	3	3	2	3	3	3	4	4	3	3	3	4	3
294	2	2	3	4	4	4	4	5	5	4	4	4	4
295	3	3	4	4	4	4	4	5	4	4	4	4	3
296	4	2	4	4	4	3	4	5	4	4	4	4	5
297	4	4	4	4	4	3	2	3	2	3	3	3	3
298	3	3	2	3	3	2	3	4	3	3	2	3	2
299	2	2	2	2	2	2	1	3	4	4	4	3	4
300	4	3	2	2	3	3	3	2	3	4	3	4	3
301	5	5	4	3	4	4	5	5	4	5	4	4	4
302	4	4	2	3	3	3	3	2	3	3	3	3	3
303	4	4	4	4	4	4	4	5	4	4	4	4	3
304	2	4	1	4	3	1	1	4	4	2	1	4	4
305	4	4	3	4	3	3	3	4	4	4	3	2	4
306	4	3	2	2	2	3	4	2	4	4	4	4	3
307	4	4	4	3	4	3	3	3	4	4	3	3	4
308	2	2	4	4	2	3	4	4	3	4	2	2	2

参考文献

［1］王宝荣，靳继超．小型团队领导者工作绩效测量模型初探［J］．商业研究，2011（11）．

［2］周三多．管理学［M］．北京：高等教育出版社，2010．

［3］谭力文，李燕萍．管理学［M］．3 版，武汉：武汉大学出版社，2009．

［4］［美］里基·W. 格里芬．管理学［M］．北京：中国市场出版社，2008．

［5］Stogdill R M. Personal Factors Associated with Leadership：A Survey of the Literature［J］. Journal of Psychology，1948，25（1）：35－71.

［6］Gibb C A. The Principles and Individuals Differences of Leadership［J］. Journal of Abnormal and Social Psychology，1947，42（4）：267－284.

［7］Boyatzizs R. E. The Competent Managers：A Model for Effective Performance［M］. New York：Wiley，1982.

［8］斯蒂芬·P. 罗宾斯．管理学［M］．北京：中国人民大学出版社，1999．

［9］Blake R R，Mouton J S. The Managerial Grid［M］. Houston：Gulf Publishing Co.，1964.

［10］三隅二不二．领导行为科学［M］．北京：光明日报出版社，1990．

［11］Likert R. New Patterns of Management［M］. New York：McGraw-Hill，1961.

［12］Burns J M. Leadership［M］. New York：Harper and Row，1978.

［13］Bass B M. Leadership Beyond Expectations［M］. New York：Free Press，1985.

［14］Bass，B M，Avolio B J. Multifactor Leadership Questionnaire［M］. CA：Consulting Psychologists Press，1993：3－186.

［15］Fiedler F E. A Theory of Leadership Effectiveness［M］. New York：McGraw-Hill，1967.

［16］David C. McClelland. Testing for Competence Rather Than for "Intelligence"［J］. American Psychologist，1973，1：1－14.

[17] Paul Hersey P, Blanchard K H. Management of Organizational Behavior: Utilizing Human Resources [M]. 4th ed. Englewood Cliffs, NJ: Prentice-Hall, 1982.

[18] House R J. A Path-goal Theory of Leader Effectiveness [J]. Administrative Science Quarterly, 1971, 16 (3): 321 -339.

[19] 周三多，陈传明等．管理学原理 [M]．南京：南京大学出版社，2006.

[20] 张创新，刘雪华．现代管理学概论 [M].3 版，北京：清华大学出版社，2010.

[21] Spencer L M, Spencer S M. Competence at Work. [M]. John Wiley and Sons, Inc. , 1993.

[22] Lombardo and McCauley. Benchmarks: A Manual and Trainer's Guide [M]. Greensboro, North Carolina: Center for Creative Leadership, 1994.

[23] Bartram D. The Great Eight Competencies: A Criterion-Centric Approach to Validation [J]. Journal of Applied Psychology, 2005, 90 (6): 1185 -1203.

[24] 王重鸣，陈民科．管理胜任力特征分析：结构方程模型检验 [J]．心理科学，2002 (5).

[25] 时勘，王继承，李超平．企业高层管理者胜任特征模型评价的研究 [J]．心理学报，2002 (34).

[26] 魏均，张德．国内商业银行客户经理胜任力模型研究 [J]．南开管理评论，2005 (8).

[27] 黄勋敬，李光远，张敏强．商业银行行长胜任力模型研究 [J]．金融论坛，2007 (7).

[28] 张进．建筑企业项目管理者胜任力结构模型研究 [D]．西安：西安建筑科技大学，2007.

[29] Weiss D J , Davis R V, England G W, Lofquist L H. Manual for the Minnesota Satisfaction Questionnaire [M]. Minneapolis, MN: University of Minnesota Industrial Relations Center, 1967.

[30] Porter L W, Steers R M , Mowday R T. The Measurement of Organizational Commitment [J]. Journal of Vocational Behavior, 1979, 14: 224 -227.

[31] Meyer J P, Allen N J. Commitment in the Workplace [M]. Thousand Oaks, CA: Sage, 1997: 118 -119.

[32] Vroom, V. H.. Work and Motivation [M]. New York: Wiley, 1964.

[33] Organ D W. Organizational Citizenship Behavior [M]. The Good Soldier Syndrome. Lexington: Lexington Books, 1988.

［34］ Farh J L , Zhong C B , Organ D W. Organizational Citizenship Behavior in the People's Republic of China ［J］. Organization Science , 2004 , 15 : 241 -252.

［35］ Borman W C, Motowidlo S J. Expanding the Criterion Domain to Include Elements of Contextual Performance. In: Schmitt N, Bonnan W C. Personel Selection in Organizations ［M］. San Francisco: Jossey-Bass Publishers, 1993: 71 -98.

［36］ Van Scotter J R , Motowidlo S J. Interpersonal Facilitation and Job Dedication as Separate Facets of Contextual Performance ［J］. Journal of Applied Psychology, 1996, 81 (5): 525 -531.

［37］ Welboume T M, Johnson D E , Erez A. The Role-Based Performance Sacle: Validity Analysis of a Theory-Based Measure ［J］. Academy of Management Journal, 1998, 41 (5): 540 -555.

［38］ 韩翼．雇员工作绩效结构模型构建与实证研究 ［D］. 武汉：华中科技大学，2006.

［39］ 韩翼，廖建桥，龙立荣．雇员工作绩效结构模型构建与实证研究 ［J］. 管理科学学报，2007，10 (5).

［40］ Judge T A, Thoresen C J , Bono J E, Patton G K. The Job Satisfaction-Job Performance Relationship: A Qualitative and Quantitative Review ［J］. Psychological Bulletin, 2001, 127 (3): 376 -407.

［41］ Nathan A. Bowling. Is the Job Satisfaction-Job Performance Relationship Spurious? A Meta-Analytic Examination ［J］. Journal of Vocational Behavior, 2007, 71 (2): 167 -185.

［42］ Mowday R T, Steers R M, Porter L M. Organizational Linkage: The Psychology of Commitment, Absenteeism and Turnover ［M］. San Diego: Academic Press, 1982: 51 -102.

［43］ 韩翼．工作绩效与工作满意度、组织承诺和目标定向的关系 ［J］. 心理学报，2008，40 (1).

［44］ 唐春勇．大五个性和工作态度对关联绩效影响的实证研究 ［D］. 成都：西南交通大学，2001.

［45］ 陆昌勤，凌文辁，方俐洛．管理自我效能感与管理者工作态度和绩效的关系 ［N］. 北京大学学报（自然科学版），2006，42 (2).

［46］ Becker. Notes on the Concept of Commitment ［J］. The American Journal of Sociology, 1960, 6 (1): 32 -40.

［47］ Meyer J P, Allen N J, Smith, C A. Commitment to Organizations and Occupations: Extension and Test of a Three-component Conceptualization ［J］. Journal of Applied Psychology, 1993, 78 (4): 538 -551.

[48] Van Scotter, J. R. Relationships of Task Performance and Contextual Performance with Turnover, Job Satisfaction, and Affective Commitment [J]. Human Resource Management Review, 2000, 10 (1): 79 -95.

[49] 凌文辁，张治灿，方俐洛．中国职工组织承诺研究 [J]．中国社会科学，2001 (2).

[50] 韩翼．组织承诺对雇员工作绩效的影响研究 [J]. 2007 (3) .

[51] Scott A. Goodman, Daniel J. Svyantek. Person-Organization Fit and Contextual Performance: Do Shared Values Matter [J] . Journal of Behavior, 1999, 55: 254 -275.

[52] Motowildo S J, Van Scotter, J R . Evidence that Task Performance Should be Distinguished from Contextual Performance [J] . Joumal of Applied Psychology, 1994, 79 (4) : 475 -80.

[53] EliZabeth Allworth, Beryl Hesketh. Construct-Oriented Biodata: Capturing Change Related and Contextually Relevant Future Performance [J]. International Journal of Selection and Assessment, 1999. Vol. 7No. 2: 97 -111.

[54] Coleman, V. I. and W. C. Borman. Investigating the Underlying Structure of the Citizenship Performance Domain [J]. Human Resource Management Review, 2000, 10 (1): 25.

[55] 孙健敏，焦长泉．对管理者工作绩效结构的探索性研究 [J]．人类工效学，2002，8 (3).

[56] 陈 亮，段新民．基于行为的组织中层管理者工作绩效评价结构研究 [J]．管理工程学报，2009 (2) .

[57] Kirkpatrick, D. L. Determining Training Needs: Four Simple and Effective Approaches [J]. Training and Development Journal, 1997, 31 (2): 22 -25.

[58] Peerasit Patanakul, Dragan Milosevic. A Competency Model for Effectiveness in Managing Multiple Projects [J]. 2008, 18 (2): 118 -131.

[59] Angela Shin-yih Chen, Min-dau Bian, and Yi-ming Hom, Taiwan HRD Practitioner Competencies: An Application of the ASTD WLP Competency Model [J]. International Journal of Training and Development, 2005, 21 -32.

[60] Jan M. Bots, Edward Groenland, Dirk M. Swagerman, An Empirical Test of Birkett's Competency Modelfor Management Accountants: Survey Evidence from Dutch Practitioners, J. of Acc. Ed. 27 (2009) 1 -13.

[61] Necnti K. Avkiran. An Improved Subordinate Appraisal of Bank Manager's

Competence. The International Journal of Human Resource Management 10: 2 April 1999, 273 -286.

[62] Andrew R. J. Dainty, M. ASCE, Mei-I Cheng and David R. Moore. Competency-Based Model for Predicting Construction Project Managers' Performance [J]. Journal of Management in Engineering, January 2005, 2 -9.

[63] Peter R. Scholtes. The new Competencies of Leadership [J]. Total Quality Management, Vol. 10, nos 4&5, 1999, S704 -S710.

[64] Oshiins. Michael Lewis. Identifying a Competency Model for Hotel Managers. Boston University, 2002.

[65] Elad Harison, Albert Boonstra. Essential Competencies for Technochange Management: Towards an Assessment Model [J]. International Journal of Information Management, 29 (2009), 283 -294.

[66] Bennis, Warren. Five Competencies of new Leaders [J]. Executive Excellence. 1999, Vol. 16 Issue 7, P. 4.

[67] 姚翔，王垒，陈建红．项目管理者胜任力模型 [J]. 心理科学，2004 (6).

[68] 仲理峰，时堪．家族企业高层管理者胜任特征模型 [J]. 心理学报，2004，36 (1).

[69] 陈万思．“子承父业”新浙商企业家胜任力实证研究 [J]. 商业经济与管理，2008 (10).

[70] 杨湘怡．企业中层管理者胜任力模型研究 [D]. 上海：复旦大学，2007.

[71] Spector, P. E. Measurement of Human Service Staff Satisfaction: Development of the Job Satisfaction Survey [J]. American Journal of Community Psychology, 1985, 13 (6): 693 -713.

[72] Agho, A. O., Price, J. L., Mueller, C. W. Discriminant Validity of Measure of Job Satisfaction, Positive Affectivity and Negative Affectivity [J]. Journal of Occupational and Organizational Psychology, 1992 (65): 198 -196.

[73] Tsui, A. S., Egan, T. D., O'Reilly, C. A. Ⅲ. Being different relational Demography and Organizational Attachment [J]. Administrative Science Quarterly, 1992, 37 (4): 549 -579.

[74] 李超平，田宝，时勘．变革型领导与员工工作态度：心理授权的中介作用 [J]. 心理学报，2006，38 (2).

[75] 王玉梅．心理契约对星级饭店知识型员工离职意图影响的实证研究

[D]. 成都：西南交通大学，2008.

[76] Spector, P. E. Measurement of Human Service Staff Satisfaction: Development of the Job Satisfaction Survey [J]. American Journal of Community Psychology, 1985, 13 (6): 693 - 713.

[77] Allen, N. J., Meyer, J. P. The Measurement and Antecedents of Affective, Continuance and Normative Commitment to the Organization [J]. Journal of Occupational Psychology, 1990, 63 (1): 1 - 18.

[78] Clugston, M., Howell, J. P., Dorfman, P. W. Does Cultural Socialization Predict Multiple Bases and Foci of Commitment? [J]. Journal of Management, 2000, 26: 5 - 30.

[79] 侯得裕. 影响员工角色知觉及工作态度之因素研究 [D]. 广州：暨南大学，2006.

[80] 陈志霞. 知识员工组织支持感对工作绩效和离职倾向的影响 [D]. 武汉：华中科技大学，2006.

[81] Saleh, S. D., Hosek, J. Job Involvement: Concept and Measurement [J]. Academy of Management Journal, 1976, 19 (2): 213 - 224.

[82] Blau, G. J. The Measurement and Prediction of Career Commitment [J]. Journal of Occupational and Organizational Psychology, 1985, 58: 277 - 288.

[83] Frone, M. R., Russell, M., Cooper, M. L. Job Stressors, Job Involvement and Employee Health: a Test of Identity theory [J]. Journal of Occupational and Organizational Psychology, 1995, 68: 1 - 11.

[84] Schaufeli, W. B., Salanova, M., Gonzalez-Roma, V., Bakker, A. B. The measurement of Engagement and Burnout: A Two Sample Confirmatory Factor Analytic Approach [J]. The Journal of Happiness Studies, 2002, 3: 71 - 92.

[85] 骆静. 知识员工绩效评估公平感及其对工作态度的影响研究 [D]. 武汉：华中科技大学，2007.

[86] Jiing-Lih Farh, Philip M. Podsakoff, Dennis W. Organ. Accounting for Organizational Citizenship Behavior: Leader Fairness and Task Scope Versus Satisfaction. Journal of Management, 1990, 16 (4): 705 - 721.

[87] Scott B. MacKenzie, Philip M. Podsakoff, Richard Fetter. The Impact of Organizational Citizenship Behavior on Evaluations of Salesperson Performance. Journal of Marketing, 1993, 57: 70 - 80.

[88] Brian. Niehoff, Robert. Moorman. Justice as a Mediator of the Relationship between Methods of Monitoring and Organizational Citizenship Behavior. Academy of

Management Journal, 1993, 36 (4): 527 -556.

[89] Elizabeth Wolfe Morrison. Role Definitions and Organizational Citizenship Behavior: The Importance of the Employee's Perspective. Academy of Management Journal, 1994, 37 (6): 1543 -1567.

[90] Jiing-lih Farh, P. Christopher Earley, Shu-Chi Lin. Impetus for A Cultural Analysis of Justice and Organizational Citizenship Behavior in Chinese Society. Administrative Science Quarterly, 1997, 42: 421 -444.

[91] Scott B. MacKenzie, Philip M. Podsakoff, Julie Beth Paine. Do Citizenship Behaviors Matter More Managers than for Salespeople? Journal of the Academy of Marketing Science, 1999, 27 (4): 396 -410.

[92] Mahn Hee Yoon, Jaebeom Suh. Organizational Citizenship Behaviors and Service Quality as External Effectiveness of Contact Employees. Journal of Business Research , 2003, 56: 597 -611.

[93] David L. Turnipseed. Are Good Soldiers Good? Exploring the Link between Organization Citizenship Behavior and Personal Ethics. Journal of Business Research, 2002, 55: 1 -15.

[94] 朱晓珺. 酒店业员工组织公民行为、工作特征与工作压力关系研究 [J]. 人力资源, 2006, 205 (9).

[95] 余琛. 心理契约履行和组织公民行为之间的关系研究 [J]. 心理科学, 2007, 30 (2).

[96] 刘璞, 井润田. 领导行为、组织承诺对组织公民权行为影响机制的研究 [J]. 管理工程学报, 2007, 21 (3).

[97] 杨敏郎. 海峡两岸企业主管转换型领导与领导绩效关系之研究 [D]. 厦门: 厦门大学, 2007.

[98] 卫林英, 李光丽, 段兴民. 知识型员工组织公民行为评测模型研究 [J]. 情报杂志, 2009, 28 (4).

[99] [美] 杰里·W. 吉雷, 安·梅楚尼奇. 组织学习绩效与变革: 战略人力资源开发导论 [M]. 北京: 中国人民大学出版社, 2005.

[100] 杨杰, 方俐洛, 凌文铨. 关于绩效评价若干基本问题的思考 [J]. 自然辩证法通讯, 2001, 23 (2).

[101] 彭剑锋. 人力资源概论 [M]. 上海: 复旦大学出版社, 2003.

[102] 赵曙明, 罗伯特·马希斯, 约翰·杰克逊. 人力资源管理 [M]. 北京: 电子工业出版社, 2008.

[103] Murphy K R. Dimensions of Job Performance. In: Dillon R F, Pelligrino J

W. Testing: Theoretical and App lied Perspectives [M]. New York: Praeger, 1989: 218-247.

[104] Campbell J P. Modeling the Performance Prediction Problem in Industrial and Organizational Psychology [C]: In: Dunnette M D, Hough L M (Eds.). Handbook of Industrial and Organizational Psychology [M]. 2th ed. Palo Alto, CA: Consulting Psychologists Press, 1990: 687-732.

[105] Campbell J P, McCloy R A, Oppler S H, etc. A Theory of Performance. In Schmitt N, Borman W C (Eds.). Personnel Selection in Organizations [M]. San Francisco: Jossey-Bass, 1993, 35-70.

[106] Borman W C, Motowidlo S J. A Theory of Individual Different in Task and Contextual Performance [J]. Human Performance, 1997, 10 (2): 71-83.

[107] 张德. 人力资源开发与管理 [M]. 北京：清华大学出版社，2007.

[108] Janssen O. Job Demands, Perceptions of Effort-Reward Fairness, and Innovative Work Behavior [J]. Journal of Applied Psychology, 2000, 84: 680-694.

[109] Janssen O, Van Yperen N W. Employee's Goal Orientations, the Quality of Leader-Member Exchange, and the Outcomes of Job Performance and Job Satisfaction [J]. Academy of Management Journal, 2004, 27 (3): 368-384.

[110] 乔恩·沃纳. 双面神绩效管理系统 [M]. 徐联仓等译. 电子工业出版社，2005.

[111] 付亚和，许玉林. 绩效管理 [M]. 上海：复旦大学出版社，2004.

[112] Katz D, Kahn R L. The Social Psychology of Organization [M]. New York: Wiley, 1978. 131-134.

[113] Johnson J W. The Relative Importance of Task and Contextual Performance Dimensions to Supervisor Judgments of Overall Performance [J]. Journal of Applied Psychology, 2001, 86 (5): 984-996.

[114] 王辉，李晓轩，罗胜强. 任务绩效与情境绩效二因素绩效模型的验证 [J]. 中国管理科学，2003, 8 (4).

[115] Conway J M. Distinguishing Contextual Performance from Task Performance for Managerial Jobs [J]. Journal of Applied Psychology, 1999, 84 (1): 3-13.

[116] Pulakos E D, Arad S, Domovan M A etc. Adaptabilitv in the Workplace: Development of Taxonomy of Adaptive Performance [J]. Journal of Applied Psychology, 2000, 85 (4): 612-624.

[117] [美] 埃里根，普莱克斯. 变革的绩效评估——员工安置、激励与发展 [M]. 北京：中国轻工业出版社，2004.

[118] 韩翼，廖建桥．基于不同组织形态的绩效评估模式研究［J］．南开管理评论，2006，9（3）．

[119] Conway J M. Managerial Performance Development Constructs and Personality Correlates [J]. Human Performance，2000，13（1）：23－46.

[120] 温志毅．工作绩效的四因素结构模型［J］．首都师范大学学报，2005（5）．

[121] 陈亮，段兴民．基于行为的工作绩效结构理论研究述评［J］．科研管理，2008，29（2）．

[122] Conger J A，Kanungo R N. The Empowerment Process：Integrating Theory and Practice [J]. Academy of Management Review，1988，13：471－482.

[123] Shamir B，House R J，Arthur M B. The Motivational Effects of Charismatic Leadership：A Self-concept Based Theory [J]. Organizational Science，1993，4（2）：577－594.

[124] Dvir，T，Eden D，Avolio，B J，Shamir，B. Impact of Transformational Leadership on Follower Development and Performance：A Field Experiment [J]. Academy of Management Journal，2002，45（4）：735－744.

[125] Kark R，Shamir B，Chen G. The Two Faces of Transformational Leadership：Empowerment and Dependency [J]. Journal of Applied Psychology，2003，88（2）：246－255.

[126] 吴志明，武欣．变革型领导、组织公民行为与心理授权关系研究［J］．管理科学学报，2007，10（5）．

[127] Quinn R E，Spreitzer G M. The Road to Empowerment：Seven Questions Every Leaders Should Consider [J]. Organizational Dynamics，1997，37－49.

[128] Zikmund W. G.. Business Research Methods（7th Edi-tion）[M]. 7ed. Mason，Ohio：Thompson Learning/South-Western，2002.

[129] Pitt L F，Watson R，Kavan C. Service Quality：A Measure of Information Systems Effectiveness [J]. MIS Quarterly，1995，19（2）：173－187.

[130] Nunnally J C. Psychometric theory [M]. 2ed. New York：McGraw-Hill，1978.

[131] Vickie Sue. Managing by Competencies—A Study on the Managerial Competencies of Hotel Middle Managers in Hong Kong [J]. Hospitality Management，1998，17：253－273.

[132] Alfredo Serpell and Ximena Ferrada. A Competency-based Model for Construction Supervisors in Developing Countries [J]. Personnel Review，2007，

4：585 -602.

［133］王海燕．北京地区 IT 业管理层胜任力特征结构与关键要素解析研究［J］．北京工商大学学报，2009，5.

［134］IMS RDCEO. IMS Reusable Definition of Competency or Educational Objective. http：//imsglobal. org/competencies/index. cfm. 2002.

［135］IEEE RCD. IEEE 1484. 20. 1/Draft-draft Standard for Reusable Competency Definitions （RCD）. http：//ieeeltsc. org/wg20Comp/Public/IEEE _ 1484. 20. 1. D3. pdf. 2005.

［136］SRCM Simple Reusable Competency Map Proposal（SRCM）. http：//www. ostyn. com/resources. htm，2006.

［137］Juri L. De Coi，Eelco Herder etc. A Model for Competence Gap Analysis［J］. 2007.

［138］潘文安．IT 业项目经理人胜任力模型研究［J］．武汉：科技进步与对策，2005（2）．

［139］Andrew R. J. Dainty，M. ASCE etc. Competency-Based Model for Predicting Construction Project Managers' Performance［J］. Journal of Management in Engineering，2005，21（1，2）：2 -9.

［140］陈国政．工程项目经理胜任力模型研究［D］．长沙：中南大学，2008.

［141］蒋天颖，丰景春．基于贝叶斯网络的工程项目经理胜任力评价研究［J］．广州：科技管理研究，2010（1）．

［142］Porter，L. W.，Lawler，E. E. Management Attitude and Performance［M］. Florence，KY：Dorsey Press，1968.

［143］Oshagbemi. Overall Job Satisfaction：How Good Are Single Versus Multiple-item Measures?［J］. Journal of Managerial Psychology，1999，14（5）：388 - 403.

［144］Smith，P. C.，Kendall，L. W.，Hulin，C. L. The Measurement of Satisfaction in Work and Retirement［M］. Chicago：Rand McNally，1969.

［145］Tziner，A. Choice and Commitment to A Military Career［J］. Social Behavior and Personality：An International Journal，1983，11（1）：119 -128.

［146］俞文钊．合资企业的跨文化管理［M］．北京：人民教育出版社，1996.

［147］Mowday，R. T.，Porter，L. W.，Steers，R. M. Employee-organization Linkages：The Psychology of Commitment，Absenteeism，and Turnover［M］. New York：Academic Press，1982.

[148] O'Reilly, III, Chatman, J. Organizational Commitment and Psychological Attachment: The Effects of Compliance, Identification, and Internalization on Prosocial Behavior [J]. Journal of Applied Psycology, 1986, 71 (3): 492 -499.

[149] Meyer, J. P. , Allen, N. J. A Three-component Conceptualization of Organizational Commitment [J]. Human Resource Management Review, 1991, 1 (1): 61 -89.

[150] Porter, L. W. , Steers, R. M. , Mowday, R. T, Boulion, P. V. Organizational Commitment, Job Satisfaction and Turnover among Psychiatric Technicians [J]. Journal of Applied Psychology, 1974: 603 -609.

[151] Meyer, J. P. , Allen, N. J. Testing the "Side-bets Theory" of Organizational Commiitment: Some Methodological Considerations [J]. Journal of Applied Psychology, 1984, 69: 372 -378.

[152] Meyer, J. P. , Herscovitch, L. Commitment in the Workplace: Toward a General Model [J]. Human Resource Management Review, 2001, 11 (3): 299 -326.

[153] 郑淑芬．探讨公部门中组织变革认知、员工信任、压力管理策略与工作态度关系之研究 [D]. 厦门: 厦门大学, 2009.

[154] Rabinowitz, S. , Hall, D, T. Job Scope and Individual Differences as Predictors of Job Involvement: Independent or Interactive? [J]. Academy of Management Journal, 1977, 20 (2): 273 -281.

[155] Lodahl and Kejner. The Definition and Measurement of Job Involvement [J]. Journal of Applied Psychology, 1965, 49 (1): 24 -33.

[156] Kanungo, R. N. Measurement of Job and Work Involvement [J]. Journal of Applied Psychology, 1982, 67 (3): 341 -349.

[157] Kahn, W. A. . Psychological Conditions of Personal Engagement and Disengagement at Work [J]. Academy of Management Journal, 1990, 33 (4): 692 -724.

[158] 李宽亮．浅谈加强师范生的敬业教育 [J]. 淮北煤炭师范学院学报（哲学社会科学版）, 1997 (1) .

[159] 刘海峰．自律、高效能员工自我管理核心教程 [M]. 北京: 中国商业出版社, 2004.

[160] 杜英仔．员工敬业度与变革——交易型领导的关系研究 [D]. 北京: 北京师范大学, 2006.

[161] Maslach, C. , Leiter, M. P. . The Truth about Burnout [M]. San Francisco: Jossey-Bass, 1997.

[162] Maslach, C. , Schoufeli, W. B. , Leiter, M. P. . Job burnout [J]. An-

nual Review of Psychology, 2001, 52: 397 - 422.

[163] Schaufeli, W. B., Bakker, A. B.. Work and Well-being: Towards a Positive Approach in Occupational Health Psychology [J]. Gedrag and Organisatie, 2001, 14: 229 - 253.

[164] Schaufeli, W. B., Bakker, A. B.. Job demands, Job Resources, and Their Relationship with Burnout and Engagement: A Multi-Sample Study [J]. Journal of Organizational Behavior, 2004, 25 (3): 293 - 315.

[165] 杨新国. 中小学教师工作敬业的实证研究 [D]. 成都: 西南大学, 2008.

[166] Harter, J. K., Schmidt, F. L., Hayes, T. L.. Business-unit-level relationship between employee Satisfaction, Employee Engagement, and Business Outcomes: A Meta-analysis [J]. Journal of Applied Psychology, 2002, 87 (2): 268 - 279.

[167] Salanova, M., Agut, S., Peiro, J. M.. Linking Organizational Resources and Work Engagement to Employee Performance and Customer Loyalty: The Mediation of Service Climate [J]. Journal of Applied Psychology, 2005, 90 (6): 1217 - 1227.

[168] 任国华, 刘继亮. 大五人格和工作绩效相关性研究的进展 [J]. 心理科学, 2005 (2).

[169] 叶仁荪, 王玉芹, 林泽炎. 工作满意度、组织承诺对国企员工离职影响的实证研究 [J]. 管理世界, 2005 (3).

[170] 李儒林, 张进辅. 工作满意与工作绩效关系述评 [J]. 西华师范大学学报 (哲学社会科学版), 2005 (1).

[171] 杨杰, 方俐洛, 凌文辁. 对绩效评价的若干基本问题的思考 [J]. 中国管理科学, 2000 (4).

[172] Rotundo, Sackett. "The Relative Importance of Task, Citizenship, and Counterproductive Performance to Global Ratings of Job Performance: A Policy-Capturing Approach." [J]. Journal of Applied Psychology, 2002, 87 (1).

[173] Michel Lebas, Ken Euske. "A Conceptual and Operational Delineation of Performance: In Business Performance Measurement: Theory and Practice." [M]. Andrew Neely (Ed), Cambridge University Press, 2002.

[174] 张兰霞, 刘杰, 赵海丹, 娄巍. 知识型员工工作态度与工作绩效关系的实证研究 [J]. 管理学报, 2008 (1).

[175] 李金波, 许百华, 张延燕. 组织承诺对员工行为和工作绩效的影响研究 [J]. 人类工效学, 2006 (3).

[176] 刘小平. 刍议员工敬业度 [J]. 商场现代化, 2008 (1).

[177] 王勇. 企业员工组织承诺与工作投入的相关研究 [J]. 技术经济与管理研究, 2009 (4).

[178] 克里斯·阿吉里斯. 个性与组织 [M]. 郭旭力, 鲜红霞 (译). 北京: 中国人民大学出版社, 2007.

[179] 保罗·赫塞 (著). 情境领导者 [M]. 麦肯特企业顾问有限公司 (译). 北京: 中国财政经济出版社, 2003.

[180] 保罗·赫塞, 肯尼斯·布兰查德 (著). 行为管理学: 人力资源的运用 [M]. 王琼玲 (译). 台北: 大中国图书公司, 1980.

[181] 毛寿龙. 部属成熟度与领导方式的选择 [J]. 郑州: 领导科学, 1996 (3).

[182] 罗海滨. 领导风格、员工成熟度匹配与工作绩效关系研究综述 [J]. 商业现代化, 2008 (13).

[183] 闪烁, 芦慧. 浅谈高管特征对组织绩效影响程度的三个调节变量 [J]. 科学学与科学技术管理, 2007 (10).

[184] 周珺, 游一兰, 童明. 企业管理中的激励模型 [J]. 市场周刊 (研究版), 2005 (8).

[185] 李跃平. 典型相关分析在量表校标效度考核中的作用 [J]. 福建师范大学学报 (自然科学版), 2007.

[186] 周晓宏. 探索性因子分析与验证性因子分析异同比较 [J]. 科技和产业, 2008.

[187] 姜勇, 庞丽娟. 幼儿责任心维度构成的探索性与验证性因子分析 [J]. 心理科学, 2000.

[188] 赵铁牛, 王泓午, 刘桂芬. 验证性因子分析及应用 [J]. 中国卫生统计, 2010.

[189] 李超平, 时勘. 变革型领导的结构与测量 [J]. 心理学报, 2005, 37 (6).

[190] Bass B. M, Avolio B. J et al., Improving Organizational Effectiveness through Transformational Leadership [M]. Sage, Thousand Oaks, 1994.

[191] 陈永霞, 贾良定, 李超平, 宋继文, 张君君. 变革型领导、心理授权与员工的组织承诺: 中国情景下的实证研究 [J]. 管理世界, 2006, 21 (1).

[192] 丁琳, 席酉民. 变革型领导如何影响下属的组织公民行为——授权行为与心理授权的作用 [J]. 管理评论, 2007, 18 (10).

[193] 吴志明, 武欣. 知识团队中变革型领导对组织公民行为的影响 [J]. 科学学研究, 2006, 24 (2).

[194] 李琳, 陈维政. 国有企业改革的背景差异与变革型领导者催生 [J]. 改革, 2011, 23 (11).